Berg- und Gletscherfahrten.

Bruckmann München

Nebelbild, vom Matterhorn aus gesehen (14. Juli 1865).

Edward Whymper's

Berg- und Gletscherfahrten

in den Alpen

in den Jahren 1860 bis 1869.

Autorisirte deutsche Bearbeitung

von

Dr. Friedrich Steger.

Mit 1 Karte und 114 Original-Illustrationen.

Braunschweig,

Druck und Verlag von Georg Westermann.

1872.

Titel des Originals:
"Scrambles amongst the alps"
Edward Whymper, London 1871

CIP-Titelaufnahme der Deutschen Bibliothek
Whymper, Edward:
[Berg- und Gletscherfahrten in den Alpen in den Jahren 1860 bis 1869]
Edward Whympers Berg- und Gletscherfahrten in den Jahren
1860 bis 1869 / autoris. dt. Bearb. von Friedrich Steger. –
2., durchges. Aufl., Reprint der Erstausg., Braunschweig,
Westermann, 1872. – München : Bruckmann, 1990
(Carta)
Einheitssacht.: Scrambles amongst the alps [dt.]
NE: Steger, Friedrich [Bearb.]

2., durchgesehene Auflage 1990
Reprint der Erstausgabe von 1872 im G. Westermann Verlag,
Braunschweig

Herstellung: Bruckmann München
Printed in Germany
ISBN 3-7654-2100-6

Vorwort.

Im Jahre 1860 wollte ich eben England verlassen, um eine längere Reise auf dem Continent zu machen, als ein berühmter Londoner Buchhändler mich aufforderte, ihm Skizzen der großen Alpengipfel zu liefern. Damals hatte ich mit dem Bergsteigen blos aus Büchern Bekanntschaft gemacht und noch nie ein Hochgebirge gesehen, geschweige denn betreten. Unter den Gipfeln, die ich zeichnen sollte, befand sich der Mont Pelvoux im Dauphiné. Die Skizzen, die ich von ihm entwerfen sollte, waren dazu bestimmt, den Triumph einiger Engländer zu verherrlichen, welche ihn besteigen wollten. Sie kamen, sahen und siegten — nicht. Ganz zufällig traf ich einen liebenswürdigen Franzosen, welcher diese Gesellschaft begleitet hatte, und wurde von ihm aufgefordert, mit ihm den Versuch zu wiederholen. Im folgenden Jahre that ich das mit meinem Freunde Macdonald und wir siegten. Dies war der Anfang meiner Berg- und Gletscherfahrten in den Alpen.

Die Ersteigung des Mont Pelvoux war trotz einiger Unannehmlichkeiten ein wahrer Genuß. Die Bergluft wirkte nicht als Brechmittel, die Luft sah nicht schwarz, sondern blau aus und ich fühlte keine Versuchung, mich in Abgründe zu stürzen. Ich kam nun in Eifer, meine Erfahrungen zu erweitern, und ging zum Matterhorn. Zum Mont Pelvoux zog mich der geheimnißvolle Antrieb, der den Menschen treibt, das Unbekannte zu ergründen. Dieser Berg galt nicht blos für den höchsten in Frankreich und war schon deshalb der Aufmerksamkeit würdig, sondern er bildete auch den beherrschenden Punkt eines höchst pittoresken und interessanten Bezirks, der bis auf den heutigen Tag unerforscht geblieben ist. Das Matterhorn zog mich einfach durch seine Großartigkeit an. Es galt für den schwierigsten aller Berge und wurde selbst von Leuten, die es hätten besser wissen sollen, für durchaus unersteiglich erklärt. Eine Niederlage nach der andern reizte mich blos zu neuen Anstrengungen und Jahr auf Jahr kehrte ich zum Matterhorn zurück, um entweder einen Pfad zu seinem Gipfel zu finden, oder zu beweisen, daß es wirklich unersteiglich sei.

Ein bedeutender Theil dieses Buchs erzählt die Geschichte dieser Angriffe auf das Matterhorn. Mit ihm oder mit dem Mont Pelvoux stehen die übrigen Bergfahrten, die ich beschreibe, in näherer oder fernerer Verbindung. Alle sind neue Ausflüge, wenigstens ist mir nicht bekannt, daß sie früher gemacht worden wären. Einige habe ich ganz kurz behandelt und ganzen Bergbesteigungen nur eine einzige Zeile gewidmet. Hätte ich sie ausführlich behandelt, so würde ich statt eines Bandes drei gebraucht haben. Im allgemeinen habe ich nur die interessantesten Punkte hervorgehoben und alles Uebrige der Phantasie überlassen. Diese Behandlung hat dem Leser manche unnütze Wiederholung erspart.

Da ich durch mein Buch denjenigen, welche in den Alpen oder

sonst wo Berge ersteigen werden, Nutzen zu bringen wünsche, so habe ich meinen Mißgriffen und Niederlagen einen vielleicht zu großen Raum gewidmet. Vielleicht macht man gegen mich geltend, daß mein Verfahren schlecht gewesen ist, wenn ich auch nach richtigen Grundsätzen gehandelt habe, oder daß umgekehrt meine Praxis gut, meine Theorie dagegen schlecht gewesen ist. In einem der ersten Kapitel habe ich die Behauptung aufgestellt, daß die unbedingten oder unvermeidlichen Gefahren des Bergsteigens sehr gering sind, aber aus meinen späteren Schilderungen ergiebt sich, daß man bedeutenden Unfällen ausgesetzt ist. Der Grund liegt auf der Hand — wir sind nicht vollkommen. Ich habe unsere Fehler offen dargelegt, nicht damit man sie bewundre oder nachahme, sondern damit man sie vermeide.

Diese Wanderungen in den Alpen waren Sonntagserholungen und müssen als solche beurtheilt werden. Ich habe sie als Sport geschildert, und das sind sie in der Hauptsache gewesen. Von dem Genuß, den sie mir verschafft haben, fürchte ich, daß er sich auf Andere nicht übertragen läßt. Den besten Federn ist es nie möglich gewesen, einen richtigen Begriff von der Großartigkeit der Alpen zu geben. Die ausführlichsten Beschreibungen der besten Schriftsteller erwecken blos Eindrücke, welche vollständig falsch sind. Der Leser macht sich Bilder, die vielleicht prächtig sind, aber hinter der Wirklichkeit weit zurückstehen. Ich bin deshalb mit Beschreibungen sparsam, mit Illustrationen aber freigebig gewesen, weil ich hoffe, daß der Pinsel vielleicht Erfolg hat, wo die Feder ohnmächtig ist.

Die Vorbereitung der Illustrationen hat während der letzten sechs Jahre einen großen Theil meiner Zeit in Anspruch genommen. Mit Ausnahme von drei Ansichten, die zum zweiten Kapitel gehören, sind alle Illustrationen ausdrücklich für dieses Buch, meistens nach meinen eigenen Skizzen gestochen worden. Sie sollen erklären und verdeutlichen, zum bloßen Schmuck meines Werkes dienen nur ganz wenige. Jeder andere Zweck hat sich dem Zweck einer genauen und richtigen Zeichnung unterordnen müssen.

Mit wahrer Freude erkenne ich die Beihülfe an, die mir von Freunden und Fremden geleistet worden ist. Besonders habe ich meinen Reisegefährten zu danken, die mir ihre Tagebücher und Skizzen zur Verfügung gestellt haben. Im Anhange findet man einen ganzen Abschnitt, den ich der Freundlichkeit des italienischen Geologen Giordano verdanke. Der Bundesrath der Schweiz hat mir die ungewöhnliche Gunst erzeigt, mir die Wiedergabe eines Blattes des Dufour'schen Kartenwerks in größerm Maßstabe zu gestatten. Es ist die Karte des Matterhorns und seiner Gletscher, in die ich einige Verbesserungen eingetragen habe.

Edward Whymper.

Inhaltsverzeichniß.

Erstes Kapitel.

Einleitendes.

Beachy Head. — Der Teufel von Notre Dame. — Unarten der Maulthiere. — Einsame Wanderung. — Das Weißhorn. — Der St. Bernhard. — Ein unehrlicher Führer. — Ein Dorf-Concert. — Sturm auf dem Col de Lautaret. . . . . Seite 1

Zweites Kapitel.

Ersteigung des Mont Pelvoux.

Die Thäler des Dauphiné. — Die Berggipfel des Landes. — Die ersten Versuche, den Mont Pelvoux zu ersteigen. — Grenoble's Gesellschaft für Ernährung. — Grenoble. — Der Col de Lautaret. — Das Nationalgefühl. — La Ville. — Unser Führer. — Der Grand Pelvoux des Val Louise. — Val d'Alefred. — Die Höhle der Waldenser. — Eine Biwacht unter Felsblöcken. — Erste Nacht. — Wir scheitern. — Macdonald's Ankunft. — Dritte Nacht. — Stürzende Felsen. — Ersteigen des Berges. — Die Pyramide. — Die höchste Spitze des Mont Pelvoux. — Aussicht vom Gipfel des Mont Pelvoux. — Die Rückkehr. — Die Nacht überrascht uns. — Ueber Flöhe. — Mont Pelvoux und Pointe des Ecrins. — Werth des Paßsystems. — Ein Ausreißer. — Nachtlager in einer Höhle. — Eine Naturerscheinung. — St. Veran. — Natürliche Pfeiler. — Alpen-Brot. — Ankunft in Briançon Seite 17

Drittes Kapitel.

Der Mont Cenis und seine Werke.

Posten. — Eine Eisenbahn mit starkem Fall. — Die Mittelschiene. — Beschreischreibung der Fell'schen Eisenbahn. — Ihre Vortheile und Mängel. — Geschichte des Mont-Cenis-Tunnels. — Die Mündungen des Tunnels. — Mein Nachtlager in Oulx. — Die Perforatrices. — Die Röhren für comprimirte Luft. — Größenverhältnisse des Tunnels. — Luftwärme im Tunnel. — Die Arbeiten der Bohrmaschinen. — Schwierigkeiten des Anfangs. — Arbeitssystem. — Die Kosten. — Der jährliche Fortschritt. — Vollendung des Tunnels. — Die Eröffnungsfahrt. — Die Leiter des Unternehmens. — Sommeiller. — Vergleiche. — Maschinen in Kohlenwerken . . Seite 55

Viertes Kapitel.

Mein erster Versuch mit dem Matterhorn.

Johann Anton Carrel. — Aberglaube der Einwohner in Beziehung auf das Matterhorn. — Die Grate des Berges. — Allgemeiner Anblick des Matterhorns. — Die ersten Ersteigungsversuche. — Hawkins und Tyndall. — Der Führer Bennen. — Ankunft in Breil. — Kein Führer will mit dem Matterhorn zu thun haben. — Uebernachtung im Kuhstall. — Ankunft beim Eise. — Die große Treppe. — Lager auf dem Col du Lion. — Rollende Steine. — Licht und Schatten. — Der Schornstein. — Niederlage . . Seite 96

Fünftes Kapitel.

Neue Versuche am Matterhorn.

Besteigung im Winter. — Ich kehre zum Matterhorn zurück. — Macdonald schließt sich an. — Unsere Führer. — Mein Zelt. — Aufbruch nach dem Matterhorn. — Der Zeltträger Meynet. — Wieder zurückgeschlagen. — Die dritte Ersteigung mißglückt ebenfalls. — Mangel an Theilnehmern an der Ersteigung. — Allein auf dem Matterhorn. — Hochwachsende Pflanzen. — Unvergleichliche Aussicht — Ein einsames Nachtlager. — Der Monte Viso bei Mondenschein. — Hülfen beim Klettern. — Der Große Thurm. — Eine ungewöhnlich schlimme Rinne. — Schwierigkeit und Gefahr. — Ueber Dummdreistigkeit. — Ungeheure wankende Pfeiler. — Ich muß umkehren. — Unvorsichtiges Zurücklassen des Beiles. — Ich verunglücke beinahe. — Ankunft in Breil. — Schnelle Heilung. — Meine vierte Besteigung. — Es wird schlechtes Wetter. — Fünfte Besteigung. — Tyndall entführt die Carrels. — Eine Kanonade vom Matterhorn. — Der schwierigste Punkt des Weges. — Tyndall's Besteigung mißglückt. — Brand im Dauphiné. — Der Brandstifter wird ergriffen . . . . Seite 114

Sechstes Kapitel.

Das Val Tournanche, das Breil-Joch, Zermatt, Ersteigung des Grand Tournalin.

Die Zollämter. — Aber was ist das? — Schererei mit meinen Leitern. — Weshalb Tyndall scheiterte. — Das Val Tournanche. — Angeblich römischer Aquäduct. — Ersteigung der Cimes Blanches. — Neuer Paß nach Zermatt. — Das Breil-Joch. — Am Gorner-Gletscher. — Wirkungen eines Gletscherbachs. — Ueber Gletscherthätigkeit. — Einfluß der Gletscherthätigkeit auf Felsen. — Roches moutonnées und nivellées. — Geriefte Felsen. — Langsamkeit der Gletscherbewegung. — Gletscherthätigkeit auf Island. — Die Roches moutonnées. — Von den Lee-Seiten gegebene Aufschlüsse. — Abnahme der von den Gletschern entfernten Stoffe. — Zerstörende und erhaltende Wirkung der Gletscher. — Mein Wirth in Zermatt. — Die Klippen des Matterhorns. — Schicksal einer Gemse. — Der Eigenthümer der Sennhütten von Prerayen. — Versuch einer Ersteigung des Dent d'Erin. — Wir werden zum Umkehren gezwungen. — Der Paß Va Cornère. — Der Weg nach dem Grand Tournalin. — Ersteigung des Grand Tournalin. — Kluft vor der Spitze. — Prachtvolle Aussicht vom Gipfel. — Ueber Panorama-Aussichten. — Gouffre des Busserailles. — Die Wirthshäuser in den italienischen Alpenthälern. — Ein unternehmender Gastwirth . . Seite 156

Siebentes Kapitel.

Mein sechster Versuch der Ersteigung des Matterhorns.

Veränderungen am Matterhorn. — Ein Schneerutsch. — Benutzung des Seiles. — Nebelerscheinungen. — Donner und Blitz. — Großer Felsensturz in der Nacht. — Niederlage durch das Wetter. — Der Wetterwechsel des Matterhorns. — Geheimnißvolle Nebel . . . . Seite 201

Achtes Kapitel.

Die Alpen des Dauphiné.

Der Mont Pelvoux ist nicht der höchste Berg des Bezirks. — Michel Croz. — Christian Almer. — Col de Valloires. — Die Aiguilles d'Arve. — Wir entdecken zwischen ihnen einen Paß. — Hinabklimmen über ein Schneefeld.

— Die Sennhütten von Rieu Blanc. — Das Thal La Sausse. — Der Col de Martignare. — Ersteigung der Aiguille de la Sausse. — Die Meije. — Die Bresche der Meije. — Melchior Anderegg. — La Grave. — Die Bresche wird genommen. — Vorhergehende Prüfung eines Weges. — Ueber die Gangbarkeit eines Gletschers. — Schätzung von Steigungswinkeln. — Vallon des Etançons. . . . . Seite 214

Neuntes Kapitel.

Ersteigung der Pointe des Ecrins.

Biwacht auf dem Glacier de la Bonne Pierre. — Nebelbilder. — Trockenheit der Luft. — Topographie der Centralalpen des Dauphiné. — Frühere Versuche, die Ecrins zu besteigen. — Anblick des letzten Gipfels. — Gute Aussichten. — Eine große Lawine. — Wir ersteigen den höchsten Gipfel. — Ueber die Felstrümmer der Bergspitzen. — Weite Aussicht. — Le jeu ne vaut pas la chandelle. — Almer's Sprung. — Gletscherwanderung. — Die Nacht überrascht uns. — Unser Nachtquartier. — Eine Warnung . . . . Seite 242

Zehntes Kapitel.

Vom Val Louise nach La Bérarde über den Col de Pilatte.

Die Sennhütten von Entraigues. — Reynaud's Ankunft. — Croz' gewandte Führung. — Ueber Schneerinnen. — Der Gipfel des Col. — Aufregendes Hinuntersteigen. — Reynaud kommt über den Schrund. — Croz' Gewandtheit. — Abschied vom Dauphiné. — Zusammentreffen mit Reilly. S. 268

Elftes Kapitel.

Die Mont-Blanc-Kette.

Karten vom Mont Blanc. — Herr Adams-Reilly. — Hauptmann Mieulet. — Die Gipfel der Mont-Blanc-Kette. — Ueber den Col de Triolet. — Eine Miniatur-Besteigung. — Die Aussicht vom Mont Dolent. — Nachtlager auf dem Miage-Gletscher. — Reilly wird der Anwalt der Geduld. — Biwacht auf dem Mont Suc. — Ersteigung der Aiguille de la Trélatête. — Die Moräne des Miage-Gletschers. — Ueber Moränen im allgemeinen. — Irrthümliche Ansichten über Moränen. — Moränen in Grönland. —

Ausflüge in der Gegend von Chamouny. — Unser erster Versuch, die Aiguille d'Argentière zu ersteigen. — Steiler Gletscher und Schneerinne. — Eine versteckte Höhle. — Endlicher Erfolg. — Reilly's Leistungen. S. 281

Zwölftes Kapitel.

Der Moming-Paß und Zermatt.

Schweizer Bettler. — Eine Nacht auf der Arpitetta-Alp. — Ermittelung der zu nehmenden Richtung. — Ein gefährlicher Weg. — Eislawine. — Höhe des Moming-Passes. — Croz zeichnet sich aus. — Ankunft in Zermatt. — Das Aeußere der Führer. — Clubzimmer in Zermatt . . . Seite 306

Dreizehntes Kapitel.

Die Ersteigung des Grand Cornier.

Mein Reiseprogramm. — Ueber die Wahl von Wegen. — Ein überzähliger Führer. — Zinal. — Zerrissene Grate. — Wirkungen der Sonne und des Frostes. — Große Grate leiden am meisten. — Die Moränen. — Verschiedenheit zwischen der Zersetzung durch Luft oder Gletscher. — Abricolla. — Nachtlager in einer Sennhütte . . . . Seite 318

Vierzehntes Kapitel.

Ersteigung des Dent Blanche.

Der Dent Blanche. — Kennedy's Ersteigung. — Ersteigung des Dent Blanche. — Ueber Bergschrunde. — Widriger Sturm. — Heftiger Wind und Kälte. — Ein Rennen ums Leben. — Von der Nacht überrascht. — Eine unerwartete Nachricht . . . . Seite 332

Fünfzehntes Kapitel.

Der Col d'Hérens und siebenter Angriff auf das Matterhorn.

Ein später Aufbruch und seine Folgen. — Rückkehr nach Abricolla. — Wiederaufbruch nach dem Col d'Hérens. — Ersteigung des Theodule-Horns. — Das Trügerische der Ostseite des Matterhorns. — Die Steilheit der Ostseite des Matterhorns. — Die Schichtung des Gesteins. — Das Ueberhängen der Ränder. — Gangbarkeit der Ostseite des Matterhorns. — Versuch mit einem neuen Wege. — Beschaffenheit der Schneerinne. — Weitere Prüfung der Schneerinne. — Rette sich wer kann. — Abermalige Niederlage. — Aufgeben des Planes. — Wiederzusammentreffen mit Croz . . . Seite 342

Sechzehntes Kapitel.

Das Aosta-Thal und die Grandes Jorasses.

Der Steinbock. — Ueber Cretinismus und Kröpfe. — Ihre Verbreitung. — Ursachen ihrer Entstehung. — Möglichkeit, dem Cretinismus Schranken zu setzen. — Der alte Aosta-Gletscher und die Moränen von Ivrea. — Ramsay's Theorie. — Tyndall's Theorie. — Widersprüche. — Kritik jener Theorien. — Die Erosion des Aosta-Thales. — Die Meereshöhe der Gletscher. — Die Gipfel der Alpen waren nicht mit Eis bedeckt. — Die Abschleifung der Thalsohlen. — Der Widerstand festerer Klippen. — Die Entstehung der Moränen. — Tyndall's Theorie ist unhaltbar. — Andere Einwürfe gegen Tyndall. — Die Erosionskraft der Gletscher. — Erosion durch die Atmosphäre. — Ein Gletscher kann sich in beschränkte weiche Stellen nicht eingraben. — Das „Ausschaufeln" von Vertiefungen. — Wirkung von Gletschern auf verschieden hartes Gestein. — Ein Beispiel der Gletscherwirkung in Grönland. — Fehlen von Seen im Aosta-Thal. — Wanderung eines Gletschers über Kies. — Ramsay's Theorie ist gleichfalls zweifelhaft. — Der Gipfel des Grandes Jorasses. — Reise mit einer Lawine . . Seite 359

Siebzehntes Kapitel.

Der Col Dolent.

Eine Ideenverwirrung. — Eine Fahrt um Mitternacht. — Hinabsteigen vom Gipfel. — Ueber Eisbeile und ihren Gebrauch. — Die Sicherheit der Eisfelder. — Eissporen. — Weiteres Hinabklettern des Abhangs. — Ankunft in Chamouny . . . . Seite 420

Achtzehntes Kapitel.

Ersteigung der Aiguille Verte.

Christian Almer. — Die Bäche des Mer de Glace. — Der Bau der Gletscher. — Der „Adernbau." — Ursprung der Adern in den Gletschern. — Guter Rath für Bergsteiger. — Ersteigung der Aiguille Verte. — Aussicht vom Gipfel. — Ein würdiger Träger. — Chamouny's edle Haltung. Seite 430

Neunzehntes Kapitel.

Der Col de Talèfre.

Der Talèfre-Gletscher. — Bequemer Weg von Chamouny nach Courmayeur. — Eine Rutschpartie. — Pässe über die Hauptkette des Mont Blanc. S. 446

Zwanzigstes Kapitel.

Ersteigung der Ruinette. Das Matterhorn.

Ersteigung der Ruinette. — Aussicht von der Ruinette. — Ueber verborgene Spalten. — Einwände der Führer gegen die Benutzung des Seils. — Ueber den Gebrauch und Mißbrauch des Seils. — Almer will vom Matterhorn nichts wissen. — Ich gewinne die Carrels. — Ihr Abfall. — Die Italiener wollen mir zuvorkommen. — Was zu meinen Gunsten sprach. — Lord Francis Douglas trifft ein. — Verabredung mit demselben. — Herr Hudson schließ sich uns an. — Nächtliche Betrachtung . . . Seite 451

Einundzwanzigstes Kapitel.

Die Ersteigung des Matterhorns.

Charles Hudson. — Lager auf der Ostseite. — Croz berichtet günstig. — Ersteigung der Ostseite. — Uebergang zur Nordseite. — Eine schwierige Stelle. — Ankunft auf dem Gipfel. — Niederlage der Italiener. — Veränderung mit Carrel. — Staunen in Breil. — Wunderbares Panorama. Seite 469

Zweiundzwanzigstes Kapitel.

Hinuntersteigen vom Matterhorn.

Unsere Reihenfolge. — Eine furchtbare Lawine. — Croz, Hadow, Hudson und Lord Douglas verunglücken. — Schrecken der Taugwalders. — Herabklimmen an um Felsen geschlungenen Seilen. — Eine wunderbare Erscheinung. — Ein schändlicher Vorschlag. — Die Nacht überrascht uns. — Wir suchen und finden die Leichen. — Das Manila-Seil. — Amtliche Untersuchung. — Schluß . . . . Seite 483

Illustrationsverzeichniß.

Die mit einem Stern bezeichneten Bilder sind nach Photographien, die mit zwei Sternen bezeichneten nach Zeichnungen entworfen.

Bilder, die eine ganze Seite einnehmen.

		Seite
1.	Nebelbild, vom Matterhorn aus gesehen (am 14. Juli 1865)	Titelbild
2.	Mont Pelvoux und der Alefroide, von einem Punkte nahe beim Mont Dauphin, im Thal der Durance gesehen	41
3.	*Die Mont-Cenis-Bahn und die Fell'sche Bahn in der Nähe der Paßspitze	62
4.	Der vorgeschobene Gang auf der französischen Seite des Mont-Cenis-Tunnels mit der arbeitenden Bohrmaschine.	74
5.	Fortschaffung von Trümmern nach dem Sprengen	78
6.	Umrisse des Matterhorns vom Nordosten und vom Gipfel des Theodule-Passes	100
7.	Das Matterhorn, von einem Punkt nahe beim Theodule-Passe gesehen	101
8.	„Der Schornstein." (Auf dem südwestlichen Grat des Matterhorns)	142
9.	„Als ich versuchte, um die Ecke zu gehen, glitt ich aus und fiel" .	143
10.	**Ein Steinfall auf dem Matterhorn	151
11.	Die Matterhornklippen bei dem Gewitter um Mitternacht des 10. Aug. 1863	208
12.	**Hinabsteigen vom westlichen Grat der Pointe des Ecrins . . .	262
13.	**Reynaud's Luftreise	277
14.	**Der Gipfel des Moming-Passes im Jahre 1864	313
15.	**Der Alpenclub in Zermatt im Jahre 1864	317
16.	Der Bergschrund auf dem Dent Blanche im Jahre 1865. . . .	334

Seite
17. Das Matterhorn vom Riffelberg gesehen 347
18. Das Matterhorn vom Gipfel des Theodule-Passes und von Nordosten 351
19. *Die Grandes Jorasses und der Doire-Fluß im Val Ferret (Italien) 418
20. Der Gipfel des Col Dolent 421

Im Text.

1. Beachy Head 1
2. Der Teufel von Notre Dame 2
3. **Maulthiere 4
4. **Ein Pfarrer in Noth 9
5. **Wer ist das Thier? 10
6. Auf dem St. Bernhard 11
7. **Garibaldi 15
8. *Briançon 17
9. Mont Pelvoux von oberhalb La Bessée gesehen 24
10. Im Val d'Alefred 26
11. Der Grand Pelvoux des Val Louise 28
12. Vorsprünge des Mont Pelvoux 33
13. *R. J. S. Macdonald 37
14. Der Weg auf den Mont Pelvoux 39
15. Mein Schlafsack 49
16. Natürlicher Pfeiler bei Molines 53
17. **Fahrt über den Mont Cenis 55
18. **Der kleine Postillon 56
19. Die Mittelschiene auf einer Curve 58
20. Durchschnitt der Fell'schen Eisenbahn 59
21. *Die bedeckten Wege der Bahn 62
22. Bremse der Mittelschiene 63
23. Die Röhren, welche die comprimirte Luft in den Tunnel führen . 75
24. Seitendurchschnitt des Tunnels 76
25. Durchschnitt des vorgeschobenen Ganges 81
26. Verticalschnitt des Endpunktes 83
27. Germain Sommeiller 92
28. *J. J. Bennen 102

Seite
29. *Johann Anton Carrel 105
30. Der Col du Lion: Aussicht auf den Tête du Lion 107
31. Wie man Zeltstangen befestigt 118
32. Alpenzelt 119
33. Kletterhaken 131
34. Seil und Ring 132
35. **In Breil (Giomein) 145
36. Das Matterhorn von Breil gesehen 152
37. **„Aber was ist das?" 156
38. Ein Bogen der Wasserleitung in Val Tournanche 161
39. *Vom Wasser ausgewaschene Felsen in der Schlucht unter dem Gorner-Gletscher 166
40. Streifen im Gestein, durch Gletscher entstanden (bei Grindelwald) 167
41. Roches moutonnées und nivellées 172
42. Ein verwitterter Felsen 179
43. **Carrel läßt mich hinab 193
44. *Gastwirth Favre in Breil 210
45. *Kreuzung des Kanals 213
46. *Michel August Croz 216
47. Plan des Wegs 219
48. Die Aiguilles d'Arve, oberhalb der Sennhütten von Rieu Banc gesehen 221
49. *Melchior Anderegg 231
50. Karte der Meije-Bresche 234
51. Der Winkel des Meije-Gipfels 237
52. *Das Vallon des Etançons (gegenüber La Bérarde) 238
53. Karte der Centralalpen des Dauphiné 244
54. Die Pointe des Ecrins 254
55. Weg zu einer Spitze 255
56. Bruchstück von der Spitze der Pointe des Ecrins 259
57. **Eine Nacht mit Croz 265
58. **Eine Schneerinne 273
59. **Reilly an einem Regentage 291
60. Unser Lager auf Mont Suc 293
61. Eislawine im Moming-Paß 312
62. Facsimile eines Briefes von Croz 323
63. Ein Theil des südlichen Grats des Grand Cornier 325
64. Ein Theil des nördlichen Grats des Grand Cornier 326
65. *Leslie Stephen 333
66. *T. S. Kennedy 340
67. Die Neigung der Matterhornschichten 349
68. *Mein Zeltträger — der Bucklige 355

Seite
69. *Der Steinbock 361
70. Ein Cretin aus Aosta 365
71. Idealer Durchschnitt eines Gletschers 403
72. Quarzader 407
73. Mein Eisbeil 424
74. Kennedy's Eisbeil 425
75. Eine dritte Form eines Eisbeils 425
76. Ein Eissporn 427
77. *Christian Almer 431
78. *Auf dem Mer de Glace 433
79. *Auf dem Mer de Glace 434
80. *Westliche Seite des Col de Talèfre 446
81. **Eine Rutschpartie 449
82. **Wie man das Seil nicht benutzen soll 456
83. **Die richtige Art das Seil zu gebrauchen 457
84. Croz, Croz, kommen Sie hierher 476
85. Der Gipfel des Matterhorns im Jahre 1865. (Nördliches Ende) . 478
86. Der Gipfel des Matterhorns im Jahre 1865 483
87. Das zerrissene Seil vom Matterhorn 487
88. *Alexander Seiler 491
89. Das Manila-Seil 493
90. Das zweite Seil 494
91. **Das Ende 500

Beachy Head.

Erstes Kapitel.

Einleitendes.

Jedem wirklichen Besuch der Alpen pflegt eine literarische Bekanntschaft mit ihnen voranzugehen. Man hat viel vom Hochgebirg gelesen, ehe man mit dem Alpenstock in der Hand zu seinen Hörnern und Gletschern emporklimmt. Als ein berühmter Londoner Buchhändler mir 1860 den Auftrag gab, Alpenskizzen für ihn zu zeichnen, hatte ich noch keinen hohen Berg gesehen, geschweige denn erstiegen. Nur an eine Klippe hatte ich mich mit meinem Bruder, dem Alaska-Reisenden, in knabenhaftem Uebermuth gewagt. Es war Beachy Head, derselbe Felsen, an dem ich am 23. Juli 1860 auf meiner Reise zu den Alpen vorbeisegelte, als unser Schiff den Kanal verließ. Den Gipfel, um den Seevögel kreisen und dessen Steinschichten so regelmäßige Linien bilden, erreichten wir nicht, wohl aber erstiegen wir eine Stelle weiter östlich, wo eine Klippe, der Teufelsschornstein genannt, jäh abstieg. Seitdem haben wir Beide Gefahren verschiedener Art bestanden, aber nie so viel Aussicht gehabt, das Genick zu brechen, wie damals.

In Paris führte ich zwei Besteigungen aus. Die erste galt dem siebenten Stock eines Hauses im Quartier Latin, wo ein mir befreundeter Künstler wohnte, der im Augenblick meines Eintritts mit einem kleinen Juden im Kampf begriffen war. Mit eifrigem Bemühen und bedeutender Kraft warf er seinen Gegner zur Thür hinaus und empfahl mir dann, die Thürme von Notre-Dame zu besteigen. Eine halbe Stunde später stand ich an der Brüstung der großen westlichen Façade neben dem grinsenden Teufel, der Jahrhunderte lang auf die Stadt niedergeblickt hat. Ueber das Hotel Dieu hinweg reichten meine Augen zu einem kleinen gewöhnlichen Gebäude, um das stets viel Menschengedränge stattfand. Zu diesem Gebäude stieg ich hinab und fand es mit schwatzenden Frauen und neugierigen Kindern gefüllt, die sich alle vordrängten, um drei ausgestellte Leichen zu betrachten. Ich war in der Morgue. Voll Abscheu verließ ich den Ort und hörte noch, wie zwei Frauen das Schauspiel besprachen. Die eine schloß mit den Worten: „Ist das nicht drollig?" Die andere stimmte bei: „Ja, recht drollig," und der Teufel von Notre-Dame blickte auf sie nieder, als wollte er sagen: „Ja, euer Höchstes ist der Cancan, euer Letztes nicht selten die Morgue, und das ist drollig, recht drollig."

Ich reiste in die Schweiz, sah die Riesen des Oberlands im Sonnenschein glänzen, hörte im Lauterbrunner Thal den Kuhreigen und unter der Jungfrau den Donner der Lawinen, stieg über die Gemmi ins Wallis herunter, ruhte ein paar Tage am schönen Oeschinen-See aus und erlebte in einer benachbarten Senkung, dem Gästeren-Thal, ein Beispiel von der Bewegung der Gletscher. Das obere Ende dieses Thals wird vom Tschingel-Gletscher gekrönt, der weiter unten von einer schroffen Klippe, die in der Mitte seiner Längenerstreckung liegt, unterbrochen wird. Zu beiden Seiten geht der Gletscher ununterbrochen weiter, aber in der Mitte wird er durch jenen Felsen getheilt. Weiterhin vereinigt sich der ganze Gletscher wieder. Auf diesen unteren Theil kletterte ich, schritt dann gegen die Klippe vor und blieb dort stehen, um den Contrast der blitzenden Eisnadeln mit dem blauen Himmel zu bewundern. Da brach, ohne daß ein warnendes Geräusch vorherging, ein mächtiges Randstück vom Gletscher los und fiel mit donnerndem Krachen von der Klippe herab. Zum Glück nahmen die weiterstürzenden Eisstücke nicht die Richtung gegen mich, doch entfernte ich mich schleunigst und machte nicht eher Halt, als bis ich vom Gletscher hinunter war. Ehe ich ihn verließ, wurde mir eine zweite Belehrung über die Natur der Gletscher zu Theil. Die Moräne,* die das Eis begrenzte und von fester Beschaffenheit zu sein schien, brach unter mir zusammen, und ich sah nun, daß sie blos die dünne Decke einer glatten Eisfläche war.

Auf dem steilen Wege über die Gemmi konnte ich die Gewohnheiten und Manieren des schweizerischen Maulesels beobachten.

Vielleicht ist es nicht Rache für eine durch Menschenalter fortgesetzte schlechte Behandlung, die den Esel veranlaßt, die Beine seines Reiters an Zäunen oder Mauern zu reiben und an schlimmen Stellen, namentlich beim Umbiegen um Ecken und am Rande von Abgrün-

* Moränen heißen die Schuttwälle, welche den Gletscher an den Seiten und vorn umgeben.

den so zu thun, als ob er strauchle, aber seine üble Gewohnheit, stets an der Außenseite des Wegs zu gehen, ist unbedingt eine Folge seiner Verbindung mit dem Menschen. Die meisten Maulesel haben während eines beträchtlichen Theiles des Jahres Holz aus den Bergen in die Thäler zu tragen. Die Scheite, in die man das Holz zerlegt hat, treten auf beiden Seiten eine Strecke weit vor, und der Maulesel geht deshalb auf jedem Wege, der auf der einen Seite einen Abgrund und auf der andern eine Felswand hat, so nahe als möglich an dem erstern hin, um nicht mit seiner Ladung an die Felsen anzustoßen. Trägt er Menschen, so verfährt er eben so, und selbst wenn für die armen Thiere einmal die gute Zeit käme, welche sie des Lasttragens entbände, würden sie aus alter Gewohnheit am Abgrunde zu gehen fortfahren. Diese Gewohnheit veranlaßt häufig Scenen: zwei Maulesel begegnen sich, jeder will an der Außenseite gehen und keiner giebt nach. Dann muß man ihnen mit Beihülfe ihres Schwanzes recht zureden, ehe die Schwierigkeit sich ausgleicht.

Ich besuchte die Bäder von Leuk und hatte das sonderbare Schauspiel von Männern, Frauen und Kindern, die sich im Badekleid im Wasser versammeln, schwatzen, trinken und Schach spielen. Die Gesellschaft schien etwas zweifelhaft zu sein, ob es für ältliche Herren in einer solchen Lage und in einem solchen Anzuge sich schicke, junge Mädchen aus einem Winkel in den anderen zu jagen; aber über die Ankunft eines Fremden, der bekleidet blieb, waren Alle außer sich, und erhoben ein Zetergeschrei, als ich mich entfernte, ohne meine Skizze auszuführen.

Im Rhone-Thal machte ich bei Visp einen Abstecher in das Thal gleichen Namens, wo sich größere Spuren der Gletscherthätigkeit zeigen sollten, wenn ein Gletscher das Thal wirklich gefüllt hat. Mein Ziel war das Saas-Thal und meine Arbeiten begannen hoch oben in den Alpen auf der entgegengesetzten Seite, weit über der Baumgrenze und den betretenen Pfaden der Touristen. Die Aussicht von der Wießmies auf der östlichen Seite des Thals, 6000 Fuß über dem Dorfe Saas, ist in ihrer Art wohl die schönste der ganzen Alpen. Man übersieht mit einem Blick den dreigiebligen Mischabel in seiner ganzen Höhe und hat 11,000 Fuß dichter Wälder, grüner Alpen, Felsnadeln und blitzender Gletscher vor sich. Damals hielt ich es für unmöglich, seine Gipfel von dieser Seite aus zu besteigen.

Beim Dorfe Stalden stieg ich ins Thal hinunter und ging dann im Visp-Thal aufwärts nach Zermatt, wo ich einige Tage blieb. Von den fürchterlichen Erdstößen des Jahres 1855 sah man noch zahlreiche Spuren, namentlich in St. Nicholas, wo die Einwohner durch die Zerstörung ihrer Kirchen und Häuser in namenlosen Schrecken gesetzt worden waren. In diesem Orte und ebenso in Visp war ein großer Theil der Bevölkerung genöthigt, einige Monate in Zelten zu leben. Merkwürdigerweise ging bei dieser Gelegenheit kein Leben verloren, obgleich etwa 50 Erdstöße vorkamen, von denen einige sehr heftig waren.

Aus Zermatt wanderte ich in vielen Richtungen umher, aber das Wetter war schlecht und meine Arbeit verzögerte sich sehr. Als ich eines Tages lange Zeit darauf verschwendet hatte, in der Nähe des Hörnli zu zeichnen und die Formen der Berggipfel festzuhalten, die sich einige Secunden lang über den dichten Wolkenballen zeigten, beschloß ich, nicht auf dem gewöhnlichen Wege nach Zermatt zurückzugehen, sondern über den Gorner-Gletscher zu steigen. Nachdem ich die glatten Felsen und die Schneebetten, die den Fuß des Theodule-Gletschers umgeben, rasch überstiegen und einige der vom Gletscher ausgehenden Bäche, die in Folge des vielen Regens stark angeschwollen waren, durchwatet hatte, stand ich vor meinem ersten

Hinderniß, nämlich vor einem 300 Fuß tiefen Abgrund. Ueber den Gletscher zu kommen, schien mir nicht schwer zu sein, wenn ich den Felsen hinabsteigen könne, aber sowohl höher oben als tiefer unten sah das Eis für meine unerfahrenen Augen so aus, als ob es für einen Einzelnen ungangbar sei. Der Felsen war beinahe senkrecht, aber er hatte viele Vorsprünge, und im Zickzack von einem Felsblock zum anderen zu steigen, war nicht gerade schwer. Zuletzt kam ich an eine lange Felsplatte, die ziemlich glatt war und in einem Winkel von 40 Grad zwischen zwei maueräähnlichen Klippen niederging, und unter der außer dem Gletscher nichts zu sehen war. Es war eine häßliche Stelle, aber da ich an der Möglichkeit einer Rückkehr zweifelte, so legte ich mich der Länge nach auf die Platte, stemmte die Schulter fest gegen die eine Seite des Felsens, die Füße gegen die andere und schob mich langsam nach unten, indem ich bald die Beine und bald den Rücken bewegte. Als ich das Ende der Platte erreichte, zeigte sich eine gefällige Spalte, in die ich die Spitze meines Stockes zwängen und mich zum nächsten Felsen herunterlassen konnte. Es dauerte lange, ehe ich meine kleine Rutschpartie beendet hatte, und in dem nächsten Augenblicke war ich recht froh, das Eis dicht vor mir zu sehen. Nach einigen Secunden schon zeigte sich mir ein zweites Hinderniß. Der Gletscher schwang sich rund um eine Ecke des Felsens und sein Eis reichte nicht bis zu der kleinen Bucht, in der ich stand. Wir waren nicht weit von einander getrennt, aber der Eisrand lag höher als mein Klippenrand, und überdies war der Felsen mit herabgefallenen Steinen und loser Erde bedeckt. Längs der ganzen Klippe, so' weit ich in beiden Richtungen sehen konnte, klaffte eine Spalte von sieben Fuß Breite nnd unbekannter Tiefe.

Ich übersah meine Lage mit einem Blick und gelangte fast auf der Stelle zu der Ueberzeugung, daß ich nicht über die Spalte springen könne. So versuchte ich denn mein Glück weiter unten, aber ohne Erfolg, da mein weiteres Vordringen durch die Glätte, die der Felsen annahm, verhindert wurde. Ich hatte keine Wahl mehr, als umzukehren und den Sprung zu versuchen.

Es ging auf den Abend und die feierliche Stille der Hochalpen wurde blos durch das Rauschen von Wasser und das Poltern fallender Steine unterbrochen. Gelang mein Sprung, so war Alles gut, aber mißlang er, so stürzte ich in die fürchterliche Spalte, um zu erfrieren, oder in dem Wasser, das ich unten sprudeln hörte, zu ertrinken. Alles hing also von meinem Sprunge ab. Ich fragte mich nochmals: Wird es gehen? Es muß gehen! antwortete ich, warf meinen nutzlos gewordenen Stock und mein Skizzenbuch auf das Eis, trat so weit wie möglich zurück, nahm einen Anlauf, sprang und erreichte knapp die andere Seite, wo ich schwerfällig auf die Knie fiel. Fast in demselben Augenblicke fiel auf der Stelle, von der ich abgesprungen war, ein Steinregen nieder.

Ueber den Gletscher gelangte ich ohne weitere Mühe, aber das Riffel-Hotel, damals ein ganz kleines Gebäude, war mit Touristen gefüllt und konnte mich nicht aufnehmen. Der Weg nach Zermatt war mir unbekannt, und man rieth mir deshalb, von den Sennhütten einen Führer mitzunehmen, da ich mich sonst im Walde verirren würde. Als ich aber bei den Sennhütten ankam, war Niemand zu finden, und die Lichter von Zermatt schimmerten so zutraulich durch die Bäume, als wollten sie sagen: Kümmere dich nicht um einen Führer, komme nur herunter, wir zeigen dir den Weg. So ging ich denn durch den Wald und immer gerade auf die Lichter zu. Im Augenblicke hatte ich den Weg verloren und fand ihn niemals wieder, stolperte über Baumwurzeln, taumelte in Rhododendron-Gebüsche hinein und fiel über Felsen. Die Nacht war pechfinster und nach einiger Zeit verdunkelten sich die Lichter von Zermatt oder gingen ganz aus. Nach manchem Stolpern und Fallen kam ich durch den Wald hindurch; aber nun hatte ich einen tosenden Bergstrom vor mir, über den ich hinweg mußte, wenn ich nach Zermatt kommen wollte. Stundenlang fühlte ich mich mit den Händen weiter, bis ich endlich eine Brücke entdeckte und um Mitternacht, mit Staub und Beulen bedeckt, den Gasthof wieder betrat, den ich am Morgen verlassen hatte.

Auch andere Leute als Touristen gerathen in Verlegenheit. Als ich einige Tage später auf meine alte Station am Hörnli ging,

begegnete ich einem wohlbeleibten Pfarrer, der über den Theodule-Paß zu gehen versucht hatte. Seine Kraft oder sein Athem hatte ihn verlassen, und jetzt trug ihn ein kräftiger Führer wie ein Bündel Holz auf dem Rücken daher. Die Bauern standen mit gefalteten Händen da, doch machte es ihnen große Mühe, bei dem lächerlichen Schauspiel ihre Ehrfurcht vor der Kirche zu bewahren.

Bei Randa wich ich von dem gewöhnlichen Pfade ab, weil ich den Dom, das höchste der Mischabel-Hörner, ersteigen wollte, um eine volle Aussicht auf das Weißhorn zu gewinnen. Der letztgenannte Berg ist der schönste in der Schweiz und nimmt sich von dieser Seite besonders prächtig aus. Auf seiner Nordseite liegt ein großes Schneefeld und speist den Gletscher, der von Randa theilweise zu sehen ist und das Dorf mehr als einmal zerstört hat. Sieht man diesen Bies-Gletscher vom Dom aus, der gerade gegenüber liegt, so scheint er fast senkrecht niederzugehen, doch ist dies nicht der Fall, wenn er auch sehr steil ist. Er ist jetzt nicht mehr so groß als früher, und sein unterer Theil, der gegenwärtig in drei

Streifen ausläuft, hängt auf eine seltsame Weise, fast wie Draht, an den Klippen, so daß man jeden Augenblick denkt, er müsse sich von ihnen trennen.

Ungern sagte ich dem glorreichen Berge Lebewohl und ging nach Visp hinunter. Kurz vor mir war eine Gesellschaft englischer Touristen mit einem Maulesel im Thal aufwärts gestiegen. Es waren acht junge Mädchen mit einer Gouvernante. Der Maulesel trug das Gepäck und wurde abwechselnd von einer Dame geritten.

Die Bauern, die doch ihre Thiere selbst zu überladen pflegen, staunten über den ungewohnten Anblick und machten mit einer Freimüthigkeit, die den Engländerinnen gewiß nicht lieb war, ihre Bemerkungen über die Unbefangenheit, mit der eine solche junge Miß auf dem armen Thiere saß, welches unter ihrem Gewicht und dem des Gepäcks zusammenzubrechen drohte. Ich hörte die Geschichte oft wiederholen und als Beweis der Hartherzigkeit anführen, mit der englische Backfische wehrlose Thiere behandeln.

Als ich das Rhone-Thal wieder erreicht hatte, ging ich nach Viesch und erstieg von dort das Aeggisch-Horn, um auf dieser unangenehmen Höhe zuerst den Weg und kurz darauf die Geduld in einem dichten Nebel zu verlieren. Als ich darauf in einem schweren Gewitter die Grimsel überstiegen hatte, besuchte ich Brienz, Interlaken und Bern, Freiburg und Murten, Neufchatel, Martigny und den St. Bernhard. Als ich durch die Schneelager in der Nähe der Paßhöhe watete, waren mir die festen Mauern des Klosters ein willkommener Anblick, und eben so erfreulich war mir der höfliche Gruß des Bruders, der mich einzutreten einlud. Er wunderte sich über das Gewicht meines Tornisters und ich wunderte mich über die Härte des Klosterbrotes. Die Behauptung, daß die Mönche das Brot, welches sie dem Touristen im nächsten Sommer vorsetzen, im vorhergehenden Winter backen, ist unwahr, denn gerade im Winter haben sie am meisten zu thun. Das ist aber wahr, daß sie eine unbegrenzte Gastfreundschaft üben und ihre Kapelle zuweilen im Winter nicht heizen können, weil sie kein Geld haben, um Holz zu kaufen.

Statt nach Aosta hinunterzusteigen, wendete ich mich seitwärts, um gute Blicke auf den Dent d'Erin zu gewinnen. Die Nacht war bereits angebrochen, ehe ich Biona erreichte, und ich mußte an der Thür des Pfarrers lange klopfen und läuten, ehe sie geöffnet wurde. Endlich erschien eine alte Frau mit einer kreischenden Stimme und einem ungeheuren Kropf und fragte ziemlich mürrisch, was mein Begehr sei, wurde aber gefügig und beinahe liebenswürdig, als ich ihr ein Fünffrankenstück vor die Augen hielt und ihr sagte, daß ich dafür ein Abendessen und ein Nachtlager einzutauschen wünsche.

Eingegangene Erkundigungen sagten mir, daß es zwischen Prerayon, das am oberen Endpunkte dieses Thales liegt, und Breuil in Val Tournanche einen Paß gebe. Die alte Frau war jetzt von meiner Achtbarkeit überzeugt und besorgte mir einen Führer. Sie brachte einen Burschen aus dem Ort, der mit seinem spitzen Hut, seiner besetzten Jacke, seiner rothen Weste und seinen dunkelblauen Beinkleidern ganz pittoresk aussah und mich nach dem Dorfe des Val Tournanche zu begleiten versprach. Am anderen Morgen brachen wir früh auf und erreichten den Gipfel des Passes ohne Schwierigkeit. Hier machte ich meine erste Erfahrung in der Ersteigung steiler Hänge mit hartem Schnee, und stützte mich, wie alle Anfänger, so auf meinem Stock, daß ich ihn seitwärts einsetzte, statt ihn, wie ich hätte thun sollen, zwischen mir und dem Abhange zu halten und mich auf ihn zu lehnen. Mein Führer belehrte mich, hatte aber eine so schlechte Meinung von mir bekommen, daß er mir einige Minuten nach der Uebersteigung des Gipfels erklärte, er gehe mit mir nicht weiter und kehre nach Biona zurück. Alle meine Vorstellungen waren vergeblich; er stand still und gab immer blos die Antwort, daß er umkehre. Da ich wegen einiger langen Schneefelder, die zwischen uns und dem Anfang des Thales lagen, nicht ohne Sorgen war, so bot ich ihm mehr Geld und brachte ihn dadurch eine Strecke weiter mit fort. Wir gelangten jetzt zu Klippen, die wir hinuntersteigen mußten. Er rief mir zu, stehen zu bleiben und zu ihm heraufzukommen, denn er gehe zurück. Ruhig wartete ich, daß er zu mir heruntersteige, aber er kehrte sich um, kletterte langsam den Berg hinauf und verschwand. Da ich glaubte, daß er noch mehr Geld von mir erpressen wolle, so wartete ich eine halbe Stunde, aber er kam nicht wieder. Das war unangenehm für mich, da er mein Gepäck trug. Ich hatte nun zu wählen, ob ich ihm folgen oder nach Breuil gehen und es auf den Verlust meines Tornisters ankommen lassen wollte. Ich entschloß mich zu dem Letzteren und erreichte den Ort am Abend. Der Wirth des einzigen Gasthofs wurde mißtrauisch, als er mich ohne alles Gepäck ankommen sah, und wollte mich erst nicht aufnehmen, brachte mich aber endlich auf den Boden, der bereits mit Führern und mit Heu gefüllt war. In späteren Jahren wurde er mein guter Freund, gab mir unbedenklich Credit und streckte mir selbst bedeutende Summen vor.

In Breuil Skizzen aufzunehmen, hatte seine Schwierigkeiten, denn meine Sachen waren fort und ich konnte mir nichts als Packpapier der besseren Art und Bleistifte verschaffen, die mehr Kieselerde als Reißblei zu enthalten schienen. Ich zeichnete aber trotzdem und stieg dann, dieses Mal allein, über den Paß zurück. Am folgenden Abend brachte mir die alte Frau von Biona den ungetreuen Führer zurück. Nach einigen Stunden hatte ich mein Gepäck wieder und überschüttete nun den Burschen mit allen Vorwürfen und Schimpfwörtern, die mir zur Verfügung standen. Als ich ihn einen Lügner nannte, lächelte er, als ich ihn einen Dieb hieß, zuckte er mit den Schultern, aber als ich ihn ein Schwein schimpfte, zog er sein Messer.

In der folgenden Nacht schlief ich in Cormayeur, ging den folgenden Tag über den Col Ferrex nach Orsière und den nächsten über die Tête Noir nach Chamouny. An demselben Tage kam der Kaiser Napoleon an und die Touristen durften deshalb das Eismeer nicht besuchen. Ich überlistete die Wachen aber, indem ich am Plan des Aiguilles hinkletterte, und kam am Montanvert gerade an, als die kaiserliche Gesellschaft ihn verließ. Den Jardin zu erreichen, mißlang mir, aber fast wäre es mir geglückt, zwischen großen Felsblöcken auf der Moräne des Gletschers ein Bein zu brechen.

Von Chamouny ging ich nach Genf und von dort über den Mont Cenis nach Turin und in die Thäler des Cantons Wallis. Nach einem langen und mühsamen Marsche erreichte ich Paesana. Der Gasthof war gefüllt und ich sehnte mich in meiner Müdigkeit nach einem Bett, als einige Dorfbummler eintraten und zu singen begannen. Sie stimmten die Garibaldi-Hymne an. Der Tenor, ein zerlumpter Kerl, dessen sämmtliche Kleider nicht einen Schilling werth waren, machte mit wunderbarem Ausdruck und Gefühl den Vorsänger. Die Uebrigen fielen richtig ein und ließen nicht einen Mißton hören. Stundenlang hörte ich mit Bewunderung zu und lag schon lange im Bett, als ich ihren Gesang, in den sich von Zeit zu Zeit die Triller der Wirthstochter mischten, noch immer hörte.

Am nächsten Morgen war ich auf dem Wege nach Frankreich und sah die kleinen Seen, welche die Quelle des Po sind. Das Wetter war stürmisch, und da ich das Patois einiger Leute, die mir in der That den rechten Weg gezeigt hatten, falsch verstand, so verirrte ich mich und befand mich plötzlich zwischen den Klippen des Monte Viso. Eine Lücke, die ich gelegentlich in dem Rücken wahrnahm, welcher diesen Berg mit den Gebirgen im Osten verbindet, zog mich an, und nach einem Kampfe mit einem Schneehang von ungewöhnlicher Stärke erreichte ich den Gipfel. Die Aussicht war

Im Gasthofe von Paesana.

prachtvoll, wie ich noch keine gesehen hatte. Gegen Norden war die Luft völlig nebelfrei, da ein heftiger Wind alle Dünste verjagt hatte. Auf der Seite von Italien dagegen waren die Thäler bis zu einer gewissen Höhe dicht mit Wolken gefüllt; aber weiter oben machte der Sturm seine Gewalt geltend und drückte sie so glatt nieder, daß man einen Tisch zu sehen glaubte, dessen Ränder aus Bergrücken bestanden.

Ich eilte nach Abries hinunter und wanderte durch die Guil-Schlucht zum Mont Dauphin. Der folgende Tag fand mich in La Bessée, wo das Val Louise mit dem Durance-Thal sich verbindet und wo man eine volle Aussicht auf den Mont Pelvoux hat. Zufällig trat ich in einen Gasthof, wo ein Franzose, ein guter umgänglicher Herr, Namens Jean Reynaud, eben beim Frühstück saß. Vor wenigen Tagen hatte er mit dem Führer Michel Croz aus Chamouny einen erfolglosen Versuch gemacht, jenen Berg zu ersteigen.

Von Briançon wollte ich mit der Schnellpost nach Grenoble fahren, aber alle Plätze waren auf Tage vorausbelegt, und so machte ich denn die sechzehn deutschen Meilen zu Fuß. Das Wetter war wieder schlecht geworden, so daß ich auf dem Gipfel des Col de Lauteret in dem erbärmlichen kleinen Hospiz Schutz suchen mußte. Es war mit Männern gefüllt, die an der Straße arbeiteten und den unangenehmsten Geruch verbreiteten. Das rauhe Wetter war der Ungastlichkeit des Zimmers vorzuziehen. Draußen war es unangenehm, aber groß, drinnen war es unangenehm und gemein. Im strömenden Regen setzte ich meinen Marsch fort und fühlte mich halb mit den Händen in dichtester Finsterniß nach dem Dorfe La Greve, wo die Wirthsleute mich mit Gewalt festhielten. Vielleicht war es mein Glück, daß sie es thaten; denn in der Nacht stürzten an mehreren Stellen Felsblöcke von den Klippen mit solcher Gewalt auf die Straße nieder, daß sie große Löcher schlugen, welche wie mit Pulver gesprengt aussahen. Am nächsten Morgen nahm ich nach 4 Uhr meinen Marsch wieder auf und ging in fortwährendem Regen bis Grenoble, wo ich um 7 Uhr Abends ankam, so daß ich den ganzen Weg, die Ruhepausen nicht gerechnet, in achtzehn Stunden gemacht hatte. Dies war das Ende meiner Alpenwanderungen im Jahre 1860, durch die ich in das Hochgebirge eingeführt wurde und die Leidenschaft für Bergbesteigungen einsog, deren Entwicklung in den folgenden Kapiteln beschrieben werden soll.

Briançon.

Zweites Kapitel.

Ersteigung des Mont Pelvoux.

Der Bezirk, dessen hervorragendste Punkte der Mont Pelvoux und die benachbarten Gipfel sind, gehört in geschichtlicher wie in topographischer Beziehung zu den interessantesten Gegenden der Alpen. Als Wiege und Heimath der Waldenser besitzt dieses Gebiet Ansprüche auf die Achtung aller Zeiten. Die Namen Waldo und Neff werden im Munde der Menschen bleiben, wenn andere Größen jener

Zeit, die damals für weit bedeutender galten, bereits längst vergessen sind, und das Andenken an den Heldenmuth und die einfache Frömmigkeit ihrer Schüler wird sich erhalten, so lange es eine Geschichte giebt.

Diese Gegend enthält die höchsten Berge und einige der schönsten Landschaften Frankreichs. Hinter der Schweiz steht sie vielleicht zurück, aber sie hat ihre eignen Reize. Ihre Klippen, Bergströme und Schluchten sind unvergleichlich, ihre tiefen und wilden Thäler bieten großartige und selbst erhabene Schauspiele dar, und was die Kühnheit der Bergformen betrifft, so hält sie mit jeder anderen Landschaft den Vergleich aus.

Man findet hier eine Masse von Thälern, die in Eigenthümlichkeit des Charakters mit einander wetteifern und das verschiedenste Klima haben. Einige sind so tief und eng, daß sie von den Strahlen der Sonne nie erreicht werden. Andere bilden den reinsten Gegensatz und haben mehr die Temperatur der italienischen Ebenen als der französischen Alpen. Diese große Verschiedenheit des Klimas übt auf die Fluren dieser Thäler den stärksten Einfluß. In einigen derselben herrscht Unfruchtbarkeit; Steine nehmen den Platz von Bäumen ein, Schlamm und Geröll ersetzen die Kräuter und Blumen, aber einige Stunden weiter kommt man bei Reben, Apfel-, Birn- und Kirschbäumen vorbei und sieht Birken, Erlen, Eschen, Lärchen, Fichten und Nußbäume mit Feldern wechseln, die mit Roggen, Hafer, Gerste, Bohnen und Kartoffeln bestellt sind.

Die Thäler sind meistens kurz und unregelmäßig. Scheinbar sind sie nach keinem bestimmten Plan geordnet und laufen nicht in rechten Winkeln oder in Parallellinien mit den höchsten Gipfeln, wie dies anderswo der Fall ist, sondern streichen hierhin und dorthin, nehmen eine Strecke weit eine gewisse Richtung, kehren um und schlagen vielleicht ihre erste Richtung wieder ein. Weite Fernblicke gewinnt man deshalb selten und kann sich von der Vertheilung der Bergspitzen schwer einen Begriff machen.

Die höchsten Gipfel sind so vertheilt, daß sie ziemlich eine Hufeisenform annehmen. Der höchste von allen, der in der Mitte steht, ist die Pointe des Ecrins. Der zweithöchste, der Meige, auch Aiguille du Midi de la Grave und Aiguille de la Meige genannt, erhebt sich im Norden, und der Pelvoux, welcher der ganzen Gebirgsmasse seinen Namen giebt, ist fast isolirt und steht draußen vor der Kette.

Der ganze Bezirk ist noch jetzt so wenig bekannt, daß es wahrscheinlich manche Thäler und ganz gewiß manche Bergspitzen giebt, welche nie vom Fuße eines Reisenden betreten worden sind. Im Jahre 1861 wußte man von dem interessanten Gebiet noch weniger und eine gute Karte gab es damals nicht. Die von General Bourcet gezeichnete galt für die beste, trug aber die Linien der Gebirgszüge vollständig falsch ein und war in der Angabe von Straßen und Pfaden häufig ungenau.

Die Gebirgsländer des Dauphiné sind überdies auf Fremde weit weniger eingerichtet als die Schweiz, Tyrol oder selbst die italienischen Thäler. Wo Wirthshäuser existiren, sind sie abscheulich unreinlich. In ihren Betten findet man keine Ruhe, in ihren Küchen keine gute Nahrung und von Führern ist keine Rede. Der Tourist sieht sich hauptsächlich auf seine eigenen Hülfsmittel angewiesen, und es darf daher nicht überraschen, daß diese Gegenden weniger besucht werden und unbekannter sind als die übrigen Alpen.

Die meisten Angaben, die 1861 über diese Gebirge im Umlauf waren, lassen sich auf zwei Schriftsteller zurückführen: Elie de Beaumont und J. D. Forbes. Ihre Werke enthalten zahlreiche Namensverwechslungen von Bergen. Die Pointe des Ecrins z. B. wird von Beiden für eine Spitze des Mont Pelvoux gehalten, und der letztere Berg deshalb für den höchsten der Kette erklärt. Forbes hielt den Berg, den man vom St.-Christophs-Thal sieht, für denselben, welcher im Thal der Durance sichtbar wird, und gab beiden den Namen Mont Pelvoux. Aehnliche Irrthümer beging Elie de Beaumont. Als er und Forbes schrieben, war die richtige Stellung des Mont Pelvoux zu den nahen Bergen von den Ingenieuren, die für eine Karte von Frankreich Vermessungen vornahmen, bereits richtig bezeichnet worden, aber ihre Arbeiten waren dem Publicum nicht zugänglich, wenn Beaumont sie auch offenbar gekannt hat. Ein Theil der Ingenieure, an deren Spitze Hauptmann Durand sich befand, erstieg 1828 den Mont Pelvoux von der Seite des Val d'Ailefroide, also von der Richtung des Val Louise aus. Wie die Bewohner jenes Thals erzählen, erreichten sie die zweithöchste Spitze des Berges, errichteten dort in einer Höhe von 12 904 Fuß ein Zelt und blieben mehrere Tage oben. Sie hatten zahlreiche Träger bei sich, durch die sie sich Brennholz verschafften, und bauten oben eine Pyramide, wegen der dieser Gipfel den Namen Pic de la Pyramide bekam.

Im Jahre 1848 führte Puiseux in derselben Richtung eine Besteigung aus, aber sein Führer aus dem Val Louise kehrte dicht unter dem höchsten Punkte um und überließ es dem kühnen Astronomen, sein Ziel allein zu erreichen.

Mitte August 1860 machten Bonney, Hawkshaw und Mathews vom Val Louise den Versuch, unter der Führung von Michel Croz aus Chamouny den Mont Pelvoux zu ersteigen. Die Herren blieben mehrere Tage und Nächte auf dem Berge, erreichten aber nur eine Höhe von 10 430 Fuß, weil sie schlechtes Wetter hatten.

Jean Reynaud, dessen ich im vorigen Kapitel erwähnte, begleitete diese Gesellschaft und war der Meinung, daß der Versuch in zu später Jahreszeit stattgefunden habe. Er sprach sich dahin aus, daß das für die Ersteigung hoher Berge passende Wetter blos in den letzten Juli- und den ersten Augusttagen zu erwarten sei, und erbot sich, uns in der erwähnten Zeit des nächsten Jahres auf den Mont Pelvoux zu führen. Der Vorschlag war ein lockender, und Reynaud's herzliches und bescheidenes Wesen machte ihn zu einem unwiderstehlichen, obgleich wir wenig Aussicht auf Erfolg zu haben schienen, da ein Mann wie Mathews mit seiner Gesellschaft gescheitert war.

In den ersten Julitagen von 1861 ließ ich an Reynaud von Havre wollene Decken, Seile und andere für Bergfahrten nothwendige Artikel abgehen und reiste bald nach. In Nimes wurde die Hitze so fürchterlich, daß ich mich nicht umsehen mochte und gleich mit dem Nachtzuge nach Grenoble weiterfuhr.

Grenoble ist eine Stadt, über die man einen ganzen Band schreiben könnte. Sie hat vielleicht die schönste Lage in ganz Frankreich und bietet von ihren hochgelegenen Forts prachtvolle Aussichten dar. Die erwähnenswertheste Eigenthümlichkeit der Stadt ist ihr Verein für Volksküchen, durch den Grenoble einen wohlverdienten Ruf erworben hat. Dieser Verein, den einige wohlgesinnte Bürger vor etwa zwanzig Jahren gründeten, hat die Tendenz, den arbeitenden und dürftigen Klassen eine kräftigere, schmackhaftere und wohlfeilere Kost zu geben, als sie in den öffentlichen Garküchen oder vom eigenen Herd für sie zu erlangen ist. Der Arbeiter erhält für wenig Geld ein Quart Suppe, Fleisch oder Fisch, Gemüse, Nachtisch und Brot nebst einem Viertel reinen Weins.* Durch die Einzahlung einer geringen Summe wird man Mitglied, ich glaube

* Für sechs Pence und einen halben Penny, wie Whymper sagt, also etwas über fünf Neugroschen. Bekanntlich haben wir in Deutschland viele Vereine derselben Tendenz. Die beiden städtischen Speiseanstalten Leipzigs geben dem Arbeiter für zwölf Pfennige eine reichliche Portion Fleisch und Gemüse.

für zwei Franken, aber die Speisemarken muß man besonders lösen und vorausbezahlen, denn Credit wird nicht gegeben. Die unteren Klassen haben nicht gezaudert, den Vortheil zu benutzen, der ihnen durch die Anstalt geboten wird, und befinden sich seitdem weit besser. Der Verwaltung des Vereins macht es alle Ehre, daß nicht blos alle Ausgaben gedeckt werden, sondern auch noch ein kleiner Nutzen übrig bleibt.

Wenn Grenoble auf diesen Verein stolz sein darf, so hat es sich vieler anderen Dinge zu schämen. Die Straßen sind noch schlecht gepflastert und krumm. Ihren übeln Geruch und die Abscheulichkeiten, die man in den Häusern sieht, muß man kennen, um so etwas für möglich zu halten.

In den Straßen dieser romantischen, aber übelriechenden Stadt verirrte ich mich, und da mir zum Mittagessen und zum Belegen eines Platzes im Postwagen blos eine halbe Stunde blieb, so war ich nicht gerade erbaut, zu hören, daß ein Engländer mich zu sprechen wünsche. Es zeigte sich, daß es mein Freund Macdonald war, der mir vertraute, daß er innerhalb der nächsten zehn Tage einen Berg Namens Pelvoux zu ersteigen denke. Ich machte ihn nun mit meinen Absichten bekannt und wir verabredeten, uns am 3. August in La Bessée zu treffen. Einige Minuten später saß ich im Postwagen und wurde von diesem erbärmlichen Fuhrwerk in acht Stunden an einen Ort geführt, der blos sieben deutsche Meilen entfernt war.

An einem lieblichen Morgen nahm ich um 5 Uhr meinen Tornister auf und wanderte nach Briançon. Durchsichtige Nebel hingen wie Schleier an den Bergen, verschwanden aber, wenn die Sonne sie berührte, indem sie ruckweise fielen und die wunderbar gebogenen und in einander gefügten Schichten der Kalksteinklippen hinter der Stadt sichtbar werden ließen. Ich betrat nun den

Combe de Malval und hörte, wie die Romanche durch diese prachtvolle Schlucht rauscht, ging nach Le Dauphin weiter und sah die ersten Gletscher über die Gebirgskette zur Rechten blicken. Auf dem ganzen Wege, den ich von dahin zurücklegte, ehe ich den Gipfel des Col de Lantaret überschritt, lag hinter jeder Spalte des Gebirgs ein blitzender Gletscher. Die schönste Aussicht hatte ich bei La Grave, wo der Meige sich in mehreren ungeheuren Felsenstufen 8000 Fuß über die Straße erhebt. Den besten Fernblick auf den Paß bot mir jenseits des Col ein Punkt in der Nähe von Monetier. Ganz im Hintergrunde schießt ein Berg in die Luft, den man gewöhnlich für den Monte Viso hält. Im Mittelgrunde liegt Briançon mit seinen unendlichen Wäldern, und den Vordergrund, der zur Guisane hinabstreicht und sich hoch über die mächtigen Hänge erhebt, bilden fruchtbare, mit Dörfern und Kirchthürmen besäete Felder.

In La Bessée, wo ich am nächsten Tage eintraf, sieht man die sämmtlichen Spitzen des Mont Pelvoux, sowohl die höchste Spitze, als auch die, auf welcher die Ingenieure ihre Pyramide errichtet hatten. Davon wußte weder mein würdiger Freund Jean Reynaud, der Straßenbaumeister dieses Bezirks, noch irgend sonst Jemand etwas. Die Einwohner wußten blos, daß die Ingenieure eine Spitze erstiegen und von dieser aus eine noch höhere gesehen hätten. Ob diese letztere von La Bessée gesehen werden könne, konnten sie nicht sagen und wußten auch die Spitze nicht zu bezeichnen, auf der die Pyramide errichtet worden war. Wir mußten glauben, daß der höchste Gipfel durch die vorliegenden, die wir vor Augen hatten, verdeckt werde und nur nach Uebersteigung derselben erreicht werden könne. Die Leute wußten auch von Puiseux nichts und behaupteten mit Bestimmtheit, daß der höchste Punkt des Mont Pelvoux, den wir eben ersteigen wollten, noch niemals erreicht worden sei.

Wir hätten gleich aufbrechen können, wenn uns nicht Macdonald und ein Stock gefehlt hätten. Reynaud rieth zu einem Besuch bei dem Postmeister, der den berühmten Stock des Orts besitze. Wir gingen also zum Bureau, doch das war geschlossen, und wie wir auch durch das Schlüsselloch rufen mochten, es kam keine Antwort. Endlich entdeckten wir den Postmeister, wie er gerade mit

Mont Pelvoux von oberhalb La Bessée gesehen.

bestem Erfolge dabei war, sich zu berauschen. Eben rief er: „Die Franzosen sind das erste Volk der Welt!“ Diese Phrase brauchen alle Franzosen in dem Zustande, der den Engländer rufen läßt: „Vor morgen früh gehe ich nicht nach Hause!“ Für den Franzosen ist der Ruhm, für den Engländer das Haus der erste aller Gedanken. Der Stock wurde vorgezeigt und war der Zweig einer jungen Eiche, etwa fünf Fuß lang und in verschiedenen Richtungen gekrümmt und gewunden. „Mein Herr,“ sagte der Postmeister, als er ihn überreichte, „die Franzosen sind die erste, — erste Nation der Welt, wegen ihrer —“ „Stöcke?“ fragte ich, als er stockte. „Ja, ja, mein Herr, wegen ihrer Stöcke, ihrer, ihrer —“ damit blieb er ganz stecken. Als ich mir die Jungeiche ansah, hatte ich meine eigenen Gedanken, aber Reynaud, der Jeden und Jedes im Dorfe kannte, sagte mir, daß es keinen besseren Stock gebe, und so zogen wir mit ihm davon und verließen den Postmeister, der auf der Straße weiterschwankte und immerfort murmelte: „Die Franzosen sind die erste Nation der Welt!“

Der 3. August kam, aber Macdonald zeigte sich nicht, und so brachen wir allein nach dem Val Louise auf. Unsere Gesellschaft bestand außer mir aus Reynaud und einem Träger Jean Casimir Giraud mit dem Spitznamen: „die Zwecke,“ weil er der Schuhmacher des Orts war. Nach einem anderthalbstündigen scharfen Gange waren wir in La Ville de Val Louise und erfreuten uns des herrlichen Anblicks der Pelvoux-Gipfel, die über eine Wolkenmasse hervorragten. Ich erneuerte meine Bekanntschaft mit dem Bürgermeister von La Ville. Er sah originell aus und hatte liebenswürdige Manieren, verbreitete aber einen abscheulichen Geruch. Dasselbe läßt sich von den meisten Bewohnern dieser Thäler sagen.

Den Grund dieser unangenehmen Eigenschaft soll uns ihr ehemaliger Präfect mittheilen. Ladoucette sagt in seiner Geschichte der Hochalpen: „Die Männer und Frauen kleiden sich in Schaffelle, die man trocknet und mit Salz einreibt, indem man die Beine als Schnüre benutzt, die Vorderbeine um den Nacken und die Hinterbeine um die Hüften knüpft. Ihre Arme tragen sie nackt, und die beiden Geschlechter unterscheiden sich blos dadurch, daß die Männer Hosen von grobem Stoff und die Frauen eine Art von Unterrock tragen, der nur bis zur Kniekehle reicht. Ohne sich auszukleiden schlafen sie auf Stroh und decken sich blos mit einem Schaffelle zu. Die Beschaffenheit ihrer Nahrung und ihre Unreinlichkeit lassen von ihnen einen häßlichen Geruch ausgehen, der sich schon von weitem bemerkbar macht und für Fremde fast unerträglich ist. Sie leben in dem größten Leichtsinn dahin, oder faulenzen vielmehr im tiefsten Elend."

Unter diesen Leuten mußten wir für Proviant sorgen und Reynaud übernahm das Geschäft. Als wir aufbrechen wollten, sah

Im Val d'Alefred.

ich erst, daß er ein kleines Fäßchen Wein mitnahm, das uns gleich im Anfang äußerst unbequem wurde. Es ließ sich sehr schlecht handhaben, und nachdem erst ein Träger und dann ein zweiter den vergeblichen Versuch gemacht hatte, es allein fortzuschaffen, hingen wir es mittelst einer Schlinge an eine Stange und ließen es von Zweien tragen.

Bei La Ville theilt sich das Thal in zwei Ausläufer, das Val d'Entraigues zur Linken und den Vallon d'Alefred zur Rechten. Unser Weg führte uns durch das letztere Thal und wir gingen ohne Aufenthalt bis zum Dorfe La Pisse, um Pierre Semiond aufzusuchen, der dafür galt, den Pelvoux besser zu kennen als irgend ein anderer Mensch. Er sah wie ein ehrlicher Mann aus, war aber leider unwohl und konnte uns nicht begleiten. Er empfahl seinen Bruder, einen älteren Mann, der, nach seinem magern und runzeligen Gesicht zu urtheilen, für uns wenig zu passen schien, welchen wir indessen mitnahmen, weil wir keine andere Wahl hatten.

Wallnüsse und viele andere Bäume beschatteten unseren Pfad und verbreiteten eine erfrischende Kühle. Unten donnerte in einer prachtvollen Schlucht der Bergstrom, dessen Wasser von den Schneefeldern kommt, die wir am nächsten Morgen betreten zu können hofften.

Von La Ville konnten wir den Pelvoux nicht sehen, weil ein hoher Bergrücken dazwischen lag. Jetzt gingen wir am Fuße desselben hin, um die Sennhütten des Alefred zu gewinnen, wo der eigentliche Berg beginnt. Von dieser Richtung aus gesehen, scheinen die niedrigeren, aber näheren Spitzen bedeutend höher zu sein als die hinter ihnen liegenden höheren, die zuweilen von ihnen ganz bedeckt werden; doch gewahrt man die ganze Höhe des Gipfels, der in diesen Thälern unter dem Namen des großen Pelvoux bekannt ist, und überblickt seine 6000 Fuß hohen und fast senkrechten Wände von der Basis bis zur Spitze.

Die Sennhütten des Alefred sind ein Haufen elender hölzerner Hütten und liegen dicht an der Vereinigung der Bäche, die vom Gletscher der Sapenière links und von dem Schwarzen und Weißen Gletscher rechts herunterkommen. Wir blieben eine Minute, um etwas Butter und Milch zu kaufen, und Semiond las hier einen verdächtig aussehenden Burschen auf, der ihm helfen sollte, das Weinfäßchen zu tragen, zu schieben, zu heben, oder auf irgend eine andere Weise weiterzuschaffen.

Unser Weg machte jetzt eine scharfe Wendung nach links, und wir freuten uns alle, daß der Tag zu Ende ging und die Berge uns Schatten gewährten. Ein öderes und schrecklicheres Thal läßt sich kaum denken; stundenweise enthält es nichts als Felsblöcke.

Der Grand Pelvoux des Val Louise.

Steine, Geröll, Sand und Schlamm. Die wenigen Bäume liegen so hoch, daß man sie kaum sieht. Nicht ein Mensch bewohnt das Thal, in der Luft giebt es keine Vögel, im Wasser keine Fische. Selbst für Gemsen ist der Berg zu steil, für Murmelthiere zu ungastlich, für Adler zu abstoßend. Vier Tage lang sahen wir in diesem unfruchtbaren und wilden Thale nicht ein einziges lebendes Wesen mit Ausnahme einiger armen Ziegen, die man gegen ihren Willen hierher getrieben hatte.

Die Landschaft steht in Harmonie mit der teuflischen That, die etwa vor vierhundert Jahren hier begangen wurde. Ich meine die Ermordung der Waldenser des Val Louise in der Höhle, die wir in bedeutender Höhe vor uns liegen sahen. Die Geschichte ist wahrhaft schrecklich.

Friedlich und fleißig hatten die Waldenser diese abgeschiedenen Thäler etwa drei Jahrhunderte lang unbeachtet bewohnt. Die Erzbischöfe von Embrun machten den vergeblichen Versuch, sie in den Umkreis der allein selig machenden Kirche hineinzuziehen. Sie wurden dabei von Anderen unterstützt, welche mit Gefängniß und Folter begannen und zuletzt die Methode annahmen, sie zu Hunderten auf den Scheiterhaufen zu schicken.

Im Jahre 1488 wollte Albert, Erzbischof von Cremona und Legat des Papstes Innocenz VIII., ein Vorspiel der Barbareien aufführen, welche später Milton Unwillen und Cromwell Furcht einflößten. Die Waldenser von Piemont trieben ihn aber überall zurück, und er verließ nun ihre Thäler und überstieg den Mont Genèvre, um die schwächeren und dünner bevölkerten Thäler der Waldenser im Dauphiné anzugreifen. Die Armee, die er in das Thal der Durance führte, bestand theils aus regelmäßigen Truppen, theils aus Strolchen, Räubern und Mördern, die er dadurch unter seine Fahne gelockt hatte, daß er ihnen Ablaß im Voraus, Befreiung von allen geleisteten Gelübden und das sämmtliche Eigenthum ihrer Feinde versprochen hatte. Die Einwohner des Val Louise flohen vor einem Feinde, der zehnmal so stark wie sie war, und suchten ihre Zuflucht in der eben erwähnten Höhle, wo sie Lebensmittel auf zwei Jahre aufgehäuft hatten. Die Unduldsamkeit ist aber unverdrossen; ihr Versteck wurde aufgespürt. Erzbischof Albert hatte einen Hauptmann, der die List eines Herodes mit der Grausamkeit eines Pelissier verband. An Stricken ließ er seine Leute an den Felsen nieder, häufte vor dem Eingang der Höhle Reisig an, brannte es an und erstickte Diejenigen, welche nicht herauskamen und sofort erschlagen wurden. Die Waldenser wurden erbarmungslos ausgerottet, ohne daß man einen Unterschied des Alters oder Geschlechts machte. Mehr als dreitausend Personen sollen bei diesem abscheulichen Gemetzel den Tod gefunden haben. Mit einem Schlage wurde eine mehr als dreihundertjährige Arbeit vernichtet und das Thal entvölkert. Louis XII. schickte wieder Ansiedler hin, und nachdem wieder mehr als dreihundert Jahre verflossen, ist das Resultat — ein Geschlecht von Affen.*

Diese Erinnerungen begleiteten uns zu einer kleinen Quelle, von der wir nach kurzer Rast weitereilten. Am Fuße des Sapenière-Gletschers wendeten wir uns auf Semiond's Weisung rechts und kletterten eine halbe Stunde lang durch einzeln stehende Fichten und heruntergestürzte Felsblöcke aufwärts. Der Abend brach rasch herein, und es wurde Zeit, einen Ruheplatz aufzusuchen. Das wurde uns nicht schwierig, da Alles rings umher von Felsblöcken voll lag. Hinter einem derselben, der gewiß 50 Fuß lang und 20 Fuß hoch war, wählten wir unser Lager, und nachdem wir die Erde vom Steingeröll gesäubert hatten, sammelten wir Holz für das Feuer.

Diese Biwacht ist für mich eine angenehme Erinnerung. Das Weinfäßchen, das aus allen Gefahren glücklich gerettet war, wurde angezapft und spendete durch seinen abscheulichen Inhalt den Franzosen einigen Trost. Raynaud begann französische Lieder zu singen

---

* Die Gemeinde des Val Louise zählt gegenwärtig etwa 3400 Einwohner. Reclus schildert die Bevölkerung von Cretins in folgender Weise: „In ihrer Kindheit erlangen sie die höchste geistige Entwicklung, deren sie fähig sind. Mit majestätischen Kröpfen versehen, die mit dem Alter länger und dicker werden, gleichen sie den Orang-Utangs, die nach drei Jahren nichts mehr zu lernen haben. In dem Alter von fünf Jahren haben die kleinen Cretins bereits den reifen und ruhigen Charakter, den sie ihr Leben lang behalten.“

und die übrigen trugen durch das Erzählen von Geschichten und Scherzen zur Unterhaltung bei. Das Wetter war ausgezeichnet und unsere Aussichten für den morgenden Tag konnten nicht besser sein. Die Heiterkeit meiner Gefährten erreichte ihren Höhepunkt, als ich ein Päckchen Rothfeuer in die Flammen warf. Einen Moment zischte und brodelte dasselbe und brach dann in einer mächtigen Gluth aus. Die Wirkung der momentanen Beleuchtung war prächtig; alle Berge ringsum erhellten sich einige Secunden und sanken dann in ihre feierliche Düsterkeit zurück. Ein Mitglied unserer Gesellschaft nach dem andern schlich zu seinem Lager und schließlich hüllte ich mich auch in meine Decke. Ich hatte sie kaum nöthig, denn obgleich wir uns in einer Höhe von mindestens 8000 Fuß befanden, blieb das Quecksilber immer über 40 Grad Fahrenheit.

Um 3 Uhr standen wir auf, kamen aber erst eine halbe Stunde später fort. Ich hatte Giraud blos bis zu diesem Punkte angenommen, doch ließ ich ihn weiter mitgehen, da er den Wunsch darnach aussprach. Wir erstiegen die Hänge und waren bald über die Baumgrenze hinaus, worauf wir ein paar Stunden über steile Felsen und Geröllschichten wegzuklettern hatten. Kurz nach 6 Uhr befanden wir uns bei dem schmalen Gletscher Clos de l'Homme, der von dem flachen Gipfel ausströmt und fast bis zum Sapenière reicht. So viel als möglich hielten wir uns rechts, um den Gletscher zu vermeiden, mußten aber immer umkehren. Der alte Semiond hatte gegen das Eis eine große Abneigung und suchte nach einem anderen Wege, Reynaud und ich entschlossen uns aber zum Ueberschreiten des Gletschers und Giraud schloß sich uns an. Der Gletscher war so schmal, daß man mit einem Stein über ihn wegwerfen konnte, und ließ sich an der Seite leicht besteigen. In der Mitte aber erhob er sich zu einem steilen Dom, in den Stufen gehauen werden mußten. Giraud trat vor, um sein Probestück zu machen, und gab das Beil nicht wieder her, als er es einmal bekommen hatte. Er verrichtete alle Arbeit nicht blos hier, sondern auch später, als wir über die mit hartem Schnee gefüllten Vertiefungen gehen mußten, wie sie höher auf den Bergen häufig anzutreffen sind.

Der alte Semiond kam uns natürlich nach, als wir über das Eis gingen. Im Zickzack stiegen wir an mehreren Schneehängen hinauf und begannen kurz darauf, die endlose Reihe von Vorsprüngen zu erklettern, in denen die große Eigenthümlichkeit des Pelvoux besteht. An vielen Stellen waren sie sehr steil, boten indessen fast immer einen guten Haltepunkt dar, so daß von einem schwierigen Steigen eigentlich nicht die Rede sein konnte. Vertiefungen kamen viele vor und waren zuweilen von bedeutender Länge und Tiefe. Hier war das Gestein häufig lose und würde einem einzelnen Menschen viel Schwierigkeiten gemacht haben. Die Vorangehenden mußten viele Vorwürfe hören, daß sie Steine aus ihrer Lage und ins Rollen brachten. Ohne diese kleinen verdrießlichen Vorfälle würde überhaupt das Steigen sehr langweilig gewesen sein, und sie hatten wenigstens das Gute, die Eintönigkeit zu unterbrechen.

Immer fort stiegen wir, zuweilen wie im Schornstein, aufwärts, und glaubten immer zum Ziele zu gelangen, ohne es doch jemals zu erreichen. Endlich standen wir am Fuß einer großen Klippe, die vielleicht 200 Fuß hoch sein mochte, und blickten hinauf. Obgleich wir die Spitze nicht sahen, hatten wir die Ueberzeugung, daß hinter der Klippenreihe, die wir vor uns hatten, ein Gipfel liege, und daß dieser den Rand der Hochfläche bilde, nach der wir strebten. Wir kletterten, erstiegen die Klippen, sahen eine zweite vor uns, und dann eine dritte und noch mehrere, bis wir endlich den höchsten Punkt erreichten und nun fanden, daß es blos ein Vorsprung sei, und daß wir 40 bis 50 Fuß hinuntersteigen müßten, ehe wir wieder zu klettern beginnen könnten. Nachdem wir diese Arbeit einige Dutzend Mal ausgeführt hatten, wurde sie ermüdend, und zwar um so mehr, als wir nicht wußten, wo wir seien. Semiond ermuthigte uns indessen und behauptete, daß wir auf dem rechten Wege seien.

Es war jetzt fast Mittag geworden und wir schienen dem Gipfel des Pelvoux nicht näher zu sein als bei unserem Aufbruche.

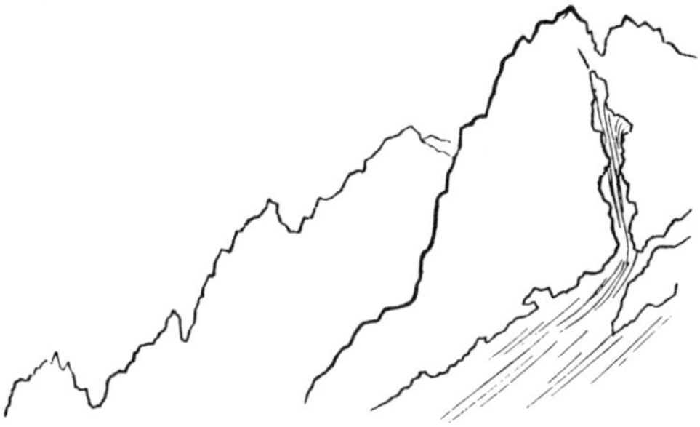

Vorsprünge des Mont Pelvoux.

Endlich traten wir alle zusammen und hielten einen Kriegsrath. „Semiond, alter Freund, wissen Sie wirklich, wo wir gegenwärtig sind?" „Gewiß, ganz genau, bis auf anderthalb Ellen." „Gut also, wie weit haben wir noch bis zur Hochebene?" Er versicherte, daß wir keine halbe Stunde vom Rande des Schnees entfernt seien. „Sehr schön, gehen wir weiter!" Es verging eine halbe Stunde und noch eine, aber wir blieben immer in der Ungewißheit, denn Klippen, Vorsprünge und Schluchten gab es in Menge, nur der Gipfel ließ sich nicht sehen. Wir riefen also Semiond wieder herbei, der zuletzt wie im Zweifel um sich geblickt hatte, und wiederholten die Fragen. „Wie weit haben wir noch?" „Vielleicht noch eine halbe Stunde," meinte er. „Das sagten Sie ja schon vorhin; sind wir auch auf dem rechten Wege?" Ja, das glaube er. An seinem bloßen Glauben war uns nichts gelegen. „Wissen Sie gewiß, daß wir direct auf den Pic des Arcines losgehen?" „Pic des Arcines?" rief er erstaunt aus, als ob er die Worte zum ersten Mal höre. „Nein, zum Pic des Arcines kommen wir nicht, wohl aber zu der Pyramide, der berühmten Pyramide, die ich mit dem großen Hauptmann Durand aufgerichtet habe."

Welche Ueberraschung! Einen ganzen Tag hatte ich über den Gipfel mit ihm gesprochen, und nun bekannte er, daß er nichts von ihm wisse. Ich wendete mich zu Reynaud, der wie vom Donner getroffen zu sein schien, und fragte ihn um seine Meinung. Er zuckte mit den Schultern. Gegen Semiond sprach ich mich sehr offen aus und sagte endlich:, „Je eher wir umkehren, desto besser ist es, denn nach Ihrer Pyramide verlangt uns nicht."

Eine Stunde ruhten wir aus und begannen dann das Hinabsteigen. Beinahe sieben Stunden brauchten wir, bis wir bei unserem Nachtlager ankamen, und machten hier eine Entdeckung, die mich ebenso aufregte, wie Robinson Crusoe durch die Fußtapfen im Sande aufgeregt wurde. Neben unserem Feuerplatze lag ein blauseidener Schleier. Es gab nur die eine Erklärung, daß Macdonald angekommen sei, aber wo war er? Wir luden unser Gepäck auf den Rücken und trabten in der Dunkelheit durch die Steinwüste nach Alefred zurück, wo wir um halb zehn Uhr ankamen. „Wo ist der Engländer?" war meine erste Frage. Er hatte sich in La Ville ein Nachtlager gesucht.

Die Nacht schliefen wir auf einem Heuboden und eilten am anderen Morgen, nachdem wir uns mit Semiond abgefunden hatten, das Thal hinunter, um uns mit Macdonald zu vereinigen. Wir hatten bereits einen Operationsplan entworfen, welcher darin bestand, daß wir mit Macdonald umkehren, aber uns auf keinen Führer verlassen, sondern blos einen Mann zum Tragen des Gepäcks mitnehmen wollten. Ich hatte meine Gedanken auf Giraud gerichtet, der keine großen Ansprüche machte und doch der Arbeit in jeder Beziehung gewachsen war. Leider konnte er uns nicht dienen, da er nach Briançon gehen mußte.

Unser Gang wurde bald zu einem aufregenden. Die Leute wollten das Resultat unseres Unternehmens wissen und wir mußten aus Höflichkeit Halt machen. Nun fürchtete ich aber, meinen Freund zu verfehlen, denn ich wußte, daß er blos bis 10 Uhr warten wolle, und diese Stunde war nahe. Als ich endlich über die Brücke eilte, kam mir ein Mann entgegen und sagte, daß der Engländer eben nach La Bessée aufgebrochen sei. Ich lief ihm nach und eilte um eine Straßenecke nach der andern, ohne ihn zu sehen, bis ich endlich um einen Felsen bog, während er gerade in scharfem Gange um den nächsten Vorsprung gehen wollte. Ich rief und wurde von ihm glücklicherweise gehört. Wir kehrten um, versorgten uns in La Ville mit neuen Lebensmitteln und machten uns sofort wieder auf den Weg. Allerdings hatte ich keinen Führer annehmen wollen, aber als wir durch La Pisse gingen, trat der alte Semiond aus der Thür und bot seine Dienste an. Trotz seiner Jahre und seiner Verachtung der Wahrheit war er ein brauchbarer Mensch. „Weshalb sollen wir ihn nicht nehmen?“ sagte mein Freund. Wir boten ihm also den fünften Theil seines früheren Lohnes und hatten nach wenigen Secunden mit ihm abgeschlossen. Diesmal war seine Stellung eine untergeordnete, denn wir waren die Führer und er folgte blos. Unser zweiter Diener war ein siebenundzwanzigjähriger Bauer, der unseren Wünschen nicht in allen Punkten entsprach. Er trank Reynaud's Wein, rauchte unsere Cigarren und schaffte die Lebensmittel bei Seite, wenn wir fast verhungerten. Daß wir seine

Streiche entdeckten, brachte ihn nicht aus der Fassung, und noch zuletzt suchte er in La Ville einige seiner Bedürfnisse auf unsere Wirthsrechnung zu bringen und war sehr ärgerlich, als wir die Ansätze strichen.

In der nächsten Nacht schlugen wir unser Lager hoch über der Baumgrenze auf und machten uns die gesunde Körperbewegung, das Brennholz zum Feuer hinaufzutragen. Unser Feuerplatz war nicht so bequem als der vorige, und wir konnten nicht eher Platz nehmen, als bis wir einen großen Felsblock entfernt hatten, der uns im Wege war. Er benahm sich sehr hartnäckig, doch setzte er sich endlich in Bewegung, zuerst sanft und langsam, dann schneller und schneller, bis er große Sprünge in die Luft machte und bei jeder Berührung des Bodens Feuer aus den Steinen schlug, das ihn uns noch sichtbar machte, als er das düstere Thal zu unseren Füßen erreichte. Er war uns bereits lange aus dem Gesicht, als wir ihn noch abwärts springen und zuletzt mit einem dumpfen Krach auf dem unteren Gletscher zur Ruhe kommen hörten. Als wir uns von dem merkwürdigen Anblick zurückwandten, fragte Reynaud uns, ob wir jemals einen Bergstrom in Feuer gesehen hätten, und erzählte uns dann, daß die Durance, wenn sie im Frühling von geschmolzenem Schnee geschwollen sei, zuweilen so viele Felsblöcke mit herunterbringe, daß man an der Stelle, wo sie durch die enge Schlucht von La Bessée ströme, gar kein Wasser, sondern blos Steine sehe, die einer über den andern rollten, sich gegenseitig zu Staub zerrieben und so viel Funken schlügen, daß der Strom im Feuer zu stehen scheine.

Wir hatten wieder einen fröhlichen Abend, der ohne jede Störung verlief. Das Wetter war unvergleichlich, und mit Behagen genossen wir, an den Felsen gelehnt, der Ruhe und betrachteten den Himmel, der mit Zehntausenden flimmernder Sterne geschmückt war.

Als wir beim schwarzen Kaffee angelangt waren, erzählte Macdonald sein Abenteuer. Einige Zeit war er Tag und Nacht gereist, um zu uns zu gelangen, hatte aber unser erstes Nachtlager verfehlt und unter einem anderen Felsen, nur wenige hundert Schritte von uns entfernt und höher am Berge aufwärts, geschlafen. Am nächsten Morgen sah er uns in großer Höhe über seinem Standpunkte einen Grat entlang gehen. Da er nicht zu uns kommen konnte, so legte er sich nieder und beobachtete uns mit schwerem Herzen, bis wir um die Ecke eines Vorsprungs bogen und verschwanden.

Die feierliche Stille der Nacht wurde durch nichts als das schwere Athmen unserer bereits schlafenden Gefährten unterbrochen. Durch nichts? Horch, was ist das für ein dumpfer polternder Ton über uns? Ist das nichts? Da ist er wieder, deutlicher, und kommt näher und näher. Es ist ein Felsblock, der sich oben losgemacht hat. Welch ein furchtbares Krachen! Wir springen auf, denn jetzt kommt er mit schrecklicher Wuth herunter, mit einer Gewalt, der nichts zu widerstehen im Stande ist. Er tanzt, springt, fliegt, prallt gegen andere Felsen an und stürzt donnernd bergab. Gottlob, jetzt ist er vorbei! Nein, da ist er wieder, und wir halten unsern Athem an, während er mit unwiderstehlicher Wucht und mit

Explosionen wie von einem Geschütz vorbeisaust und eine Legion zertrümmerter Steine hinter sich herzieht. Wir sahen ihn jetzt nicht mehr und athmeten freier, als wir unten auf dem Gletscher das Finale spielen hörten.*

Wir legten uns endlich auch nieder, doch war ich zu aufgeregt, um schlafen zu können. Um ein Viertel nach vier Uhr nahmen wir unser Gepäck auf und begannen unseren Marsch. Wir wollten uns etwas mehr rechts halten, um zu versuchen, ob es nicht möglich sei, die Höhe ohne Uebersteigung des Gletschers zu erreichen. Wollte ich unseren Weg beschreiben, so müßte ich das oben Gesagte wiederholen. Anderhalb Stunden lang stiegen wir, bald gehend und häufiger kletternd, ununterbrochen, um uns schließlich zu überzeugen, daß der Gletscher nicht zu vermeiden sei. Der Theil desselben, mit dem wir es jetzt zu thun bekamen, war äußerst steil und von vielen Spalten durchzogen. Der letztere Ausdruck sagt eigentlich zu wenig, denn das Eis war eine einzige Masse von fürchterlichen Rissen. Mit Hülfe des Seils kamen wir glücklich hinüber, und nun begannen die endlosen Klippen wieder. Stunde auf Stunde stiegen wir, schlugen häufig eine falsche Richtung ein und mußten dann wieder zurück. Der hinter uns liegende Rücken war längst unsichtbar geworden, und wir blickten über ihn und alle anderen Rücken weg, bis unsere Augen auf dem majestätischen Viso ruhten. Noch einmal verging Stunde auf Stunde und Monotonie war unsere Tagesordnung. Um 12 Uhr frühstückten wir und freuten uns mit Selbstzufriedenheit der Aussicht. Alle Gipfel, mit alleiniger Ausnahme des Viso, lagen tiefer, als wir standen, und wir über-

* Bei seiner Expedition von 1848 wurde Puiseux bei einem Frühstück am Berge sehr erschreckt, als eine Felsmasse von mehr als einer Kubikelle wie eine Bombe neben ihm niederfiel und im Zertrümmern nach allen Richtungen Steine umherfliegen ließ.

blickten einen ungeheuren Umkreis, ein wahres Meer von Bergspitzen und Schneefeldern. Die Klippen unseres Berges ragten noch über uns empor, und offen wurde die Ansicht ausgesprochen, daß wir heute keinen Gipfel des Pelvoux sehen würden. Der alte Semiond blieb allein zuversichtlich und wiederholte mit seinem selbstgefälligen, nachgerade unerträglich gewordenen Lachen, was er immer

MONT PELVOUX.

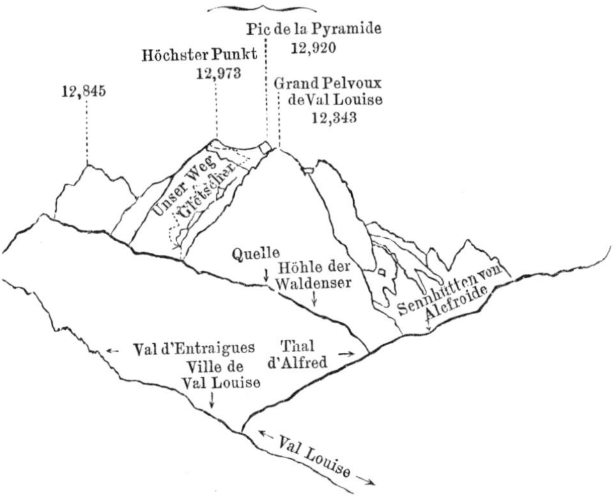

sagte, wenn Einer von uns stehen blieb und sich umsah: „Fürchten Sie sich nicht, folgen Sie mir!"

Schließlich kamen wir zu einer ganz schlechten Stelle, die aus steilem und bröckelndem Gestein bestand und keinen Halt darbot. Hier erklärten Reynaud und Macdonald, daß sie müde seien, und sprachen vom Schlafen. Zum Glück fanden wir einen gangbaren Weg, und als bald darauf Einer von uns rief: „Blickt auf den Viso!" nahmen wir wahr, daß wir fast über ihn wegsahen. Mit verdoppelter Energie arbeiteten wir uns weiter und entdeckten nun den Anfang des Gletschers, der von der Gipfelfläche herniederströmt. Dieser Anblick flößte uns neue Hoffnung ein, da wir nun wußten, daß wir uns nicht getäuscht hatten, und wir begrüßten den lange ersehnten Schnee mit einem Freudengeschrei. Eine breite Spalte trennte uns von demselben, doch fand sich eine Brücke, die wir glücklich überschritten, nachdem wir uns an einander gebunden hatten. Kaum hatten wir auf der andern Seite der Spalte einige Schritte gemacht, so erhob sich eine schöne, mit Schnee bekleidete Spitze vor uns. Der alte Semiond rief: „Die Pyramide, ich sehe die Pyramide!“ „Wo, Semiond, wo?“ „Dort, oben auf jener Spitze!“

Dort lag in der That der Steinhaufen, den er vor mehr als dreißig Jahren aufzuschichten geholfen hatte. Wo aber war der Pic des Arcines, den wir sehen sollten? Wir sahen ihn nirgends, und nur eine große Schneefläche, von drei Spitzen begrenzt, zeigte sich uns. Betrübten Herzens gingen wir auf die Pyramide zu und klagten, daß wir keine Eroberung machten könnten. Kaum waren wir indessen zweihundert Schritte weit gegangen, so stieg links vor uns ein prächtiger weißer Kegel auf, der bis jetzt durch einen Schneeberg unseren Blicken verhüllt worden war. „Der Pic des Arcines!“ riefen wir und fragten Semiond, ob er etwas von einer früheren Ersteigung dieses Pic wisse. Er konnte uns weiter nichts sagen, als daß die vor uns liegende Spitze die Pyramide heiße, daß er selbst die Steine zum Denkmal mit getragen habe, und daß seitdem Niemand oben gewesen sei. „So ist Alles in Ordnung, vorwärts!“ riefen wir und wendeten uns im rechten Winkel zum Kegel, nachdem Semiond einige schwache Versuche gemacht hatte, uns zu seiner geliebten Pyramide zu locken. Nach etwa fünf Minuten wurde unser Fortschritt durch den Rand des Grats gehemmt, der die beiden Spitzen verbindet und, wie wir jetzt sahen, sich schneckenförmig windet. Unwillkürlich traten wir zurück. Semiond, der am Seil der letzte war, benutzte die Gelegenheit, sich loszubinden, und wollte nicht weitergehen. Wir würden in schreckliche Gefahr gerathen, sagte er, und schwatzte etwas von Eisspalten. Wir banden ihn wieder an und gingen weiter. Der Schnee war sehr weich, so daß wir immer bis an die Knie einsanken. Sank einmal Einer bis an die Brust ein, so wurde ihm vom Hintermann und Vordermann durch ein starkes Anziehen des Seiles geholfen. Wir hatten jetzt den Fuß der höchsten Spitze des Mont Pelvoux erreicht. Ein Grat zur linken Hand schien bequemer zu sein als der, auf dem wir standen, und wir arbeiteten uns zu ihm hinüber. Unter dem Gipfel ragten einige Klippen von 150 Fuß empor, und zu diesen krochen wir hinauf, indem wir unseren Träger, der sich zu sehr fürchtete, zurückließen. Ich konnte der Versuchung nicht widerstehen, beim Klettern zurückzusehen und ihm mit den Worten zu winken: „Fürchten Sie sich nicht, folgen Sie mir!" Er entsprach aber der Aufforderung nicht und hat die Spitze nie betreten. Die Klippen führten zu einer mit Eis bekleideten kurzen Felsleiste, die auf der einen Seite von unserem Grat begrenzt wurde und auf der anderen an einen fast senkrechten Abgrund stieß. Macdonald betrat sie zuerst, und nach einer Viertelstunde schüttelten wir uns auf der höchsten Spitze des besiegten Pelvoux die Hände.

Es blieb noch einige Zeit Tag, und das war Alles, was wir wünschten. In der Nähe und Ferne traten zahllose Bergspitzen in Sicht, und nicht eine Wolke schwebte zwischen ihnen. Der mächtige, sechzehn deutsche Meilen entfernte Montblanc fiel uns zuerst in die Augen, und noch weiter hin zeigte sich die Monte-Rosa-Gruppe, während im fernen Osten eine unbekannte Bergkette hinter der anderen in unverschleiertem Glanz sich entwickelte. In der Ferne wurden diese

Gebirgsreihen im Ton immer schwächer, blieben indessen noch immer deutlich, bis sie ganz hinten am Horizont so dahinschwanden, daß das Auge Luft und Berg nicht mehr zu unterscheiden vermochte. Hoch ragte der Monte Viso auf, der allerdings weniger als neun deutsche Meilen entfernt war, und über ihn hinweg blickten wir auf eine dunstige Masse, von der wir wußten, daß sie die große piemontesische Ebene sei. Gegen Süden deutete ein blauer Nebel die Existenz des Mittelmeers an, gegen Westen überblickten wir die Gebirge der Auvergne. Das war unser Panorama, eine Aussicht, die in jeder Richtung über zwanzig deutsche Meilen hinausreichte. Nicht ohne Schwierigkeit machten wir unsere Blicke von den fernen Gegenständen los, um die nahen zu betrachten. Mont Dauphin war leicht zu erkennen, La Bessée fanden wir schwer heraus. Außer diesen Orten ließ sich keine menschliche Wohnung sehen, nichts als Felsen, Schnee und Eis. Daß die Schneefelder des Dauphiné groß seien, wußten wir, und dennoch staunten wir über ihre ungeheure Ausdehnung, die man sich mit der glühendsten Phantasie nicht ausmalen kann. Fast auf der Linie zwischen uns und dem Viso, unmittelbar südlich von Chateau Queyras, lag eine prächtige Berggruppe von bedeutender Höhe. Mehr gegen Süden sahen wir eine unbekannte Spitze, die noch höher zu sein schien, während wir auch in der Nähe zu unserem Erstaunen einen Berg entdeckten, der selbst über unseren Standpunkt aufzuragen schien. Das war wenigstens meine Ansicht; Macdonald erklärte ihn für niedriger und Reynaud für etwa gleich hoch.

Dieser Berg war vielleicht eine deutsche Meile entfernt und wurde durch einen fürchterlichen Abgrund, den wir nicht bis unten verfolgen konnten, von uns getrennt. Gegenüber erhob sich die mächtige und mauerartige Spitze dieses Berges, der für Schnee zu steil war, schwarz wie die Nacht mit scharfen Rändern und lief in eine Nadel aus. Ueber seine Umgebung befanden wir uns in vollkommener Unwissenheit, da keiner von uns auf der anderen Seite gewesen war, und glaubten z. B., daß La Bérarde in dem Abgrunde zu unseren Füßen zu suchen sei, während es jenseits des Berges liegt.*

Als wir den Gipfel verlassen hatten und zu den Klippen und unserem Führer heruntergestiegen waren, kochte ich Wasser, das ich mir aus schmelzendem Schnee verschaffte. Wir tranken unseren Thee, rauchten unsere Cigarren, die wir ohne Schwierigkeit mit einem gewöhnlichen Zündhölzchen in Brand setzten, und brachen nun rasch auf, da es bereits zehn Minuten nach 3 Uhr war. Eine halbe Stunde lang wadeten und stolperten wir durch den Schnee und hatten nun das lange Heruntersteigen von den Felsen vor uns. Es war beinahe 4 Uhr, und da es um 8 Uhr dunkel wurde, so hatten wir offenbar keine Zeit zu verlieren und beeilten uns deshalb auf das höchste. Auf dem Rückwege kam nichts Bemerkenswerthes vor. Wir hielten uns ziemlich dicht an dem Gletscher und überschritten ihn an demselben Punkte wie am Morgen. Das Herabgehen war ebenso schwierig wie das Hinaufsteigen. Der alte Semiond und Reynaud waren schon hinüber und jetzt kam Macdonald, machte einen Fehltritt, glitt aus und würde im nächsten Augenblick in den Eingeweiden einer Eisspalte gelegen haben, wenn er nicht angebunden gewesen wäre.

Es war jetzt ziemlich dunkel geworden, aber ich hoffte trotzdem,

---

* Dieser Berg ist der höchste der Gruppe und wird auf der französischen Karte Pointe des Ecrins genannt. Man sieht ihn vom Val Christophe, und dort verdeckt er den Mont Pelvoux vollständig. Auf der anderen Seite dagegen, d. h. in der Richtung von La Bessée und dem Val Louise, ist das Gegentheil der Fall: der Pelvoux verdeckt ihn. Da wir nicht wußten, daß jener Name auf ihn angewendet wird, gaben wir unserem Gipfel, den Ueberlieferungen der Einwohner folgend, den Namen Pic des Arcines oder des Ecrins.

daß wir unser früheres Nachtlager noch erreichen würden. Macdonald war nicht so sanguinisch und hatte leider Recht, denn wir verirrten uns und wanderten eine Stunde hülflos auf und nieder, wobei Reynaud und der Träger sich mit Vorwürfen überhäuften. Die traurige Thatsache, daß wir nicht herunter könnten und folglich bleiben müßten, wo wir seien, wurde immer offenbarer.

Wir befanden uns mindestens 10 500 Fuß hoch, und wenn es zu regnen oder zu schneien anfing, wie die dichter werdenden Wolken und der zunehmende Wind drohten, so befanden wir uns in schlimmer Lage. Wir waren hungrig, da wir seit 3 Uhr Morgens wenig gegessen hatten, und ein Bergstrom, den wir dicht bei uns hörten, aber nicht entdecken konnten, vermehrte unseren Durst. Semiond versuchte Wasser aus ihm zu schöpfen, und es gelang ihm, aber nun war ihm die Rückkehr zu uns unmöglich, und wir mußten ihn nun trösten, indem wir ihm von Zeit zu Zeit durch die Nacht zuriefen.

Eine abscheulichere Oertlichkeit für eine Nacht im Freien läßt sich schwer denken. Wir hatten gar keinen Schutz, waren also dem kalten Winde, der zu wehen anfing, völlig ausgesetzt und konnten auch nicht auf und ab gehen, da es zu steil war. Lose Steine bedeckten den Boden und mußten beseitigt werden, wenn wir uns bequem setzen wollten. Dies war ein Vortheil, obgleich wir ihn nicht gleich als solchen erkannten, da es uns einige Beschäftigung gab. Nachdem ich mir diese interessante Körperbewegung eine Stunde gemacht hatte, erhielt ich einen schmalen Streifen von neun Fuß Länge, der mein Spaziergang wurde. Reynaud war zuerst wüthend und schimpfte aus Leibeskräften auf den Träger, dessen Meinung über den Weg für uns maßgebend gewesen war. Zuletzt stimmte er sich zu einer tief tragischen Verzweiflung herab, rang die Hände und rief: „Das Unglück, das Unglück!“

Der Donner begann zu rollen, Blitze spielten um die Hochgipfel und der Wind, der die Luftwärme bis fast auf den Gefrierpunkt herabbrachte, durchkältete uns bis auf die Knochen. Wir untersuchten unsere Vorräthe und fanden sechs und eine halbe Cigarre, einen kleinen Rest Branntwein und eine halbe Flasche Spiritus. Für drei Männer, die einen so anstrengenden Marsch gemacht hatten, war das freilich nicht viel. Wir zündeten die Spirituslampe an und kochten den Rest des Spiritus und den Branntwein in Schneewasser. So stark das Getränk war, hätten wir gern noch mehr davon gehabt. Als wir getrunken hatten, trocknete Macdonald seine Socken bei der Lampe und dann wickelten wir uns alle drei in meinen Plaid und versuchten zu schlafen. Reynaud's Schmerz wurde durch Zahnweh vermehrt, auch ich schlief nicht, und blos Macdonald schloß seine Augen.

Die längste Nacht muß einmal enden, und auch der unsrigen geschah dies. In fünfviertel Stunden waren wir bei unserem Felsen und fanden hier unseren zweiten Träger, der behauptete, daß er ein riesiges Feuer unterhalten habe, um uns den Weg zu zeigen, und die ganze Nacht nicht müde geworden sei, zu rufen. Wir hatten kein Feuer gesehen und kein Rufen gehört. Nach seiner Behauptung sahen wir wie Gespenster aus, und damit sagte er wohl die Wahrheit, denn wir waren vier Nächte draußen gewesen.

In unserer Höhle schmausten wir und verrichteten die nothwendigen Abwaschungen. Die Körper der Einheimischen werden von gelenken Geschöpfen bewohnt, deren Geschwindigkeit blos durch ihre Menge und ihre Gefräßigkeit übertroffen wird. Es ist gefährlich, sich diesen Leuten zu nähern, und man muß sich stets auf ihrer Wetterseite halten. Trotz aller unserer Vorsichtsmaßregeln wurden mein unglücklicher Gefährte und ich fast lebendig aufgefressen. Nur auf kurze Zeit konnten wir von Schmerzen frei zu sein hoffen, denn das Innere der Gasthöfe ist wie das Aeußere der Eingeborenen und wimmelt von dieser Form des thierischen Lebens.

Man erzählt, daß diese Quälgeister einmal in Masse über einen arglosen Reisenden hergefallen wären und ihn aus dem Bett gezogen hätten. Verbürgen will ich es nicht, und über diesen unangenehmen Gegenstand nur noch ein Wort sagen. Als wir von unserer Waschung zurückkehrten, waren die beiden Franzosen in Unterhaltung begriffen. „Was Flöhe betrifft," sagte der alte Semiond, „so bin ich nicht besser als andere Leute: ich habe welche." Dieses Mal hatte er die Wahrheit gesprochen.

Zu guter Zeit erreichten wir La Ville und schwelgten dort mehrere Tage. Mit den Einwohnern schoben wir manche Partie Kegel und wurden regelmäßig besiegt. Endlich mußten wir uns trennen und ich wendete mich gegen Süden zum Viso, während Macdonald nach Briançon ging.

Ich habe nicht verschwiegen, daß die Ersteigung des Mont Pelvoux einen ziemlich eintönigen Charakter hat. Die Aussicht von seinem Gipfel kann dagegen mit vollem Recht empfohlen werden. Ein Blick auf die Karte wird zeigen, daß mit Ausnahme des Viso, dessen Lage unvergleichlich ist, kein anderer Berg von bedeutender Höhe existirt, der einen besseren Ueberblick über die ganzen Westalpen gewährte.

Unsere Entdeckung, daß die Bergspitze, welche die Pointe des Ecrins genannt werden muß, ein besonderer und von dem Mont Pelvoux verschiedener Berg, nicht dessen höchster Punkt ist, erfüllte uns mit Befriedigung, obgleich sie uns im ersten Augenblicke nicht gerade angenehm war.

Noch bei unserer Rückkehr nach La Bessée hielten wir sie für identisch mit der Spitze, die man von dort zur Linken des Pelvoux erblickt. Die beiden Berge sind einander sehr ähnlich, so daß eine

Verwechslung leicht vorkommen kann. Obgleich der letztere Berg bedeutend höher als das Wetterhorn und der Monte Viso ist, so hat er doch keinen Namen und wurde von uns der Pic sans Nom genannt. Von Anderen ist bemerkt worden, wie unwahrscheinlich es sei, daß die französischen Vermesser mehrere Tage auf der Spitze der Pyramide verweilt hätten, ohne den anderen und höheren Gipfel zu besuchen. Es wäre noch sonderbarer, wenn sie ihn bestiegen und kein Andenken hinterlassen hätten. Die Eingeborenen, welche sie begleiteten, versicherten, daß sie nicht von der einen Spitze zur anderen herübergegangen wären, und wir betrachteten uns daher als die ersten Ersteiger des höchsten Punktes. Herrn Puiseux gegenüber könnten wir diesen Anspruch allerdings nicht aufrecht halten. Darauf kommt indessen wenig an; die Bergfahrt hatte für uns das ganze Interesse einer ersten Ersteigung, und ich blicke auf sie, da sie mein erstes schwieriges Unternehmen war, mit mehr Zufriedenheit und Freude zurück als auf die Besteigung, über die ich in diesem Buche ausführlich berichten werde. Macdonald nahm dieselben angenehmen Erinnerungen mit sich fort.

Nachdem ich mich von diesem liebenswürdigen Gefährten getrennt hatte, ging ich durch die Schlucht des Guil nach Abries, wo ich die Bekanntschaft eines genialen Menschen machte, der früher Hafenmeister in Marseille gewesen war und gut Englisch sprach. Außer ihm und den schönen Forellen in den nahen Berggewässern gab es wenig, was zu längerem Verweilen einlud. Das Wirthshaus ist ein Ort, den man vermeiden muß. Der Wirth ist ein wahrer Räuber. Als ich später einmal gezwungen war, in seinem Hause eine Zuflucht zu suchen, forderte er mir meinen Paß ab, las den Namen John Russell und trug ihn statt des meinigen in den Bericht an die Polizei ein, indem er einen Ausruf freudigster Ueberraschung hören ließ. Ich war so thöricht, ihm seinen Irrthum nicht zu nehmen, und hatte theuer dafür zu bezahlen, denn er schrieb mir eine Lords-Rechnung, gegen die ich mit allen meinen Protesten nicht aufkam. Sein leicht erklärliches Mißverständniß wurde von einem Gendarmen von Bourg d'Oysans überboten, der den Paß mit ernster Miene verkehrt vor sich hinhielt, sich mehrere Minuten stellte, als ob er ihn lese, und dann als richtig zurückgab.

Rings um Abries spricht man ein Patois, das in Charakter mehr oder weniger italienisch ist, und die Aussprache der Eingeborenen erinnert an einen englischen Spießbürger, der zum ersten Male französisch spricht. In diesem Winkel Frankreichs giebt es eine bedeutende Zahl von Dialekten, und zuweilen findet man im Umkreise einiger Stunden mehrere, die den Einwohnern der umgrenzenden Bezirke eben so unverständlich sind wie dem Fremden. In einigen Gegenden schreibt man das Patois auf dieselbe Weise, aber die Aussprache ist eine verschiedene, wie dies auch in China der Fall ist. Für den Fremden sind alle diese Dialekte, mögen sie nun geschrieben oder gesprochen werden, schwer zu verstehen.

Ich verließ den abscheulichen Gasthof von Abries, um in La Chalp, einem Dorfe näher am Viso, ein friedliches Heubündel aufzusuchen. Als ich dem Orte nahe kam, ließ sich der landesübliche Menschengeruch deutlich spüren, und als ich um eine Ecke bog, wurde der Grund offenbar. Der Priester des Orts war da und einige Mitglieder seiner Heerde umgaben ihn. Demüthig und mit dem Hut in der Hand ging ich auf ihn zu und hatte kaum ein Wort gesagt, als er losbrach: „Wer sind Sie? Was sind Sie? Was wollen Sie hier?" Ich versuchte mich zu erklären. „Sie sind ein Ausreißer, ich weiß, daß Sie ein Ausreißer sind; fort mit Ihnen, hier können Sie nicht bleiben; gehen Sie nach Le Monta dort unten; hier wollen wir Sie nicht haben!" Und damit trieb er mich im wörtlichsten Sinne des Wortes fort. Die Erklärung seines auf-

Alefroide (12,878?) Pic sans Nom (12,845) Mont Pelvoux (12,973) (12,920)

Die Durance

Mont Pelvoux und der Alefroide, von einem Punkte nahe beim Mont Dauphin, im Thale der Durance gesehen.

fallenden Benehmens liegt darin, daß piemontesische Ausreißer nicht selten über den Col de la Traversette in dieses Thal gekommen waren, und daß man wegen ihrer Aufnahme Unannehmlichkeiten gehabt hatte. Diesen Umstand kannte ich damals nicht und war nicht wenig empört, daß ich, der doch zum Angriff vorging, für einen Ausreißer gehalten wurde.

Ich ging also weiter und wählte mein Nachtlager, als es dun-

Mein Schlafsack.

kel war, in einer reizenden Höhle, wo ich einen Bach, einen Felsen als Windschirm und abgefallene Fichtenzweige fand. Der Felsen, die Höhle, das Holz und das Wasser ließen nichts zu wünschen übrig. Nachdem ich ein prasselndes Feuer gemacht hatte, hüllte ich mich in eine Decke, der ich die Form eines offenen Sacks gegeben hatte, und schlief, jedoch nicht lange. Träume von der Inquisition suchten mich heim; ich lag auf der Folter, Priester steckten mir Flöhe in die Nasenlöcher und in die Augen, rissen mir mit rothglühenden Zangen Stücke aus meinem Fleisch, schnitten mir die Ohren ab und kitzelten meine Fußsohlen damit. Das wurde mir zu viel; ich stieß einen lauten Schrei aus und öffnete die Augen, um zu entdecken, daß ich mit unzähligen kriechenden Körpern bedeckt sei. Es waren Ameisen; neben ihrem Bau hatte ich mein Lager aufgeschlagen, sie durch mein Feuer wahnsinnig gemacht und mich dann kaltblütig zwischen sie gelegt.

Die Nacht war schön, und als ich ein ruhigeres Quartier aufgefunden hatte, zog ein prachtvolles Meteor volle sechzig Grad über den wolkenlosen Himmel und ließ einen Lichtstreifen hinter sich, der einige Secunden sichtbar blieb. Es war der Herold eines glänzenden Schauspiels. Sternschnuppen fielen zu Hunderten und blitzten, da kein Dunstschleier ihr Licht dämpfte, heller als der Sirius in unserem feuchten Klima.

Am nächsten Morgen ging ich erst das Thal hinauf, um den Viso zu prüfen, und kehrte dann nach Abries zurück, wo ich einen Mann aus einem benachbarten Orte miethete, den der Hafenmeister mir empfohlen hatte. Es war ein leidenschaftlicher Raucher und ein ebenso eifriger Trinker, der die Pfeise nie anders aus dem Munde nahm, als um einen guten Schluck zu thun. Wir kehrten zusammen ins Thal zurück und übernachteten bei einem Schäfer, der einen fast ebenso kleinen Jahrgehalt hatte wie der Hirt, von dem Longfellow im Hyperion spricht. Am nächsten Morgen überstiegen wir in seiner Gesellschaft den Paß, den ich 1860 kennen gelernt hatte, vermochten aber dem Berge nicht näher zu kommen. Ein tiefer Einschnitt* mit steilen Klippen stellte sich uns entgegen und ließ sich umsoweniger überwinden, als der mit Schnee bedeckte Abhang, der

* Es giebt an der Nordseite des Monte Viso und dicht neben dem Berge drei Cols oder Pässe, die vom Thal des Po in das des Guil führen. Der im Text erwähnte tiefe Einschnitt liegt dem Monte Viso am nächsten und wird nicht als Paß benutzt, obgleich er die bedeutendste Einsenkung des Gebirgs ist und

im vorigen Jahre auf der piemontesischen Seite des Passes existirt hatte, verschwunden war, so daß wir die darunter liegenden Felsen nicht hinabgelangen konnten. Vierzehn Tage später wurde der Berg von den Herren Mathews und Jacomb mit den beiden Croz von Chamouny zum ersten Male erstiegen. Sie machten ihren glücklichen Versuch von der südlichen Seite, und seitdem ist der Viso, der früher für völlig unersteiglich galt, zu einem der gewöhnlichsten und beliebtesten Ausflüge des Bezirks geworden.

Niedergeschlagen kehrten wir nach Abries zurück. Der Schäfer, dessen Stiefel lange nicht ausgebessert worden waren, glitt auf den steilen Schneehängen aus und vollführte wunderbare, aber gefährliche Kreisbewegungen, durch die er allerdings rasch auf den Grund des Thales gelangte. Viel verletzt war er nicht und fühlte sich ganz glücklich, als ich ihm Nadeln und Zwirn zur Ausbesserung seiner zerrissenen Kleider gab. Ihm Branntwein zum Auswaschen seiner Hautwunden zu geben, hielt mein anderer Führer für eine unverantwortliche Verschwendung, da das edle Getränk dadurch seiner natürlichen und angenehmen Bestimmung entzogen worden wäre.

Die Nacht des 14. August fand mich in St. Veran, einem Dorfe, das durch Neff berühmt geworden ist, aber noch in anderer Beziehung Beachtung verdient, da es für das höchstgelegene in Europa gilt. Seine Meereshöhe beträgt etwa 6600 Fuß. Gegenwärtig bilden die dortigen Protestanten eine schwache Minderheit; 1861 waren sie 120 und die Katholiken 780 Köpfe stark. Der erbärmliche Gasthof gehörte einem Protestanten und machte den Eindruck großer Armuth. Es gab kein Fleisch, kein Brot, weder Butter

---

der eigentliche Col Viso zu sein scheint. Der zweite, den ich 1860 überschritten habe, wird auf der sardinischen Karte als Col del Color del Porco bezeichnet. Der dritte ist der Col de la Traversette, und diesen, den höchsten von allen, benutzen die Einwohner, wenn sie aus einem Thal ins andere gehen.

noch Käse, und außer Eiern schien nichts zu haben zu sein. Die Sitten der Einwohner waren patriarchalisch. Die Gastwirthin schien nichts Unschickliches darin zu finden, in meinem Zimmer zu bleiben, bis ich im Bette lag, und ließ mich für Abendessen, Bett und Frühstück etwa einen halben Thaler bezahlen.

In dieser Gegend und überhaupt rings um den ganzen Viso giebt es noch Gemsen in beträchtlicher Zahl. In St. Veran sagte man mir, daß man am Tage meines Aufenthalts vom Dorfe aus sechs gesehen habe, und der Wirth erklärte, in der Woche vorher fünfzig gezählt zu haben. Ich selbst habe in diesem und im vorigen Jahre am Viso mehrere kleine Rudel wahrgenommen. Diese Gegend ist für einen Jäger, der Gemsen schießen will, so günstig, wie vielleicht keine andere in den Alpen, da das Revier, welches die Thiere begehen, keine zu großen Schwierigkeiten darbietet.

Am nächsten Morgen ging ich im Thal nach Ville Vieille hinunter und sah bei dem Dorfe Molines drüben auf der anderen Seite einen merkwürdigen natürlichen Pfeiler, der die Form einer Champagnerflasche hatte. Er war etwa 70 Fuß hoch, und der Einfluß des Wetters, aller Wahrscheinlichkeit nach besonders des Regens, hatte ihn so gebildet. Obenauf liegt, wie Forbes mittheilt, ein Euphotide- oder Diallag-Block, der den leicht zersetzenden Kalkstein schützt. Der Contrast dieser dunkeln Mütze mit der weißen Säule und die eigenthümliche Form gewähren einen auffallenden Anblick. Solche natürlichen Pfeiler gehören zu den merkwürdigsten Beispielen der mächtigen Einwirkung, die durch den lange fortdauernden Einfluß still arbeitender Kräfte entsteht. Man findet sie an verschiedenen Stellen der Alpen und auch anderswo.*

* In der Schlucht des Dard bei Aosta, bei Cuseigne im Val d'Herens, bei Stalden im Visp-Thal, bei Ferden im Lotschen-Thal, in einem größeren Maßstabe bei Botzen in Tyrol und in Amerika am Colorado des Westens. S. Kap. 23.

Das Dorf Ville Vieille rühmt sich eines Gasthofes mit einem Elephanten im Schilde, der in den Augen der Alterthumsforscher des Orts ein Beweis ist, daß Hannibal durch die Schlucht des Guil gezogen ist. Ich erinnere mich des Orts, weil sein Brot blos einen

Natürlicher Pfeiler bei Molines.

Monat alt und ungewöhnlich weich war.* Zum ersten Male seit zehn Tagen konnte ich Brot essen, ohne daß ich es zuvor in kleine

* „Es ist ein alter Gebrauch," sagt Reclus, „daß jede Familie ihr Brot für das ganze Jahr im Voraus bäckt, um den Neidischen zu beweisen, daß es ihr an Korn nicht fehlt. Blos die Armen essen dann und wann frisches Brot, und

Stücken zerbrechen und in heißem Wasser auflösen mußte, welches an der Außenseite einen schleimigen Teig erzeugte, aber das Innere in seinem harten Zustande ließ.

Noch an demselben Tage ging ich über den Col Isoard nach Briançon. Es war der 15. August (Napoleonstag) und alle Welt in Feststimmung. Als ich in Servières über die Brücke ging, auf der jedes Jahr der pyrrhische Tanz getanzt wird, hörte ich in allen Häusern jubeln und sah auf den Straßen Menschen in jedem Stadium der Betrunkenheit taumeln. Es war schon spät, als ich die Lichter der Festung Briançon schimmern sah, aber unangefochten kam ich durchs Thor und fand wieder im Hotel de l'Ours ein Obdach.

---

zwar aus keinem anderen Grunde, als weil sie nicht für das ganze Jahr backen können. Sie schämen sich dieser Armuth und lassen die Nachbarn nicht merken, daß sie backen."

Fahrt über den Mont Cenis.

Drittes Kapitel.

Der Mont Cenis und seine Werke.

In „Führern durch die Schweiz" kann man lesen, daß der Mont-Cenis-Paß langweilig sei. Allerdings ist er lang, indessen besitzt er verhältnißmäßig viele pittoreske Punkte, so daß sich schwer einsehen läßt, wie er für Jemand, der Augen hat, langweilig sein kann. Als er noch ein rauher Gebirgspfad war, den Maulthierzüge betraten und der den Schmugglern besser bekannt war als den Touristen, da mag er langweilig gewesen sein, als aber Napoleon's Arbeiten den Weg in eine der schönsten Chausseen Europa's verwandelten, die in großen Krümmungen und mit gleichmäßigem Fall auffsteigt, so daß man sie in ihrer ganzen Ausdehnung im

Trabe befahren kann, wurde der Mont Cenis einer der interessantesten Alpenpässe. Es wurde nun auch ein vortrefflicher Postdienst eingerichtet, so daß man wenig oder nichts gewann, wenn man auf eine kostspieligere Art reiste. Die Pferde wurden so rasch gewechselt, wie auf den besten Linien in den besten Tagen der Postkutschen Englands, und die Wagen waren so bequem, wie „Mylord" nur wünschen konnte. Der aufregendste Theil der Straße war ohne Frage der zwischen Lanslebourg und Susa. Wenn die Zickzacks begannen, wurden Maulthiere vorgespannt und die Kutscher gingen mit langen Peitschen, welche sie geschickt zu brauchen wußten, neben

ihrem Gespann. Die Reisenden stiegen aus und machten ihre Beine geschmeidig, indem sie die Curven abschnitten. Langsam aber ununterbrochen ging es aufwärts und auf einer Steigung von 2000 Fuß wurde kaum einmal Halt gemacht. Bei jeder Ecke einer Windung knallten die Peitschen, die Maulthiere geriethen in große Aufregung und legten sich stärker, die Köpfe schüttelnd und mit ihren Glöckchen klingelnd, ins Geschirr. Nun war der Gipfel erreicht und die ausgespannten Maulthiere trabten fröhlich davon, während wir von frischen Pferden im Galopp über die Hochebene gezogen wurden. Der kleine Postillon auf dem Sattelpferde klatschte lustig mit der Peitsche, wenn er um eine in den Felsen gehauene Ecke fuhr, und blickte, während das Echo den Schall wiedergab, zu uns zurück, um unser beifälliges Lächeln und später unsere Centimen entgegenzunehmen.

Die Luft war scharf und oft kalt, aber der Gipfel war bald überwunden und rasch ging es in wärmere Luft hinab. Noch einmal trat ein Wechsel ein. Die Pferde, deren es jetzt blos zwei, höchstens drei gab, waren von der kräftigsten Art und liefen mit der Sicherheit alter Jagdpferde. Wehe der Post, wenn sie strauchelten! Das wußte der Conducteur, der vor den Ecken die Räder bremste. Die in fester Hand gehaltenen Pferde lehnten sich nach der inneren Seite, wenn der oben schwerbeladene und plötzlich gehemmte Wagen sich fast überschlug, doch im nächsten Augenblick wurde abgebremst und wir flogen unter dem Peitschenknall und dem „hoi" und „hui" des Kutschers weiter.

Dies hat sich alles geändert. Die Victor-Emanuel-Bahn ersetzte schon einen bedeutenden Theil der alten Straße Napoleon's und die Fell'sche Bahn den Rest. Jetzt ist der große Tunnel der Alpen vollendet und wird eine neue Veränderung hervorrufen.

Die Fell'sche Eisenbahn, die vor etwa drei Jahren eröffnet worden ist, verdient alle Beachtung. Vor einundvierzig Jahren wurde die Idee, die jetzt auf dem Mont Cenis zur vollendeten Thatsache geworden ist, von Ericsson und dem ausgezeichneten Ingenieur Charles Vignolles zuerst aufgestellt. Es geschah indessen nichts, bis Fell, der Erbauer der nach ihm benannten Eisenbahn, die Sache in die Hand nahm und sich das große Verdienst erwarb, ein ausgezeichnetes Princip zur Ausführung zu bringen.

Die Fell'sche Bahn folgt der großen Straße des Mont Cenis ganz dicht und entfernt sich nur dann von ihr, wenn sie Häuser und Dörfer vermeiden, oder wie es auf der Paßhöhe an der italienischen Seite der Fall ist, eine geringere Steigung ermöglichen will. Die Linie läuft von St. Michel nach Susa. Die Entfernung zwischen den beiden Punkten ist in gerader Linie genau so groß, wie die zwischen London und Chatham, aber in Folge der vielen Curven und Umwege ist die Bahn fast ebenso lang, wie die Linie London-Brighton. Von St. Michel bis zum Gipfel steigt sie 4460 Fuß, also 900 Fuß höher, als der höchste Punkt des Snowdon über dem Meere liegt, und vom Gipfel bis zum Paß von Susa fällt sie auf einer Strecke, die nicht größer als die von London bis Kew ist, nicht weniger als 5211 Fuß!

Die Eisenbahn selbst ist ein Wunder. Fast zwei deutsche Meilen weit hat sie einen stärkeren Fall als 1 : 15. Eine Schiene, der man einen solchen Winkel giebt, sieht aus, als ob sie einen steilen Berg

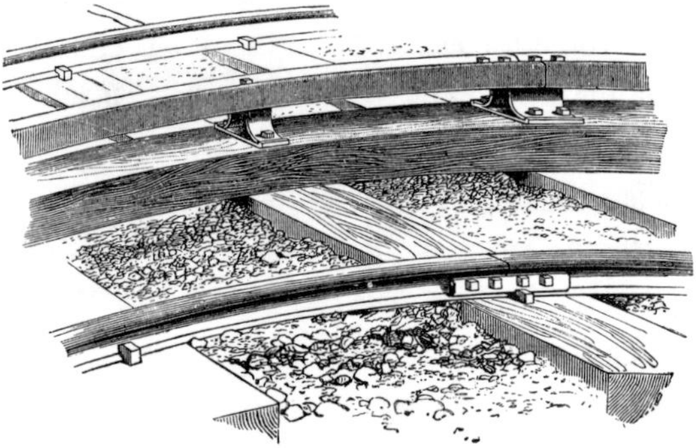

Die Mittelschiene auf einer Curve.

hinaufliefe. Eine Steigung von 1 : 80, oder blos von 1 : 100 bringt in der Geschwindigkeit eines leichten Zuges, der von einer gewöhnlichen Locomotive gezogen wird, eine sehr merkliche Veränderung hervor. Wie muß es da mit einem Zuge sein, der eine sechsmal stärkere Steigung zu überwinden hat? Man ermöglicht ihm die Bewegung durch eine dritte Schiene, die zwischen den beiden allgemein üblichen liegt und über sie hervorsteht. Diese Mittelschiene ist auf allen steileren Theilen der Linie und bei allen Curven, mit Ausnahme der weitesten, angebracht, d. h. auf einer Strecke von fast sieben deutschen Meilen. Die Maschinen sind mit zwei Paar horizontal laufenden Rädern und außerdem mit den gewöhnlichen gekuppelten senkrechten versehen, wodurch die Gewalt der Maschine ungeheuer vermehrt wird. Die horizontalen Räder schmiegen sich mit außerordentlicher Zähigkeit an die Mittelschiene und können fast gar nicht ins Gleiten kommen, wie es den gewöhnlichen Rädern selbst bei einer mäßigen Steigung leicht begegnet.

Die dritte Schiene ist die gewöhnliche mit doppeltem Kopfe und liegt horizontal. Sie ist auf Stühle von Schmiedeeisen angebolzt, die drei Fuß von einander entfernt sind und mittelst gewöhnlicher Schrauben an eine Langschwelle, die auf die gewöhnlichen

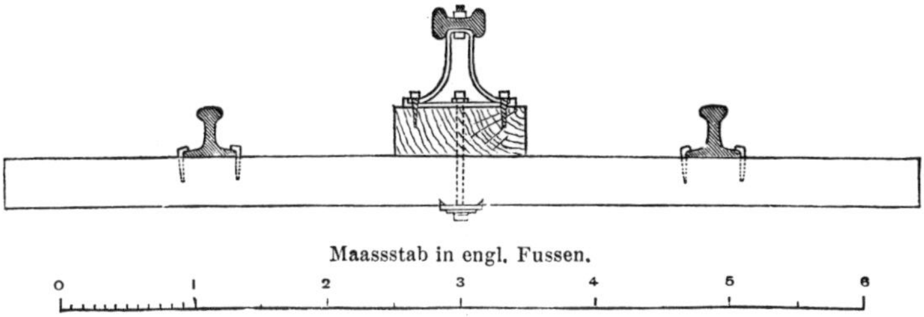

Querschwellen gelegt ist, befestigt werden. Die Größenverhältnisse der verschiedenen Theile ergeben sich aus der beigefügten Zeichnung.

St. Michel ist der Ausgangspunkt auf der savoyischen Seite. Auf der ersten Strecke ist die Steigung keine ungewöhnliche und es wird ziemlich schnell gefahren. Das erste schwere Stück liegt eine Stunde weiter oben, wo etwa sechs Minuten weit eine Steigung von 1:18 vorkommt, so daß die Linie auf dieser kurzen Strecke 164 Fuß steigt. Von da bis Modane ist die Steigung (für die Fell'sche Bahn) wieder mäßig und man fährt von St. Michel bis zu jenem Orte in einer Stunde. Die Station Modane liegt 1128 Fuß über St. Michel und mithin findet auf diesem oberen Theile der Linie eine Steigung von durchschnittlich 110 Fuß auf die englische Meile statt, welche einem Fall von 1:48 gleich ist. Dieser Winkel ist bedeutend genug, um eine gewöhnliche Locomotive fast zum Halt zu bringen.

Gleich hinter der Station Modane liegt eine der steilsten Strecken, von der man kaum glauben sollte, daß eine Locomotive sie erklettern könnte. In Modane wird angehalten und bei der Abfahrt schnell gegen den Berg hinangefahren. Nach wenigen Schritten vermindert sich die Bewegung und fällt zuletzt auf etwa eine deutsche Meile in der Stunde. Diese Geschwindigkeit wird gewöhnlich beibehalten, bis die Steigung überwunden ist, ohne daß eine Verminderung des Dampfdrucks stattfindet. Ich sage „gewöhnlich,“ denn sollte es sich zufällig ereignen, daß der Dampf zu schwach würde oder der Locomotivführer einen Fehler machte, so würde der Zug wahrscheinlich nach Modane zurücklaufen, denn reicht die Kraft der Bremsen auch aus, jedes Rückwärtsgehen zu verhindern, so könnte der Führer doch kaum mit angelegten Bremsen abfahren, und fehlen diese, so muß der Zug wieder abwärts gleiten.

Nachdem diese Strecke zurückgelegt ist, erhebt sich die Linie in einem verhältnißmäßig kleinen Winkel zum Fort Lesseillon. Sie befindet sich jetzt bedeutend hoch über dem Arc und wenn man von vorn um die Klippen biegt, in die Napoleon seine Straße eingesprengt hat, und auf den schimmernden Strom unten niederblickt, ohne daß ein Gedanke von einer Brustwehr zwischen der Bahn und dem Abgrunde vorhanden wäre, so muß man unwillkürlich daran denken, was geschehen würde, wenn die Maschine die Schienen verließe. Man fährt übrigens an dieser Stelle sehr langsam und die Gefahr ist wahrscheinlich geringer als in den Zeiten der Postkutsche.

Der nächste merkwürdige Punkt der Linie befindet sich bei Termignon. Das Thal wendet sich scharf gegen Osten und man entdeckt den Lauf der Eisenbahn nicht gleich. Sie macht eine große

Biegung nach links, wendet sich dann zurück und steigt in einer halben Wegstunde um nicht weniger als 334 Fuß. Dies ist vielleicht das interessanteste Stück der ganzen Linie.

Lanslebourg, fünf und zwei Drittel deutsche Meilen von St. Michel entfernt und 2220 Fuß höher liegend, wird von dem letztgenannten Platze aus in zwei und einer Viertel Stunde erreicht. Auf dieser Station werden die Maschinen gewechselt. Bis hierher haben wir den Theil der Linie bereist, der am leichtesten zu bauen war, aber nun beginnen die Schwierigkeiten. Von Lanslebourg steigt die Linie fortwährend bis zum Gipfel des Mont-Cenis-Passes und hat auf einer Strecke von fünf Viertel deutsche Meile eine Steigung von 2240 Fuß zu überwinden.

Man hat ein seltsames und interessantes Schauspiel, wenn man den Zug von Lanslebourg in die Höhe fahren sieht. Die Dampfwolken erheben sich über die Bäume, bald in dieser Richtung, bald in der entgegengesetzten und verschwinden gelegentlich in den bedeckten Wegen, denn über ein Drittheil der Linie ist wegen des Schnees von Planken eingeschlossen und mit einem eisernen Dache bedeckt, um dann wieder ans Tageslicht zu treten. Ungefähr auf der Hälfte des Weges wird Wasser eingenommen und dann kann die Locomotive weiter fahren und in einer Stunde anderthalb deutsche Meilen zurücklegen, obgleich die Steigung nicht weniger als $1:14^1/_2$ beträgt. Die Zickzacks der alten Straße sind als eines der Meisterstücke des Straßenbaues in den Alpen bekannt. Die Eisenbahn folgt ihnen und läuft an der ganzen Straße an deren äußerer Seite parallel mit ihr, nur mit Ausnahme der Wendungen an den Ecken, welche etwas weiter hinausgelegt worden sind, um die Curven weniger scharf zu machen. Trotzdem sind sie noch immer klein genug (35 Fuß Durchmesser) und würden ohne die Mittelschiene unfahrbar sein.

Die Strecke über den Gipfel des Passes bis zur Station Grande Croix — eine Entfernung von etwas über eine deutsche Meile — ist bald zurückgelegt und nun beginnt das fürchterliche Herabsteigen nach Susa. Sieht man es von der Maschine aus, so muß man sich entsetzen. Ein großer Theil dieses Abschnittes ist bedacht und die Curven folgen einander in einer Weise, die man auf keiner andern Linie sieht. Von außen gesehen, gleicht die Linie mehr einer ungeheuren Schlange als einer Eisenbahn. Innerhalb der bedeckten

Die bedeckten Wege der Bahn.

Wege sieht man wegen der scharfen Curven nur wenige Schritte vor sich und die Schienen bleiben fast unsichtbar. Die Maschine zittert, schwankt, springt und ist schwer zu halten. Taucht man wieder in der offenen Luft auf, so sieht man 3- bis 4000 Fuß an steilen Bergen und in Abgründe hinab. Im nächsten Augenblicke wendet sich die Maschine plötzlich nach links und Führer und Heizer müssen sich sehr fest halten, um nicht herausgeschleudert zu werden. In der folgenden Secunde kommt eine scharfe Wendung nach rechts und gleich darauf tritt eine Zunahme oder Verminderung der Ge-

Die Mont=Cenis=Bahn und die Fell'sche Bahn in der Nähe der Paßspitze.

schwindigkeit ein, weil die Steigung eine andere wird. Eine gewöhnliche Maschine, die mit einem Zuge hinter sich zehn deutsche Meilen in der Stunde macht, pflegt nicht sehr ruhig zu laufen, aber ihre Bewegung ist im Vergleich mit derjenigen einer Fell'schen Maschine, die bergab fährt, eine bloße Kleinigkeit.

Aus dem Gesagten wird man schließen, daß eine Fahrt auf dieser Eisenbahn mehr unangenehm als unterhaltend sei. Dies ist jedoch nicht der Fall; der Zug bewegt sich ziemlich regelmäßig und in den Wagen wird man wenig geschüttelt. Von außen gleichen sie den Wagen der schweizerischen und amerikanischen Linien. An den

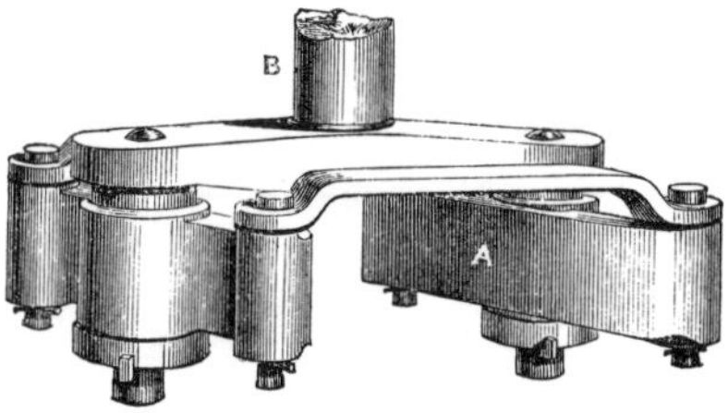

Bremse der Mittelschiene.

Enden steigt man ein, und die Sitze laufen wie in einem Omnibus der Länge nach. Jeder Wagen hat einen Schaffner und zwei Bremsen, eine gewöhnliche und eine für die Mittelschiene. Die Handgriffe derselben befinden sich auf der Plattform des einen Endes dicht neben einander und lassen sich von einem Manne leicht regieren. Die ruhige Bewegung des Zuges entsteht hauptsächlich durch die Bremsen der Mittelschiene. Die Fläche A und die ihr entsprechende Fläche auf der entgegengesetzten Seite werden durch das Umdrehen des Schafts B gegen die beiden Seiten der Mittelschiene gedrückt und halten sie wie in einem Schraubstock fest. Die ruhige Bewegung des Zuges wird noch durch eine andere Einrichtung begünstigt, nämlich durch ein Paar Führungsräder unter jedem Wagen, die auf gerader Strecke die Mittelschiene kaum berühren, aber bei jeder Abweichung nach rechts oder links stark gegen sie drücken. Wenn diese wirken, braucht man die gewöhnlichen Bremsen nicht und hemmt auch die Räder der Wagen nicht; die Wagenräder werden nicht festgebremst, sondern drehen sich ungehindert um, und erleiden deshalb nicht die Abnutzung, welche sonst eintreten würde.

Wenige Minuten nach dem Beginn der Herabfahrt gegen Susa wird der Dampf abgesperrt und gebremst. Der Zug könnte nun die ganze Strecke vom Druck seines Gewichts getrieben zurücklegen. In der Praxis ist es schwer, die richtige Bremskraft anzuwenden. Zuweilen muß man die Bremsen lockern, zuweilen auch die Maschine rückwärts stellen. Theoretisch sollte dies nicht vorkommen und es geschieht auch blos gelegentlich, denn gewöhnlich legt der Zug ohne alle Anwendung der Dampfkraft und mit mäßiger Anwendung der Bremsen der Mittelschienen den Weg zurück. Wenn ein Zug von gewöhnlicher Größe, d. h. mit zwei bis drei Personenwagen und einem Packwagen, mit der erlaubten höchsten Geschwindigkeit ($3^1/_3$ deutsche Meile in der Stunde) abwärts fährt, so können die Bremsen ihn nach 70 Schritten zum Stehen bringen. Die Geschwindigkeit wird beim Herabfahren sorgfältig in einem langsamen Tempo gehalten, und sowohl deshalb als auch weil man weiß, daß die Bremskraft sie leicht ermäßigen kann, kann das Publicum günstig gegen eine sonst gefährlich scheinende neue Einrichtung gestimmt werden.

Das Führen der Züge über die höchste Strecke erfordert eine beständige Aufmerksamkeit und keinen geringen Muth. Die Locomotivführer, die lauter Engländer sind, haben am Ende der Fahrt ihr Geld ehrlich verdient. Wie sie über die Linie denken, erklärte mir einer von ihnen am letzten August kurz und bündig: „Ja, mein Herr, man sagte uns wohl, daß die Linie sehr steil sei, aber man sagte uns nicht, daß die Maschine auf der einen Curve sein würde, wenn der Tender auf der zweiten und die Wagen auf der dritten rollten. Die Steigungen sollten 1 : 12 sein, aber sie sind mindestens 1 : 10, auch hat man uns nichts davon gesagt, daß sie in solchen Schlangenwindungen herab führt. Es ist hier schlimmer als in Indien,* denn dort kann man herunterspringen, aber hier in diesen bedeckten Wegen giebt es keinen Platz dazu.

Die Fell'sche Eisenbahn ist ein Versuch und kann insofern als gelungen betrachtet werden. Sie hat die Zeit, die man früher von St. Michel bis Susa brauchte, auf die Hälfte herabgebracht, die Kosten der Fahrt vermindert und die Bequemlichkeit der Reisenden vermehrt. Die von der gewöhnlichen abweichende Spurweite ist ein Fehler, da sie die Reisenden zum Aussteigen zwingt und folglich Zeitverluste und Ungelegenheiten herbeiführt, die Kraft der Maschine beschränkt und das rollende Material zum allgemeinen Gebrauch unfähig macht, wenn die Linie aufgegeben wird. Nach den Bedingungen der Concession, die den Erbauern bewilligt worden ist, muß dies geschehen, wenn der große Tunnel durch die Alpen dem Verkehr übergeben wird.

Die bedeckten Wege hat man zu niedrig gemacht und Rauch und Dampf werden durch das Dach auf eine unangenehme Weise niedergedrückt. Man wird dadurch indessen wenig belästigt.

Die Maschinen drücken nicht so fest an die Schienen an wie die Wagen und ihre Bewegungen sind sehr heftig. Selbst in ihren arbeitenden Theilen findet ein gewisses Zittern statt, welches andeutet, daß ihre Construction nicht vollkommen ist. Bei den gewöhnlichen Locomotiven thun die schwankenden Bewegungen, die durch

* Die große Eisenbahn der ostindischen Halbinsel hat auf der berühmten schiefen Ebene des Bhore Ghaut einen durchschnittlichen Fall von 1:48. Diese schiefe Ebene ist drei und eine halbe Meile lang und soll 800000 Pfund St. gekostet haben, oder doppelt so viel als die ganze Eisenbahn über den Mont Cenis.

die Unebenheiten der Bahn entstehen, dem Maschinenwerk nicht so leicht Schaden, wie von derselben Bewegung bei den Locomotiven der Fell'schen Bahn zu befürchten ist. Die ersteren haben auf der Basis der Maschine eine gewisse Freiheit der Seitenbewegung, aber bei den letzteren ist dieselbe nicht möglich, wenn die horizontalen Räder und Bremsen an der Mittelschiene anliegen. Viele der arbeitenden Theile der Locomotive müssen heftigen und plötzlichen Stößen ausgesetzt sein, die auf gewöhnlichen Bahnen nicht vorkommen.

Man giebt zu, daß die Maschinen mangelhaft sind, und läßt neue construiren. Sehr zu beklagen ist, daß die Bahn wahrscheinlich in nicht ferner Zeit aufgegeben werden wird, weil dadurch Verbesserungen unmöglich gemacht werden. Sonst könnte kaum ein Zweifel bestehen, daß die Linie zu einer durchaus praktischen und einträglichen werden würde. Wie ich schon gesagt, wird die Fell'sche Bahn den Dienst einstellen, sobald der große Alpentunnel fertig ist, und zu diesem wollen wir uns jetzt wenden.

Als Medail in Bardonneche vor dreißig Jahren aufmerksam machte, daß zwischen seinem Dorfe und Modane ein kürzerer Tunnel durch die Alpen als irgend wo sonst in den sardinischen Staaten und in gleicher Meereshöhe gebaut werden könne, hatte weder er noch ein anderer Mensch eine Idee, wie das Project auszuführen sei.

Den ersten Schritt thaten die Geologen Sismonda und Elie de Beaumont. Vor etwa zwanzig Jahren hoben sie hervor, daß ein großer Theil des Gesteins, durch das man den Tunnel zu führen haben werde, aus Kalkschiefer und Quarzit bestehe. Ein Bergmann braucht anderthalb bis zwei Stunden, um in Kalkschiefer ein gewöhnliches, 28 Zoll tiefes Sprengloch zu bohren, und bei Quarzit kommt er in acht Stunden nicht tiefer als 20 Zoll. Dies hat man auch bei dem Alpentunnel immer beobachtet. Wann sollte da der Tunnel fertig werden, vorausgesetzt, daß man das alte Verfahren allein anwendete?

Auf die bisher bekannte Weise ließ sich offenbar nicht vorgehen. Der Tunnel mußte nicht blos eine beispiellose Länge erhalten,* sondern auch ohne Luftschachte gebaut werden. Nirgends, wo man einen solchen Schacht brauchte, hätte man ihm eine geringere Tiefe als 1000 Fuß geben können. Legte man in der Mitte zwischen den beiden Endpunkten einen an, so würde er 5315 Fuß tief sein. „Nach meiner Schätzung," sagt Conte,** „müßte das Abteufen eines Schachtes von der Tiefe einer englischen Meile einen Zeitraum von nicht weniger als vierzig Jahren beanspruchen. Mir ist nicht bekannt, daß man jemals über 1000 Fuß hinausgegangen."

„Der sardinischen Regierung," erzählt Conte in seinem Berichte, „wurden verschiedene Projecte vorgelegt, wie man durch Höherlegung des Tunnels seine Länge verkürzen und das Bohren der Sprenglöcher beschleunigen könne. Alle mußten als oberflächlich oder unausführbar bei Seite gelegt werden. Das erste, welches die Regierung ernstlich in Betracht zog, stammte von Maus, einem belgischen Ingenieur. Er machte den Vorschlag, zwischen Bardonneche und Modane einen Tunnel von 12230 Metern Länge zu bauen und ihm eine durchschnittliche Steigung von 19 : 1000 zu geben.

---

* Der Mont-Cenis-Tunnel ist 13364 engl. Ellen lang. Zum Vergleich will ich die Länge einiger der bedeutendsten englischen Tunnel angeben:

Shakspeare (Südost-Bahn)	1430 Ellen	7 Luftschachte.
Kilsby (Nordwest-Bahn)	2398 „	2 „
Box (Große Westbahn)	3123 „	11 „
Woodhead (Manchester-Sheffield-Bahn)	5300 „	? „

Der letztgenannte Tunnel ist der längste Eisenbahn-Tunnel Englands. Der längste Canal-Tunnel Englands ist der Marsden.

** Herr Conte, ein wohlbekannter französischer Ingenieur, war Mitglied eines Ausschusses, der die Fortschritte des Tunnels 1863 zu prüfen hatte. Sein Bericht enthält die genauesten Angaben, die bisher gemacht worden sind.

Die Arbeiten an der kleinen Galerie in der Front sollten mit einer Maschine ausgeführt werden, der man Meißel, durch Federn in Bewegung zu setzen, gebe. Diese Maschine hätte das Gestein zu Blöcken zerschnitten, die blos mit dem Rücken an den Felsen blieben und durch Keile völlig von ihm getrennt werden konnte.

„Colladon von Genf rieth, die Werkzeuge der Maus'schen Maschine durch zusammengedrückte Luft in Bewegung zu setzen, aber er gab nicht an, wie die Luft zusammengepreßt und wie sie als bewegende Kraft verwendet werden könne.

„Die Regierung hatte die Bahn von Turin nach Genua gebaut und die Ingenieure studirten die Frage, wie die Züge die schiefe Ebene von Busalla, die eine Steigung von 1 : 29 hat, hinaufgezogen werden könnten. Grandis, Grattoni und Sommeiller machten den Vorschlag, die Luft mittelst des compresseur à choc, der jetzt bei den Arbeiten im Mont-Cenis-Tunnel gebraucht wird, zusammenzudrücken und zum Hinaufziehen der Züge zu benutzen.

„Bartlett, ein englischer Ingenieur an der Victor-Emanuel-Bahn,* hatte eine Maschine zum Bohren von Sprenglöchern erfunden, die durch Dampf getrieben wurde. Die Maschine war unvollkommen, und während man noch Versuche mit ihr anstellte, erfand Sommeiller die Bohrmaschine, die jetzt im Tunnel angewendet wird.

„Das Problem schien nun gelöst zu sein. Die Erfinder verbanden sich mit Ranco, der an den Experimenten bei der Bahn von Genua theilgenommen hatte, arbeiteten einen Plan aus und überreichten ihn der Regierung, nachdem sie ermittelt hatten, daß

* Die Gesellschaft dieser Bahn hat zu existiren aufgehört. Der in Frankreich liegende Theil ist mit der Paris-Lyon-Mittelmeer-Bahn, der italienische mit dem Alta-Italia-System verbunden worden. Die Eisenbahn von der Mündung des Tunnels auf französischer Seite bis St. Michel wird auf Kosten der ersteren Gesellschaft gebaut werden.

sie die Luft bis auf hohen Druck zusammenpressen, aus geschlossenen Reservoiren weg bis auf große Entfernungen ohne merkliche Verminderung des Drucks fortleiten und sie so zur Bewegung der Bohrmaschine für die Sprenglöcher anwenden konnten. Es wurde eine Commission zur Prüfung des Projects eingesetzt, und ihre Mitglieder überzeugten sich, daß es ausführbar sei. Ein italienischer Parlamentsbeschluß vom 15. August 1857 ermächtigte die Regierung zum Bau des Eisenbahn-Abschnitts zwischen Susa und Modane. Grandis, Grattoni und Sommeiller wurden mit der Leitung der Arbeiten beauftragt.

Medail gab die allgemeine Linie des Tunnels zwischen Modane und Bardonneche an. Maus zog seine Linie etwas weiter östlich und näher bei Modane. Die Ingenieure der Bahn haben sich der letzteren Richtung genähert und eine Linie gewählt, welche die kürzeste ist, am bequemsten zu erreichen ist und insbesondere den passendsten Ausgangspunkt bietet.

„Wir brauchen nicht zu bemerken, wie wichtig es war, den Lauf des Tunnels genau zu bestimmen. Man mußte erstens auf dem Berge eine hinreichende Menge von Zeichen anbringen, um die durch die Axe der Galerie gehende Verticalebene festzustellen. Ferner war die Entfernung zwischen den beiden Mündungen genau zu messen und endlich die Niveau-Verschiedenheit der beiden Endpunkte zu ermitteln, um die Steigungen im Tunnel regeln zu können.

„Borelli und Copello wurden mit diesen Operationen, welche die peinlichste Genauigkeit erforderten, betraut. Grandis übernahm die Controle der Arbeiten.

„Nachdem diese Herren sich über die beiden Mündungen geeinigt hatten, fingen sie von Fourneaux an, in der ungefähren Richtung nach Bardonneche eine Linie auszustecken. Diese kam im Thale von Rochemolles an einem Punkte heraus, der zu weit von dem beabsichtigten Punkte entfernt lag, doch wurde mit ihrer Hülfe eine zweite Linie gezogen, welche dem beabsichtigten Eingange hinreichend nahe war. Später wurden diese Linien noch weiter corrigirt. Diese Operationen nahmen die Monate August und September 1857 in Anspruch.

„Die Beobachtungen machte man mit einem Theodolit, der mit der größten Sorgfalt gebaut worden war und auf welchem man bis zu 10 Secunden am Vernier ablesen konnte. Nachdem die Linie durch verschiedene Ingenieure nachgemessen worden war, zeigte sich, daß man sie ganz gerade geführt habe. Angenommen, daß man den größesten, vom Instrumente herrührenden Fehler gemacht hätte, konnte die Abweichung von der geraden Linie nicht mehr als einen Fuß betragen. Borelli und Copello machten alle Beobachtungen zur Bestimmung der Richtung und zur Rectificirung der wirklichen Lage des Tunnels selbst, weil sie diese subtilen Arbeiten, von denen der Erfolg des ganzen Unternehmens abhing, Andern nicht überlassen wollten. Alle Zeichen auf der südlichen Seite und die wichtigsten auf der nördlichen waren in den ersten Octobertagen von 1857 aufgerichtet. Heftige Schneefälle und Stürme verzögerten die Arbeiten, doch waren sie trotzdem am Ende des Monats beendet.

„Im Jahre 1858 wurden die trigonometrischen Vermessungen und Nivellirungen in Angriff genommen und bis zum Ende des Jahres ausgeführt. Die ersteren hatten zur Basis eine der Seiten der vom Generalstabe vermessenen Dreiecke, an welche man zwei Reihen von Dreiecken anschloß, eine nach der südlichen und eine nach der nördlichen Seite. Die beiden Systeme werden von 28 Dreiecken gebildet und die Zahl der vermessenen Winkel ist 86. Die meisten Winkel hat man mindestens zwanzigmal nachgemessen, die der Hauptdreiecke fünfzigmal und die der kleinen Dreiecke mindestens zehnmal; an dem zu dieser Messung benutzten Theodolit konnte man bis zu 5 Secunden ablesen.

„Man macht sich kaum eine Idee der Schwierigkeiten, mit denen die Ingenieure bei den Arbeiten zu kämpfen hatten. Sie befanden sich in Höhen, wo Witterungswechsel mit der größten Geschwindigkeit eintreten. Heftige Stürme warfen ihre Instrumente um, und Nebel oder Wolken verhüllten manchen Punkt gerade in dem Augenblicke, wenn sie ihn beobachten wollten. Eine einzige Thatsache wird einen Begriff von der Natur ihrer Arbeiten geben. Vom Gipfel La Pelouse aus, 10170 Fuß über dem Meere, mußten sieben Winkel gemessen werden. Sieben Tage nach einander mußten die Ingenieure, die in den Sennhütten von La Rionda wohnten, den Berg ersteigen und konnten selten zwei Winkel an einem Tage messen.

„Die Wichtigkeit dieser Arbeiten ist leicht zu begreifen und ich habe sie deshalb etwas ausführlich beschrieben, da sie die Grundlage des Unternehmens bilden. Bemerkenswerth ist die persönliche Thätigkeit der Ingenieure. Grandis leitete das Abstecken der Linie, die Vermessungen und Nivellirungen. Allen diesen Arbeiten wohnte er bei, wählte auch die Punkte, an denen Signale aufgestellt werden sollten, und ließ Alles unter seinen Augen ausführen.

„Die Länge zwischen den beiden Mündungen beträgt 12220.00 Meter, der Eingang auf der italienischen Seite ist 1335.38, der auf der französischen Seite 1202.82 Meter hoch und die Niveauverschiedenheit beträgt mithin 132.56 Meter. Die Niveauverschiedenheit wird durch eine Steigung von 222 : 10000 überwunden, die vom französischen Eingange bis zur Mitte sich auf 135.64 Meter hebt, und durch eine Steigung von 1 : 2000, die vom italienischen Eingange bis zur Mitte auf 3.06 Meter steigt. Wenn man eine und dieselbe Steigung durch den ganzen Tunnel angenommen hätte, so daß vom französischen Endpunkte bis zum italienischen ein fortwährendes und gleiches Steigen eingetreten wäre, so hätte man blos einen Fall von 217 : 20000 gebraucht. Beim Befahren der Linie würde dies den größten Vortheil bringen, allein den Bau des Tunnels hätte es erschwert und man hatte schon genug Schwierigkeiten, um jede neue zu vermeiden.

„Außerdem ist es klar, daß man, wenn man einen Tunnel zu einem Höhepunkt emporführt, die Wahrscheinlichkeit, daß die beiden Enden zusammentreffen, verdoppelt und die möglichen Fehler bei der trigonometrischen Vermessung und Nivellirung, den am wenigsten zuverlässigen Operationen, bedeutend vermindert. Vorausgesetzt, daß die beiden Axen in derselben Richtung liegen, müssen sie früher oder später zusammentreffen, und ob dies wenige Ellen mehr südlich oder mehr nördlich geschieht, ist von keiner Bedeutung.“

Als man den Tunnel 1857 begann, gab es für die Arbeiter an keinem der beiden Endpunkte eine Bequemlichkeit und lange Zeit mußten die Ingenieure und ihre Leute zahlreiche Entbehrungen erdulden. Man hatte Straßen zu bauen und Hütten zu errichten, nach und nach kamen Häuser und Läden hinzu und gegenwärtig bilden die Tunnelgebäude allein an beiden Endpunkten bedeutende Dörfer.*

Die Lage der beiden Mündungen ist eine wesentlich verschie-

* Es wird genügen, die Häuser bei Bardonneche anzuführen. Die bedeutendsten sind: 1) Dicht an der Tunnelmündung Wohnungen für die Bergleute, die hauptsächlichsten Waarenlager, Ställe, Schmieden für die Ausbesserung der Bohrer. 2) Bei Bardonneche, eine Viertelstunde von der französischen Mündung entfernt, große Schuppen für die Arbeiter, sechs andere Gebäude für dieselben, ein Haus für Beamte, Schmieden für die Maschinerie, Waarenlager, eine Gießerei, ein Gebäude für die Maschinen zum Zusammenpressen der Luft, mehrere Reservoire zur Speisung dieser Maschinen, zwei Gebäude für die Luftpumpen, ein Gebäude für neue Reservoire für comprimirte Luft, eine Gasanstalt, ein Krankenhaus, Waschhäuser, eine Schenke, ein Wächterhaus u. s. w. Eine Aufzählung der Gebäude auf der andern Seite würde eine bloße Wiederholung sein.

dene. Die bei Bardonneche liegt unten im Thal von Rochemolles, die bei Fourneaux 300 Fuß über der Mont-Cenis-Straße. Bei dieser letztern hat man den Schutt aus der Mündung am Berge hinuntergeschüttet, und so groß dieser Haufen ist, kann man doch kaum glauben, daß man all das Material sieht, welches aus einer Tunnelstrecke von einer vollen halben deutschen Meile herausgeschafft worden ist. Dieser Schuttkegel ist interessant, weil er den größten Winkel hat, in dem Trümmer liegen bleiben. Seine Böschung kommt dem Winkel von 45 Grad nahe.

In den ersten vier Jahren gelangten die gewöhnlichen Arbeitsmittel allein zur Anwendung und man kam blos 1300 engl. Ellen vorwärts. In dieser Zeit wurden die Maschinen gebaut, welche einen bedeutenden Theil der Handarbeit ersetzen sollten. Zu Anfang des Jahres 1861 waren sie so weit fertig, daß sie in Thätigkeit gesetzt werden konnten, und im Sommer jenes Jahres ging ich nach Bardonneche, um sie arbeiten zu sehen.*

Die Glocken von Oulx hatten in der Nacht des 16. August gerade zwölf geschlagen, als die Post von Briançon mit einem betrunkenen Kutscher, einem noch stärker betrunkenen Schaffner und mir in das Dorf kroch. Der Wirth, vor dessen Gasthof wir anhielten, wollte mich nicht aufnehmen. Ich suchte mir also in einem nahen Haferfelde mein Lager und erschreckte am andern Morgen einen Bauer nicht wenig, als ich in meine Decke gehüllt aufstand. Einen Augenblick stand er vor der Erscheinung, die aus dem Boden zu springen schien, wie erstarrt da, machte dann rasch Kehrt, warf seinen Spaten fort und lief, von meinem Gelächter verfolgt, schnell

* Im vorigen Jahre besuchte ich Modane und durfte, dank den Empfehlungen Herrn Ch. Lafitte's, des damaligen Directors der Victor-Emanuel-Bahn, Alles besichtigen. 1869 besuchte ich Modane wieder und ging zum dritten Male bis ans Ende des vorgeschobenen Ganges.

davon. Bardonneche, ein kleines Alpendorf, das ziemlich ebenso wie Zermatt liegt, war etwa eine Stunde entfernt. Schon in weiter Entfernung hörte ich ein sonderbares klappendes Geräusch und wenige Minuten nach meiner Ankunft stand ich in einem Schuppen neben der Maschine, die es hervorrief, und neben Sommeiller, dem Erfinder derselben. An einem mächtigen Felsblock, der bereits mehr als hundert Löcher von einem bis vier ein halb Zoll im Durchmesser hatte, probirte er einen seiner berühmten Bohrer (perforatrice) und eine Bohrstange von neuer Form. Der Bohrer — ein einfach aussehender Cylinder, in einem viereckigen Gehäuse befestigt und mit einigen Röhren und Hähnen verbunden — wurde vor dem Felsen in eine neue Lage gebracht und auf ein Zeichen des Ingenieurs in Bewegung gesetzt. Eine Bohrstange schoß wie ein Blitz heraus, berührte krachend einen neuen Theil des Felsens, löste mit einem Schlage verschiedene Stücke ab und verschwand ebenso schnell, wie sie gekommen war. Mit dem Geräusche eines Gong kam sie wieder; in zehn Secunden hatte sich die Spitze der Stange ein Loch gebohrt, in einer Minute war sie ganz verschwunden und in zwölf Minuten sah ich ein Loch, das fast eine Elle tief und so glatt war, als hätte ein Zimmermann es in ein Stück Holz gebohrt. Die Stange ging nicht blos vor und zurück und drang immer weiter vor, sondern sie bewegte sich auch während der ganzen Zeit um sich selbst. Ein Wasserstrahl, der sehr kräftig sprang, kühlte den Meißel ab und wusch den Staub heraus. Als mehr Luft zugelassen wurde, ließen sich die einzelnen Schläge nicht mehr von einander unterscheiden. Man hörte ein fortwährendes Rasseln und das Verhältniß stieg von 200 Stößen in der Minute auf 340, oder bis auf etwa die $1^1/_2$ fache Geschwindigkeit der Bewegung der Kolbenstange einer Schnellzug-Locomotive, wenn sie $12^1/_2$ deutsche Meilen in der Stunde zurücklegt.

Der vorgeschobene Gang auf der französischen Seite des Mont-Cenis-Tunnels mit den arbeitenden Bohrmaschinen.

Wenn man sich der Tunnelmündung nähert, so sieht man die Röhren, welche den Bohrmaschinen die zusammengepreßte Luft zuführen. Sie haben acht Zoll Durchmesser und ruhen auf gemauerten Pfeilern. Da diese Röhren außerhalb des Tunnels einem beständigen Wechsel der Temperatur ausgesetzt siud, der zuweilen an einem Tage 30 Grad Celsius beträgt, so hat man wegen ihre Ausdehnung und Zusammenziehung Vorkehrungen treffen müssen. Man hat sie also in bestimmten Zwischenräumen mit Eisenstangen be-

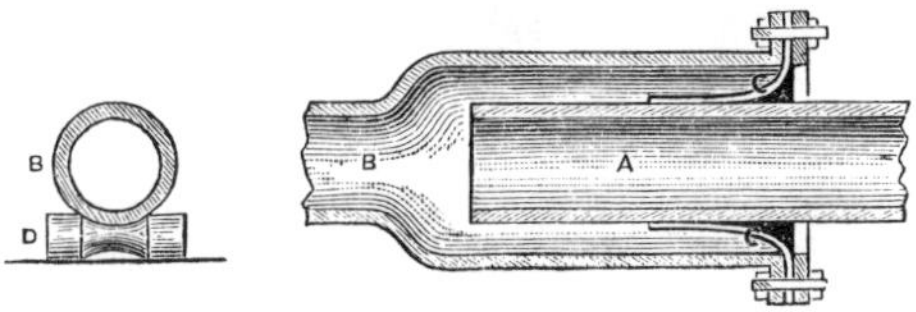

festigt, deren untere Enden durch das Mauerwerk gehen und an dessen Außenseite an Platten verbolzt werden. Die Mittelröhren werden auf Walzen (D) oben auf den Pfeilern getragen und zwischen jedem der festen Punkte befindet sich eine Röhre mit einer weitern mit einem Flansch versehenen Mündung, in welcher das Ende (A) der gewöhnlichen Röhre steckt. Eine runde Röhre von Leder (C) wird mittelst einer Metallscheibe an dem Flansch befestigt und macht, da sie durch die comprimirte Luft am Ende der gewöhnlichen Röhre angedrückt wird, die Verbindung hinreichend luftdicht, obgleich sie die Vor- und Rückwärtsbewegung der Röhre nicht hindert. Im Tunnel selbst, wo die Temperatur keinen solchen Schwankungen unterworfen ist, hat man diese Vorkehrungen nicht nöthig und hier führt man die Röhren einfach auf Trägern an den Wänden bis zum Ende der fertigen Strecke hin. Sie führen stark comprimirte Luft dahin, wo die Bohrmaschinen arbeiten, und trotz der Ent-

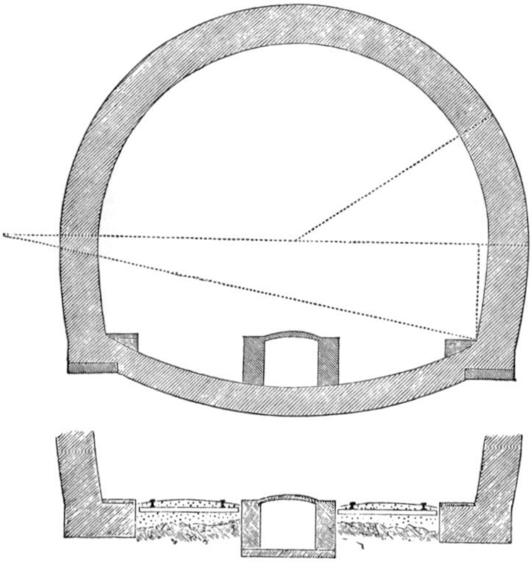

Maassstab in engl. Fussen.
0 5 10 15 20

weichungen, die an den Verbindungsstellen stattfinden, erfährt der Druck der Luft blos eine geringe Verminderung.

Betritt man den Tunnel, so wird man von seiner Größe überrascht. Mit einer großartigen Nichtbeachtung der Kosten oder in Hinblick auf die Zukunft haben die Italiener nicht blos zwei Gleise* gelegt, sondern auch auf jeder Seite einen Fußweg gebaut.

* Die Linien, welche die Tunnelbahn mit den bereits existirenden Bahnen verbinden werden, sollen blos ein Gleis erhalten.

Die Höhe beträgt von den Schienen bis zum Scheitel des Gewölbes genau 20 Fuß und die Breite 26 Fuß 6 Zoll. Man bemerkt ferner, daß fast der ganze Tunnel mit Ausnahme einer kleinen Strecke, wo man den Felsen keine Stütze gegeben hat, ausgemauert ist. Die dazu benutzten Steine hat man nicht aus dem Tunnel gewonnen, sondern stundenweit von einem Bruch in der Nähe von St. Michel herbeigeschafft. Was man nicht sieht, was aber nichtsdestoweniger existirt, ist ein verdeckter Gang von etwa 3 Fuß 4 Zoll Höhe und 4 Fuß Breite, der im Boden des Tunnels zwischen den Schienen angelegt ist. Er bildet einen Tunnel im Tunnel. Ursprünglich hatte er keinen so großen Umfang und war blos zur Abführung des Wassers und zur Aufnahme der Röhren bestimmt, welche die comprimirte Luft weiterführen. Man hat es indessen angemessen gefunden, diesen Tunnel im Tunnel zu erweitern, und nachdem dies geschehen, hat er wenigstens einmal einem Zweck gedient, an den Niemand gedacht hat. Am 15. September 1863 fand ein plötzlicher Einsturz von Felsen statt, tödtete verschiedene Bergleute und kerkerte sechzig andere ein, die vorn arbeiteten. Sie geriethen in große Angst und glaubten verhungern zu müssen, aber zuletzt dachte Einer an den kleinen Tunnel und durch diesen retteten sie sich. Seit dieser Zeit haben die Bergleute, da sie nun einen Ausweg kannten, sich um Einstürze wenig bekümmert.

Die Temperatur des Tunnels bleibt im ganzen Jahre ziemlich dieselbe, ist indessen an manchen Stellen höher als an andern. Bei Gelegenheit meines letzten Besuchs hatten wir draußen 17½ Grad Celsius im Schatten. Eine halbe Stunde hinter dem Eingange zeigte das Thermometer 18 Grad und die Mündung sah wie die Sonne an einem Nebeltage im November aus. Eine Stunde weit im Tunnel waren 21 Grad, die Luft wurde schlecht und die Mündung unsichtbar. Nur zweihundertfünfzig Schritte weiter hatten wir 24 Grad, der Tunnel war mit dichten Rauchwolken gefüllt, das Licht einer gewöhnlichen Bergmannslampe ließ sich auf fünf bis sechs Schritte nicht mehr erkennen und das Athmen wurde in der verdorbenen Luft schwer. Hier befand sich das Ende der vollendeten Strecke, hier war der Punkt, von dem die Luft durch Pumpen zur Mündung geschafft wird und hier sammelten sich und schwebten natürlich alle faulen Dünste. Ueber uns hatten wir nicht mehr das große Gewölbe, denn der Tunnel verengerte sich zu einem Gange von acht bis neun Fuß Breite und kaum so viel Höhe. Karren, mit Schutt gefüllt, schmälerten den Raum noch mehr, so daß man zwischen ihnen und den Wänden kaum hindurch konnte. Hundert Fuß weiter befanden wir uns, im Vergleich zu der bisherigen Dunkelheit, in einem Meer von Licht. Zweihundert fettige, qualmende und doch lichtverbreitende Lampen hingen an den Wänden. Fallende Wassertropfen blitzten gleich Diamanten auf. Zweihundert Bergleute arbeiteten an der Erweiterung des Tunnels, bärtige schmutzige Männer, einige auf dem Rücken, andere auf der Seite liegend, wieder andere im Stehen über ihrem Kopfe arbeitend, viele halb, einzelne sogar ganz nackt und alle ohne Ausnahme mit Schweiß bedeckt. Die Temperatur war auf 27½ Grad gestiegen. Die vielen Lichter, der Menschenschwarm und der verdunkelnde Rauch ließen den Tunnel ungeheuer hoch erscheinen. Thatsächlich war er auf dieser Strecke zuweilen kaum weniger als 30 Fuß hoch und 35 Fuß breit, denn nicht genug, daß derjenige Theil des Felsens oben und an der Seite, der später durch Mauerwerk ersetzt werden sollte, weggearbeitet worden war, hatte man auch hier und da Raum für einen umgekehrten Bogen gemacht, den man überall anbringt, wo es nöthig ist.

Die Temperatur ist an der Wölbung fast genau dieselbe, wie unten auf dem Boden, da man oben zusammengepreßte Luft aus=

Fortschaffung von Trümmern nach dem Sprengen.

strömen läßt. Die Maurer würden sonst die Arbeit nicht aushalten können.

Zwischen der Mündung und dem Ende der fertigen Strecke existirte damals eine Temperaturverschiedenheit von 10 Grad. Im Winter muß dieser Unterschied sich verdreifachen oder vervierfachen. Wie viel der größeren Wärme entsteht durch die Menschen, die Lichter, die Pferde und wie viel durch die natürliche Temperatur des Felsens? Wenn die Wärme im Tunnel Elle um Elle in demselben Verhältniß zunähme, wie dies in niedergehenden Schachten der Fall ist, so müßte die Temperatur im Mittelpunkte 50 Grad höher sein als an der Mündung. Obgleich man wußte, daß die wirkliche Zunahme weit geringer sei, so kannte man das Verhältniß doch nicht genau. Ich glaube behaupten zu dürfen, daß man seit dem Beginn der Arbeiten nicht eine einzige Beobachtung der natürlichen Temperatur des Felsens gemacht hat, bis die vorgeschobenen Gänge aufeinander trafen. Kurz nach Bewerkstelligung dieser Verbindung, am Ende des Jahres 1870, richtete Signor F. Giordano, ein italienischer Bergwerks-Inspector, seine Aufmerksamkeit auf diese Frage und fand, wie ich höre, gegen die Mitte des Tunnels die höchste Temperatur, die 29½ Grad Celsius betrug. Die Temperatur der Luft stand an derselben Stelle etwas über 30 Grad Celsius. In der Mitte des Tunnels wird man wahrscheinlich ziemlich lange eine Temperatur von 29½ Grad haben, und die Reisenden, die im Winter hier fahren, werden also auf einer Strecke von anderthalb Stunden aus einem fast arktischen Klima in ein halb tropisches übergehen. Vielleicht wird sich aber die Luftwärme des Innern durch Ventilirung vermindern lassen.

Im Sommer von 1869 wurden auf der französischen Seite des Tunnels etwa 2000 Fuß erweitert und vollendet. In einigen Strecken ließ man Theile des vorgeschobenen Ganges unberührt und dann kamen wieder Aushöhlungen, wie ich sie oben beschrieben habe. Dieser Theil wurde schneller vollendet, als der vorgeschobene Gang vorrückte. Es war angenehm, von dem letztern in die Eingeweide des Berges vorzudringen, die Hitze wurde geringer und die Luft reiner. Das Getöse der Schlägel erstarb allmählig und zuletzt hörte man keinen Laut mehr als das Geräusch der eigenen Fußtritte und das Rieseln des Wassers im kleinen Tunnel. Nach einiger Zeit ließ sich der Schlag der Meißel unterscheiden, die vorn in der Maschine arbeiteten. Nach fünfhundert Schritten waren wir bei ihnen. Das gewichtige Gerüst stützte neun Bohrmaschinen, jede Bohrmaschine trieb eine Bohrstange und jede Bohrstange traf den Felsen in der Minute mit 200 Schlägen, die eine Kraft von 200 Pfund hatten. Der furchtbare Lärm, den diese 1800 in der Minute mit solcher Kraft geführten Schläge in einem Felsenloch machten, das blos 8 Fuß 3 Zoll hoch und 9 Fuß und $2^1/_2$ Zoll breit war, läßt sich kaum denken und ebenso wenig kann von der bewunderungswürdigen Weise, wie die Maschinen arbeiteten, eine richtige Idee gegeben werden. Trotz des Geräusches und der zusammengekauerten Stellung, in der die Leute wegen der Enge des Raumes arbeiten mußten, schritt das Werk Tag und Nacht ununterbrochen vorwärts. Jeder kannte seine Aufgabe. Die Aufseher ertheilten ihre Befehle mehr durch Zeichen als durch Worte; einige der Arbeiter leiteten die Meißel, andere regelten den Zufluß der Luft, einige standen für den Fall einer Störung bereit und schmächtige Burschen ölten die Maschinen mit langhälsigen Kannen. In dem anscheinenden Wirrwarr herrschte die größte Ordnung. Man sah jetzt die Resultate, die eine mehrjährige Uebung und Erfahrung geliefert hatte. Zu Anfang war das alles ganz anders. „Damals," sagt Conte, „war nicht blos den Arbeitern, sondern auch den Leitern Alles neu. Das Bohren begann bei Bardonneche am 12. Januar 1861, einige Tage lang blos mit einer einzigen Maschine, dann mit zweien, und am 20. war schon eine Menge nützlicher Arbeit gethan. Am 26. stieg die Zahl der Bohrmaschinen auf vier, welche durch eine achtstündige Tagesarbeit 10 bis 12 Löcher von etwa einer englischen Elle Tiefe bohrten. Am 12. Februar hatten dieselben etwa 32 engl. Ellen des vorgeschobenen Ganges, den man unvollendet gelassen hatte,

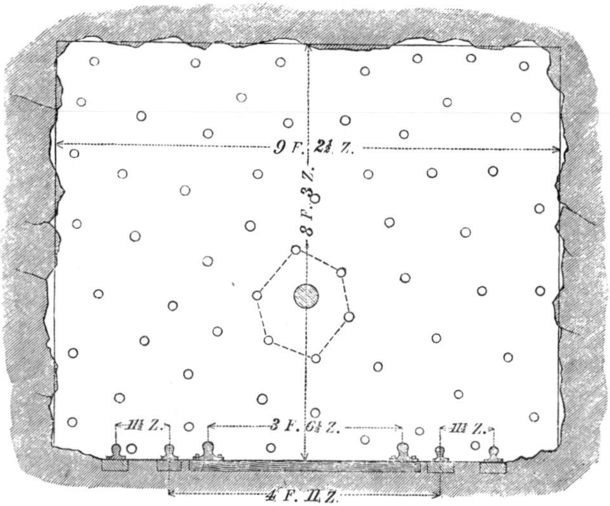

Durchschnitt des vorgeschobenen Ganges.

fertig gemacht und sollten nun die unberührte Felsmasse angreifen. Hier zeigten sich die größten Schwierigkeiten. Die Zahl der Maschinen wurde wieder vermehrt, aber in zehn Tagen nicht viel erreicht. Am 22. Februar unterbrach man die Arbeiten, um die durch die Erfahrung an die Hand gegebenen Abänderungen zu treffen, und nahm sie am 2. März wieder auf. In der ersten Hälfte dieses Monats kam man bei siebenstündiger Arbeit alle zwei Tage nur einen halben Meter vorwärts, aber gegen Ende des Monats war die Arbeit leichter geworden und man kam nun jeden Tag achtzehn Zoll bis zwei Fuß vorwärts.

„Im April ergaben die eingeführten Verbesserungen und die gewonnene Uebung noch größere Fortschritte. Im Mai waren neun Bohrmaschinen am Werk, aber nun mußten die Arbeiten wegen äußerer Ursachen auf zwei Monate unterbrochen werden. Vom Juli bis zum 19. August konnte man nur einen Angriff täglich machen, da man nicht so viele unterrichtete Männer besaß, daß das Werk hätte ununterbrochen gefördert werden können. Man arbeitete übrigens regelmäßig fort und kam jeden Tag 28 Zoll bis 3 Fuß weiter. Vom 29. August an arbeitete man Tag und Nacht, doch mußten die Bohrlöcher wegen der Unerfahrenheit einiger Beamten auf zwei Fuß Tiefe herabgesetzt werden. Nach und nach wurde diese frische Abtheilung von Arbeitern ebenso geschickt wie die erste.“ *

Für alle Arten von Felsen, die homogenen ausgenommen, war seit 1861 eine Bohrstange im Gebrauch, deren Spitze die Form eines lateinischen Z hat. Für homogene Felsen paßt die gewöhnliche Meißelform am besten. Fast alle Einzelheiten des Maschinen-

* Auf der italienischen Seite waren folgende Arbeiten und Sachen nöthig, um ein Meter weiter vorwärts zu kommen:

1862.	1863.
Bohrung von 120 Bohrlöchern, jedes 30 bis 32 Zoll tief.	Bohrung von 96 Bohrlöchern, jedes 36 Zoll tief.
110 Pfund Pulver zum Sprengen.	94½ Pfund Pulver.
200 Meter Lunte.	210 Meter Lunte.
190 Drillbohrer z. Ersatz verdorbener.	185 Drillbohrer.

Auf der französischen Seite stellten sich Arbeit und Verbrauch für je ein Meter:

1863.

Bohrung von 103 Bohrlöchern, jedes 34 Zoll tief.
125½ Pfund Pulver zum Sprengen.
200 Meter Lunte.
158 Drillbohrer.

wesens, die Größe des Ganges, der Umfang und die Zahl der Bohrlöcher und die Methode des Sprengens sind verändert worden und nur die allgemeinen Grundsätze dieselben geblieben. Das zuletzt befolgte System war das folgende. Etwa im Mittelpunkte des Ganges, aber dem Boden etwas näher als der Decke, machte man ein Bohrloch von 4$^3/_4$ Zoll im Durchmesser und eine engl. Elle

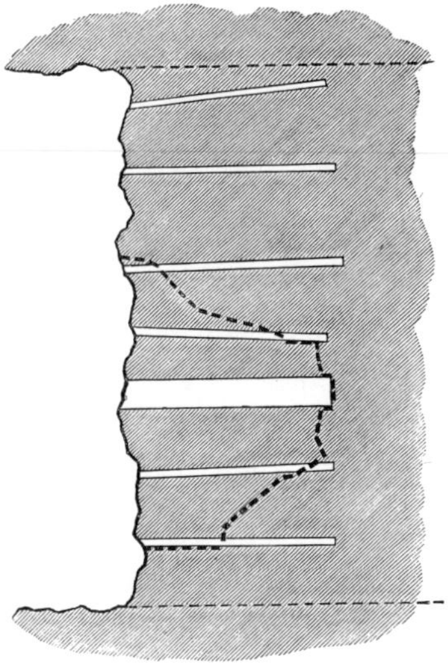

Verticalschnitt des Endpunktes.

tief. In die übrige Fläche trieb man noch 50 bis 60 Bohrlöcher, die keinen so großen Durchmesser, aber etwa die gleiche Tiefe hatten. Mittelst eines Strahls zusammengepreßter Luft trocknete und reinigte man die sämmtlichen Löcher, worauf man die Maschine hinter Thüren, stark mit Eisen beschlagen, zurückzog und die sechs kleinen Löcher, die dem großen am nächsten waren, nun anzündete. Die Explosion erfolgte in der Richtung des geringsten Widerstandes, d. h. gegen das Loch in der Mitte, und es entstand eine große, in dem Verticalschnitt durch die punktirte Linie angedeutete Bresche. Die übrigen Löcher, die der bereits entstandenen Bresche nächsten immer zuerst, wurden zu sechs oder acht zugleich geladen und angezündet. Dies System ist wohlfeiler, als wenn man viele Sprengungen und zugleich vornimmt. Die Trümmer wurden nun mittelst kleiner Wagen fortgeschafft, die ihre Ladung weiterhin an größere Wagen abgaben. Die Maschine wurde wieder vorgeschoben und arbeitete weiter. Diese Operationen wiederholten sich jeden Tag regelmäßig zweimal.

Wo die Maschine arbeitete, war die Temperatur selten höher als 24 bis 24½ Grad und die Luft so rein, wie unter solchen Umständen nur erwartet werden darf.* Man muß dabei nicht vergessen, daß in einem Raume von etwa neun Fuß Breite, acht Fuß Höhe und 50 Fuß Länge mehr als 30 Männer** arbeiteten und eben so viele Lampen brannten. Der verhältnißmäßig niedrige Temperaturstand war natürlich der Ausdehnung der zusammengepreßten Luft zu verdanken.

In einer Entfernung von 160 Schritten war das Geräusch der Maschine nicht mehr zu hören und die Luft wurde allmälich schlechter, als wir in die Region zurückkehrten, die ich wohl die höllische nennen darf. Wieder mußten wir durch die schlechten Dünste und bei der Armee von Bergleuten vorbeigehen. So viele Anstrengungen diese Männer zu machen hatten, war ihre Arbeit doch leichter und minder gefährlich als die unserer Kohlengräber. Die Hitze, welche dem aus einer niedrigeren Temperatur Kommenden drückend

* Durch die Sprengung der Bohrlöcher stieg die Temperatur auf 28 bis 30 Grad.

** Ein Ingenieur, 4 Maschinisten, 2 Bergleute zur Bestimmung der Richtung der Bohrlöcher, 8 Arbeiter zur Leitung der Bohrstangen, 9 Werkleute bei den Bohrmaschinen, 5 Knaben, 8 Tagelöhner, 2 Boten, zusammen 39 Personen.

wurde, war keine übermäßige, wie man gleich daran sah, daß so wenige Leute sich ihrer Kleider entledigten. Sie arbeiteten für drei Franken täglich gern und waren fleißig; Tagediebe sah man im Tunnel des Mont-Cenis sehr wenige. Wie gering die Gefahr war, zeigt die folgende Tabelle der Verunglückungen, die im großen Alpentunnel bis zum September 1871 auf der französischen Seite vorgekommen sind.

Im Tunnel.	
Von Felsen zerschmettert	8
Von Wagen übergefahren	14
Bei Sprengungen verunglückt	3
Vor dem Tunnel.	
Von Höhen gestürzt	2
Von Wagen übergefahren	4
Durch Sprengungen verunglückt	5
Summa	36

Man sieht aus dieser Tabelle, daß die Hälfte der 36 Todesfälle durch Wagen entstanden ist. Dies hat hauptsächlich darin seinen Grund, daß man die Arbeiter nicht dahin bringen konnte, auf den Fußwegen an den Seiten des Tunnels zu gehen. Sie wollten von den Schienen nicht weichen. Die Folge war, daß sie nicht selten getödtet wurden, obgleich man bei den Wagen, die mit Steinen herausfuhren, die größte Vorsicht beobachtete. Die Unfälle erscheinen als unbedeutend, wenn man die Zahl der beschäftigten Menschen und die Dauer der Arbeit ins Auge faßt. Vielleicht bei keinem andern Unternehmen von gleicher Größe sind so wenige Menschen verunglückt.

Auf der französischen Seite wurden die mit Steinen beladenen Wagen, da das Gefälle ein bedeutendes ist, durch ihr eigenes Gewicht getrieben. Auch bei dem Dienstwagen war dies der Fall, auf dem ich und mein Führer, der freundliche Ingenieur, der die Arbeiten leitete, den Tunnel verließen. Eine neue Abtheilung von Bergleuten trat eben an und die Abgelösten zogen ab wie Schulbuben oder Verliebte, die Arme um einander schlingend. Außerhalb des Tunnels kam uns die Luft kalt vor, obgleich es ein recht schöner Sommertag war.

Etwa 4000 Menschen* wurden 1869 im Tunnel beschäftigt und rückten jeden Tag zehn bis elf Fuß weiter. In den letzteren fünf Jahren hatte der tägliche Fortschritt im Durchschnitt 10 Fuß 1 Zoll betragen. Jede engl. Elle kostete zuletzt etwa zweihundert Pfund oder doppelt so viel wie bei englischem Tunnelbau. Auf

* Auf der französischen Seite arbeiteten in den einzelnen Abtheilungen:

1) Im vorgeschobenen Gange.		
Werkführer	13	
Bergleute	14	
Arbeiter	140	
Knaben	13	180
2) Erweiterung mittels Handarbeit.		
Bergleute	510	
Arbeiter	180	
Knaben	30	
Maurer und Steinhauer	58	
Lehrlinge	52	
Handlanger	170	1000
3) Draußen bei den Maschinen u. s. w.		
Schmiede und andere Arbeiter	120	
Gehülfen	440	
Lehrlinge	10	570
4) Aufseher, Schreiber u. s. w.		60
5) Schienenleger, Fuhrleute u. s. w.		180
Zusammen		1990

Pferdekraft der Maschinen:

Hydraulische Maschinen	480
Lüftungs-Maschinen	300
Verschiedene Maschinen	80
Zusammen	860
Pferde zum Fortschaffen des Schuttes	80

manchen Strecken kostete übrigens die Elle unendlich mehr. Die Gesammtausgaben haben drei Millionen Pfund betragen, wobei auch die Ausgaben für die sämmtlichen Maschinen und alle Werke im Freien mitgerechnet sind. Wir dürfen diese Summe nicht für übertrieben erklären, wenn wir uns erinnern, daß bei jeder Elle mindestens 70 Cubikellen Felsen gesprengt und die Trümmer zuletzt fünf Viertelstunden weit fortgeschafft werden mußten, und daß man auf die Elle ferner 25 Cubikellen Mauerwerk rechnen muß, zu dem die Steine zwei und eine halbe Meile weit aus einem Gebirgslande herbeigeschafft sind, daß man die sämmtlichen im Gebrauch befindlichen Maschinen für den Tunnel ausdrücklich erfunden und gebaut hat und daß der Bau von zwei kleinen Städten nothwendig geworden ist.

Die Steinschichten, die man durchbohrt hat, stimmen in ihrer Natur und Mächtigkeit zu den Angaben der Geologen vollständig.* Man ist auf merkwürdig wenig Wasser gestoßen; dieser gefürchtete Feind des Bergmanns hat vor dem Ingenieur, der seine Kraft zu

* Tafel der Schichten, die auf der französischen Seite des Tunnels durchbohrt worden sind:

			Meter		Meter	Mächtigkeit der Schicht in Metern
1.	Geröll und Kiesel	von	0	bis	128	128.
2.	Kohlenschiefer	„	128	„	2095.35	1967.35
3.	Quarzfels	„	2095.35	„	2476.75	381.40
4.	Anhydrit	„	2476.75	„	2696.90	220.15
5.	Fester Kalkfelsen	„	2696.90	„	2730.90	34
6.	Talkschiefer	„	2730.90	„	2780.20	49.30
7.	Fester Kalkfelsen	„	2780.20	„	2802.02	21.82
8.	Anhydrit	„	2802.02	„	2831.75	29.73
9.	Kalkschiefer	„	2831.75	„	2852.95	21.20
10.	Anhydrit	„	2852.95	„	2867.15	14.20
11.	Kalkschiefer	„	2867.15	„	3264	396.85
12.	Anhydrit	„	3264	„	3334.45	70.45
13.	Kalkschiefer (wurde noch durchbohrt).					

Auf der Seite von Bardonneche geht der Tunnel blos durch Kalkschiefer.

verwerthen weiß, die Flucht ergriffen. Eine Beschreibung der Art, wie diese Verwerthung erfolgt ist, will ich nicht geben, da das Verfahren schon häufig angewendet worden ist, um nur zu betonen, daß es bei diesem Tunnel nichts Interessanteres giebt als die Benutzung der Wasserkraft zur Verminderung der Schwierigkeiten des Unternehmens. Nicht eine einzige Dampfmaschine befand sich bei den Werken. Alles wurde mit zusammengepreßter Luft oder mit Wasserkraft ausgeführt.

Ende October 1866 war nach mehr als neunjähriger Arbeit genau die Hälfte des Tunnels fertig. Am Ende des Jahre 1868 war das dritte Viertel vollendet* und am 26. December 1870 war

* Vom Anfang der Arbeiten wurden auf beiden Seiten folgende Fortschritte gemacht:

	Bardonneche. Meter	Modane. Meter	Zusammen
	Durch Handarbeit.		
1857	27.28	10.80	38.08
1858	257.57	201.95	459.52
1859	236.35	132.75	362.10
1860	203.80	139.50	343.30
1861	—	193.00	193.00
1862	—	243.00	243.00
	Durch Maschinen.		
1861	170.00	—	170.00
1862	380.00	—	380.00
1863	426.00	376.00	802.00
1864	621.20	466.65	1087.85
1865	765.30	458.40	1223.70
1866	812.70	212.29	1024.99
1867	824.30	687.81	1512.11
1868	638.60	681.55	1320 15
1869	827.70	603.75	1431.45
1870	889.45	745.85	1635.30
	7080.25	5153.30	12233.55

Die ganze Länge des Tunnels beträgt 12233.55 Meter.

die Verbindung der vorgeschobenen Gänge glücklich vollzogen. Die Ingenieure drückten sich durch eine Oeffnung, die in der Mitte des Stollens gebohrt worden war, die Hände und sprengten dann die schmale Mauer, die Frankreich von Italien trennte, in die Luft.

Vier Wochen vor diesem Ereigniß hörten die Männer, welche auf der französischen Seite in dem vorgeschobenen Gange arbeiteten, in der Ferne ein dumpfes Krachen und bemerkten, als sie die Arbeit ruhen ließen, ganz deutlich, daß ihre Gefährten in dem andern Gange Minen sprengten. Um diese Zeit waren die beiden Parteien noch etwa vierhundert Fuß von einander entfernt. Je kleiner der Raum zwischen ihnen wurde, um so höher stieg die Aufregung der Ingenieure. Wie nun, wenn die beiden Endpunkte nicht zusammentrafen? Dies hätte sehr leicht geschehen können, wenn bei der Berechnung der Länge oder des Niveaus irgend ein erheblicher Irrthum vorgekommen wäre.* Endlich war die berechnete Länge (12220 Meter) gebohrt, aber die Gänge begegneten sich noch immer nicht. Die beiden Parteien erfuhren durch den Schall der Schüsse, daß sie dicht bei einander waren, und verfuhren mit der größten Vorsicht. In banger Erwartung vergingen mehrere Tage, ehe der glückliche Moment eintrat, und nun entdeckte man, daß bei der Berechnung der Länge ein Irrthum von $44^1/_2$ Fuß vorgekommen sei. Irgend ein Nachtheil entstand daraus nicht. Die Arbeiten wurden mit vermehrtem Nachdruck fortgesetzt und am 1. September 1871 war das Mauerwerk fertig, lagen die Schienen, war der Tunnel dienstfähig.

* Man braucht blos auf die Spitze des Mont-Cenis-Passes selbst zu gehen, um sich zu überzeugen, daß in trigonometrische Arbeiten sich Irrthümer einschleichen können, wenn dieselben auch von ausgezeichneten Ingenieuren ausgeführt werden. Die Höhe dieses Passes ist durch zwei von einander unabhängige Vermessungen bestimmt worden. Die eine ist durch Frankreich vom Meeresspiegel, die andere durch Italien vom Meeresspiegel ausgeführt worden. Bei den Italienern ist die Paßspitze 59 Fuß höher als bei den Franzosen.

Die förmliche Eröffnung erfolgte am 17. September 1871. Der Festzug bestand aus zwanzig Wagen, die von zwei der größten und kräftigsten Locomotiven, die es jemals gegeben hat, gezogen wurden und fünfhundert Herren enthielten, die sich aus allen Theilen Europa's eingefunden hatten. Um halb sieben Uhr Morgens verließ man Turin und kam nach einer Fahrt von drei und dreiviertel Stunden in Bardonneche an. Hier wurde ein kurzer Halt gemacht und dann durch den Tunnel nach Modane gefahren. Die Fahrt durch den Tunnel dauerte zweiundzwanzig Minuten. In Modane schlossen sich eine Anzahl ausgezeichneter Personen an, wodurch die Zahl der Wagen auf vierundzwanzig stieg. Dieser große Zug kehrte um halb ein Uhr Mittags nach Bardonneche zurück, von zwei Locomotiven gezogen und einer dritten geschoben. Die Rückfahrt durch den Tunnel nahm zweiundvierzig Minuten in Anspruch. In Bardonneche fand ein Festessen statt, an dem etwa siebenhundert Personen Theil nahmen, worauf die Gesellschaft nach Turin zurückfuhr. Alle Vorgänge dieses Tages waren vom schönsten Erfolg begleitet.

Durch die unvollkommene Lüftung des Tunnels entstanden sehr wenig Unbequemlichkeiten und selbst in seinem Mittelpunkte war die Hitze durchaus nicht drückend. Vor dem Eintreffen des Zuges hatte man in Bardonneche 20½ Grad Celsius im Schatten. Bei der Tunnelfahrt betrug die größte Hitze in meinem Wagen 25½ Grad und ein empfindliches Maximum-Thermometer, das ich an der Außenseite befestigt hatte, zeigte blos auf 25 Grad. Bei der Zurückfahrt verminderte die sehr bedeutende Steigung auf der französischen Seite die Schnelligkeit des Zuges und der Thermometer draußen am Wagen zeigte auf 28 Grad. Im Wagen blieb die größte Hitze wie zuvor 25½ Grad.

Die Luft kam mir nicht unreiner vor als in viel kleineren Tunneln. Mein Wagen befand sich in der Mitte des Zuges und selbst hier konnten wir die Fenster weit offen lassen, ohne daß eine Erstickung zu befürchten war. Herren, die später im Wagen unmittelbar hinter der Maschine durch den Tunnel gefahren sind, sagten mir, daß sie die ganze Fahrt bei offenem Fenster gemacht haben und von Dampf und Rauch nicht belästigt worden sind. An beiden Mündungen des Tunnels verfügt man über ungeheure Ventilirungskräfte, die man bis jetzt nicht in Thätigkeit hat zu setzen brauchen, so daß alle in dieser Beziehung aufgetauchten Befürchtungen keine Beachtung verdienen.

Die Eisenbahn von Modane nach St. Michel ist noch immer nicht fertig und hat schon große Unruhe verursacht, da die Kosten, wie man sagt, 50000 Pfund auf die englische Meile betragen werden. Die Linie von Bardonneche nach Bussoleno, die den Tunnel mit der alten Linie von Turin nach Susa verbindet, ist höchst pittoresk und kann auch von Personen benutzt werden, welche über den Mont Genèvre zu gehen wünschen. An beiden Seiten des Tunnels sind die Eisenbahnen außerordentlich steil und sollen an manchen Stellen eine Steigung von 1:33 haben, so daß eine große Schnelligkeit unmöglich wird.

Wem das größte Verdienst bei der Beendigung des großen Werks zuzuschreiben ist, läßt sich ebenso schwer bestimmen, als man vorher sagen kann, wie weit der Nutzen des Tunnels für den Handel reichen wird. Vom ersten bis zum letzten Augenblicke standen Grottoni und Sommeiller an der Spitze des Unternehmens und auf ihnen hauptsächlich lastete die Verantwortlichkeit. Zuweilen getrennt, meistens aber gemeinschaftlich, bauten sie die sämmtlichen zur Verwendung gekommenen Maschinen und erwarben die hauptsächlichsten Belohnungen. Grattoni lebt noch und wird ohne Zweifel die höchsten Ehren erhalten. Sein Freund und Gehülfe Sommeiller zog sich, durch die Arbeit erschöpft, zu Anfang des letzten Sommers nach seinem Geburtsorte St. Prire in Faucigny zurück, um sich etwas Ruhe zu gönnen. Es war zu spät; er unterlag den Folgen seiner Arbeiten und starb am 11. Juli 1871 im Alter von 56 Jahren.

Sommeiller, die Seele des ganzen Unternehmens, wird auch am Schlusse der Conte'schen Flugschrift mit Wärme genannt. „Er ist ein Muster von Muth und Hingebung," heißt es da. „Dürfen wir seinen Jugendfreunden glauben, so hatte er die Idee, die er jetzt ausführt, schon als Student der Hochschule von Turin. Dieser

Germain Sommeiller.

Gedanke hat ihn nie verlassen." Wir Engländer sollten vor allen anderen Nationen seine Kühnheit und Ausdauer anerkennen, wenn auch keiner von uns beim Bau des Tunnels mitgewirkt hat.* Es ist das größte Unternehmen seiner Art und da es vollendet dasteht, ist es nicht blos, und zwar in doppeltem Sinne, eine der Hochstraßen Europa's, sondern wird auch unser Weg nach Ostindien werden.

Es ist beschämend, die in unseren Kohlenbergwerken übliche

* Die Maschinen wurden hauptsächlich in Belgien gebaut. Die Ingenieure waren Franzosen oder Italiener und ihre Untergebenen bestanden aus Piemontesen und Franzosen.

Arbeitsmethode mit den Operationen im großen Alpentunnel zu vergleichen. In den ersteren sehen wir die alten barbarischen und kostspieligen Arbeitsweisen, ohne Rücksicht auf das menschliche Leben und die Zukunft, noch im Gange. Im letztern spart man durch geschickt verwendete Maschinenkraft viel Arbeit und verschafft den Werkleuten Bequemlichkeit und Sicherheit. Die Erschöpfung unserer Kohlenfelder, die nach neueren Untersuchungen später eintreten wird, als man bisher geglaubt hat, ist ein unvermeidliches Ereigniß. Eine wirkliche Erschöpfung ist nicht so stark zu fürchten, wie Unfähigkeit, mit den fremden Kohlenwerken zu concurriren. Die Frage ist vertagt worden, muß sich aber der öffentlichen Aufmerksamkeit bald wieder aufdrängen. Wenn sie zu dringend wird, um noch länger vernachlässigt werden zu können, dann tritt in der Lage unserer Bergleute vielleicht eine Verbesserung ein. Indessen werden die Hauptsünder gewiß so lange nicht in sich gehen, als riesige öffentliche Geldsammlungen die Kosten für die Nachlässigkeit der Bergwerksbesitzer bezahlen und dadurch dem Uebel, das sie zu heilen vorgeben, ewige Dauer verschaffen. Wenn diese Sünder erst in Sorge gerathen, dann hat für die armen Bergleute die Stunde der Erlösung vielleicht geschlagen. Die Thatsache, daß jährlich zweihundert ihrer Leute durch schlagende Wetter ihr Leben verlieren, wird die englischen Bergwerksbesitzer nicht so beschäftigen, wie die unangenehme Wahrheit, daß die Zeit rasch herannaht, in der sie mit dem Auslande nicht mehr concurriren können, wenn sie nicht wohlfeiler arbeiten. Hundertmal haben wir gehört, daß die Bergleute leichtsinnig sind, daß sie ihre Pfeife rauchen wollen, wo sie es nicht thun sollten, daß sie trotz des Verbots Zündhölzchen bei sich tragen und zuweilen ihre Sicherheitslampe aufbrechen, um sich mehr Licht zu verschaffen. Durch Verbote und Strafe solche Gewohnheiten unterdrücken zu wollen, ist nutzlos, und geradezu kindisch muß man es nennen, wenn man von Lampen mit Doppelschloß spricht, weil das einfache Schloß nicht genügt. Je schwieriger es den Leuten wird, sich Licht zu verschaffen, um so eifriger streben sie danach. Explosionen lassen sich blos dadurch verhüten, daß man sie unmöglich macht, und dies kann, wenigstens in einem hohen Grade, durch bessere Lüftung geschehen. Durch ein und dasselbe Mittel kann man sich wohlfeilere Kohlen und bessere Luft verschaffen. Dampfmaschinen kann man aus demselben Grunde, der sie im Alpentunnel verbot, in den Kohlenwerken nicht halten, aber Maschinen, von comprimirter Luft getrieben, sind anwendbar. Schon im Jahre 1861 wurde eine Kohlenschneidemaschine, die mit zusammengepreßter Luft arbeitete, patentirt und war in einer Kohlengrube der Grafschaft York lange im Gebrauch. Ihre Thätigkeit ist ähnlich wie die des Spitzhammers unserer Bergleute. Sie schneidet eine schmale Rinne von 3 Fuß 9 Zoll unten in die Kohlen ein, die dann auf die gewöhnliche Weise weggebrochen werden. Mit ihrer Hülfe gewinnen vier Mann täglich dreimal mehr Kohlen als bisher. Die Kohlenverwüstung beim Ausgraben verringert sich um zwei Drittel. Würde diese Maschine in allen englischen Kohlenwerken benutzt, so sparte man alljährlich acht bis neun Millionen Tonnen Kohlen. In den Gruben des nördlichen Englands arbeiten noch andere (hydraulische) Kohlenschneidemaschinen, die ebenso ökonomisch sind und mit denen man Schichten von so geringer Mächtigkeit, daß sie bei Handarbeit keinen Nutzen liefern, ausbeuten kann. Bei diesen fällt aber die Lüftung weg, die der Hauptvorzug der oben erwähnten Maschine von Frith ist. Die Ausdehnung der Luft macht nicht blos die Temperatur niedriger, sondern treibt auch alles Gas zur Schachtmündung hinaus. Daß dies wirklich geschieht, wird durch die Thatsache bewiesen, daß in dem Bergwerke der Grafschaft York, wo in früheren Jahren viele kleine Unfälle vorkamen, seit der Einführung der Maschine keine einzige Explosion mehr stattgefunden hat.

Wer kann die Lage unserer Bergleute für zufriedenstellend erklären, wenn solche Resultate erreichbar sind? Wer wird gegen das Uebel einschreiten? Derjenige, welcher eine bessere Lüftung einführt, wird seinem Vaterlande eine größere Wohlthat erzeigen, als Sir Humphrey Davy ihm erwies, und eine öffentliche Belohnung verdienen, obgleich es am Ende wahrscheinlicher ist, daß er einem unsinnigen Haß begegnen wird.

Viertes Kapitel.

Mein erster Versuch mit dem Matterhorn.

„Es muß einer ungeheuren Kraft bedurft haben, die fehlenden Theile dieser Pyramide zu zerstreuen und wegzukehren. Wir sehen hier nämlich keine Trümmerhaufen, sondern blos andere Gipfel, die ebenfalls fest im Boden wurzeln und deren ebenso zerrissene Seiten auf eine ungeheure Masse von Geröll schließen lassen, von dem man gleichwohl in der Nähe keine Spuren wahrnimmt. Ohne Zweifel ist dies das Geröll, welches in der Form von Steinen, Blöcken und Sand unsere Thäler und Ebenen füllt."

So spricht Saussure von einem der beiden Berggipfel der Alpen, die noch jungfräulich geblieben waren. Den einen hatten die besten Bergsteiger unzählige Male ohne Erfolg angegriffen, der andere, dem die Ueberlieferung Unersteiglichkeit zuschrieb, war noch so gut wie unberührt. Diese Berge waren das Weißhorn und das Matterhorn.

Nachdem ich den großen Alpentunnel 1861 besucht hatte, wanderte ich zehn Tage in den benachbarten Thälern umher und dachte lebhaft an einen Versuch, jene beiden Gipfel zu besteigen. Vom Weißhorn sagten Gerüchte, daß es besiegt worden sei, und vom Matterhorn hörte ich, daß es binnen Kurzem angegriffen werden sollte. Beides wurde mir bestätigt, als ich in Chatillon am Eingange des Val Tournanche ankam. Mein Interesse am Weißhorn nahm ab, doch wurde ich ganz Ohr, als ich hörte, daß Professor Tyndall in Breil sei und seinen ersten Sieg durch einen zweiten krönen wolle.

Bis dahin hatte ich mit Führern keine günstigen Erfahrungen gemacht und hielt nicht viel von ihnen. Sie waren für mich Wegweiser und große Verzehrer von Fleisch und Branntwein, aber nicht viel mehr. Nach meinen Erfahrungen vom Mont Pelvoux würde ich die Gesellschaft eines Paars meiner Landsleute jeder beliebigen Zahl von Führern vorgezogen haben. Als ich in Chatillon Erkundigungen einzog, eilte eine Reihe von Männern herbei, deren Gesichter Bosheit, Hochmuth, Neid, Haß und Schlechtigkeiten jeder Art aussprachen, denen aber alle guten Eigenschaften zu fehlen schienen. Die Ankunft von zwei Herren mit einem Führer, den jene als ein Muster jeder Tugend und als den rechten Mann für das Matterhorn schilderten, machte es mir unnöthig, einen der Andern anzunehmen. Mein neuer Führer war körperlich ein Anakssohn und wenn mir seine Anwerbung auch nicht verschaffte, was ich brauchte, so verschaffte sie seinen frühern Herren, was sie brauchten, denn ich erhielt ohne mein Wissen die Verpflichtung aufgebürdet, für seine Beköstigung auf dem Rückwege zu sorgen, wodurch sie Geld sparten.

Als wir durch Breil gingen, fragten wir nach dem besten Mann, den es gebe, und einstimmig wurde Johann Anton Carrel aus dem Dorfe des Val Tournanche als solcher bezeichnet. Natürlich suchten wir Carrel auf und fanden in ihm einen wohlgebildeten Burschen, dessen herausfordernde Mienen etwas Einnehmendes hatten. Ja, er wollte mitgehen. Zwanzig Franken täglich, wie auch das Resultat sein möge, war seine Forderung. Ich willigte ein. Aber auch seinen Freund müsse ich mitnehmen. „Weshalb?" Weil es unbedingt unmöglich sei, ohne einen zweiten Führer etwas auszurichten. Als er das sagte, trat ein häßlicher Kerl aus dem Dunkel hervor und bezeichnete sich als den Freund. Ich lehnte ihn ab, die Verhandlungen wurden abgebrochen und wir gingen nach Breil. Von diesem Ort, der in den folgenden Kapiteln häufig genannt werden wird, hat man eine freie Aussicht auf den merkwürdigen Berg, dessen Ersteigung ich unternehmen wollte.

Nachdem so viel über das Matterhorn geschrieben worden ist, brauche ich keine ausführliche Schilderung des Berges mehr zu geben. Meine Leser werden wissen, daß er beinahe 15000 Fuß hoch ist und in Reihen von Felswänden, die ziemlich senkrecht sind, volle fünftausend Fuß über die Gletscher aufsteigt, welche seinen Fuß umgeben. Sie werden ferner wissen, daß er die letzte große Alpenspitze war, die noch Niemand erstiegen hatte. Nicht sowohl die Schwierigkeit des Unternehmens hatte davon abgehalten, als der Schreck, den seine steilen Wände einflößten. Es schien eine Schranke um ihn gezogen zu sein, bis zu der man gehen konnte, aber weiter nicht. Jenseits hausten Zwerge und Kobolde, der ewige Jude und die Geister der Verdammten. Die abergläubischen Bewohner der nahe liegenden Thäler, von denen viele das Matterhorn für den höchsten Berg in den Alpen, ja in der Welt hielten, sprachen von einer in Trümmern liegenden Stadt auf dem Gipfel, die von Geistern bewohnt werde. Lachte man, so schüttelten sie ernst mit dem Kopfe, zeigten auf die Thürme und Mauern, die man ja mit Augen sehe, und warnten vor der Besteigung, weil die wüthenden Teufel von ihren uneinnehmbaren Höhen Felsen auf den Frevler schleudern würden. So lauteten die abergläubischen Erklärungen der Einwohner. Stärkere Geister empfanden den Einfluß der wunderbaren Bergform, und Leute, die sonst ganz vernünftig sprechen und schreiben, begannen zu phantasiren und Unsinn zu schwatzen, wenn sie auf das Matterhorn zu reden kamen. Selbst der nüchterne Saussure gerieth in Begeisterung, als er den Berg sah, und schrieb den modernen Geologen voraneilend die merkwürdigen Worte, die an der Spitze dieses Kapitels stehen.

Das Matterhorn bleibt immer gleich imposant, von welcher Seite man es auch sehe. Gewöhnlich sieht es niemals aus und in dieser Beziehung, wie auch hinsichtlich des Eindrucks, den es auf den Beschauer macht, steht es unter den Bergen fast allein da. Es hat in den Alpen keinen und in der Welt wenige Nebenbuhler.

Die sieben- bis achttausend Fuß, welche die eigentliche Spitze bilden, haben verschiedene stark hervortretende und zahlreiche andere Grate; der ununterbrochenste derselben ist derjenige, welcher gegen Nordosten läuft. An einem seiner Endpunkte liegt sein höchster Gipfel und an dem andern eine kleine Spitze, das Hörnli genannt. Ein zweiter leicht erkennbarer Grat läuft von dem Berggipfel bis zu dem Rücken herab, welcher der Furgen-Grat heißt. Der Abhang des Matterhorns zwischen diesen beiden Graten wird immer als östliche Seite bezeichnet werden. Ein dritter Grat, der nicht so ununterbrochen fortläuft wie die anderen, geht in südwestlicher Richtung nieder, und der Theil des Berges, den man von Breil aus sieht, liegt zwischen diesem und dem zweiten Rücken. Dieser Abschnitt besteht nicht, wie der zwischen dem ersten und zweiten Grat, aus einer großen Oberfläche und ist vielmehr von Schründen unterbrochen, mit Schneefeldern besäet und von steilen Klippenreihen durchzogen. Die andere Hälfte des Berges, die dem Z'Mutt-Gletscher gegenüberliegt, läßt sich nicht so einfach beschreiben. Hier giebt es unbedingt senkrechte, ja überhängende Felswände, Gletscher und hängende Eisfelder, dann wieder Gletscher, von denen große Stücke über hohe Klippen herunterstürzen, um in ihren Trümmern zu neuen Gletschern zu werden. Da gibt es Grate vom Frost zersplittert und von Regen und geschmolzenem Schnee zu Thürmen und Thurmspitzen ausgewaschen, während man überall und immerfort Töne hört, welche sagen, daß die Kräfte noch immer in Wirksamkeit sind, welche hier seit Anfang der Welt gearbeitet haben und nicht eher aufhören werden, als bis sie die ungeheure Bergmasse in Atome verwandelt haben.

Die meisten Reisenden werfen vom Thale von Zermatt oder vom Thale von Tournanche den ersten Blick auf das Matterhorn. Von dem ersteren Punkt aus gesehen, nimmt sich der Fuß des Berges am schmalsten aus und seine Grate und Wände scheinen ungeheuer steil zu sein. Der Reisende steigt im Thale empor und sieht sich häufig nach der großen Aussicht um, die ihn für seine Anstrengungen belohnen soll, ohne sie zu bekommen, denn der Berg wird in dieser Richtung erst eine halbe Stunde nördlich von Zermatt sichtbar. Plötzlich biegt er um eine Felsenecke und da ist das Matterhorn, aber nicht da, wo er es erwartete, denn er muß das Gesicht in die Höhe richten, um es zu sehen, da es über seinem Kopfe zu schweben scheint. So ist der Eindruck, aber in der That bildet die Spitze des Matterhorns auf diesem Punkte mit dem Auge einen Winkel von weniger als sechzehn Grad, während der Dom auf demselben Punkte einen größern Winkel bildet, aber unbeachtet bleibt. So wenig darf man dem Auge ohne Hülfe vertrauen.

Von Breil und Val Tournanche hat man eine ebenso schöne Aussicht auf das Matterhorn, doch macht dasselbe hier weniger Eindruck, weil der Beschauer an den Anblick gewöhnt wird, wenn er das Thal hinauf oder hinab geht. Von hier gesehen, scheint der Berg aus einer Reihenfolge keilförmiger Pyramiden zu be-

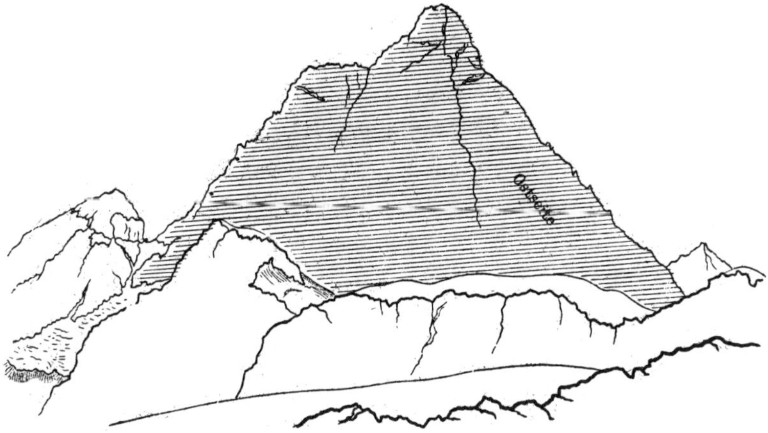

Das Matterhorn vom Gipfel des Theodule-Passes.

Das Matterhorn von Nordosten.

Die Zwischenräume zwischen den rothen Parallel-Linien stellen durchschnittlich eine senkrechte Höhe von 60 Fuss dar, doch beträgt die Höhe zwischen den obersten Linien, weil man sie in Verkürzung sieht, etwas mehr.

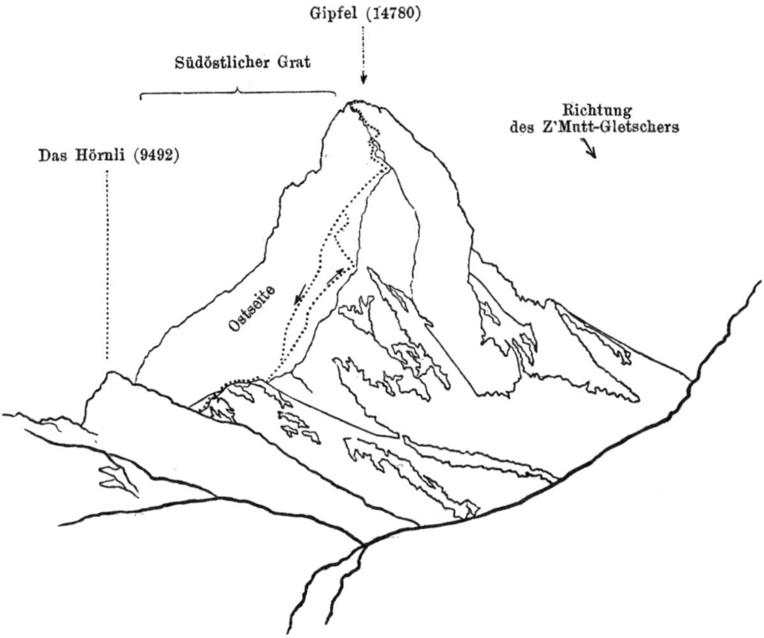

Das Matterhorn von Nordosten.

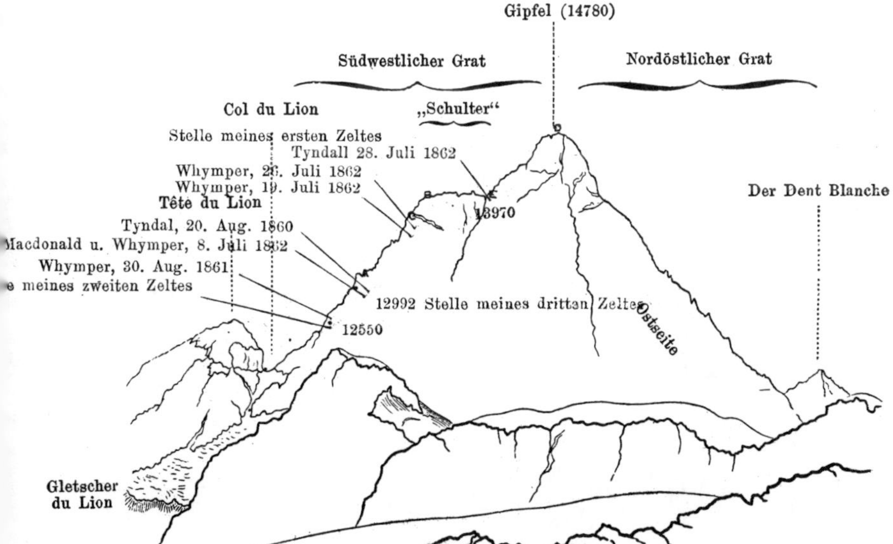

Das Matterhorn vom Gipfel des Theodule-Passes.
(10899 Fuss).

bestehen, während auf der andern Seite seine breiten und ununterbrochenen Felsenwände und seine einfachen Umrisse Staunen erregen. Natürlich muß man annehmen, daß sich auf dieser zerklüfteten Seite leichter ein Weg zum Gipfel findet, als in irgend einer andern Richtung. Die Ostseite, Zermatt gegenüber, scheint vom Fuß bis zur Spitze eine glatte Felswand zu sein und die entsetzlichen Klippen dem Z'Mutt-Gletscher gegenüber untersagen in dieser Richtung jeden Versuch. So blieb blos die Seite des Val Tournanche, und wie sich zeigen wird, wurden die ersten Besteigungsversuche fast alle von dieser Seite gemacht.

Die ersten Menschen, von denen man weiß, daß sie sich an das Matterhorn wagten, waren Führer oder vielmehr Jäger des Val Tournanche. Diese Versuche fanden 1858 und im folgenden Jahre in der Richtung von Breil statt und der fernste erreichte Punkt lag etwa ebenso hoch (12650 Fuß) wie der Platz, der gegenwärtig der Schornstein heißt. Bei diesen Unternehmungen betheiligten sich Johann Anton Carrel, Johann Jakob Carrel, Victor Carrel, Abbé Gorret und Gabriel Maquignaz. Weitere Nachrichten habe ich nicht einziehen können.

Der nächste Versuch war ein merkwürdiger und auch von ihm existirt kein öffentlicher Bericht. Er wurde im Juli 1860 von den Herren Alfred, Karl und Sandbach Parker aus Liverpool gemacht. Ohne Führer versuchten die drei Engländer die Festung von der Ostseite zu erstürmen, die wie eine glatte Felswand aussieht. Wie Sandbach Parker mir erzählte, folgten er und seine Brüder dem Grat zwischen dem Hörnli und der Spitze, bis sie zu dem Punkte kamen, wo der Steigungswinkel bedeutend zunimmt. Diese Stelle liegt nach Dufour's Karte der Schweiz 10820 Fuß hoch. Sie bogen hier etwas nach links aus und stiegen noch 700 Fuß höher, indem sie sich so viel wie möglich an den Kamm des Grats hielten.

Nebel, ein starker Wind und Mangel an Zeit hinderten die kühnen Männer, weiterzugehen, und so kamen sie nicht ganz bis 12000 Fuß.

Die dritte Ersteigung des Matterhorns versuchte im August 1860 Herr Vaughan Hawkins von der Seite des Val Tournanche. In Macmillan's Magazin hat er eine lebhafte Beschreibung dieses Unternehmens veröffentlicht und auch Professor Tyndall ist in

J. J. Bennen (1862).

seinen zahlreichen Beiträgen zur Alpenliteratur mehrmals auf dasselbe zurückgekommen. Ich werde mich deshalb so kurz wie möglich fassen.

Hawkins hatte das Matterhorn im Jahre 1859 mit dem Führer Bennen untersucht und die Ueberzeugung gewonnen, daß der südwestliche Grat zum Gipfel führe. Er warb Johann Jakob Carrel an, der bei den ersten Versuchen betheiligt gewesen war, und brach mit Professor Tyndall, den er besonders eingeladen hatte, und mit Bennen in der Richtung der Kluft zwischen der kleinen und der großen Spitze auf.

Bennen war ein Führer, von dem man zu sprechen begann. Während seiner kurzen Laufbahn stand er meistens im Dienste Wellig's, des Gastwirths auf dem Aeggischhorn, und wurde von diesem an Touristen vermiethet. Obgleich seine Erfahrungen beschränkt waren, hatte er sich einen guten Ruf erworben und wurde von Allen, die ihn verwendeten,' hochgeschätzt. Ein hübscher Mann mit höflichen und feinen Manieren, gewandt und kühn, würde er jetzt unter den Führern den ersten Platz einnehmen, wenn er vorsichtiger gewesen wäre. Im Frühling von 1864 fand er nicht fern von seiner Heimath auf einem Berge im Canton Wallis, der Haut de Cry genannt, einen elenden Tod.

Die Hawkins'sche Gesellschaft, bei der sich Bennen als Führer befand, erkletterte die gegen den Couloir du Lion abfallenden Felsen auf deren Südseite und erreichte glücklich, wenn auch nicht ohne Schwierigkeiten, den Col du Lion. Sie folgte dann dem südwestlichen Grat, kam über die Stelle, den sogenannten Schornstein, hinaus, bei der frühere Besteiger umgekehrt waren, und stieg noch 300 Fuß höher. Herr Hawkins und J. J. Carrel machten hier Halt, aber Professor Tyndall und Bennen gelangten noch etwas weiter. Nach weniger als einer halben Stunde kehrten auch sie um, da die Zeit drängte, stiegen den Col auf demselben Wege hinunter, welchem sie bergaufwärts gefolgt waren, und gingen, jetzt im Couloir und nicht über die Felsen, nach Breil weiter. Der Punkt, wo Herr Hawkins Halt machte, läßt sich nach seiner Beschreibung leicht feststellen. Er liegt 12992 Fuß über dem Meere. Bennen und Tyndall können in den wenigen Minuten, während deren sie von den Anderen entfernt waren, nicht mehr als 50—60 Fuß höher gestiegen sein, da sie sich auf dem schwierigsten Theile des Berges befanden. Diese Gesellschaft kam also um 350—400 Fuß über den bisher erreichten höchsten Punkt hinaus.

So viel ich weiß, machte Herr Hawkins keinen ferneren Versuch, und die nächste Besteigung wurde im Juli 1861 von den Herren Parker ausgeführt. Sie gingen wieder von Zermatt aus, folgten dem Wege, den sie im Jahre zuvor ermittelt hatten, und kamen etwas höher als zuvor. Sie hatten aber zu wenig Zeit trafen gleich hinter Zermatt schlechtes Wetter und erneuerten ihren Versuch nicht wieder. „Beide Male,“ sagt Herr Parker, „kamen wir nicht so hoch, als wir wollten. An dem Punkte, wo wir umkehrten, konnten wir unseren Weg noch um einige hundert Fuß höher erkennen, aber weiterhin schienen die Schwierigkeiten zu wachsen.“ Wie man mir sagt, handelte es sich bei beiden Besteigungen darum, zu ermitteln, ob es rathsam sei, auf der Nordostseite einen ernstlicheren Versuch zu wagen.

Am 28. August 1861 kam ich mit meinem Führer in Breil an und hörte, daß Professor Tyndall vor zwei Tagen dagewesen sei, aber nichts unternommen habe. Ich hatte das Gebirge ziemlich von jedem Punkte aus gesehen, und selbst mir, dem Neuling, wollte es scheinen, daß man mit einem Tage nicht auskomme. Ich beschloß, so weit oben wie möglich zu übernachten und den Gipfel am zweiten Tage zu ersteigen. Wir versuchten noch einen Begleiter zu gewinnen, aber vergebens. Matthias zum Taugwald und andere bekannte Führer waren gerade da, wollten aber von nichts wissen. Ein kräftiger alter Bursche, Peter Taugwalder mit Namen, erklärte sich endlich bereit. Für wieviel? „Für zweihundert Franken.“ „Gleichviel, ob wir Erfolg haben oder nicht?“ „Ja, gleichviel.“ Das Ende der Geschichte war, daß alle mehr oder minder tüchtigen Männer eine große Abneigung verriethen, oder sich geradezu weigerten, oder einen unmöglichen Preis forderten. Darin liegt auch, wie ich ein für alle Male bemerken will, der Grund, weshalb beim Matterhorn so viele vergebliche Anstrengungen gemacht worden sind. Einen Führer ersten Ranges nach dem andern führte man vor das Matterhorn und streichelte ihm das Kinn, aber alle lehnten die Sache ab. Die Führer, die mitgingen, hatten kein Herz für das Unternehmen und kehrten bei der ersten Gelegenheit um. Mit

Johann Anton Carrel (1869).

Ausnahme eines Einzigen, von dem gleich die Rede sein wird, glaubten sie sämmtlich fest, daß der Gipfel vollkommen unersteiglich sei.

Wir beschlossen allein zu gehen und baten den Wirth, da wir uns auf ein kaltes Nachtlager gefaßt machen mußten, uns ein paar wollene Decken zu leihen. Er schlug sie uns ab, und zwar aus dem seltsamen Grunde, weil wir im Val de Tournanche eine Flasche Branntwein gekauft hätten und bei ihm nicht ein Glas. Kein

Branntwein, keine Decken, schien sein Grundsatz zu sein. In dieser Nacht brauchten wir keine Decken, denn wir schliefen im höchsten Kuhstall des Thales, der dem Berge eine Stunde näher ist als der Gasthof. Die Hirten — brave Kerle, die selten von Touristen gestört werden — begrüßten uns freudig und thaten ihr Möglichstes, uns den Aufenthalt behaglich zu machen. Sie brachten ihre kleinen Vorräthe einfachster Nahrung herbei, und als wir mit ihnen um den großen kupfernen Kessel saßen, der über dem Feuer hing, baten sie uns mit rauhen Stimmen, aber in bester Absicht, uns vor den Gefahren der verwünschten Klippen zu hüten. Als die Nacht anbrach, sahen wir Johann Anton Carrel und seinen Gefährten den Berg hinaufschleichen. „Aha," sagte ich, „Ihr bereut." „Durchaus nicht, Sie irren sich." „Weshalb kommt Ihr da hierher?" „Weil wir morgen selbst auf den Berg gehen." „Dann ist es also nicht nöthig, zu mehr als zu d r e i e n zu sein." „Für u n s nicht." Ich bewunderte ihre Schlauheit und hatte große Lust, das Paar anzuwerben, stand indessen davon ab. Der zweite Mann war J. J. Carrel, der Herrn Hawkins begleitet hatte und mit dem andern Führer nahe verwandt war.

Beide waren kühne Aelpler, aber Johann Anton war ohne Vergleich der beste und der sicherste Bergsteiger, den ich je gesehen habe. Er war der Einzige, der sich niemals für geschlagen erklärte, und trotz aller Entmuthigungen bei dem Glauben blieb, daß der große Berg nicht unersteiglich sei und von der Seite seines heimathlichen Thales besiegt werden könne.

Die Nacht verging ohne weitere Störung, als daß eine Gesellschaft von Flöhen auf meiner Backe einen Fandango tanzte. Bei Tagesanbruch krochen die beiden Carrels geräuschlos aus dem Heu und gingen fort. Wir standen kurz vor sieben Uhr auf, ließen alle unsere Sachen im Kuhstall zurück, folgten den Beiden gemächlich, schlenderten über die mit Enzian bewachsenen Hänge, die nach dem Glacier du Lion hin liegen, ließen die Kühe und Weiden hinter uns,

Der Col du Lion: Aussicht auf den Tête du Lion.

überschritten die Felswüsten und kamen beim Eise an. An seinem Rande zur Rechten (links von uns) lagen Betten von altem, hartem Schnee, über die wir mit Leichtigkeit auf den unteren Theil des

Gletschers stiegen. Nun zeigten sich aber zahlreiche Spalten und vor einer derselben, welche eine sehr ansehnliche Breite hatte, mußten wir umkehren. Wir suchten uns einen bessern Weg und wendeten uns natürlich zu den unteren Felsen des Tête du Lion, welche die westliche Seite des Gletschers überragen. Ein tüchtiges Klettern brachte uns bald auf den Kamm des Grats, der gegen Süden hinabzieht, und von dort führte auf den Col du Lion eine lange natürliche Treppe, auf der wir selten genöthigt waren, die Hände zu Hülfe zu nehmen. Wir tauften die Stelle: „Die große Treppe.“ Nun mußten wir die Klippen des Tête du Lion umgehen, die sich über das Couloir erheben. Dieser Theil des Weges wechselt nach den Jahreszeiten bedeutend und war für uns schwierig. Das fortwährend schöne Wetter des Jahres 1861 hatte die Höhe der Schneebetten, die sich an den Berg lehnen, bedeutend verringert, und die bloßgelegten Felsen an der Grenze des Steins und des Schnees besaßen nur wenige Spalten oder Vorsprünge, an denen wir uns halten konnten. Um halb elf Uhr standen wir aber auf dem Col und blickten auf das prächtige Becken nieder, aus dem der Z'Mutt-Gletscher hervorquillt. Wir beschlossen auf dem Col zu übernachten, da der Platz, wenn man sich auch keine Freiheiten auf ihm nehmen durfte, für uns sehr geeignet war. Auf einer Seite hing eine steile Mauer über dem Tiefenmatten-Gletscher, auf der andern Seite senkten sich abschüssige glatte Schneewände, vom Wasser und gefallenen Blöcken durchfurcht, zum Glacier du Lion hinab, auf der Südseite erhoben sich die Klippen des Tête du Lion, auf der Nordseite die große Spitze des Matterhorns.* Warf man eine Flasche auf den Tiefenmatten hinunter, so hörte man sie erst nach mehr als zwölf Secunden aufschlagen. Von dieser Seite konnte uns in-

* Unser Holzschnitt ist nach einer Skizze gemacht, die auf dem Matterhorn-Felsen, genau über dem Col, aufgenommen wurde.

dessen nichts geschehen und ebenso wenig von der entgegengesetzten. Endlich konnte auch von dem Tête du Lion keine Gefahr kommen, da einige überhängende Felsen unserm Ruheplatz willkommenen Schutz gewährten.

Wir ruhten eine Weile aus, wärmten uns in der Sonne und horchten auf die Carrels, die wir hoch über uns auf dem zum Gipfel führenden Grat hörten. Mittags stiegen wir zum Kuhstall hinab, packten unser Zelt und sonstiges Eigenthum auf und waren trotz unseres schweren Gepäcks vor sechs Uhr wieder auf dem Col. Dieses Zelt war nach einem von Franz Galton angegebenen Modell gebaut und nicht besonders gerathen. Es war aus leichtem Leinen gemacht und ließ sich aufschlagen wie ein Buch. Das eine Ende war immer geschlossen, das andere mit Klappen versehen. Gestützt wurde es von zwei Alpenstöcken und die leinenen Wände verlängerten sich so, daß sie unten umgeschlagen werden konnten. An die Ränder waren zahlreiche Schnüre angenäht, die sich mit Steinen beschweren ließen, und zur Hauptbefestigung diente ein Strick, der unter dem Dache durchging und durch eiserne, an den Spitzen der Alpenstöcke angeschrobene Ringe lief. Der Wind, der um die nahen Klippen lustig tanzte, wurde mit der Kraft eines Blasebalges durch unsere Felsenlücke getrieben. Die Klappen wollten nicht schließen, die Alpenstöcke nicht halten, und unser Zelt verrieth einen so sehnlichen Wunsch, sich zur Spitze der Dent Blanche zu erheben, daß wir es klug hielten, es abzubrechen und uns darauf zu setzen. Als die Nacht kam, hüllten wir uns in das Leinen und machten es uns so gemüthlich, als die Umstände erlaubten. Ein majestätisches Schweigen herrschte. Kein lebendes Wesen befand sich in der Nähe unseres einsamen Lagers. Die Carrels waren umgekehrt und außer Hörweite, die Steine hatten aufgehört zu fallen, das Wasser rieselte nicht mehr. Es war so bitter kalt, daß das Wasser in einer Flasche unter meinem Kopfe gefror. Das durfte uns nicht überraschen, denn wir lagen auf dem Schnee und waren auf einer Stelle, wo der leiseste Windzug sofort fühlbar wurde. Eine Zeit lang schlummerten wir, aber gegen Mitternacht kam von hoch oben ein furchtbarer Krach herunter, dem eine secundenlange Todtenstille folgte. Eine große Felsenmasse war geborsten und kam gegen uns herunter. Mein Führer sprang auf, rang die Hände und rief: „Herr Gott, wir sind verloren!" Wir hörten, wie es kam, wie Masse auf Masse von den Wänden niederstürzte, von Klippe zu Klippe sprang und gegen einander krachte. Die Gefahr schien uns nahe, obgleich sie muthmaßlich fern war, aber einige kleine Felssplitter, die von den Felsen über unsern Köpfen auf uns fielen, vermehrten unsere Besorgniß, und mein entmuthigter Gefährte verbrachte die ganze übrige Nacht in einem Zustande des Schauders und stieß: „Schrecklich!" und ähnliche Worte hervor.

Bei Tagesanbruch setzten wir uns in Bewegung und begannen den südwestlichen Grat zu ersteigen. Von einem Schlendern mit den Händen in den Taschen war keine Rede mehr; jeder Schritt war ein richtiges Klettern. Zum Glück war es ein höchst angenehmes Steigen. Die Steine lagen fest und waren nicht mit Geröll bedeckt. Die Spalten waren gut, wenn auch nicht zahlreich, und kamen wir in Gefahr, so verschuldeten wir sie selbst. So dachten wir wenigstens und riefen laut, um das Echo der Klippen zu wecken. Wir bekamen keine Antwort, das heißt jetzt nicht. Warten wir ein Weilchen und dann, da hier Alles den großartigsten Maßstab hat, zählen wir ein Dutzend und hören von den Mauern des Dent d'Herens, der stundenweit entfernt ist, Echos in reinen, sanften und musikalischen Tonwellen zu uns dringen. Nun ein kurzer Halt, um der Aussicht zu genießen. Wir überblicken den Tête du Lion, und mit Ausnahme des Dent d'Herens, dessen

Gipfel noch tausend Fuß über uns emporragt, ist uns nichts im Wege. Die Reihen der grajischen Alpen, ein Ocean von Bergen, beherrscht von den drei großen Spitzen Grivola, Grand Paradis und Tour de St. Pierre, sind mit einem Blick zu überschauen. Wie weich und doch wie scharf sehen sie in der Luft des Frühmorgens aus. Die Mittagsnebel haben sich noch nicht erhoben, noch ist nichts verdunkelt und selbst der Viso, der über zwanzig deutsche Meilen entfernt ist, hat deutliche Umrisse.

Wir wenden uns westlich und sehen die schrägen Sonnenstrahlen über die Schneefelder des Monte Rosa streifen. Blickt die beschatteten Theile an und seht, wie sogar sie, von zurückgeworfenem Licht strahlend, glänzendere Farben haben, als der Künstler sie malen kann. Seht, sogar dort bilden die niedrigen Wellenlinien des Bodens Schatten in dem Schatten, und dort, wo gefallene Steine oder Felsblöcke eine Spur gezogen haben, häufen sich Schatten auf Schatten, jeder mit einer lichten und dunkeln Seite und mit unendlichen Abstufungen von tadelloser Zartheit. Nun beachte den Sonnenschein, wie er weiterzieht und zahllose ungeahnte Formen enthüllt, hier die zarten gekräuselten Linien, welche einen verborgenen Schrund andeuten, dort Wogen von zusammengewehtem Schnee. In jeder Minute erzeugt der Sonnenschein neue Schatten und mehr Lichter, die an den Rändern des Eises glänzen und auf den Eiskrystallen blitzen, höher schimmern und die Tiefen erleuchten, bis Alles ein Lichtmeer ist und das geblendete Auge bei den finstern Klippen Schutz sucht.

Seit wir den Col verlassen, war kaum eine Stunde verflossen, als wir den „Schornstein" erreichten. Sein Charakter läßt sich leicht beschreiben: eine glatte, gerade Felswand war in einem bedeutenden Winkel zwischen zwei andere ebenso glatte eingefügt. Mein Führer wollte sie ersteigen, aber als er seinen langen Körper in manche lächerliche Stellungen gebracht hatte, sagte er, daß er nicht weiter wolle und könne. Mit einiger Mühe gelangte ich ohne Hülfe hinauf und nun band sich mein Gefährte an das Seil und wollte sich von mir emporziehen lassen. Er war aber so unbeholfen, daß er sich nicht selbst helfen konnte, und zugleich von solchem Gewicht, daß er mir zu schwer wurde. Nach mehreren Versuchen entledigte er sich des Seiles und bemerkte ruhig, daß er umkehren werde. Ich schalt ihn einen Feigling und er sagte mir seine Meinung von mir eben so offen. Er möge nur nach Breil gehen, rief ich, um dort zu erzählen, daß er seinen monsieur auf dem Berge verlassen habe. Er wollte richtig fortgehen und nun mußte ich klein beigegeben und ihn bitten, daß er zurückkommen möge, denn wenn das Heraufkommen auch nicht sehr schwierig und gar nicht gefährlich war, sobald Jemand unten stand, so war es mit dem Herunterkommen doch ein ganz anderes Ding, da der untere Rand auf eine beunruhigende Weise über dem Abgrunde hing.

Der Tag war unvergleichlich, die Sonne verbreitete eine angenehme Wärme, der Wind hatte aufgehört, der Weg schien offen zu sein und kein unübersteigliches Hinderniß war zu sehen, aber was konnte ich allein ausrichten? Ich stand oben, über das unerwartete Hinderniß nicht wenig ärgerlich, und blieb eine Zeit lang unentschlossen. Da es sich zeigte, daß der Schornstein öfter als nöthig gekehrt wurde — er war für fallende Steine ein natürlicher Kanal — so streckte ich endlich die Waffen, stieg mit Hülfe des Führers hinab und ging mit ihm nach Breil, wo wir gegen Mittag ankamen.

Die Carrels zeigten sich nicht, doch hörten wir, daß sie keine bedeutende Höhe erreicht hätten,* und daß es dem einen, der zu

* Später hörte ich von Johann Anton Carrel, daß sie bedeutend höher als bei ihren früheren Versuchen und 250 bis 300 Fuß höher als Professor

seiner Erleichterung die Schuhe ausgezogen und um den Leib gebunden hatte, gelungen wäre, einen zu verlieren. Er hatte sich ein Stück Seil um den nackten Fuß gewickelt und im Couloir du Lion, den sie kühn heruntergerutscht waren, noch ein Taschentuch darüber gebunden.

Das Matterhorn wurde im Jahre 1861 nicht wieder angegriffen. Ich verließ Breil mit der Ueberzeugung, daß ein einzelner Tourist, da die Führer ihren Aberglauben nicht aufgeben, keinen Versuch wagen dürfe, und daß mindestens zwei gehen müssen, um sich unterstützen zu können.

Als ich mit meinem Führer* über den Col Theodule ging, dachte ich an das Matterhorn lebhafter denn je und faßte den Entschluß, mit einem Gefährten zurückzukehren und den Berg so lange zu belagern, bis er oder wir besiegt seien.

Tyndall im Jahre 1860 gekommen seien. 1862 sah ich die ersten Buchstaben, von J. A. Carrel in den Felsen eingehauen, an dem Beide umgekehrt waren.

* Auf niedrigerem Boden war dieser Mann ebenso willig wie nützlich und machte mit mir gern einen großen Umweg, ohne Geld oder eine sonstige Belohnung zu erwarten.

Fünftes Kapitel.*

Neue Versuche am Matterhorn.

Es war noch früh im Jahre und das Matterhorn, das sein Winterkleid noch trug, hatte mit dem Matterhorn des Sommers wenig Aehnlichkeit, als eine neue Kraft auftrat und den Berg von einer anderen Seite angriff. Herr T. S. Kennedy von Leeds hatte den ungewöhnlichen Gedanken, daß die Spitze im Januar leichter zu erreichen sein könne als im Juni, und ging in dem erstgenannten Monat nach Zermatt, um seine Idee auf die Probe zu stellen. Mit dem kräftigen Peter Perr und dem handfesten Peter Taugwalder schlief er in der kleinen Kapelle am Schwarzensee und folgte

* Der Verfasser leitet dieses Kapitel mit Versen von Hickson ein, die sich etwa so übersetzen lassen:

Bist Du, mein Freund, der rechte Mann,
Nur immer wieder drauf,
Wenn's auch nicht gleich gelingen kann,
Nur immer wieder drauf!
Behältst Du nur den frischen Muth,
Bewahrst Du nur das kalte Blut,
So wird zuletzt noch Alles gut,
Nur immer wieder drauf!

am nächsten Morgen, gleich den Herren Parker, dem Grat zwischen der Spitze, die das Hörnli heißt, und dem großen Berge. Er fand indessen, daß der Schnee auch im Winter den gewöhnlichen Naturgesetzen gehorcht und Wind und Frost in dieser Jahreszeit nicht weniger unfreundlich sind wie im Sommer. „Der Sturm wirbelte den Schnee auf, warf uns Eisstückchen scharf wie Nadeln ins Gesicht und riß vom Gletscher unten Schollen von einem Fuß im Durchmesser los, die an uns vorbeiflogen. Noch wollte Keiner von uns der Erste sein, der nachgab, als ein Windstoß, der ungewöhnlich stark war, uns zwang, hinter einem Felsen Schutz zu suchen. Sofort waren wir stillschweigend einverstanden, daß wir das Unternehmen aufgeben müßten, wollten doch aber eine Erinnerung an unseren Besuch hinterlassen und errichteten auf einem passenden Platze, den wir bedeutend weiter unten fanden, aus losen Steinen eine Pyramide. In einer halben Stunde war ein sechs Fuß hohes Thürmchen fertig, in das wir eine Flasche mit dem Datum legten und uns dann so schnell wie möglich zurückzogen."* Diese Pyramide befindet sich auf der Stelle, die auf Dufour's Karte der Schweiz mit 10 820 Fuß bezeichnet wird, und der von Herrn Kennedy erreichte höchste Punkt kann nach meiner Ansicht kaum dreihundert Fuß weiter oben sein.

Kurze Zeit darauf erzählte Professor Tyndall in seiner kleinen Schrift: „Bergfahrten im Jahre 1861," weshalb er Breil im August 1861 verlassen habe, ohne etwas zu thun. Wie es scheint, schickte er seinen Führer Bennen auf Erkundigung aus und dieser berichtete: „Herr, ich habe den Berg genau untersucht und fand ihn schwieriger und gefährlicher, als ich mir gedacht habe. Es giebt keine Stelle, wo wir gut übernachten könnten. Auf jenem Col

* Englische Alpen-Zeitschrift von 1863, S. 82.

dort könnten wir auf dem Schnee schlafen, aber wir würden halb erfrieren und am nächsten Tage unfähig zur Arbeit sein. Auf dem Felsen existirt keine Leiste oder Spalte, die uns eine passende Unterkunft gewährte, und brechen wir von Breil auf, so können wir den Gipfel in einem Tage nicht erreichen.“ Dieser Bericht, sagt Tyndall, versetzte mich in wahre Bestürzung. Es war mir wie einem Manne, dessen Hand losläßt und der nun von der Höhe stürzt. Bennen wollte offenbar von keiner Besteigung des Berges wissen. „Unter allen Umständen können wir den niedrigsten der beiden Gipfel erreichen,“ sagte ich. „Selbst das ist schwierig,“ antwortete er. „Aber selbst wenn Sie ihn erreichen, was haben Sie davon? Diese Spitze hat keinen Namen und keinen Ruf.“*

Durch diese Aussage Bennen's wurde ich mehr überrascht als entmuthigt. Von der Hälfte seiner Behauptungen wußte ich, daß sie falsch seien. Der Col, den er meinte, war der Col du Lion, auf dem wir kaum eine Woche nach seinem zuversichtlichen Ausspruch übernachtet hatten. Außerdem hatte ich von einem Punkte nicht weit unterhalb des Schornsteins eine Stelle etwa fünfhundert Fuß über dem Col gesehen, wo die Errichtung eines Nachtlagers möglich zu sein schien. In Bennen's Ansichten scheint ein gänzlicher Wechsel vorgegangen zu sein. 1860 scheint er für einen Versuch begeistert gewesen zu sein, 1861 war er gegen jeden Antrag taub. Eben so wenig entmuthigt als ich wurde mein Freund Re-

* Tyndall und Bennen waren in dem Irrthum befangen, daß der Berg, der blos einen Gipfel hat, deren zwei habe. Der Theil des südwestlichen Grats, der die Schulter (l'épaule) heißt, scheint sie durch den Anblick, den er von Breil aus gewährt, getäuscht zu haben. Von jenem Orte aus gesehen, hat sein südlicher Endpunkt in Folge der perspectivischen Verkürzung allerdings das Ansehen eines Gipfels, wenn man ihn aber vom Col Theodule oder von irgend einer anderen Stelle in derselben Richtung betrachtet, so wird die Täuschung sofort offenbar.

ginald Macdonald, mein Gefährte auf dem Pelvoux, dem unser damaliger Erfolg so wesentlich zu verdanken war. Er verband sich mit mir zu einem neuen Versuche vom Süden aus, und wenn es uns auch mißlang, Melchior Anderegg und andere bewährte Führer zu gewinnen, so verschafften wir uns doch die Beihülfe von zwei tüchtigen Männern, von Johann zum Taugwald und Johann Kronig von Zermatt. Im letzteren Orte trafen wir in den ersten Julitagen zusammen, aber das Wetter war so stürmisch, daß wir eine Zeit lang nicht einmal zu der andern Seite der Bergkette hinübergehen konnten. Am 5. Juli stiegen wir über den Col Theodule, aber das Wetter hatte sich noch immer nicht eingerichtet — in den Thälern regnete es, auf den Bergen schneite es. Kurz vor der Ersteigung des Gipfels wurde uns höchst ungemüthlich, denn wir hörten geheimnißvolle rauschende Töne, die bald so klangen, als ob ein plötzlicher Windstoß über den Schnee fege, bald so, als ob eine ungeheure Peitsche geschwungen werde. Der Schnee war aber in keiner Bewegung und die Luft vollkommen ruhig. Die dichten schwarzen Gewitterwolken ließen uns mehrmals befürchten, daß wir die Rolle von Blitzableitern übernehmen müßten, und wir waren daher froh, als wir im Gasthofe von Breil unter Schutz kamen, ohne in eine solche Gefahr zu gerathen.*

Wir brauchten einen Träger und begaben uns auf den Rath des Wirths zu den Sennhütten von Breil, um einen gewissen Luc

* Der verstorbene Forbes befand sich beim Ueberschreiten desselben Passes im Jahre 1842 in einer ähnlichen Lage. Er beschreibt die Laute als ein Rauschen, Zischen und Pfeifen. Spence Watson erlebte im Juli 1863 auf dem oberen Theile des Aletsch-Gletschers dasselbe und bezeichnet die Töne als singend oder pfeifend. Beide wurden in hohem Grade elektrisch. Forbes sagt, daß seine Finger einen pfeifenden Ton von sich gaben, und Watson erzählt, daß sein Haar sich auf eine ungewöhliche, aber wahrhaft komische Weise aufrichtete, und daß der Schleier einer Dame der Gesellschaft kerzengerade in der Luft stand.

Meynet aufzusuchen. Wir fanden seine schlechte Hütte, welche mit Geräthen zum Käsemachen vollgepfropft war und blos von einigen helläugigen Kindern bewohnt wurde. Da sie sagten, daß der Oheim bald zurückkommen werde, so warteten wir vor der Thür auf ihn. Endlich zeigte sich an der Ecke der Fichtengruppe unterhalb Breils ein dunkler Fleck, und gleich klatschten die Kinder in die Hände, warfen ihr Spielzeug fort und liefen dem Oheim entgegen. Wir sahen eine schiefe Gestalt sich niederbücken, die Kleinen aufheben, auf die Backen küssen und in die Körbe legen, die das Maulthier an den Seiten trug. Nun ging der Mann singend

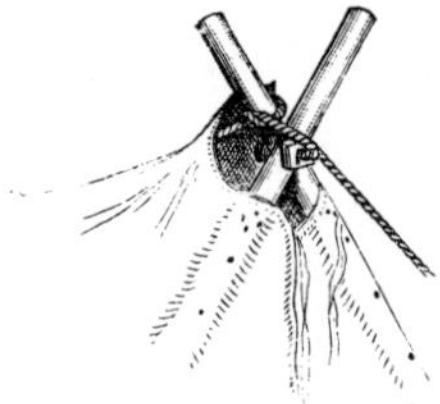

weiter, als ob er nicht in einer Welt des Elends lebe, und doch trug das Gesicht des kleinen Luc Meynet, des Buckeligen von Breil, Spuren von Sorgen und seine Stimme klang traurig, als er sagte, daß er für die Kinder seines Bruders zu sorgen habe. Wir zerstreuten seine Gedanken indessen bald, und er willigte ein, unser Zelt zu tragen.

Im vergangenen Winter hatte ich mich mit Zelten beschäftigt und besaß jetzt als Resultat meiner Bemühungen eines, welches so tragbar war, daß es über den ungangbarsten Boden geschafft werden konnte, und Leichtigkeit mit Festigkeit zu verbinden versprach. Seine Basis hatte sechs Fuß im Geviert und es bildete, wenn man es sich in der Mitte senkrecht getheilt dachte, ein gleichschenkliges Dreieck, dessen Seiten sechs Fuß lang waren. Berechnet war es auf vier Personen. Seine Stützen waren vier eschene Stangen, sechs und einen halben Fuß lang und fünfviertel Zoll dick, die mit Eisenspitzen versehen waren. Beim Aufschlagen des Zeltes wurde so verfahren: In Bohrlöcher, die sich in den Stangen ungefähr fünf Zoll unter ihren Spitzen befanden, wurden zwei Bolzen von

Schmiedeeisen, drei Zoll lang und einen Viertelzoll dick, gesteckt. Die beiden Stangen, um die bei den Bolzen ein Seil gebunden werden mußte, wurden nun in der gehörigen Entfernung aus einander gespreizt. Nun folgte das Auflegen des Daches. Der Stoff desselben war roher ungebleichter Calico, den man sechs Fuß breit kaufen kann und dem ich eine solche Länge gab, daß unten ringsum zwei Fuß nach innen umgeschlagen werden konnten. Die Breite des Calico war die Länge des Zeltes, so daß im Dache keine Nähte nöthig waren. Der Calico wurde um jede Stange genäht, wobei besonders darauf zu achten war, daß keine Falten entstanden und Alles straff wurde. Nun wurde die Fußdecke gelegt und an den Calico angenäht. Dieselbe bestand aus dem gewöhnlichen Regen-mantel-Mackintosh und hatte neun Fuß im Geviert. Der Ueberschuß von drei Fuß wurde an den Seiten des Zeltes hinaufgeführt, um den Luftzug abzuhalten. Es genügt auch, wenn man auf einer Seite des Zeltes zwei Fuß und auf der anderen, wo die Füße liegen, einen Fuß Ueberschuß hat. Die eine Seite des Zeltes wurde mit einem dreieckigen Stück Calico, das an die bereits stehenden Wände genäht wurde, permanent verschlossen. Das andere Ende, das zunächst offen blieb, war mit zwei dreieckigen Klappen versehen, die übereinander faßten und, wenn wir im Zelt waren, mit leinenen Bändern zugebunden wurden. Schließlich wurde der Calico an die Stangen genagelt, damit das Zelt immer seine Form behalte. Das Seil, das wir zum Steigen brauchten, wurde auch für das Zelt benutzt. Es wurde über die gekreuzten Stangen gelegt, unter der First des Zeltdaches fortgeführt und die beiden Enden — eines vorn, eines hinten — an Felsblöcke befestigt. Ein solches Zelt kostet ungefähr vier Guineen und wiegt etwa dreiundzwanzig Pfund, oder, wenn man die leichteste Calico-Art verwendet, nur zwanzig. Wenn es zum Transport zusammengerollt war, so bot es den Anblick, den man in Meynet's Portrait (Kapitel 15) sieht. Daß zwei Personen es in drei Minuten aufrollen und aufstellen konnten, war in schlechtem Wetter von nicht geringer Bedeutung.

Dieses Zelt ist für bedeutende Höhen und für ein kaltes Klima bestimmt und geeignet. Ich behaupte nicht, daß es vollständig wasserdicht sei, doch kann es leicht dazu gemacht werden, wenn man Mackintosh-Stoff auf das Dach legt. Sein Gewicht nimmt dadurch um zwei und ein halbes Pfund zu, aber nun ist es auch zum allgemeinen Gebrauch geeignet.* Ich will noch bemerken, daß mein Zelt, zu dem ich durch lange Erfahrung geführt worden bin, in allen wesentlichen Punkten mit dem Zelt übereinstimmt, das Sir Leopold M'Clintock in der arktischen Zone benutzt hat. Viele Personen haben es unter den verschiedensten Umständen gebraucht und es als praktisch befunden.**

Der Sonntag (6. Juli) war regnerisch und auf dem Matterhorn fiel Schnee, aber trotzdem brachen wir am nächsten Morgen mit unseren drei Leuten auf und folgten meinem Wege vom vorigen Jahre. Ich machte den Führer, da kein Anderer vorher auf dem Berge gewesen war, indessen zeichnete ich mich bei dieser Gelegenheit nicht aus und führte die Gesellschaft beinahe bis zum Gipfel der kleinen Spitze, ehe der Irrthum entdeckt wurde. Als meine Gefährten rebellirten, wurde ein kleiner Abstecher nach rechts hin gemacht, und nun zeigte sich, daß wir oben auf den Klippen waren, die den Col du Lion überragen. Der obere Theil dieser kleinen Spitze ist von anderem Charakter, als der untere. Die Felsen sind nicht so fest, mit Schnee bedeckt oder untermischt und von Eis überzogen, auch ist der Steigungswinkel größer. Während wir ein

* Ich habe dieses Zelt ausführlich beschrieben, da man mich oft nach demselben befragt hat. Jedem, der ein solches Zelt zu längerem Gebrauch zu haben wünscht, möchte ich dringend empfehlen, es unter seinen Augen machen zu lassen und die Stangen sorgfältig zu prüfen. Meine Erfahrung hat mir bewiesen, daß Stangen, die an beiden Enden gestützt ein todtes Gewicht von hundert Pfund, das man an ihre Mitte hängt, tragen, jedem Winde, wie er im Hochgebirge vorkommt, Widerstand zu leisten vermögen. Esche ist vielleicht das beste Holz, das man wählen kann; Jamaikaholz ist ebenso gut, jedoch schwerer.

** Unter Anderen benutzten Freshfield, Moore und Tucker dieses Zelt im Kaukasus, Hawker in Korsika und ich selbst in Grönland.

kleines Schneefeld hinabgingen, um auf den rechten Weg zu kommen, glitt Kronig auf einem Eisstreifen aus und fuhr mit fürchterlicher Schnelligkeit nach unten. Zum Glück erhielt er sich auf den Beinen und kam mit Hülfe einer großen Anstrengung eben noch zum Halt, ehe er bei einigen Felsblöcken ankam, die aus dem Schnee hervorstachen und ihn unfehlbar zum Fall gebracht haben würden. Als wir ihn einige Minuten später erreichten, fanden wir, daß er nicht einmal stehen, geschweige denn gehen konnte, wie eine Leiche aussah und heftig zitterte. In diesem Zustande blieb er länger als eine Stunde und der Tag war in Folge davon weit vorgerückt, als wir unsern Lagerplatz auf dem Col erreichten. Die Erfahrung des letzten Jahres benutzend, schlugen wir unser Zelt nicht unmittelbar auf dem Schnee auf, sondern wir sammelten von den nächsten Felsrändern Geröll, stellten aus den größten Steinen eine rohe erhöhte Fläche her und ebneten das Ganze mit Erde und Schlamm ein.

Meynet erwies sich als Zeltträger unschätzbar. Obgleich seine Beine mehr pittoresk als symmetrisch waren und obgleich er nach dem Grundsatze gebaut zu sein schien, daß keine zwei Theile einander gleichen dürften, leisteten ihm gerade seine Mißbildungen Dienste. Wir überzeugten uns bald, daß er einen ungewöhnlichen Geist hatte und daß es unter den Bauern wenige so angenehme Gesellschafter und tüchtige Steiger gab, wie den kleinen Luc Meynet, den Buckligen von Breil. Auch als Aufräumer bewährte er sich jetzt und bat demüthig um sehnige Fleischstücke, die von Andern zurückgewiesen wurden, und um verdächtige Eier. Den Kaffeesatz trinken zu dürfen, betrachtete er als einen besonderen Hochgenuß. Mit der größten Zufriedenheit nahm er den schlechtesten Platz an der Thür des Zeltes an und verrichtete alle schmutzige Arbeit, die ihm von den Führern aufgebürdet wurde.

In der Nacht entstand ein starker Ostwind, der am Morgen

fast zum Orkan wurde. Das Zelt benahm sich tapfer und noch mehrere Stunden nach Sonnenaufgang verweilten wir unter seinem Schutze und überlegten, was zu thun sei. Eine augenblickliche Stille lockte uns heraus, aber kaum waren wir hundert Fuß hoch geklettert, als der Sturm mit vermehrter Wuth losbrach. Vorzudringen oder umzukehren war gleich unmöglich; der Grat war von allen Trümmern entblößt und fest klammerten wir uns an, als wir sahen, wie Steine, so groß wie eine Mannsfaust, wagerecht in die Luft hinausgeblasen wurden. Aufrecht zu stehen durften wir nicht wagen und blieben wie angeklebt auf dem Felsen liegen. Es war bitter kalt, denn der Wind war längs der Hauptkette der Penninischen Alpen und über die großen Schneefelder am Monte Rosa weggegangen. Unsere Wärme und unser Muth verdunsteten rasch und bei dem ersten stillen Augenblicke zogen wir uns in unser Zelt zurück, nachdem wir auf dieser kurzen Strecke mehrmals Halt gemacht hatten. Taugwald und Kronig erklärten nun, daß sie genug hätten und mit den Bergen nichts mehr zu thun haben möchten. Auch Meynet unterrichtete uns, daß er morgen wegen wichtiger Käse-Angelegenheiten zu Hause sein müsse. Wir mußten also nach Breil zurück, wo wir um halb drei Uhr Nachmittags, über unsere vollständige Niederlage nicht wenig ergrimmt, eintrafen.

Im Gasthofe fanden wir Johann Anton Carrel, der von uns gehört hatte und nach einigen Verhandlungen einwilligte, uns mit einem seiner Freunde, Namens Pession, am ersten schönen Tage zu begleiten. Wir schätzten uns glücklich, denn Carrel betrachtete den Berg als ein Zunfteigenthum und uns als Pfuscher.* Während der Nacht blies der Wind sich müde und am 9. Juli um acht Uhr

* Gegenwärtig existirt in Val Tournanche eine bessere Stimmung gegen Fremde. 1862 war die Stimmung der Einwohner gegen ihre Nachbarn in der Schweiz zuweilen höchst unterhaltend, aber auch störend.

Morgens brachen wir bei tadellosem Wetter mit diesen beiden Führern und einem Träger wieder auf. Carrel erfreute uns durch das Versprechen, daß wir höher als früher übernachten sollten, und wir gingen daher, ohne auf dem Col anzuhalten, weiter, bis wir über die Tête du Lion hinaus waren. Nahe am Fuße des Schornsteins, etwas unter dem Kamm des Grats und auf dessen östlicher Seite fanden wir eine geschützte Stelle und bauten hier zwischen zwei Felsenleisten unter der Leitung unseres Anführers, der ein Maurer von Beruf war, eine Plattform von bedeutender Größe und beträchtlicher Festigkeit. Ihre Höhe über dem Meere war 12,550 Fuß und wahrscheinlich existirt sie noch heute.* Da der Tag sehr schön war, gingen wir weiter und befanden uns nach einstündigem Klettern am Fuße des großen Thurms auf dem Grat, also bei Hawkin's fernstem Punkte, worauf wir zu unserem Lager zurückkehrten. Nach fünf Uhr brachen wir bei schönem Wetter und einer Temperatur von 28 Grad abermals auf. Carrel kroch den Schornstein in die Höhe und ich und Macdonald folgten. Nun kam Pession an die Reihe, aber als er oben ankam, sah er sehr blaß aus und erklärte, daß er krank sei und zurückgehen werde. Wir warteten einige Zeit, aber es ging mit ihm nicht besser und wir vermochten nicht zu ergründen, was ihm fehlte. Carrel weigerte sich entschieden, allein bei uns zu bleiben. Wir waren hülflos und wenn Macdonald auch meinte, daß wir ja versuchen könnten, was wir ohne Führer ausrichteten, so trug unser Verstand doch den Sieg davon und wir kehrten zusammen nach Breil zurück. Am nächsten Tage reiste mein Freund nach London.

* Die Höhen, die ich beim Matterhorn angebe, beruhen auf den barometrischen Messungen von F. Giordano in den Jahren 1866 und 1868. Blos bei der Höhe unseres zweiten Zeltplatzes weiche ich von ihm ab und nehme ihn etwas niedriger an als er.

Dreimal hatte ich jetzt die Ersteigung des Berges versucht und stets eine schimpfliche Niederlage erlitten. Nicht einen Schritt war ich über meine Vorgänger hinausgekommen. Bis zu einer Höhe von beinahe 13000 Fuß gab es keine ungewöhnlichen Schwierigkeiten und bis dahin konnte die Sache als eine Unterhaltung betrachtet werden. Es blieben blos noch 1800 Fuß, die bis jetzt unbetreten waren und vielleicht furchtbare Hindernisse darboten. Hier allein zu klettern durfte Niemand wagen. Ein Felsbrocken, nicht mehr als sieben Fuß hoch, konnte ihn jederzeit zurückschlagen, falls er senkrecht war. Von Zweien ließ sich eine solche Stelle überwinden und für Drei war sie eine Kleinigkeit. Die Gesellschaft mußte also unbedingt aus drei Leuten bestehen. Wie ließen sich aber die beiden Anderen erlangen? Carrel war der einzige Führer, der Begeisterung für das Unternehmen verrieth, und er hatte 1861 seine Mitwirkung unbedingt verweigert, wenn die Gesellschaft nicht mindestens aus vier Personen bestehe. Die Schwierigkeit lag also im Mangel an Menschen, nicht im Berge.

Das Wetter wurde wieder schlecht und so ging ich denn auf die Aussicht hin, daß sich vielleicht ein Führer finde, nach Zermatt, und blieb dort eine stürmische Woche lang.* Leider ließ sich nicht einer der braven Leute zum Mitgehen bewegen und am 17. Juli kehrte ich nach Breil zurück, in der Hoffnung, daß der geschickte Carrel und der willige Meynet sich mit mir zu einem neuen Versuche verbinden würden. Ich wollte wieder denselben Weg wählen, denn der Hörnli-Grat, den ich inzwischen untersucht hatte, machte mir den Eindruck vollständiger Ungangbarkeit. Beide Männer hatten wohl Lust, konnten aber wegen ihrer gewöhnlichen Beschäftigungen nicht sogleich aufbrechen.**

* Während dieser Zeit bestieg ich den Monte Rosa.

** Sie waren keine Führer von Beruf.

Mein Zelt war bei der zweiten Plattform zusammengerollt liegen geblieben, und während ich auf meine Führer wartete, kam mir der Gedanke, daß es bei dem letzten stürmischen Wetter fortgeweht sein könnte. Ich machte mich also am 18. Juli auf den Weg, um zu sehen, ob es noch da sei. Der Weg war mir jetzt bekannt geworden und so stieg ich zum Erstaunen der freundlichen Hirten rasch empor. Sie nickten mir mit Achtung zu, als ich bei ihnen und den Kühen vorbeiwanderte. Die Weiden lagen nun hinter mir und das Klettern begann. Nun mußte ich langsamer gehen, denn ich hatte mir jeden Schritt zu merken, da ein Nebel fallen oder die Nacht mich überraschen konnte. Es ist eine der wenigen Empfehlungen, die sich für das Alleingehen anführen lassen, daß es die Fähigkeiten des Mannes weckt und ihn zum Beobachter macht. Wenn man auf seine eigenen Arme und seinen eigenen Kopf angewiesen ist, so muß man selbst auf kleine Dinge achten, da man sie vielleicht nöthig braucht. Deshalb geschah es denn auch, daß ich auf meinem einsamen Gange, als ich mich über der Schneelinie und jenseits der gewöhnlichen Grenzen blühender Pflanzen befand und mir Winkel und Landmarken merkte, meine Augen auf die winzigen zerstreuten Pflanzen, oft nur eine einzelne Blume auf einem einzelnen Stengel richtete, die als Vorkämpfer der Vegetation, als Lebensatome in einer Welt der Zerstörung ihren Weg, Gott weiß wie, von tief unten hierher gefunden hatten und nun in geschützten Winkeln aus dem dürftigen Boden Nahrung zu ziehen suchten. Die wohlbekannten Felsen gewannen ein neues Interesse für mich, als ich sah, daß auch die Pflanzen tapfer bemüht waren, den großen Berg zu erklettern, wie viele bei dem Versuche auch untergegangen sein mochten. Natürlich war der Enzian hier oben, Steinbrecharten und Linaria alpina schlossen sich ihm dicht an und das Thlaspi rotundifolium überragt sie alle. Diese Pflanze wuchs unter den mir bekannten am höchsten, aber auch sie wurde von einer kleinen weißen Blume überholt, die ich noch nie gesehen hatte und nicht erreichen konnte.*

* Die folgenden Pflanzen wurden von mir gesammelt: Myosotis alpestris Gm., Veronica alpina L., Linaria alpina M., Gentiana bavarica L., Thlaspi rotundifolium Gaud., Silene acaulis L. (?), Potentilla sp., Saxifraga sp., Saxifraga muscoides Wulf. Ich verdanke diese botanischen Bestimmungen Herrn William Carruthers vom Britischen Museum. Diese Pflanzen kamen zwischen 10500 Fuß bis etwas unter 13000 Fuß vor und sind die am höchsten wachsenden, die ich in den Alpen gesehen habe. Innerhalb dieser Grenzen können vielleicht dreimal so viele Arten gesammelt werden. Eine Flora des Matterhorns wollte ich nicht aufstellen, sondern nur die Pflanzen ermitteln, welche die größte Berghöhe erreichen. Flechten kommen auf den höchsten Punkten sehr wenige vor. Ihre Seltenheit hat ohne Zweifel in der fortwährenden Zersetzung des Felsens und in der daraus entstehenden Entblößung der frischen Oberflächen ihren Grund. Silene acaulis war die höchstwachsende Pflanze, die Saussure in den Alpen fand. Wie er erwähnt, fand er einen Büschel derselben in der Nähe des Orts, wo er auf seiner Rückkehr vom Montblanc etwa 11388 Fuß über dem Meere schlief.

Die Herren William Mathews und Charles Packe, die lange Jahre in den Alpen und Pyrenäen botanisirt haben, sind so freundlich gewesen, mir die Namen der höchstwachsenden Pflanzen zu nennen, welche sie auf ihren Wanderungen gefunden haben. Die Liste ist nicht lang, aber interessant, da sie die äußersten Grenzen angiebt, welche die abgehärtetsten Pflanzen erreichen. Mathews nennt: Campanula cenisia (auf der Grivola, 12047 Fuß), Saxifraga bryoides und Androsace glacialis (auf den Gipfeln des Emilius, 11677 Fuß, und des Ruitor, 11480 Fuß), Ranunculus glacialis, Armeria alpina und Pyrethrum alpinum (auf dem Monte Viso, zwischen 10000 und 10500 Fuß), Thlaspi rotundifolium und Saxifraga biflora (Monte Viso, etwa 9500 Fuß), Campanula rotundifolia (?), Artemisia spicata Wulf, Aronicum Doronicum und Petrocallis Pyrenaica (Col de Seylières, 9247 Fuß)

Packe fand auf oder dicht unter dem Gipfel des Pic de Mulhahacen in der Sierra Nevada von Granada (11600 bis 11700 Fuß) Papaver alpinum (Abart: Pyrenaicum), Artemisia Nevadensis (durch die man dem Manzanilla-Wein die Blume giebt), Viola Nevadensis, Galium Pyrenaicum, Trisetum glaciale, Festuca Clementei, Saxifraga Groenlandica (Abart: Mista), Erigeron alpinum (Abart: glaciale) und Arenaria tetraquetra. Auf dem Picacho de Veleta (11440 Fuß) und auf dem Alcazaba (11330 F.) werden dieselben Pflanzen mit Ausnahme der erstgenannten gefunden. Auf denselben Bergen sammelte er in einer Höhe von 11150 Fuß ferner noch: Ptilotrichum purpureum, Lepidium

Das Zelt war unverletzt, wenn auch eingeschneit, und ich bewunderte nun die Aussicht, die für mich jetzt, da ich allein und ungestört war, den ganzen Reiz und Zauber der Neuheit hatte. Vor mir lagen die höchsten Gipfel der Penninischen Kette, das Breithorn (13685 Fuß), der Lyskamm (14889 Fuß) und der Monte Rosa (15217 Fuß). Wendete ich mich rechts, so übersah ich mit einem Blick den ganzen Gebirgsblock, der das Val Tournanche von dem Val d'Ayas trennt und dessen höchster Gipfel der Grand Tournalin (11155 Fuß nach der Angabe des Domherrn Carrel) ist. Dahinter lagerten, von noch höhern Gipfeln überragt, die Ketten, welche das Val d'Ayas von dem Thale von Gressoney trennen. Noch weiter zur Rechten wanderte das Auge an der ganzen Länge des Val Tournanche hin und ruhte dann auf den unzähligen Spitzen der Grajischen Alpen und auf der isolirten Pyramide des Monte Viso (12643 Fuß) in der weitesten Ferne. Sah ich noch weiter rechts, so kamen die Berge zwischen dem Val Tournanche und dem Val Barthelemy. Der Mont Rouß, ein runder Schneegipfel, der von Breil aus imposant aussieht, aber in Wahrheit blos ein Vorsprung eines höhern Gebirges, des Chateau des Dames, ist, war längst in die Tiefe gesunken und das Auge streifte über ihm,

stylatum und Biscutella saxatilis und bei 10000 Fuß Alyssum spicatum und Sideritis scordiodes. Packe erwähnt, als in den Pyrenäen bei 9000 bis 10000 Fuß vorkommend: Cerastium latifolium, Draba Wahlenbergii, Hutchinsia alpina, Linaria alpina, Oxyria reniformis, Ranunculus glacialis, Saxifraga nervosa, S. oppositifolia, S. Groenlandica, Statice Armeria, Veronica alpina.

Belehrung über die Flora des Val Tournanche findet man in der kleinen Schrift des Domherrn Carrel: „La Vallée de Valtornenche en 1867.“ Eine Liste der Pflanzen, die auf dem von Gletschern umgebenen Furgen-Grat, das den Col Theodule mit dem Matterhorn verbindet, vorkommen, giebt Dollfus-Ausset in den „Matériaux pour l'étude des Glaciers,“ erste Abtheilung des achten Bandes, 1868.

kaum seine Existenz ahnend, zu der Becca Salle, einem Matterhorn im Kleinen, und zu andern und bedeutenderen Höhen hin. Nun verlegte die große Masse des Dent d'Herens (13714 Fuß) den Weg. Dieser edle Berg wird auf seiner Nordseite von ungeheuren hängenden Gletschern überzogen, von denen um Mittag riesige Stücke losbrachen und auf den Tiefenmatten-Gletscher herunterdonnerten. Dann kam noch der schönste aller Berge, der Dent Blanche (14318 Fuß), der über das Becken des großen Z'Mutt-Gletscher aufsteigt. Eine solche Aussicht findet sich in den Alpen schwerlich zum zweiten Male und wird selten bei vollkommen unbewölktem Himmel, wie ich ihn hatte, gesehen werden.*

---

* Ich hatte bereits Gelegenheit, der raschen Wetterwechsel zu gedenken, die in bedeutenden Alpenhöhen vorkommen, und werde auch noch später von ihnen zu sprechen haben. Niemand kann mehr als ich das veränderliche Wetter bedauern, das in dieser so köstlichen Bergkette herrscht, aber so ungern ich davon spreche, muß doch erwähnt werden, daß die Alpengipfel mehr als den gewöhnlichen Antheil an Wind und Stürmen bekommen haben. Solche Wetterstörungen scheinen keine nothwendigen Gäste höherer Regionen zu sein. Es giebt glückliche Gegenden, die den Segen einer fast beständigen Windstille haben. Ein Beispiel ist die Sierra Nevada Californiens, die zahlreiche Berge von 13000 bis 15000 Fuß Höhe besitzt. Whitney von San Francisco sagt in seinem Führer zum Yosemite-Thal: „In allen diesen Bergen hat man in bedeutenden Höhen während des Sommers fast immer das schönste Reisewetter. Gelegentlich kommen im Hochgebirge Gewitter vor, aber in gewöhnlichen Jahren sind diese sehr selten, und eine der größten Unannehmlichkeiten der Alpenreisen, die Ungewißheit des Wetters, fehlt hier beinahe ganz." Wahrscheinlich wird eine genauere Bekanntschaft mit jenem Gebirge die Sache etwas anders erscheinen lassen, denn es ist höchst schwierig, von den Thälern aus den Zustand der Luft in großen Höhen zu beurtheilen, und nicht selten wüthet oben ein schrecklicher Sturm, während unten in einer Entfernung von kaum einer Meile eine Todtenstille herrscht. Einen Fall dieser Art beschreibe ich im siebenten Kapitel und einen zweiten will ich hier erwähnen. In derselben Zeit, als ich den Dent Blanche vom Matterhorn in einer Höhe von 12550 Fuß betrachtete, führte Kennedy seine erste Besteigung des erstern Berges aus, die er in der Alpen-Zeitschrift beschrieben hat. Ich ersehe daraus, daß er schlechtes Wetter hatte: „Der Wind heulte um unsern Grat und machte zwischen den zerklüfteten Felsen eine abscheulich wilde Musik. Die

Die Zeit verging, ohne daß ich es bemerkte, und die kleinen Vögel, die auf den benachbarten Klippen ihr Nest gebaut hatten, begannen bereits ihr Abendlied zu piepen, bevor ich an den Rückweg dachte. Halb mechanisch wendete ich mich zum Zelte, rollte es auf und richtete es mir ein. Es enthielt Lebensmittel auf mehrere Tage und ich beschloß, die Nacht in ihm zu verbringen. Von Breil war ich fortgegangen, ohne Lebensmittel mitzunehmen oder dem Gastwirth Favre, der an mein Umherschweifen schon gewöhnt war, zu sagen, was ich vorhabe. Ich erquickte mich wieder an der Aussicht. Die Sonne ging unter und ihre rosigen Strahlen verbreiteten, mit dem Gletscherblau sich mischend, einen rein violetten Schimmer, so weit das Auge reichen konnte. Die Thäler waren in Purpurgluth getaucht, während die Gipfel in einem übernatürlichen Glanze leuchteten. Wie ich so dasaß in der Thür und die Dämmerung in Dunkelheit übergehen sah, erschien mir die Erde immer unirdischer und fast göttlich. Die Welt war todt und ich ihr einziger Bewohner. Als der Mond aufging, wurden die Berge wieder sichtbar und der Anblick erhielt jetzt etwas noch Großartigeres, da alle Einzelheiten unnahbar blieben. Im Süden hing etwas wie ein großer Glühwurm in der Luft, das für einen Stern zu groß und für ein Meteor zu stetig war. Lange dauerte es, ehe ich mich von

---

Stimme wurde bei gewöhnlichem Sprechen unhörbar und auf weiter als fünfzig Schritte konnte man nicht sehen, denn dicke Nebel und Schneewolken trieben über und neben uns hin." Der Thermometer fiel auf 20 Grad Fahrenheit und die Haare seiner Gefährten wurden eine Masse weißer Eisnadeln. Kennedy war in jener Zeit gerade eine deutsche Meile von mir entfernt. Bei mir und in meiner nächsten Nähe war die Luft vollkommen ruhig und angenehm warm. Selbst in der Nacht hatte ich blos zwei bis drei Grad unter dem Gefrierpunkt. Während des größten Theils des Tages war der Dent Blanche vollkommen unbewölkt und nur einmal schwebten leichte Flockenwolken um seine obersten 2000 Fuß, doch zeigte sich keine Andeutung des Sturmes, den mein Freund erlebte.

der unglaublichen Thatsache überzeugte, daß es der Mondschein war, der auf dem großen Schneefelde an der Nordseite des Monte Viso glitzerte, das in gerader Linie, wie der Vogel fliegt, über zwanzig deutsche Meilen entfernt war. Fröstelnd begab ich mich endlich ins Zelt und kochte mir Kaffee. Die Nacht verbrachte ich in aller Behaglichkeit und stieg am andern Morgen, von dem herrlichen Wetter verlockt, noch höher, um einen zweiten Lagerplatz zu suchen.

Mein einsames Umherklettern auf einem leidlich großen Raum hatte mir bewiesen, daß der Einzelne manchen Schwierigkeiten unterliegt, von denen zwei bis drei Personen sich nicht stören lassen, und daß der Nachtheil des Alleinseins abwärts fühlbarer wird als aufwärts. Um diese Nachtheile auszugleichen, erfand ich zwei kleine Aushülfen, die ich jetzt zum ersten Male in Anwendung brachte. Die eine

war eine Klaue, eine Art von Enterhaken, aus deutschem Stahl geschmiedet, etwa fünf Zoll lang und einen Viertel Zoll dick. Ich benutzte sie an schwierigen Stellen, wo es auf Armeslänge keinen Halt gab, wo ich aber etwas höher einen Vorsprung oder eine Spalte bemerkte. Ich konnte sie an das Ende meines Alpenstocks binden und an solchen Stellen festhaken, oder im äußersten Nothfall sie auch werfen, bis sie irgendwo hängen blieb. Die Ränder, die am Felsen haften sollten, waren gezähnt, so daß sie besser einfaßten. An dem unteren Ende saß ein Ring, an dem ein Seil festgebunden werden konnte. Natürlich benutzte ich diese Vorrichtung nicht dazu, mich eine weite Strecke hinaufzuziehen, sondern wendete sie nur auf Weiten von einigen Ellen an. Beim Hinabsteigen ließ sie sich auf eine größere Strecke mit Vorsicht benutzen, da man den

Haken gut befestigen konnte. Man mußte jedoch das Seil straff erhalten und den Zug beständig in der Längenrichtung des Geräths stattfinden lassen, weil dasselbe sonst leicht abglitt. Die zweite Aushülfe war eine bloße Verbesserung einer Vorrichtung, die jeder Alpensteiger benutzt. Für den einzelnen Wanderer oder für den letzten Mann einer Gesellschaft wird es oft nöthig, beim Hinabsteigen eine Schlinge ins Seil zu machen, sie um eine Felsspitze zu legen und sich am freien Ende hinunterzulassen. Ist man unten, so schnellt man die Schlinge ab und kann den Prozeß wiederholen. Zuweilen geschieht es aber, daß keine Felsen da sind, an die man eine laufende Schlinge hängen kann, und in diesem Falle muß man einen Schleifenknoten machen und das Seil straff anziehen. Folglich kann es vorkommen, daß die Schlinge sich nicht abschnellen läßt und das Seil abgeschnitten werden muß. Um dies zu vermeiden, befestigte ich an dem einen Ende meines Seils einen Ring von Schmiedeeisen — zwei und einen Viertelzoll im Durchmesser und drei Achtelzoll dick — und konnte im Moment eine Schlinge machen, indem ich das andere Ende des Seils durch diesen Ring zog, das natürlich durchlief und fest anschloß, wenn ich mich an dem freien Ende hinabließ. An den Ring wurde ferner ein starkes Seilstück angebunden, an dem ich zog, wenn ich den Boden erreicht hatte. Der Ring glitt nun wieder zurück und die Schlinge ließ sich mit Leichtigkeit lösen. Mit Hülfe dieser beiden einfachen Vorrichtungen konnte ich an Felsen, die für mich sonst unüberwindlich gewesen wären, hinauf- und heruntersteigen. Beide zusammen wogen nicht ein halbes Pfund.

Ich habe bereits erwähnt, daß die Felsen des südwestlichen Grats bis auf einige Entfernung oberhalb des Col du Lion durchaus nicht schwierig sind. Wenn man aber über den Schornstein hinaus ist, werden sie steiler, bleiben glatt mit nur wenigen Brüchen und bieten, sich nach auswärts biegend, einige Stufen von sehr unsicherer Beschaffenheit dar, namentlich wenn sie mit Eis überzogen sind. An diesem Punkte, genau oberhalb des Schornsteins, muß der Steiger der südlichen (oder Breil-) Seite des Grats folgen, wenige Schritte weiter aber zur nördlichen (oder Z'Mutt-) Seite hinübergehen, wo die Natur in den meisten Monaten für ein Schneefeld gütig sorgt. Ist dieses überstiegen, so kann man zum Kamm des Grats zurückkehren und ihm bequem bis an den Fuß des Großen Thurmes folgen. Dies war der höchste Punkt, den Hawkins im Jahre 1860 und wir am 9. Juli erreichten.

Dieser Große Thurm ist einer der hervorstechendsten Züge des Grats. Er steht da wie ein Thurm an der Ecke eines Schlosses. Hinter ihm führt eine Mauer mit Zinnen zur Citadelle empor.* Vom Theodule-Paß gesehen, macht er den Eindruck einer unbedeutenden Nadel, nähert man sich ihm aber auf dem Grat, so steigt er immer höher empor, und befindet man sich an seinem Fuße, so verdeckt er die oberen Theile des Berges vollständig. Hier fand ich einen passenden Platz für das Zelt, der freilich nicht so gut geschützt wie der untere war, aber den Vorzug hatte, dreihundert Fuß weiter oben zu liegen. Von der Wildheit der Klippen bezaubert und von dem herrlichen Wetter verlockt, wollte ich sehen, was dahinter liege.

Der erste Schritt war ein schwieriger. Der Grat schwand zu einer möglichst geringen Breite zusammen, so daß man sich kaum auf ihm halten konnte, und gerade da, wo er am schmalsten war,

---

* S. den Holzschnitt: „Klippen des Matterhorn," im 7. Kapitel.

versperrte eine mehr als senkrechte Felsmasse den Weg. Im Bereich des Arms befand sich nichts, was mir einen Halt bot, und ich mußte also in die Höhe springen und mich dann mit dem Aufgebot aller Kraft über den scharfen Rand hinaufziehen. Ein gerades Aufwärtssteigen wurde nun unmöglich. Ungeheuere und schreckerregende Abgründe senkten sich links zum Tiefenmatten-Gletscher hinunter, aber um die rechte Seite herumzugehen war gerade noch möglich. Nun folgte ein Hinderniß auf das andere und ich verlor mit dem Suchen des Weges viel Zeit. Lebhaft schwebt mir ein Bild vor Augen von einer ungewöhnlich schlimmen Rinne neben dem Großen Thurm mit steilen Wänden und schmalen Leisten, die immer schmaler wurden, um endlich aufzuhören, und von mir selbst, wie ich mit ausgebreiteten Armen und Beinen, wie ein Gekreuzigter, mich an den Felsen drückte, beim Athmen jedes Heben und Senken meiner Brust fühlte, wie ich den Kopf hin- und herdrehte und einen Halt suchte, den ich nicht fand, und endlich durch einen Seitensprung hinüber kam.

Solche Stellen beschreiben zu wollen, würde ein vergeblicher Versuch sein. Gleichviel, ob man sie mit leichter Hand skizzirt, oder sie sorgfältig ausmalt, so wie so läuft man Gefahr, mißverstanden zu werden. Ihr Reiz für den Bergsteiger liegt darin, daß sie seine Fähigkeiten wecken, seine Kraft herausfordern und ihm das Hochgefühl des Sieges gewähren. Dies Alles kann der Laie nicht fühlen und er widmet der Beschreibung solcher Stellen keine Theilnahme, wenn sie ihm nicht als gefährlich bezeichnet werden. Das sind sie nicht immer, doch wird der Eindruck der Gefährlichkeit leicht entstehen, wenn man eine genaue Beschreibung ihrer Schwierigkeiten giebt.

Ein gewissenhafter Schriftsteller läuft daher Gefahr, mindestens auf zweierlei Weise mißverstanden zu werden. Schweigt er über die Schwierigkeiten, um nicht langweilig zu werden, so heißt es, daß er ein schlechter Beobachter oder wohl gar ein Einfaltspinsel sei; beschreibt er jeden Schritt, so klagt man ihn entsetzlicher Uebertreibungen an, oder wirft ihm vor, sich aus Leichtsinn in die schlimmsten Lagen gebracht zu haben. Ich wünsche keine dieser Anklagen zu hören und will mich daher ordentlich aussprechen.

Stellen wie diese Rinne haben ihren Reiz, so lange man fühlt, daß man die Schwierigkeiten in seiner Gewalt hat. Ihr Zauber hört jedoch sofort auf, sobald sie für den Menschen zu groß werden und er erkennt, daß sie ihm gefährlich sind. Die Linie, welche das Schwierige von dem Gefährlichen trennt, ist keine eingebildete Linie, wenn sie auch zuweilen stark verwischt ist. Sie ist eine echte Linie ohne Breite. Oft läßt sie sich leicht überschreiten und kaum bemerken. Zuweilen überschreitet man sie unbewußt und überzeugt sich davon zu spät, aber so lange man nichts unternimmt, was über die Kräfte geht, wird man die Linie nicht überschreiten und folglich nie in eine große Gefahr kommen, wenn man auch bedeutenden Schwierigkeiten begegnet. Was ein Mann zu leisten vermag, ist nach Zeit, Ort und Umständen verschieden, aber in der Regel weiß er genau, wenn er am Ende seiner Kräfte angelangt ist, und mag es auch schwierig sein, für einen Andern die Grenzen zu stecken, über die er sich nicht hinauswagen darf, so kann man dies für sich selbst ziemlich leicht thun. Ueberschreitet man die zweifelhafte Linie mit Bewußtsein und Ueberlegung, dann freilich handelt man unklug und unverantwortlich.

Hier wird mancher Leser nun fragen: „Wollen Sie wirklich behaupten, daß bei Bergwanderungen blos durch außerordentliche Schwierigkeiten Gefahren entstehen und daß der vollkommene Steiger gar nichts zu befürchten hat?“ So weit gehe ich nicht, obgleich in den höhern Alpen nur eine Gefahr existirt, die unvermeidlich ist und welcher der Fußgänger in den Straßen von London nicht begegnet. Diese entsteht durch fallende Steine und ist, wie sich in diesem Buche noch zeigen wird, eine positive Gefahr, gegen die Gewandtheit, Kraft und Muth ohnmächtig sind. Sie kommt unerwartet und kann fast an jeder Stelle eintreten. Ein Kritiker könnte antworten: „Da Sie die eine Gefahr zugeben, so fällt Ihre ganze Behauptung.“ Allerdings würde das der Fall sein, wenn sie eine ernste Bedrohung des Lebens wäre. Obgleich sie aber eine wirkliche Gefahr ist, so ist sie doch keine besonders große. Unfälle, an denen fallende Steine schuld sind, kommen nicht häufig vor, und ich weiß von keinem einzigen Menschen, der in den Hochalpen auf diese Weise das Leben verloren hätte.* Ueberdies wird wohl Niemand behaupten wollen, daß es unverantwortlich sei, zur Unterhaltung oder aus andern Gründen irgend etwas zu thun, wobei die kleinste Gefahr vorkomme, denn sonst dürfte Niemand zu Mittag über eine der großen Londoner Straßen gehen. Wäre es unsere Pflicht, jede Gefahr zu vermeiden, so müßten wir unser Leben lang im Zimmer bleiben. Die Genüsse des Bergsteigers überwiegen die Gefahren, welche durch Steine entstehen, und Niemand wird den Alpenfreund deshalb verdammen, weil er ihnen trotzt. Diese eine Gefahr ist indessen eine wirkliche und kann das Leben des tüchtigsten Turners bedrohen.

Es giebt also eine positive Gefahr und diese ist gering. Der negativen Gefahren, durch die Mancher sein Leben verliert, sind viele. Die Worte positiv und negativ brauche ich im folgenden Sinne. Eine positive Gefahr können wir nicht vermeiden, aber eine negative setzt eine Thätigkeit von unserer Seite voraus, um zu einer

---

* In den Niederalpen ist das Gegentheil der Fall. Vor nicht langer Zeit ist einer Dame, die am Fuße des Eismeeres saß, der Schädel eingeschlagen worden.

positiven zu werden. Ein Abgrund ist eine negative Gefahr, aber für Jemand, der über ihm zum Falle kommt, wird sie positiv; ein steiles Feld von frischem Schnee hat schlimme Eigenschaften, aber positiv gefährlich wird es erst, wenn sein Gleichgewicht gestört wird und es als Lawine niedergeht; die aufgehäuften Felsblöcke eines zerklüfteten Grats können gefährlich sein, werden es aber erst, wenn sie in Bewegung gerathen, und ein versteckter Schrund ist nicht im mindesten gefährlich, ausgenommen man taumelt hinein. Diese Unterscheidung ist keine Haarspalterei und man muß sie immer im Auge behalten, wenn man zu einem klaren Verständniß dessen gelangen will, was im Hochgebirge recht und unrecht ist. Wenn es unmöglich wäre zu vermeiden, daß man in Schründe stürzt oder Felsblöcke und Lawinen in Bewegung setzt oder dicht über einem Abgrunde stürzt, so wäre jede Bergwanderung zur bloßen Unterhaltung ganz unverantwortlich, und sie wird dies nach den eben dargelegten Grundsätzen auch, wenn Jemand durch Unbeholfenheit oder Leichtsinn negative und schlummernde Gefahren in wirksame und positive verwandelt.

Beiläufig will ich bemerken, daß der Vorwurf der Dummdreistigkeit häufig ohne Grund gemacht wird, wenn Unfälle in den Alpen vorkommen. Die bloße Thatsache, daß Jemand, gleichviel ob auf den Bergen oder sonst wo sein Leben verliert oder sich schwer verletzt, ist kein Beweis, daß er dummdreist gewesen ist. Betrachte ich die Unfälle, die in den letzten Jahren vorgekommen sind, so will mir scheinen, daß bei den meisten von Dummdreistigkeit keine Rede sein kann. Unternimmt Jemand zur Unterhaltung etwas, wobei er scheitern und vielleicht sein Leben verlieren muß, so kann man ihn als dummdreist bezeichnen. Sind aber die unvermeidlichen Gefahren verschwindend klein, und unternimmt er etwas, das nicht über seine Kräfte geht, so läßt sich jenes Wort auf ihn nicht anwenden, selbst wenn er den Untergang finden sollte. Ein Ausgleiten, das aus augenblicklicher Unvorsichtigkeit hervorgeht, oder ein Unfall, der die Folge von Erschöpfung ist, können kaum einer unverzeihlichen Unklugheit zur Last gelegt werden, doch will ich nicht leugnen, daß auch Verunglückungen vorgekommen sind, für die es keine Entschuldigung giebt.

Alle Alpenkenner stimmen darin überein, daß es zwei Arten von Dummdreistigkeiten giebt, welche den schärfsten Tadel verdienen. Die erste ist die Ueberschreitung der obern mit Schnee bedeckten Theile von Gletschern, ohne das Seil zu gebrauchen, und die zweite ist die Nichtbeachtung der Beweglichkeit des frischen Schnees. In jedem Jahre verlieren Menschen durch eine dieser beiden Dummheiten ihr Leben. In beiden Fällen kennt man die Gefahr genau und kann die Folgen mit ziemlicher Gewißheit voraussehen. Wer über die obern Theile von Gletschern geht, ohne sich an das Seil festzubinden, braucht nicht gerade beim ersten Male Schaden zu nehmen, wird aber, wenn er so fortfährt, früher oder später gewiß verunglücken. Bleibt er eine kurze Zeit unverletzt, oder findet er gleich anfangs den Tod, so wie so ist er dummdreist, weil er sich einer Gefahr aussetzt, die nicht vorkommen kann, wenn man nicht die einfachste Vorsicht versäumt. In dem zweiten Falle kann ich leider nicht ebenso bestimmt sprechen, weil hier die Elemente ins Spiel treten, die alle einem beständigen Wechsel unterworfen sind. Das erste ist die Beschaffenheit des Schnees, das zweite seine Menge und das dritte der Winkel, in dem er liegt. In der Praxis ist es übrigens nicht gerade schwer, zu sagen, ob die Ueberschreitung frisch gefallenen Schnees, gefährlich ist oder nicht. Als allgemeine Regel kann z. B. betrachtet werden, daß man sich einige Tage nach einem starken Schneefall auf kein Feld wagen darf, das einen Winkel von mehr als 30 Grad hat. So bekannt dies ist, werden jedes Jahr noch steilere Schneefelder am nächsten Tage nach einem starken Schneefall von unerfahrenen Menschen überschritten.

Es läßt sich fragen, ob diese Unvorsichtigen das Bewußtsein haben, ihr Leben in Gefahr zu bringen. In manchen Fällen ist Unwissenheit im Spiele, aber häufig haben die Betheiligten vor ihrem Aufbruch so viele Warnungen und Proteste gehört, daß sie ihr Schicksal voraus wissen konnten. Mag nun Unwissenheit oder Selbstüberschätzung zum Grunde liegen, so fällt man kein zu hartes Urtheil, wenn man von Dummdreistigkeit spricht.

Ich habe nun drei mögliche Ursachen von Unfällen erwähnt. Von der ersten ist wenig zu befürchten, wenn sie auch für alle Zeiten eine unvermeidliche Gefahr bleiben wird, durch die beiden andern kann großes Unglück entstehen, doch lassen sie sich leicht vermeiden, wenn man seinen Verstand braucht. Die meisten Unfälle, die in den Alpen vorkommen, entstehen übrigens nicht durch diese drei Ursachen, sondern entweder durch augenblickliche Unvorsichtigkeit oder durch Ueberschätzung der eigenen Kraft. Es ist nicht leicht, zwei ganz gleiche Fälle zu finden, doch hat das meiste Unglück in der Schwierigkeit seinen Grund, auf schlüpfrigen Stellen festen Fuß zu fassen. Das Gebirge trägt nicht die Schuld, sondern die Schwäche des Steigers. Man könnte einen ganzen Band mit Beispielen füllen und bei jedem Fall beweisen, daß, wenn Dies geschehen und Jenes unterblieben wäre, das Unglück sich nicht ereignet hätte. In vielen Fällen ist irgend eine Grundregel des Steigens verletzt worden und in allen ist mehr der Mensch als der Berg der schuldige Theil.

Ich habe nun versucht, zwischen bloßen Schwierigkeiten und unbedingten Gefahren zu unterscheiden, die vermeidlichen von den unvermeidlichen Gefahren zu trennen und die Ursachen von Unfällen in allgemeine Klassen zu bringen. Sind meine Worte richtig, so folgt aus ihnen, daß die Gefahren der Alpen an sich lächerlich übertrieben worden sind, und daß unser Wunsch dahin gehen muß, nicht daß die Berge bequemer, sondern die Menschen klüger und stärker werden. Leider läßt sich nicht erwarten, daß die Unfälle in den Alpen aufhören oder auch nur an Zahl geringer werden, so lange Neulinge geübten Bergsteigern es gleich thun wollen und ältere Herren mit steifen Knieen sich an Dinge wagen, die sich nur für kräftige junge Leute schicken. Wenn wir solche sich selbst überschätzende Personen mehr bemitleiden als tadeln, so läßt sich doch der Wunsch nicht unterdrücken, daß sie dem wahren Worte: „Was für den Einen ein Spaß ist, das ist für den Andern der Tod," ihre volle Aufmerksamkeit widmen möchten, statt den Grundsatz auf sich anzuwenden: „Was Andere können, das kann ich auch."

Diese lange Abschweifung wurde durch eine unschuldige Rinne veranlaßt, von der ich befürchtete, daß der Leser sie für gefährlich halten könne. Sie war ein noch unbetretener Vorhof und führte zu einer Scenerie von solcher Wildheit, daß selbst die nüchternste Beschreibung als eine Uebertreibung erscheinen wird. In der Beschaffenheit des Felsens und in dem Ansehen des Grats trat eine Veränderung ein. Unterhalb dieser Stelle waren die Steine (ein kalkhaltiger Gneis) auffallend fest, so daß ich meinen Haltpunkt selten zu prüfen brauchte, und der Weg führte über den lebendigen Felsen, nicht über abgerissene Trümmer. Hier aber war Alles verfallen und Ruine. Der Kamm des Grats war erschüttert und zerklüftet und der Fuß sank in herabgewehtes Geröll, während oben mächtige Blöcke von der Hand der Zeit geschnitzt und gehackt, gleich Grabsteinen von Riesen in die Luft starrten. Aus Neugier kletterte ich in einen Einschnitt des Grats und befand mich nun zwischen zwei ungeheuren, wankenden Pfeilern, an die man scheinbar rechts oder links bloß einige Pfund anzuhängen brauchte, um sie zum Falle zu bringen. Sie standen so genau im Gleichgewicht, daß sie sich mit der Hand in Bewegung bringen ließen, und ruhten auf so schwachen Stützen, daß ich mich wunderte, sie nicht vor meinen Augen einstürzen zu sehen. Auf allen meinen Wanderungen in den Alpen habe ich nichts Merkwürdigeres gesehen als diesen öden und zerrissenen Grat hinter dem Großen Thurme. Seltsamere Formen, Felsen wie Menschen gestaltet und mit monströsen grinsenden Gesichtern, oder isolirte Nadeln, schärfer und größer als diese hier, waren mir schon vorgekommen, aber nie waren mir die furchtbaren Wirkungen so deutlich geworden, welche durch den Frost und die lange fortgesetzte Thätigkeit von unscheinbaren Kräften hervorgerufen werden.

Ich brauche nicht zu sagen, daß ich an dieser Stelle auf dem Kamm des Grats nicht fortklettern konnte, doch mußte ich mich dicht an ihn halten, da es keinen andern Weg gab. Im allgemeinen ist das Matterhorn zu steil, um die Bildung von bedeutenden Schneefeldern zu gestatten, aber hier befindet sich ein Winkel, wo der Schnee sich anhäufen kann, und man benutzt ihn dankbar, da man mit seiner Hülfe viermal schneller steigen kann, als auf dem bloßen Felsen.

Der Thurm war mir jetzt fast aus dem Gesicht gekommen und ich überblickte den mittleren Theil der penninischen Alpen bis zum Grand Combin und bis zur Kette des Mont Blanc. Mein Nachbar, der Dent d'Herens, erhob sich noch über mich, wenn auch nur wenig, und mit seiner Hülfe konnte ich die erreichte Höhe messen. Bis hierher hatte ich kein Bedenken, daß ich wieder heruntersteigen könne, aber als ich kurz darauf über mich blickte, sah ich die Klippen steiler werden und kehrte um, in dem Gedanken schwelgend, daß ich sie überwinden werde, wenn ich mit Andern zurückkehre, und daß ich ohne Hülfe fast bis zur Höhe des Dent d'Herens und bedeutend weiter als irgend Jemand vor mir gelangt sei.* Mein Frohlocken war etwas voreilig.

Um fünf Uhr Nachmittags verließ ich das Zelt wieder und glaubte schon in Breil zu sein. Seil und Haken hatten gute Dienste geleistet und mir über alle Schwierigkeiten weggeholfen. Im Schornstein konnte ich mich freilich nur so hinunterlassen, daß ich eine Knotenschlinge machte und das Seil dann abschnitt. Dieses Stück mußte ich zurücklassen, indessen blieb mir noch genug. Mein Beil war mir beim Heruntersteigen sehr hinderlich und ich ließ es im Zelte. Es war nicht an meinen Stock befestigt, sondern ein Ding für sich — ein altes Enterbeil. Wenn ich beim Aufsteigen mit dem Beil Stufen in den Schnee hieb, so zog ich den Stock am Seil hinter mir her, und kletterte ich dann wieder, so steckte ich das Beil hinten durch das Seil, das ich um mich gebunden hatte, und wurde nicht belästigt. Wenn ich beim Herabsteigen aber das Gesicht nach vorn kehrte, wie man immer thun soll, wo es möglich ist, so hakte das Blatt oder der Handgriff der Waffe häufig in die Felsen ein und brachte mich mehrmals fast zum Fall. Deshalb ließ ich es im Zelt und diese Unvorsichtigkeit kam mir theuer zu stehen.

Ich war über den Col du Lion hinüber und würde nach fünfzig Schritten an der Großen Treppe gewesen sein, die man hinunterlaufen kann. Als ich aber an der Ecke der Klippen des Tête du Lion ankam und am oberen Ende des Schneefeldes hinging, das sich ans Eis anlehnt, fand ich, daß die Hitze der beiden letzten Tage die Stufen, die wir bei dem Hinaufsteigen gemacht hatten, beinahe verwischt habe. Gerade an dieser Ecke waren die Felsen ungangbar

* Ein merkwürdiger Schneestreifen läuft auf diesem Theile des Berges quer über die Klippen. Mein höchster Punkt war etwas höher als der niedrigste Theil dieses Schnees und lag mithin beinahe 13500 Fuß über dem Meere.

„Der Schornstein."

(Auf dem südwestlichen Grat des Matterhorns.)

„Als ich versuchte, um die Ecke zu gehen, glitt ich aus und fiel.“

und es ließ sich daher weiter nichts thun, als neue Stufen zu machen. Um niedergeschlagen oder niedergetreten zu werden, war der Schnee zu hart und an der Ecke gab es nichts als Eis. Ich brauchte blos ein halbes Dutzend Stufen und konnte dann wieder den Felsleisten folgen. Ich hielt mich also mit der rechten Hand am Felsen und stieß mit der Spitze meines Stockes in den Schnee, bis eine gute Stufe fertig war, worauf ich mich um die Ecke bog, und auf der andern Seite dasselbe that. So weit ging Alles gut, aber als ich um die Ecke ging, glitt ich aus und fiel. Wie dies geschah, kann ich noch heute nicht begreifen.

Das Schneefeld, auf dem dies geschah, war steil und lag an der Spitze einer Rinne, die zwischen zwei Felsvorsprüngen zum Glacier du Lion hinablief, den ich tausend Fuß unter mir sah. Die Rinne wurde enger und enger, bis sie zu einem bloßen Schneefaden zwischen zwei Felsmauern wurde, die über einem Abgrunde zwischen dem Schneefelde und dem Gletscher plötzlich endeten. Man denke sich einen Trichter, welcher der Länge nach halb durchgeschnitten und mit der Spitze unten in einem Winkel von 45 Grad aufgestellt ist, so hat man die richtige Vorstellung von der Stelle.

Wegen meines Tornister fiel ich mit dem Kopfe voran und gerieth zwölf Fuß weiter unten zwischen einige Felsblöcke. Diese fingen sich an etwas und stürzten mich vom Schneerände hinweg in die Rinne. Mein Stock wurde mir aus den Händen gerissen und ich wirbelte in einer Reihe von Sprüngen, die immer länger wurden, niederwärts, bald über Eis und bald über Felsen, wobei ich vier- bis fünfmal mit dem Kopfe aufschlug und zwar jedesmal stärker. Endlich wurde ich in einem Sprunge von fünfzig bis sechzig Fuß von einer Seite der Rinne auf die andere geschleudert und schlug, zum Glück mit meiner ganzen linken Seite, auf die Felsen. Diese fingen sich einen Augenblick lang in meinen Kleidern und ich fiel auf den Schnee zurück. Glücklicherweise lag mein Kopf nach oben und einige krampfhafte Griffe brachten mich am Rande des Abgrundes zum Stillstand. Stock, Hut und Schleier flogen bei mir vorbei und verschwanden, und das Krachen der Felsblöcke, die ich aus dem Gleichgewicht gebracht hatte und die nun auf den Gletscher fielen, sagte mir, wie nahe ich dem gänzlichen Untergange gewesen sei. In sieben bis acht Sprüngen war ich nahe an zweihundert Fuß tief gefallen. Noch zehn Fuß weiter und ich flog in einem riesigen Satze von achthundert Fuß auf den Gletscher unten.

Meine Lage war noch immer ernsthaft genug. Ich konnte die Felsen nicht einen Augenblick loslassen und mein Blut floß aus mehr als zwanzig Wunden. Die schlimmsten Verletzungen hatte ich am Kopfe und suchte sie vergebens mit der einen Hand zu schließen, während ich mich mit der andern festhielt. Es war nutzlos, das Blut spritzte bei jedem Pulsschlag hervor und blendete mich fast. Endlich hatte ich den glücklichen Gedanken, ein großes Stück Schnee loszureißen und als Pflaster auf den Kopf zu legen. Das half, der Blutfluß verminderte sich und ich kletterte nun zu einem sichern Platze, wo ich in Ohnmacht fiel. Die Sonne ging unter, als mein Bewußtsein zurückkehrte, und es war pechfinster geworden, ehe ich die Große Treppe hinabgestiegen war, doch legte ich, Dank meiner Vorsicht und meinem Glück, die ganzen 4800 Fuß bis Breil zurück, ohne zu fallen, oder den Weg zu verfehlen. An der Hütte der Kuhhirten, die drinnen schwatzten und lachten, schlich ich aus Scham über den Zustand, in den ich mich durch meine Dummheit versetzt hatte, weg und trat leise in meinen Gasthof, um mein Zimmer unbemerkt zu erreichen. Favre begegnete mir aber auf dem Gange, fragte: „Wer ist da?“ schrie vor Schreck auf, als Licht gekommen war, und weckte das ganze Haus. Nun hielten zwei Dutzend Köpfe über den meinigen feierlichen Rath, wobei mehr geschwatzt als gehandelt wurde. Die Einheimischen empfahlen einstimmig, daß heißer Wein, d. h. Weinessig mit Salz gemischt, in die Wunden eingerieben werden sollte. Ich protestirte, aber sie blieben bei ihrer Meinung. Das war die ganze Heilkunde, welche sie kannten. Ob meine schnelle Wiederherstellung diesem einfachen Mittel oder meiner guten Natur zuzuschreiben ist, will ich nicht untersuchen, genug, meine Wunden schlossen sich überraschend schnell und nach wenigen Tagen konnte ich mich wieder bewegen.

In Breil (Giomein).

Während dieser Zeit fehlte es mir an Langeweile nicht. Meine Hauptbeschäftigungen bestanden darin, daß ich über die Eitelkeit menschlicher Wünsche nachdachte und zusah, wie meine Kleider in der Tonne vor dem Hause, die der Bach trieb, gewaschen wurden. Ich gelobte, daß ein Engländer, der künftig in Val Tournanche erkrankte, nicht so einsam sein solle, wie ich in dieser traurigen Zeit war.*

* Da es selten vorkommt, daß Jemand einen solchen Fall überlebt, so hört man vielleicht gern, was ich während meines Sturzes empfand. Ich wußte vollständig, was geschah, und fühlte jeden Schlag, hatte aber wie ein chloroformir-

Die Nachricht von meinem Unfalle führte Johann Anton Carrel nach Breil und mit dem stolzen Jäger kam einer seiner Verwandten, ein starker und behender junger Bursche, Namens Cäsar. Mit diesen beiden Männern und mit Meynet machte ich am 23. Juli einen neuen Versuch. Ohne Anstand gelangten wir zum Zelte und waren am folgenden Tage schon über den Thurm hinausgekommen, um nun über die losen dahinter liegenden Steine, wo meine Spuren von der vorigen Woche noch deutlich sichtbar waren, beim besten Wetter vorsichtig unsern Weg zu suchen, als eine der abscheulichen und fast augenblicklichen Veränderungen eintrat, denen das Matterhorn auf seiner Südseite so sehr ausgesetzt ist. Aus unsichtbaren Dünsten wurden Nebel und nach einigen Minuten fiel ein starker Schnee. Wir machten Halt, da wir uns gerade auf einer äußerst

---

ter Kranker keine Schmerzen. Jeder Schlag war natürlich stärker als der vorhergehende und ich erinnere mich genau, daß ich dachte: „Ist der nächste noch stärker, dann ist es vorbei." Wie bei Personen, die vom Ertrinken gerettet worden sind, schossen mir eine Menge Dinge durch den Kopf, häufig bloße Kleinigkeiten oder Dummheiten, die ich längst vergessen hatte. Noch merkwürdiger ist, daß dieses Springen durch den leeren Raum mir nicht unangenehm war. Ich denke mir, daß ich nicht tief mehr zu fallen brauchte, um Bewußtsein und Empfindung gänzlich zu verlieren, und darauf stütze ich meine Behauptung, die Vielen als unhaltbar erscheinen mag, daß der Tod durch einen Fall von großer Höhe ein so schmerzloses Ende ist, wie es nur eines geben kann.

Ich schlug sehr stark auf, erlitt aber keinen Knochenbruch. Meine schwersten Verletzungen waren ein vier Zoll langer Schnitt oben auf dem Kopfe und ein drei Zoll langer an der rechten Schläfe, der furchtbar blutete. Einen Schnitt von der Länge des letztern hatte ich in der Fläche der linken Hand und jedes Glied war mehr oder minder zerschunden und geritzt. Meine Ohrenspitzen waren abgerissen und eine scharfe Felsenspitze hatte mir mit einem Schlage ein rundes Stück aus meinem linken Stiefel, Strumpfe und Knöchel herausgeschnitten. So groß der Blutverlust war, brachte er mir keinen dauernden Nachtheil. Die schlimmste Folge war, daß mein ausgezeichnetes Gedächtniß zu einem ganz gewöhnlichen wurde. An entferntere Vorgänge erinnere ich mich so gut wie früher, aber die Ereignisse jenes Unglückstages würden mir ganz entschwunden sein, wenn ich mir nicht vor dem Unfall einige Notizen gemacht hätte.

schwierigen Stelle befanden, und verweilten mehrere Stunden, da wir nicht zurückgehen mochten und auf einen neuen Wetterwechsel hofften. Da dieser indessen nicht eintrat, so gingen wir endlich an den Fuß des Thurmes zurück und richteten in einer Höhe von 12992 Fuß ein drittes Nachtlager ein. Es schneite noch immer und wir zogen uns ins Zelt zurück. Carrel meinte, daß das Wetter umgeschlagen sei und der Berg sich so mit Eis überziehen werde, daß jeder fernere Versuch unnütz sei. Ich dagegen behauptete, daß die Felsen zu warm seien, als daß sich Eis auf ihnen bilden könne. Ich wollte also bleiben, bis das nur augenblickliche schlechte Wetter aufgehört habe, aber mein Führer litt keinen Widerspruch und bestand auf der Umkehr. Wir stiegen also hinab und waren kaum unter den Col gekommen, als seine Meinung sich als falsch erwies. Die Wolke beschränkte sich auf die höchsten dreitausend Fuß und überall sonst war herrliches Wetter.

Carrel war nicht leicht zu behandeln. Er wußte genau, daß er der Hahn des Val Tournanche sei, und beherrschte die übrigen Männer, als ob es so sein müsse. Ebenso war er sich bewußt, daß er mir unentbehrlich sei, und nahm sich nicht die Mühe, mir das zu verhehlen. Ob ich ihm befahl, oder ob ich ihn bat, zu bleiben, war dasselbe. Ich muß jedoch wiederholen, daß er der einzige Bergsteiger ersten Ranges war, der das Matterhorn nicht für unbesieglich hielt. Mit ihm hatte ich Hoffnung, ohne ihn keine, und so ließ ich ihn machen, was er wollte. Sein Benehmen bei dieser Gelegenheit war fast unbegreiflich. Der Feigheit konnte ich ihn nicht beschuldigen, denn ein kühnerer Mann ließ sich kaum finden, auch kehrte er nicht wegen der Schwierigkeiten um, da ihm bisher noch nichts schwierig geworden war, und sein sehnlicher Wunsch, die Besteigung zu vollbringen, war augenscheinlich. Aus Mangel an Nahrung brauchten wir nicht zurückzukehren, denn wir hatten, um für jeden Fall gerüstet zu sein, auf mindestens eine Woche mitgenommen, und im Zelte zu bleiben war nicht gefährlich und nicht einmal sehr unangenehm. Mir wollte scheinen, daß er an eine Ersteigung auf eigene Rechnung denke, und so sehr er der Erste auf dem Gipfel zu sein wünsche und so wenig er dagegen habe, von einem Andern dabei begleitet zu werden, doch das Unternehmen nicht zu bald gelingen lassen wolle, um dem endlichen Siege um so größern Glanz zu verleihen. Da er keinen Nebenbuhler fürchtete, so mag er gedacht haben, daß er um so höher im Preise steigen werde, je mehr Schwierigkeiten er mache, obgleich ich ihm zu seinem Ruhme nachsagen muß, daß er nie große Geldgier verrieth. Seine Forderungen waren hoch, nicht übertrieben, aber er ließ sich immer nach dem Tage bezahlen und konnte also unter allen Umständen nichts verlieren.

So ärgerlich es mir war, meine Zeit verloren zu haben, freute ich mich doch, als er sich freiwillig erbot, mich morgen wieder zu begleiten, wenn es schönes Wetter sei. Wir wollten bis zum Zelte am Fuße des Thurmes vordringen, an den schwierigsten der jenseits gelegenen Stellen Seile befestigen und am folgenden Tage einen Angriff auf den Gipfel machen.

Als ich am nächsten Morgen (Freitags am 25. Juli) aufstand, wartete der gute kleine Meynet bereits auf mich und erzählte mir, daß die beiden Carrels schon vor einiger Zeit aufgebrochen wären und hinterlassen hätten, sie gingen auf den Murmelthierfang, da das Wetter für diese Jagd günstig sei. Meine Ferien waren fast abgelaufen und ich sah jetzt deutlich, daß ich mich auf diese Leute nicht verlassen könne. Es blieb mir nichts übrig, als dem Buckligen vorzuschlagen, mich allein zu begleiten und mit mir zu versuchen, ob wir höher als früher kommen könnten, denn den Gipfel zu erreichen, hatte ich geringe oder keine Hoffnung. Er zauderte nicht und nach wenigen Stunden standen wir auf dem Col du Lion. Wir gingen zum dritten Male mit einander, aber unverschleiert hatte Meynet die Aussicht noch nicht gesehen. Der arme kleine verwachsene Bauer blickte sie eine Zeit lang schweigend und voll Ehrfurcht an und dann fiel er unwillkürlich in der Stellung eines Betenden auf ein Knie, schlug die Hände zusammen und rief begeistert: „O ihr schönen Berge!“ Seine Bewegungen waren so ungezwungen wie seine Worte natürlich und Thränen zeugten für die Wahrheit seiner Erregung.

Da wir nicht Kräfte genug hatten, um das Zelt mitnehmen zu können, so schliefen wir auf dem alten Lagerplatze, brachen am folgenden Morgen sehr früh auf und kamen über die Stelle hinaus, wo wir am 24. umgekehrt waren. Der Kamm des Grats war so unsicher, daß wir uns, wenn auch sehr ungern, zu den Klippen rechts wendeten. Langsam kletterten wir vorwärts, aber endlich hafteten wir wie ausgebreitete Adler an den fast senkrechten Wänden und konnten nicht vorwärts, kaum rückwärts. Wir kehrten zum Grat zurück, der fast ebenso schwierig und dabei unendlich weniger zuverlässig war. Nachdem wir unsere Versuche so weit fortgesetzt hatten, als die Klugheit gestattete, beschloß ich, nach Breil zurückzukehren und mir eine leichte Leiter machen zu lassen, die uns über die steilsten Stellen weghelfe.* Ich hoffte überdies, daß Carrel jetzt der Murmelthierjagd überdrüssig sei und mich seiner Begleitung würdigen werde.

Raschen Schrittes stiegen wir abwärts, denn wir waren jetzt

* Diese Stelle des Berges erschien mir als die schwierigste. Man mußte am Rande des Grats, oder doch ziemlich nahe an demselben gehen, und an dem Punkte, wo wir umkehrten, erhoben sich in jeder Richtung glatte Wände von sieben bis acht Fuß Höhe, die für den Einzelnen unbesieglich waren und bloß mit Hülfe von Leitern oder den Schultern eines Gefährten überwunden werden konnten.

mit dem Berge und mit unsern gegenseitigen Bedürfnissen so vertraut, daß Jeder gleich wußte, wenn er dem Andern zu helfen hatte. Dazu waren die Felsen in einem bessern Zustande, als ich sie je gesehen hatte, da sie von Glatteis völlig frei waren. Meynet war an den schwierigsten Stellen immer am fröhlichsten und pflegte an besonders gefährlichen Punkten zu sagen: „Man stirbt nur einmal." In dieser Wahrheit schien für ihn ein großer Trost zu liegen. Früh am Abend kamen wir im Gasthof an, wo ich mich überzeugte, daß es mit meinen Plänen plötzlich vorbei sei.

Während meiner Abwesenheit war Professor Tyndall angekommen und hatte Cäsar und Johann Anton Carrel angeworben. Auch Bennen war bei ihm und hatte einen kräftigen und thätigen Freund, einen Walliser Führer, Namens Anton Walter, mitgebracht. Sie hatten bereits eine Leiter hergerichtet, für Lebensmittel gesorgt und wollten am nächsten Morgen (Sonntags) aufbrechen. Ihre Ankunft überraschte mich sehr. Man wird sich erinnern, daß Bennen dem Professor Tyndall seine Begleitung auf das Matterhorn im Jahre 1861 unbedingt abschlug. „Er war gegen jeden Vorschlag taub," sagte Tyndall. Jetzt trieb er eifrig zum Aufbruch. Professor Tyndall hat nicht erklärt, wie sein Führer zu dieser Veränderung gekommen sei. Nicht minder war ich über die Treulosigkeit Carrel's erstaunt und schrieb sie seinem Groll über meine Anmaßung zu, ohne ihn zu gehen. Es wäre nutzlos gewesen, mit dem Professor und seinen vier Führern, die in wenigen Stunden aufbrechen wollten, einen Wettstreit zu beginnen, und ich wartete also das Resultat ihres Versuchs ab.

Alles schien sich günstig zu gestalten, und frohen Muths machte sich die Gesellschaft am schönsten Morgen auf den Weg, während ich neidisch und verstimmt zurückblieb. Hatten sie Erfolg, so raubten sie mir einen Ruhm, für den ich lange gekämpft hatte, scheiterten

Ein Steinfall auf dem Matterhorn (1862).

sie, so hatte ich keine Zeit, einen neuen Versuch zu wagen, da ich binnen wenigen Tagen in London sein mußte. Als mir das so recht klar wurde, beschloß ich, Breil sogleich zu verlassen, und packte schon ein, als ich entdeckte, daß ich einige unentbehrliche Sachen im Zelt zurückgelassen habe. Ich brach also Mittags auf, um sie zu holen, erreichte die sehr langsam gehende Armee des Professors noch vor dem Col, ging vor ihr, die gerade beim Essen war, vorbei und wendete mich zum Zelte. In der Nähe desselben hörte ich über mir ein Geräusch und bemerkte beim Aufblicken einen Stein von mindestens einem Kubikfuß an Umfang, der schnurgerade gegen meinen Kopf heranflog. Rasch bückte ich mich und kroch unter einen Felsen, während der Stein mit lautem Zischen vorbeisauste. Er war der Vorbote eines völligen Sturmwindes von Steinen, die mit höllischem Geklapper genau auf den Kamm des Grats niederfuhren und eine lange Staubwolke nebst einem starken Schwefelgeruch hinterließen, der mir sagte, wer sie schicke. Die Gesellschaft unten war auf ihrer Hut, aber die Steine kamen ihnen nicht nahe und bogen seitwärts nach dem Gletscher hin ab.*

Am Zelte wartete ich auf den Professor, begrüßte ihn und ging nach Breil zurück. Am nächsten Morgen früh kam Jemand gelaufen und sagte mir, daß auf der Spitze des Matterhorns eine Flagge wehe. Dem war nicht so, obgleich ich sah, daß Tyndall über die Stelle hinausgekommen sei, wo ich am 26. umgekehrt war.

---

* Professor Tyndall beschreibt den Vorgang in folgenden Worten: „Plötzlich hörten wir über uns einen Knall und sahen mitten in der Luft einen Felsblock, der mit der Fluglinie einer Stückkugel vom Matterhorn herunterflog und schließlich, als er auf einem der Felsenhürme vor uns aufschlug, zersplitterte. Die umherfliegenden Trümmer kamen wie Spreu gegen uns heran und waren ziemlich weit von uns, aber immer doch nahe genug, um uns zu einem scharfen Aufpassen aufzufordern. Es kamen noch zwei bis drei solche Explosionen vor, aber wir nahmen auf dem Gratkamme unsern Weg, von dem die Steine bald seitwärts abflogen."

Sein vollständiger Erfolg erschien mir darum als unzweifelhaft, denn er hatte den Punkt überwunden, den ich, wie Carrel nicht minder, stets als den schwierigsten auf dem ganzen Berge betrachtet hatte. Bis zu dieser Stelle konnte hinsichtlich des Wegs kein Zweifel bestehen, wenigstens glaube ich nicht, daß man zwischen ihr und dem Col ein Dutzend Schritte nach rechts oder nach links abweichen konnte, aber jenseits änderte sich das, und ich und Carrel

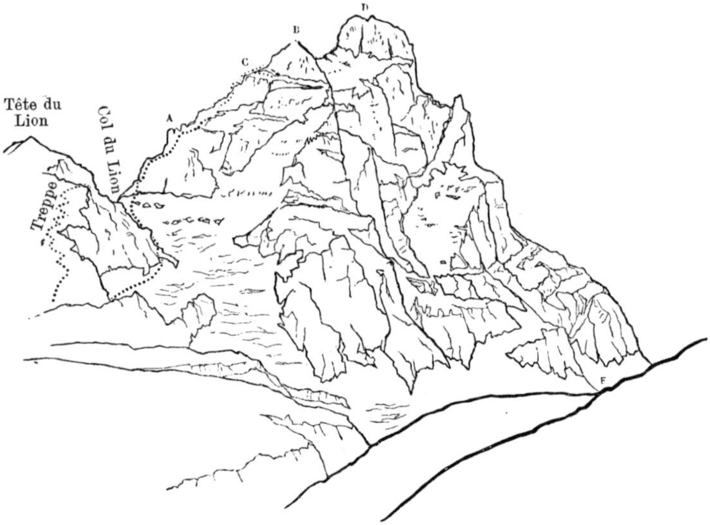

waren bei unsern Erörterungen immer darüber einig gewesen, daß Alles gewonnen sei, wenn man diesen Punkt überwunden habe. Der vorstehende Umriß, eine Skizze, die von der Thür des Gasthofes in Breil aufgenommen wurde, wird die Sache deutlich machen. A bezeichnet die Stelle des Großen Thurms, C die „cravate“ (den scharf markirten Schneestreifen, von dem ich früher gesprochen habe), B den Ort, wo wir jetzt etwas bemerkten, das wie eine Flagge aussah. Hinter dem Punkte B führt ein beinahe ebener Grat zum

Fuße des höchsten Gipfels, wie sich durch einen Vergleich mit dem Umriß zu Seite 100, wo dieselben Buchstaben dieselben Stellen bezeichnen, deutlich ergeben wird. Ich sagte eben, daß wir den Erfolg für sicher hielten, wenn wir über den Punkt C hinauskämen. Bei B befand sich Tyndall schon am frühen Morgen und ich bezweifelte nicht, daß er den Gipfel erreichen werde, obgleich es mir als problematisch erschien, ob er die höchste Spitze werde erklimmen können. Der Gipfel bestand offenbar aus einem langen Grat, aus dem zwei ziemlich gleich hohe Punkte hervorragten, von denen sich nicht sagen ließ, welcher der höchste sei, und zwischen beiden schien ein tiefer Einschnitt, auf meinem Umriß mit D bezeichnet, zu liegen, an dem man noch im letzten Augenblicke scheitern konnte.

Mein Tornister war gepackt und ich hatte mit Favre zum Abschied ein Glas getrunken. Er jubelte über den Erfolg, der das Glück seines Gasthofs machen mußte. Ich konnte mich nicht zum Gehen entschließen, bis ich das Resultat höre, und streifte umher, wie ein thörichter Verliebter den Gegenstand seiner Neigung umkreist, wenn er auch einen Korb bekommen hat. Die Sonne ging unter, ehe die Leute die fünf Bergsteiger über die Wiesen daherkommen sahen. In ihren Schritten lag keine Sprungkraft — also waren auch sie gescheitert. Die Carrels hingen die Köpfe, aber die Andern führten die Sprache aller Besiegten und sagten, daß der Berg fürchterlich, unersteiglich u. s. w. sei. Professor Tyndall erzählte mir, daß er dem Gipfel bis auf einen Steinwurf nahe gekommen sei, und ermahnte mich, dem Berge zu entsagen. Er wollte keinen Versuch mehr machen und ich lief in der ziemlich festen Ueberzeugung, daß das Matterhorn unersteiglich sei, nach dem Dorf Val Tournanche hinunter. Das Zelt, die Seile und einige andere Sachen überließ ich Favre, der sie Jedem übergeben mochte, dem es nach der Ersteigung des Gipfels gelüste. Wie ich fürchte, war meine Schenkung mehr Ironie als Großmuth. Es mag Leute gegeben haben, die das Matterhorn noch für ersteiglich hielten, aber ihr Glaube war nicht von Werken begleitet. Im Jahre 1862 fand kein Versuch weiter statt.

Geschäfte führten mich vor meiner Rückkehr nach London ins Dauphiné und eine Woche nach Tyndall's Niederlage ruhte ich nach einem schwülen Tage halbschlafend in einem der abscheulichen Kasten, die der Gastwirth und zweite Maire von La Ville de Val Louise für Betten ausgiebt. Indem ich nach einer auffallenden rothen Stelle an der Decke blickte und mir überlegte, ob sie vielleicht eine Wirkung der Elektricität, erzeugt durch die Reibung von Myriaden von Flöhen, sein könne, begann die große Glocke der nebenanstehenden Kirche laut und schnell zu schlagen. Ich sprang auf, denn die Stimmen und Bewegungen der Leute im Hause ließen mich auf Feuer schließen. Es war Feuer und von meinem Fenster aus sah ich große gabelförmige Flammen hoch in die Luft schießen. Schwarze Gestalten mit langen Schatten eilten dem Orte zu und die Kämme der Grate fingen das Licht auf und standen wie Gespenster da. Die ganze Welt war in Bewegung, auch in den nächsten Dörfern, die jetzt erwacht waren, stürmte es. Ich kleidete mich an und zog über die Brücke. Drei große Sennhütten standen in Flammen und waren von einer Masse Menschen umringt, die mit Töpfen und Pfannen und mit allen möglichen sonstigen Dingen, in denen sich Wasser tragen ließ, herbeigeeilt waren. Sie bildeten bis zum nahen Flusse eine zwei Mann hohe Kette, die auf der einen Seite die vollen Wassergefäße sich zureichten und auf der andern die leeren zurückgehen ließen. Auch mein alter Freund, der Maire, war in seiner Vollkraft erschienen, schlug mit dem Stocke auf den Boden und schrie: „Arbeitet, arbeitet!“ aber die Männer waren so klug, sich sämmtlich auf die Seite der leeren Eimer zu stellen und die wirkliche Arbeit ihrer schöneren Hälfte zu überlassen. Alle Anstrengungen waren unnütz, die Sennhütten brannten nieder.

Am nächsten Morgen besuchte ich die rauchenden Steine und sah die heimathlosen Familien in einer düstern Reihe vor ihrem zerstörten Eigenthum sitzen. Die Leute sagten, daß eines der Gebäude hoch versichert sei und der Eigenthümer einen Brand als ein Glück betrachtet habe. Er hatte Alles zu einem Freudenfeuer vorgerichtet, das Erdgeschoß an mehreren Stellen in Brand gesteckt und sich dann entfernt, es dem Zufall überlassend, ob Frau und Kinder, die im obern Stock schliefen, gerettet wurden oder nicht. Sein Plan gelang nur halb und es war mir ein guter Anblick, den Schuft von zwei stämmigen Gensdarmen zurückbringen zu sehen. Drei Tage später war ich in London.

„Aber was ist das?“

Sechstes Kapitel.

Das Val Tournanche, das Breil-Joch, Zermatt, Ersteigung des Grand Tournalin.

Am 29. Juli 1863 fuhr ich über den Kanal und hatte meine liebe Noth mit zwei Leitern von je zwölf Fuß Länge, die sich gleich Feuerleitern an einander fügen und wie Lineale nebeneinander legen ließen. Mein Gepäck war so ziemlich das eines Einbrechers, denn außer den Leitern war ich noch mit Seilen und verschiedenen verdächtigen Werkzeugen versehen, die man nach Frankreich nicht gern hereinließ, die mir aber im Steueramt, nachdem ich zu rechter Zeit einige Franken geopfert hatte, nicht so viele Schererei machten, als ich gefürchtet hatte.

Ich bin in die Zollämter nicht verliebt. Sie sind das Fegefeuer der Reisenden, in dem die verschiedenartigsten Elemente sich eine Zeit lang mischen, bis sie in Reich und Arm geschieden werden. Die Zollbeamten sehen in den Touristen ihre natürlichen Feinde und wühlen eifrig in den Reisetaschen. Einer hat etwas entdeckt.

Er hat nie etwas Aehnliches gesehen und hält es mit der Unverschämtheit eines Inquisitors dem Eigenthümer ins Gesicht. „Aber was ist das?“ Die Erklärung stellt ihn nur halb zufrieden. „Aber was ist das?“ fragt er wieder und hielt eine kleine Büchse empor. „Pulver.“ „Es ist verboten, Pulver auf der Eisenbahn zu führen.“ „Bah,“ sagt ein älterer Beamter, „geben Sie dem Herrn sein Gepäck!“ und unser Landsmann, der unter dem Anstarren der andern Reisenden roth zu werden anfängt, darf mit seiner halb abgenutzten Zahnbürste weitertrollen, während der Zollbeamte, der nichts fangen konnte, mitleidig über die seltsamen Gewohnheiten „dieser Leute, welche ihre insulare Lage mit den Continental-Ideen zu marschiren verhindert,“ die Achsel zuckt.

In Susa begannen für mich wirkliche Scherereien. Die dortigen Beamten, ehrlichere und schwerfälligere Leute als die Franzosen, wollten sich weder bestechen, noch mein Gepäck ohne eine zufriedenstellende Auskunft weitergehen lassen. Da sie an die richtige Erklärung nicht glaubten, so wußte ich nicht mehr, was ich sagen sollte, als mich ein Beamter, der ein hellerer Kopf als die andern war, aus der Klemme zog, indem er die Vermuthung aufstellte, daß ich nach Turin gehe, um mich auf den Straßen sehen zu lassen. Ich steige auf die Leiter, erklärte er, balancire oben auf der Spitze, zünde die Pfeife an, stecke den Stachel meines Stocks in den Pfeifenkopf und lasse den Stock um meinen Kopf tanzen. Das Seil werde als Schranke ausgespannt und mein englischer Begleiter sammle das Geld. „Der Herr ist also Seiltänzer?“ „Ja freilich.“ „Man übergebe dem Herrn Seiltänzer sein Gepäck.“

Diese Leitern waren der Quell endloser Scherereien. Ueber die Zweifel der Kellner im Hotel de l'Europe, ob eine Person mit so zweideutigen Artikeln in ihr hochachtbares Haus eingelassen werden dürfe, gehe ich hinweg und begebe mich sofort nach Chatillon am

Eingange des Val Tournanche. Dort miethete ich für meine Leitern einen Maulesel, und da sie zu lang waren, um ihm quer über den Rücken gelegt werden zu können, so wurden sie an seinen Seiten befestigt und ragten vorn über den Kopf und hinten über den Schwanz hinaus. Wenn ein Maulesel einen Berg hinauf- oder hinuntergeht, so wird seine Bewegung eine stoßende und in Folge dessen versetzten die Leitern meinem Esel Schläge hinter die Ohren und in die Seiten. Das dumme Vieh, das nicht wußte, was für ein seltsames Geschöpf es auf dem Rücken habe, schüttelte mit dem Kopfe und schlug aus, wodurch die Streiche, die es bekam, stärker wurden. Endlich ging es durch und würde in einen Abgrund gestürzt sein, wenn die Leute es nicht beim Schwanze gepackt hätten. Das Ende der Geschichte war, daß ein Mann dem Maulesel folgen und die Enden der Leitern halten mußte, wobei seine Arme beständig auf- und niedergingen und er dem Hintertheil des Thiers Verbeugungen machte, die seinem Gefährten mehr Spaß machten als ihm.

Abermals war ich auf dem Wege nach dem Matterhorn, denn ich hatte im Frühjahr von 1863 die Ursache gehört, weshalb Professor Tyndall gescheitert war, und wußte nun, daß das Unternehmen nicht so hoffnungslos sei, als es mir einmal erschienen war. Wie es sich zeigte, war er nicht weiter als bis zum nördlichen Ende der „Schulter" gekommen. Der Punkt, von dem er in seinem Bericht* sagt: „Mit vernichteter Hoffnung setzten wir uns nieder, besiegt vom Gipfel, den wir mit einem Steinwurf erreichen konnten," ist nicht der Einschnitt D, der buchstäblich blos einen Steinwurf vom Gipfel entfernt liegt, sondern eine andere und furchtbarere Schlucht, die zwischen dem nördlichen Ende der „Schulter" und dem Anfange

* Saturday Review vom 8. August 1863.

der höchsten Spitze sich hinzieht. Auf dem Umrisse zu Seite 100 ist sie mit E bezeichnet. Carrel und alle die Leute, welche mich begleitet hatten, kannten die Existenz dieser Kluft und der hinter ihr und dem höchsten Gipfel aufsteigenden Nadel.* Häufig hatten wir über die beste Manier gesprochen, wie die Stelle begangen werden könne. Ueber diesen Punkt hatten wir verschiedene Meinungen gehabt, aber darin waren wir einstimmig gewesen, daß wir bei der „Schulter" allmälig rechts oder links heruntersteigen müßten, um die Spitze der Schlucht zu vermeiden. Tyndall's Gesellschaft wurde aber bei der „Schulter" von den Führern auf dem Kamm des Grats weitergeführt und stand mithin zum Mißvergnügen Aller mit Ausnahme der Carrels am nördlichen Ende des Grats nicht auf dem Grunde, sondern auf dem obersten Rande der Schlucht. Tyndall's Worte sind: „Hier war der Kamm von einer tiefen Schlucht durchzogen, die ihn vom höchsten Gipfel trennte und eine immer schlimmere Gestalt annahm, je näher wir kamen." Er fügt hinzu: „Der Berg ist 14800 Fuß hoch und 14600 Fuß hatten wir erstiegen." Darin täuschte er sich sehr, denn nach den Barometermessungen Giordano's liegt der Einschnitt 800 Fuß unter der Spitze. Der Führer Walter erklärte, wie Tyndall sagt, daß weiterzugehen unmöglich sei, und als die Carrels um ihre Meinung gefragt wurden, antworteten sie nach ihrer eigenen Erzählung: „Wir sind Träger, fragen Sie Ihre Führer." Da Bennen keine Hülfe fand, so mußte er sich in die Niederlage fügen. Tyndall war nichtsdestoweniger 400 Fuß über eine der schwierigsten Stellen des Gebirgs hinausgekommen.

Die gedruckte Erzählung Tyndall's und die mündlichen Mittheilungen der Carrels weichen bedeutend von einander ab. Tyndall

* Die Nadel hat sogar einen Namen und heißt L'ange Anbé.

sagt, daß die Leute angetrieben werden mußten, von der Schlucht entschieden nichts wissen wollen und so muthlos wurden, daß Bennen zuletzt sagte: „Was läßt sich thun, Herr Professor? Keiner von ihnen würde mich begleiten.“ Während Tyndall dies für die reine Wahrheit erklärt, sagt Johann Anton Carrel: „Als Tyndall den Befehl zum Umkehren gab, wollte ich vorgehen und den Weg prüfen, da ich ein weiteres Vordringen nicht für unmöglich hielt, aber der Professor rief mich zurück und ich mußte natürlich den Andern folgen.“* Wir können diese Widersprüche denen überlassen, welche bei ihnen betheiligt sind. Tyndall, Walter und Bennen verschwinden jetzt aus dieser Erzählung.**

Das Val Tournanche ist eines der reizendsten Thäler der italienischen Alpen. Für einen Maler ist es ein Paradies und hätte ich mehr Raum, so schilderte ich gern seine Wäldchen von Wallnußbäumen, seine klaren rieselnden Bäche und seine rauschenden

* Ich bin auf diesen Gegenstand tiefer eingegangen, weil man sich gewundert hat, daß Carrel über diese Stelle, bei der 1862 eine so große Gesellschaft umkehrte, 1865 ohne erhebliche Schwierigkeiten weggekommen ist. Die Ursache von Tyndall's Niederlage war einfach die, daß ein zweiter Führer (Walter) dem ersten (Bennen) nicht die erforderliche Hülfe leistete, und daß die Carrels nicht als Führer auftreten wollten, da man sie als Träger gemiethet hatte. J. J. Carrel kannte nicht blos die Existenz dieser Stelle, bevor er sie erreichte, sondern glaubte auch stets an die Möglichkeit, sie zu überwinden und den Berg zu ersteigen. Hätte er die Gesellschaft geführt, so wäre die Spitze ohne Zweifel erklommen worden. Wie war es aber möglich, daß er, ein Italiener und ein bloßer Träger, der sich für den ersten Mann des Berges und diesen Weg für sein Eigenthum hielt, Hülfe leistete, als er Bennen, einen Schweizer und anerkannten Führer der Gesellschaft, unterstützen sollte.

Es ist schwer zu begreifen, wie Tyndall und Bennen die Existenz dieser Schlucht übersehen konnten, da man sie von verschiedenen Richtungen, am besten vom Theodule-Passe, wahrnimmt. Noch unbegreiflicher ist, wie der Professor glauben konnte, daß er vom Gipfel blos noch einen Steinwurf entfernt sei, denn als er das Ende der Schulter erreichte, mußte er sich überzeugen, daß die ganze Höhe des eigentlichen Gipfels noch über ihm sei.

** Tyndall erstieg 1868 das Matterhorn.

Bergströme, seine versteckten Hochthäler und seine edlen Klippen. Von Chatillon wird der Weg steil, bietet aber guten Schatten dar und die Hitze der Sommersonne wird durch die kühle Luft und den Wasserdunst der eiskalten Ströme gemildert.* Vom Pfade aus sieht man an verschiedenen Stellen der Thalseite zur Rechten Gruppen von Bogen, die an den Felsenwänden hoch hinauf gebaut worden sind. In den Fremdenführern liest man ohne Berufung auf eine Quelle, daß sie die Ueberbleibsel einer römischen Wasserleitung sind. Die römische Kühnheit des Gedankens haben sie, aber der Arbeit fehlt die römische Tüchtigkeit. Mir erschienen die Bogen

immer als die Reste eines unbeendigten Werkes und von Johann Anton Carrel weiß ich, daß noch andere Bogengruppen ganz derselben Art existiren, die man vom Wege aus nicht sieht. Ob die Bogen in der Nähe des Dorfes Antey römisch sind, läßt sich in Frage ziehen. Einige sind halbe Rundbogen, während bei andern die Spitzbogenform sich deutlich erkennen läßt. Der oben abgebildeten Bogen sieht wie eine Arbeit des vierzehnten Jahrhunderts oder einer noch späteren Zeit aus. Er hat zwei Mittelpunkte, ist

* Belehrungen über das Val Tournanche findet man in Saussure's „Reise in den Alpen, B. 4, S. 379—381, 406—409, in des Domherrn Carrel Schrift über dasselbe Thal und in King's „Italienische Alpenthäler," S. 220—221.

flachgewölbt und die Steine liegen in rohen Schichten. Diese Bogen sind der Aufmerksamkeit der Alterthumsforscher werth, doch wird man ihnen nicht leicht nahe kommen können.

Wir gingen gemächlich im Thale aufwärts und als wir in Breil ankamen, schlief bereits Alles. Ein Hof um den Mond deutete auf nasses Wetter, und wir wunderten uns deshalb nicht, als am nächsten Tage (1. August) ein starker Regen fiel und ein gelegentlicher Riß in den Wolken uns zeigte, daß alle Punkte über neuntausend Fuß mit dichtem Schnee bedeckt waren. J. A. Carrel, den ich wieder angenommen hatte, brauchte mir nicht zu sagen, daß das Matterhorn nach diesem Schneefall, selbst wenn das Wetter sich einrichte, mehrere Tage ungangbar sein werde. Unsern ersten gemeinschaftlichen Tag verlebten wir auf einem nahen Gipfel, den Cimes Blanches, die wegen ihrer schönen Panorama-Aussicht berühmt sind. Wir sahen wenig, denn in jeder Richtung, ausgenommen im Süden, verdunkelten wirbelnde Massen schwerer Wolken Alles und im Süden versperrte uns ein höherer Berg, der Grand Tournalin, von dem ich noch sprechen werde, die Aussicht. Ein unschuldiges Vergnügen machten uns die Sprünge einer Anzahl Ziegen, die rasch unsere Freunde wurden, als wir ihnen etwas Salz gaben, und beim Herabsteigen uns große Unannehmlichkeiten bereiteten. „Carrel," sagte ich, als Steine an uns vorbeipfiffen, welche die Ziegen losgetreten hatten, „das muß ein Ende nehmen." „Zum Teufel," murrte er, „das läßt sich leicht sagen, aber wie soll ich das anfangen?" So wolle ich es versuchen, antwortete ich, setzte mich nieder, goß etwas Branntwein in meine hohle Hand und lockte die nächste Ziege mit tückischer Freundlichkeit zu mir. Es war dieselbe, welche die Düte, in der das Salz gewesen war, gefressen hatte, ein Thier von unternehmendem Charakter, und furchtlos kam sie heran und leckte den Branntwein auf. Ihre Ueberraschung werde ich nicht leicht vergessen. Sie fuhr in die Höhe, hustete und sah mich an, als wollte sie sagte: „Du Betrüger!" spie aus und lief davon, hielt dann wieder an und hustete und spie abermals. Von den Ziegen wurden wir nicht weiter belästigt.

In der Nacht fiel noch mehr Schnee und unser Plan mit dem Matterhorn mußte auf unbestimmte Zeit vertagt werden. Da es in Breil nichts zu thun gab, so machte ich einen Rundgang um den Berg und entdeckte einen neuen Paß von Breil nach Zermatt.* Wer die Karte ansieht, der wird bemerken, daß der bisher benutzte Theodule-Paß stark nach Osten abbiegt und ein Umweg zu sein scheint. Ich dachte mir, daß sich eine Straße ermitteln lassen müsse, die sowohl der Entfernung als der Zeit nach kürzer sei, und machte mich am 3. August mit Carrel auf den Weg. Einige Zeit folgten wir dem Theodule-Pfad, verließen ihn aber, wo er nach Osten abbiegt, und gingen geradeaus bis zur Moräne des Mont-Cervin-Gletscher. Nun gingen wir immer noch in gerader Linie und mitten auf dem Gletscher, bis zum Fuße eines Felsenzahns, der aus dem Furgengrat, welches das Matterhorn mit dem Theodulehorn verbindet, stark hervortritt. Die Spitze des Gletschers war durch ein steiles Schneefeld mit dieser kleinen Nadel verbunden, aber wir konnten der geraden Linie treu bleiben und den Col an seinem niedrigsten Punkte etwas rechts oder östlich von der erwähnten Nadel überschreiten. In Norden lag wieder ein Schneefeld, an dessen Basis wir in einer halben Stunde waren und nun über den beinahe ebenen Furgengletscher gingen und geradeaus zum Hörnli hinüber wanderten, von wo wir auf einem der bekannten Wege nach Zermatt hinunterstiegen. Die schweizerischen Vermesser haben diesen Paß das Breiljoch getauft. Er ist einige Fuß höher als der Theo-

* S. die Karte vom Matterhorn und dessen Gletscher.

dule und läßt sich Allen, welche mit jenem Paß vertraut sind, empfehlen, da er eben so schöne Aussichten darbietet und zu allen Zeiten zugänglich ist. So benutzt wie der Theodule wird er nie werden, da das Schneefeld auf seinem Gipfel zu gewissen Zeiten den Gebrauch des Beils nöthig macht. Wir brauchten von einem Dorfe zum andern sechs und eine Viertelstunde, oder eine Stunde mehr als beim Theodule, obgleich die Entfernung in Schritten geringer ist.

In einer von Forbes hinterlassenen Handschrift wird behauptet, daß diese Einsenkung, die jetzt das Breiljoch heißt, früher der Paß zwischen dem Val Tournanche und Zermatt gewesen sei, aber in Folge einer Veränderung in den Gletschern dem Theodule habe weichen müssen. Die Quelle dieser Angabe wird nicht genannt. Ich vermuthe, daß sie in einer örtlichen Ueberlieferung zu suchen ist, und kann ihr wohl Glauben schenken, denn vor der Zeit, in der die Gletscher so bedeutend zusammengeschrumpft sind, haben die erwähnten steilen Schneefelder höchst wahrscheinlich noch nicht existirt, vielmehr läßt sich fast für gewiß annehmen, daß die Gletscher in sehr allmäliger Steigung bis zum Gipfel hinaufführten, und in diesem Falle würde der Paß die natürliche Straße zwischen den zwei Dörfern gewesen sein. Wenn die Gletscher mit der jetzigen Schnelligkeit abzunehmen fortfahren,* so ist es gar nicht unmöglich,

* Der Gipfel des Theodule-Passes liegt 10 899 Fuß über dem Meere. Man rechnet, daß jährlich tausend Touristen ihn überschreiten. Im Winter, wenn die Schründe überbrückt und theilweise ausgefüllt sind und das Wetter gut ist, gehen Kühe und Schafe über den Paß hin und her.

In der Mitte des August von 1792 scheint Saussure in Breil Maulesel gemiethet und über den Val-Tournanche-Gletscher den Gipfel des Theodule erstiegen zu haben. Auf einer frühern Reise that er, ebenfalls Mitte August, bereits dasselbe. Er erwähnt besonders, daß der Gletscher vollständig mit Schnee bedeckt war und keine offenen Schründe hatte. Ich glaube nicht, daß Maulesel dieselbe Stelle während der letzten zehn Jahre in einem Monat August ohne daß der Theodule selbst, der bequemste und besuchteste aller höheren Alpenpässe, im Laufe weniger Jahre etwas schwierig wird, und dann dürfte der Wohlstand von Zermatt leiden.*

Am Nachmittag wanderte ich mit Carrel wieder umher und besuchte vor allen Dingen eine Lieblingsstelle der Touristen. Es ist eine nahe am Gorner- (richtiger Boden-) Gletscher liegende Fläche, bewachsen mit Euphrasia officinalis, der Wonne von Bienenschwärmen, welche hier den Honig sammeln, der später auf den Wirthstafeln erscheint.

Zu unserer Rechten donnerte ein Gletscherbach ins Thal durch ine Schlucht hernieder, an deren senkrechte Wände nicht leicht her-

---

große Schwierigkeit überschritten haben können. In diesem Monat ist der Gletscher gewöhnlich von Schnee frei und hat viele offene Spalten. Von Fußgängern lassen sich diese leicht vermeiden, aber für Maulesel sind sie sehr bös.

Wenige Tage vor meinem Uebergange über das Breiljoch entdeckte Herr F. Morshead einen gleichlaufenden Paß. Er ging auf der westlichen Seite der Nadel über den Grat und folgte einem Wege, der schwieriger als der meinige war. 1865 wollte ich diesen Paß benutzen, fand es aber unmöglich, auf der Seite von Zermatt hinunterzusteigen, denn in den beiden letzten Jahren war der Gletscher so zusammengeschrumpft, daß er sich vom Gipfel des Passes gänzlich getrennt hatte, und auf dem bloßgelegten Felsen ließ sich nicht gehen.

* Die herrliche Lage von Zermatt ist bereits vor dreißig Jahren bekannt gewesen, aber erst innerhalb der letzten zwölf bis vierzehn Jahre ist das Dorf zu einem Sammelpunkte der Touristen geworden. Vor dreißig Jahren waren der Theodule-Paß, das Weißthor und der Col d'Herens die einzigen Straßen, wie ich glaube, die man von Zermatt über die Penninischen Alpen benutzte. Gegenwärtig giebt es einschließlich dieser Pässe und des Thalwegs nicht weniger als vierundzwanzig Straßen, zwischen denen ein Tourist in Zermatt die Wahl hat. Die Gipfel einiger dieser Cols liegen mehr als 14000 Fuß über dem Meere, und viele derselben empfehlen sich weder durch Kürze, noch durch Bequemlichkeit.

Zermatt selbst ist blos ein Dorf mit 500 Einwohnern, von denen dreißig Führer sind, und mit pittoresken, vom Alter geschwärzten Häusern. Die Hotels, einschließlich des Gasthofs zum Riffelberg, gehören sämmtlich einem Eigenthümer (Alexander Seiler), dem das Dorf und das Thal viel zu verdanken haben, und der in allen schwierigen Fällen der beste Rathgeber ist.

anzukommen war, da der Rasen oben am Rande schlüpfrig war und die Felsen durch den Gletscher, der sich früher weit ausdehnte, eine abgerundete Form bekommen hatten. Diese Schlucht scheint hauptsächlich durch den Bach entstanden und durch den Rücktritt des Gletschers später ausgehöhlt worden zu sein. Daß dem so ist, zeigt

Vom Wasser ausgewaschene Felsen in der Schlucht unter dem Gorner-Gletscher.

sich nicht blos an den Wänden, wo man die Eindrücke laufenden Wassers sieht, sondern auch an den abgerundeten Felsen hoch oben, wo sich in einer Höhe von siebzig bis achtzig Fuß über dem jetzigen Niveau des Baches einige der eigenthümlichen Vertiefungen zeigen, von denen man weiß, daß sie am Felsen blos durch reißende Ströme entstehen.

Eine kleine und offenbar gebrechliche Brücke führt dicht vor dem Eingange der Schlucht über den Gletscherbach und vor ihr sieht man in den Felsen unten ähnliche Vertiefungen, wie die er-

Streifen im Gestein, durch Gletscher entstanden (bei Grindelwald).

wähnten. Der Bach eilt rasch dahin, jedoch nicht überall. An einigen Stellen trifft das Wasser auf vorspringende Ecken und wird, von ihnen zurückgeworfen, beinahe stehend, indem es rundum wirbelt, an andern Stellen entstehen durch Felsblöcke Strudel, die fortwährend unter den Oberflächen der überhängenden Massen spielen, und zwar zuweilen so, daß das Wasser nicht blos auf die untern Seiten, sondern rund um die Ecken herum wirkt, d. h. also auf Flächen, die der allgemeinen Richtung der Strömung nicht entgegenstehen. In allen Fällen sind Aushöhlungen entstanden. Allerdings sind hervortretende Ecken durch Abrundung convex geworden, aber man übersieht sie in Folge des Vorherrschens concaver Formen.

Hier unterstützen Ursache und Wirkung sich gegenseitig. Die Unebenheiten des Flußbettes erzeugen Wasserwirbel und diese modeln die Höhlungen. Je tiefer die letztern werden, um so größere Störungen entstehen im Wasser. Die Zerstörungen der Felsen schreiten in schnellerem Schritt vor, denn je bedeutender die ausgesetzte Oberfläche wird, um so leichter und umfassender werden die feindlichen Einwirkungen der Hitze und Kälte.

Wenn das Wasser die Form eines Gletschers angenommen hat, besitzt es nicht die Kraft, in Felsen solche Höhlungen zu machen, oder wohl gar auf Oberflächen zu wirken, die der Richtung der Strömung nicht entgegengesetzt sind. Seine Natur ist verändert; es wirkt auf andere Weise und läßt Spuren zurück, die von den durch die Einwirkung einer Strömung entstandenen sich leicht unterscheiden lassen.

Die durch Gletscherthätigkeit gebildeten Formen sind vorherrschend convex. Schließlich werden alle Ecken und fast alle Curven verwischt und es entstehen große ebene Oberflächen. Ein vollkommenes Abschleifen findet sich freilich selten, mit Ausnahme solcher Oertlichkeiten, welche einer stärkeren Reibung ausgesetzt gewesen sind, als sie in den Alpen vorkommt, und im allgemeinen ist der unten angeführte Ausspruch des erfahrenen Geologen Studer ganz richtig.*

* „Eine der besterwiesenen Thatsachen ist die, daß das Abschleifen durch Gletscher von dem durch Wasser sich darin unterscheidet, daß das erste convexe,

Nicht genug, daß die Einwirkungen von Gletschern an den Felsenbuckeln, die in der Volkssprache roches moutonnées heißen, im Einzelnen nachzuweisen sind, läßt sich ihr Antheil an der Bildung der Formen einer Gebirgskette oder eines ganzen Landes zuweilen schon auf vier bis fünf deutsche Meilen an der unaufhörlichen Wiederkehr convexer Formen erkennen.

Es wird nicht ohne Interesse sein, der Betrachtung dieser Gletscherthätigkeit einige Augenblicke zu widmen, doch müssen wir zunächst auf die Zeit zurückblicken, in der solche Eisgebilde noch nicht existirten.

1. Wenn die Oberfläche der Erde jemals so glatt gewesen ist, als ob sie gedrechselt worden wäre, so war sie gewiß nicht mehr so, als die großen Gletscher, deren armselige Ueberreste wir gegenwärtig in den Alpen sehen, sich von den Gebirgen über die Niederungen der Schweiz und über die piemontesische Ebene erstreckten. Die ganze Geologie wäre eine Lüge, wenn dem nicht so wäre. Sind unsere Geologen nicht bloße Schwätzer und Schwindler, so war Jahrhundert auf Jahrhundert vergangen, bevor diese ungeheuren Gletscher entstanden. Felsen waren zu Staub zerfallen und ihre Theilchen hatten sich wieder zusammengefunden, Blitze hatten die Bergspitzen getroffen, Frost ihre Grate zerklüftet, Lawinen ihre Abhänge gefegt, Erdbeben den Boden zerrissen. Ströme hatten unendlich lange die Trümmer weit und breit zerstreut, sich in die Schluchten hineingefressen, die Abhänge gekerbt und die Erdspalten vertieft. Es war folglich keine frisch aus dem Ei geschälte Welt, auf welche die Gletscher einzuwirken begannen, eine Erdkugel, eben aus der Form gekommen, vielmehr war sie benarbt und verwittert, bedeckt mit unzähligen Bergen und Thälern, Klippen und Abgründen, Er-

das letztere concave Formen erzeugt." Studer, der Ursprung der Seen der Schweiz.

höhungen und Einsenkungen, in die Kälte und Hitze eingedrungen waren und die das Wasser noch weiter vertieft hatte. Die Welt war unberechenbar alt, als diese moderne Gletscherperiode ihre Arbeit begann, und obgleich die letztere lange Zeit fortdauerte, waren die Gletscher nicht im Stande, die Wirkungen älterer und größerer Kräfte zu verwischen. Die roches moutonnées verdanken ihre eigenthümliche Form unbedingt dem Abschleifen durch Gletscher, aber Felsblöcke waren sie bereits vor der Entstehung von Gletschern. Als das Eis sie verließ, verhielten sie sich zu ihrer Form vor der Einwirkung der Gletscher, wie eine alte abgegriffene Münze zu einer eben aus dem Prägstock gekommenen. Die Vertiefungen waren nicht stark angegriffen, die Vorsprünge dagegen abgenagt. Die Höhlungen der Modellirung blieben, aber die Reliefs waren verschwunden. Es erfordert einige Anstrengung der Phantasie, um sich zu denken, wie die Felsformen vor der Eiszeit aussahen, doch werden wir annehmen dürfen, daß sie denen ähnlich waren, die man heute an verwittertem Gestein wahrnimmt.

2. Gletschereis ist plastisch und läßt sich durch Druck ziemlich in jede Form bringen. Bliebe ein Gletscher stets auf derselben Stelle, so würde er kraft seines eigenen Gewichts die Form der Oberfläche annehmen, auf der er ruht. Gletscher bewegen sich aber und sind deshalb unten nie genau so gebildet, wie ihr Felsenbett. Dem Druck, den das Gewicht des Eises übt, wirkt die Gletscherbewegung entgegen, und so wird das Eis über Einsenkungen weggetrieben, ehe es die Form derselben annehmen kann.

Man denke sich z. B., Fig. 1 der Zeichnung zu S. 172 stelle den Durchschnitt eines Theils des Gletscherbodens dar, welcher auf verwittertes Gestein zu wirken beginnt. G G deutet den Gletscher an und der Pfeil die Richtung, in welcher derselbe sich bewegt. Nachdem das Eis über die Erhöhungen A, B, C hinweggegangen ist, füllt es die dazwischen liegenden Vertiefungen D, E, F nicht vollständig aus.*

Diese Dinge lassen sich an den Seiten der meisten bedeutenden Gletscher und nirgends besser als an jeder Bank des Gorner-Gletschers beobachten. An verschiedenen Stellen (wie die bei D in Figur 1) kann man unter ihn gehen und betrachten, wie das Eis Höhlungen überbrückt. Daß er sich bewegt und theilweise von den Felsen geformt worden ist, beweisen die Einkerbungen seiner untern Seite, die zu den Vorsprüngen hinaufführen, durch die sie entstanden sind.

3. Es ist mithin augenscheinlich, daß ein Gletscher, wenn er über einen Boden weggeht, wie wir oben in unserm ersten Satze angedeutet haben, von zahlreichen Erhabenheiten gestützt wird und viele Vertiefungen überbrückt, ferner, daß die Theile, welche das Eis berührt, das ganze Gewicht und die Reibung des Gletschers tragen und allein abgeschabt werden, wogegen die Vertiefungen nicht leiden.

4. Während aber die Bewegung des Gletschers vorwärts und über Vertiefungen hinweggeht, drückt das Gewicht des Eises ihn in die Vertiefungen hinein, und deshalb trifft das Eis den nächsten Vorsprung in einem niedrigeren Niveau, als das ist, in dem es den letzten Vorsprung verließ. Hat also das Eis z. B. die Vertiefung D verlassen, so erreicht es den Vorsprung B in einem tiefern Niveau, als es bei A hatte (Figur 1).

5. Die unmittelbare Wirkung ist die, daß die kleineren Unebenheiten des Felsens leiden und namentlich die, welche der Richtung der Gletscherbewegung entgegenstehen. Sie können vollständig zermalmt und bereits lose Theile weggefegt oder gekratzt werden; jedenfalls verschwinden sie. (Figur 2.)

* Die Zeichnung wurde nach einer Photographie verwitterter, vom Eis nicht umgemodelter Felsen ausgeführt.

6. In Folge dessen wird der Gletscher von einer größern Fläche gestützt und kann seine Macht ausgedehnter bethätigen. Daraus ergiebt sich, daß der Betrag der Stoffe, die entfernt werden,

Fig. 1.

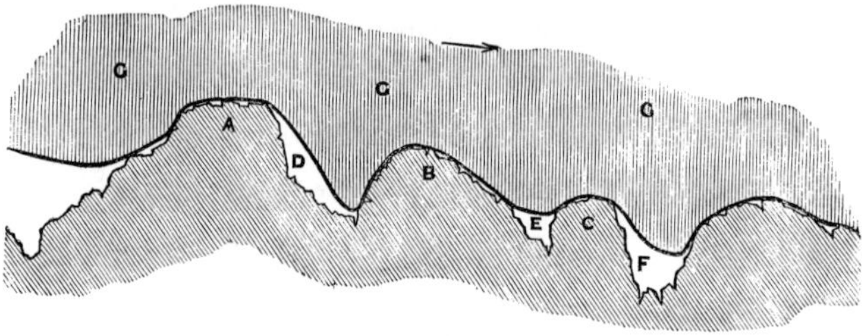

Fig. 2.

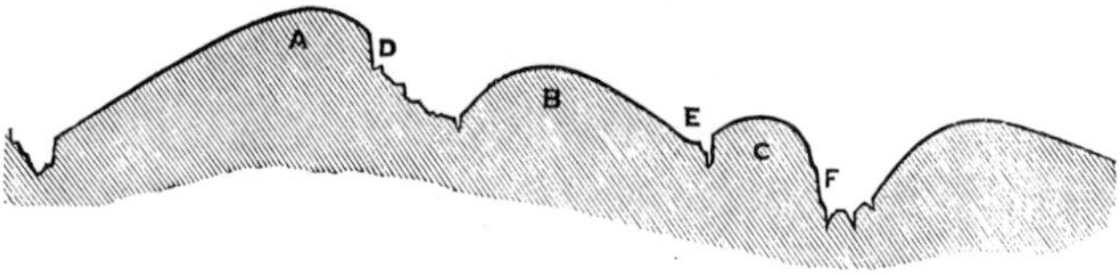

Fig. 3.

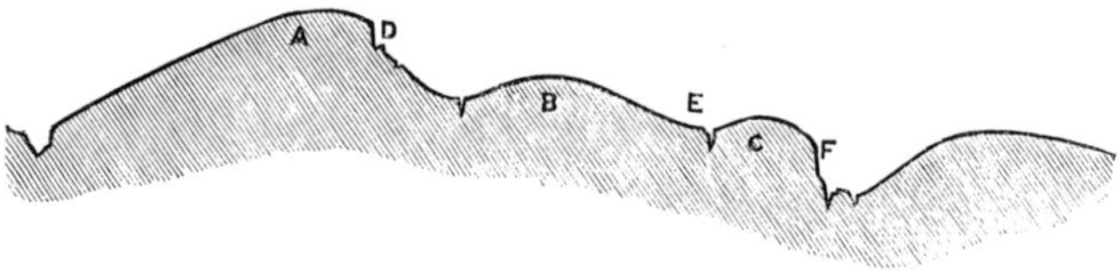

Fig. 4.

Fig. 5.

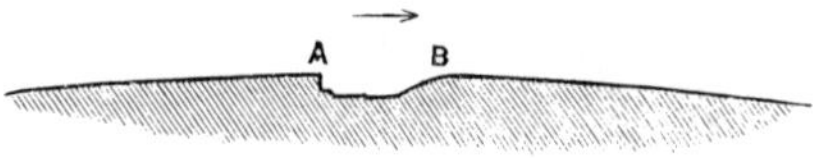

in Beziehung auf ihre Tiefe beständig sich vermindert, vorausgesetzt, daß die Macht des Gletschers dieselbe bleibt.

7. Eine lange Fortsetzung des Abschleifens, die durch die Reibung des Eises und das Raspeln der in ihm enthaltenen fremden

Gegenstände entsteht, macht das Niveau der Felsenvorsprünge niedriger, aber die Oberflächen von Brüchen oder Einsenkungen in Felsen, die der Richtung der Gletscherbewegung nicht entgegenstehen, bleiben unberührt, wenn sie eine ganz oder beinahe senkrechte Stellung zur Richtung der Bewegung haben. Sie werden (obgleich immer kleiner werdend) zu existiren fortfahren, bis das ganze Bett des Gletschers (d. h. die Oberfläche der Felsen) im weiten Umfange platt geworden ist.

Durch Gletscher-Bewegung abgerundete Felsen (wie die in Figur 2 und 3) heißen roches moutonnées und unabgeschliffene Oberflächen solcher Felsen Lee-Seiten. Diese Lee-Seiten geben oft werthvolle Andeutungen über die Richtung, in der verschwundene Gletscher sich bewegt haben.

8. Wenn Gletscher auf roches moutonnées zu wirken fortfahren, so sind die daraus entstehenden Wirkungen blos eine Ausdehnung der eben beschriebenen. Die höchsten Punkte der Felsen werden am stärksten angegriffen, während die Seiten der Einsenkungen wenig oder gar nicht leiden, je nachdem sie der Richtung der Gletscherbewegung entgegenstehen oder nicht. Vorsprünge werden im Laufe der Zeit ganz beseitigt und ihre Lage wie diejenige der Spalten und Einsenkungen erkennt man blos an schwach markirten convexen und concaven Formen (Figur 4). Auch diese können zuletzt verschwinden und große Felsbetten zu ebenen Oberflächen werden.

Solche Oberflächen sind in Grönland häufig und kommen dicht neben oder unter existirenden Gletschern vor. Ich schlage vor, sie nivellirte Felsen zu nennen, damit man sie mit roches moutonnées nicht verwechselt.*

* Von Saussure stammt der Ausdruck roches moutonnées und er nahm ihn, wie er sagt, aus folgenden Gründen an: „Weiter weg, hinter dem Dorfe Juviana oder Envionne sieht man Felsen von der Form, die ich moutonnée

9. Durch darübergehende Gletscher entstehen auf den Felsen häufig Streifen. (S. die Illustration zu S. 167.) Sie werden durch die fremden Körper des Gletschers hervorgebracht, die entweder fest im Eise stecken, oder zwischen ihm und dem Gletscher rollen und gleiten. Diese fremden Körper sind theils Trümmer, die durch die Thätigkeit des Gletschers von ihrem Felsbette losgelöst sind, theils Steine, die auf die Oberfläche des Gletschers gefallen und in Spalten gerutscht, oder auf andere Weise nach unten gelangt sind.*

Auf roches moutonnées sind Streifen gewöhnlich, auf nivellirten Felsen kommen sie seltener vor, oder fehlen ganz. Sie deuten ein verhältnißmäßig frühes und rohes Stadium der Gletscherthätigkeit an.

---

nenne. Die Hügel, auf die ich diesen Namen anwende, bestehen aus einer Gruppe abgerundeter Kuppen. Diese Dome machen im ganzen den Eindruck eines starken Vließes oder der Perrücke, die man auch moutonnée nennt.“ Wie Saussure den Ausdruck gebraucht, ist er passend, aber auf vollständig abgeschliffene und nivellirte Oberflächen darf man ihn nicht anwenden.

* „Wer den Weg dieser mächtigen Maschine kennt, der sieht sofort, wo große Blöcke tiefe Furchen gezogen, wo kleine Kiesel leichte Spuren hinterlassen, wo Steine mit scharfen Ecken scharfe Kritzeln gemacht und wo Sand und Kies die Felsenfläche gerieben, geglättet und hell und glänzend geschliffen haben. Diese Zeichen lassen sich von einem aufmerksamen Beobachter nicht verkennen; die Kritzeln, Furchen und Streifen sind immer rechtwinklig, laufen in der Richtung der Gletscherbewegung und zeigen sich am deutlichsten auf der Seite der Unebenheiten, welche der in Bewegung befindlichen Masse entgegensteht, während die Lee-Seite gewöhnlich unberührt bleibt.

Hier und dort an den Seiten eines Gletschers ist es möglich, zwischen den Felswänden und dem Eise bis zu einer großen Tiefe einzudringen und einer solchen Kluft sogar bis zum Grunde des Thals zu folgen, und überall fanden wir das Eis von Steinen jeder Größe, vom Kiesel bis zum Block durchsetzt, ebenso von Sand und Kies aller Arten, vom gröbsten bis zum kleinsten Korn, und diese Stoffe, die mehr oder minder fest im Eise stecken, bilden die kratzende Oberfläche, die auf ihrer Bewegung zu den Alpenthälern unten überall unzweideutige Spuren ihres Ganges zurückläßt.“ Agassiz im „Atlantic Monthly.“

10. Unter den Gletschern findet man stets fließendes Wasser in größerer oder geringerer Menge. Es entsteht durch das Abschmelzen der Gletscheroberfläche und durch andere Ursachen. In dem ersten Stadium der Gletscherthätigkeit findet es in den Einsenkungen unter dem Eise freien Abfluß, werden die Felsen aber flacher und glatter, so wird es ihm schwerer, einen Ausweg zu finden, und es muß nun dazu helfen, die Reibung des Eises auf dem Felsen zu vermindern und sehr glatte Flächen hervorzubringen, indem es eine minder heftige und mehr gleichförmige Abschleifung verursacht.

Dies sind die Weisen, wie Gletscher auf Felsen wirken und moutonnirte oder nivellirte Oberflächen hervorbringen. Ehe ich diesen Gegenstand verlasse, wünsche ich über die mitgetheilten Thatsachen einige Bemerkungen zu machen und gewisse Schlüsse zu ziehen auf welche dieselben hinzuführen scheinen.

1. Die Entstehung der eigenthümlich abgerundeten Felsformen, die man roches moutonnées nennt, ist der außerordentlich langsamen Bewegung der unteren Seite der Gletscher nicht weniger zuzuschreiben, als der plastischen Beschaffenheit des Eises. Daß die Bewegung eine sehr langsame ist, läßt sich daraus schließen, daß die kleinsten Bruchstellen von Steinen, auf die ein Gletscher gewirkt hat, ihre Wetter- und ihre Lee-Seite haben. Das heißt, bevor das Eis über Höhlungen weggehen kann, die in manchen Fällen blos einen Achtelzoll breit sind, wird es in sie hineingezwängt und trifft die kleinen Klippen oder Hänge, die der Richtung seiner Bewegung entgegengesetzt sind, in einem niedrigeren Niveau, als es die auf der andern Seite verlassen hat, welche letztere also scharf und unabgerundet bleiben. Auf Felsen, die das Eis nicht lange verlassen hat, kann man dies selbst an den kleinsten Bruchstellen beobachten.*

* Bei unter Eis gewesenen Felsen, auf welche die Luft lange eingewirkt hat, verlieren sich diese zarten Spuren natürlich.

Figur 5 zu Seite 172 bietet ein Beispiel; der Pfeil bezeichnet die Richtung der Gletscherbewegung, B die Wetter- und A die Lee-Seite. Dies gewährt ein Mittel, selbst bei kleinen Stücken die Einwirkung des Gletschers von der des Wassers zu unterscheiden.*

2. Man darf mit Grund glauben, daß, wenn die Gletscher sich rasch und nicht so äußerst bedachtsam bewegten, winklige Oberflächen nicht abgerundet werden, wohl aber von Anfang an ebene Oberflächen entstehen würden. Das heißt, statt Oberflächen zu modeln, wie sie sich in dem Durchschnitt von Fig. 3 zeigen, und dazu Jahrhunderte zu brauchen, werden die Gletscher im Laufe weniger Stunden solche wie in Figur 4 und noch flachere bilden. Der Grad der Flachheit würde von der Schnelligkeit der Bewegung und der Masse des Eises abhängen.

Professor Steenstrup in Kopenhagen las mir 1867 aus einer ihm gehörenden Handschrift einen höchst interessanten Bericht über wahrhaft außerordentliche Wirkungen vor, welche auf Island 1721 durch rasche Gletscherbewegung entstanden sind. Im höchsten Süden der Insel, in der Nähe des Berges Kötlugja sammelten sich unter oder in den Gletschern in Folge der innern Erdhitze, oder aus andern Ursachen große Wassermengen und wurden zuletzt so unwiderstehlich stark, daß sie die Gletscher von ihren Unterlagen losrissen und über jedes Hinderniß hinweg ins Meer schwemmen konnten. Auf diese Weise wurden ungeheure Eismassen in wenigen Stunden mehr als zwei Meilen weit über Land getragen, und ihr Umfang war ein so außerordentlicher, daß sie die See bis auf anderthalb deutsche Meilen vom Strande bedeckten und bis auf den Grund, d. h. hundert Faden tief hinabgingen. Die Entblößung auf dem Lande hatte einen großartigen Maßstab. Alle oberflächlichen An-

* Näheres theile ich am Schlusse dieses Kapitels mit.

häufungen wurden weggekehrt und der Grundfelsen blosgelegt. Eine glatte Oberfläche entstand, die wie gehobelt aussah.*

Giebt man die Möglichkeit zu, daß die in der Anmerkung mitgetheilte Erzählung übertreibt, so hat man doch keinen Grund, die buchstäbliche Wahrheit gerade des Punktes zu bezweifeln, auf den ich die Aufmerksamkeit lenken wollte, und es zeigt sich mithin, daß die Einwirkungen, wenn sie Gletschereis in rascher Bewegung auf Felsen übt, dieselben sind, welche bei einer Wirkung von der gewöhnlichen Langsamkeit nach einer langen Zeit entstehen.

3. Diese Resultate dürfen uns nicht überraschen, wenn wir uns erinnern, daß Gletscher stets in geraden Linien zu arbeiten

---

* Professor Steenstrup erhielt diese Handschrift vor vielen Jahren auf einer Reise in Island. Professor Paijkull von Upsala druckte einige Auszüge in seinem Werke: „Ein Sommer in Island“ ab. Die folgenden Stellen über diesen vielleicht einzigen Vorgang werden willkommen sein: „Beim Beginne des Ausbruchs schoß ein Strom hervor, hauptsächlich aus halbgeschmolzenem Schnee und großen Eismassen bestehend, die im Meere wie schwimmende Inseln umherfuhren, während gleichzeitig ein anderer Strom eine südöstliche Richtung annahm und auf dem Lande großen Schaden that. Der erste Strom füllte das Meer so weit mit Eis, daß man selbst von den höchsten Bergen kein offenes Wasser sehen konnte. Es trieb nun westwärts bis Reykjanes und drängte sich in den Küstenflüssen aufwärts, so daß in den Flußbetten große Eisberge stehen blieben. Das meiste Eis blieb aber anderthalb deutsche Meilen vom Lande in hundert Faden Wasser auf dem Grunde sitzen. Außerdem bildete es auf dem Lande einen hohen Grat, der vom Meere bis Hafrsey reichte. Ein ebenso furchtbarer Strom brach am andern Tage hervor und schoß, so weit das Auge reichen konnte, über die Eismassen weg, die früher ins Meer getragen waren. Er bahnte sich einen Weg durch das Kerlingar-Thal und dämmte den dortigen Strom auf. Die Fluth oder vielmehr das Eis führte ungeheure Felsmassen mit sich fort. Ein Felsen von zwanzig Faden Höhe verschwand gänzlich, von andern Fällen nicht zu sprechen. Von der Höhe dieser Eisschranken kann man sich eine Idee machen, wenn ich sage, daß man von einem Gute, das weit oben liegt, den gegenüberliegenden Berg von 640 Fuß Höhe nicht sehen konnte und 1200 Fuß hoch steigen mußte, um diesen Anblick zu gewinnen. Die Entfernung zwischen diesen beiden Punkten beträgt eine geographische Meile, oder den fünfzehnten Theil eines Grades.

suchen. Dies wird durch die Spuren bewiesen, welche sie zurücklassen, denn diese sind, wie Agassiz richtig bemerkt hat, immer mehr oder weniger geradlinig.

Diese Neigung, in geraden Linien zu wirken und die damit verbundene Unfähigkeit, auf Einsenkungen einen andern als einen beschränkten Eindruck zu machen, erklärt uns die Erscheinung, daß schließlich alle Winkel und fast alle Curven verschwinden und ebene Oberflächen von großer Ausdehnung entstehen.

Wir müssen bemerken, daß unter Gletschern gewesene Felsen von der Art, die man Moutonnées nennt, unmöglich während der modernen Eiszeit* von Gletschern bis zu einer erheblichen Tiefe abgeschliffen sein können.

Der Grad von Flachheit unter Gletschern gewesener Felsen steht in unmittelbarer Beziehung zu dem Betrage von Kraft, der auf sie gewirkt hat. In den frühern Stadien sind die Formen rund, in den spätern flach. Die runden Formen der roches moutonnées sind ein Beweis, daß keine bedeutende Zerstörung stattgefunden hat, und ihre Lee-Seiten deuten ebenfalls und ebenso stark darauf hin.

4. Selbst eine einzige Lee-Seite eines unter Gletschern gewesenen Felsens, von der nicht bewiesen werden kann, daß sie erst nach dem Rückzuge des Eises entstanden sei, unterrichtet uns nämlich, daß wir eine Oberfläche sehen, welche vor der Einwirkung der Gletscher der Luft ausgesetzt gewesen ist, während viele Lee-Seiten, welche man auf einem Raume von wenigen Schritten eine hinter der andern findet (und so zeigen sie sich oft in Oertlichkeiten, wo durch Gletscherthätigkeit eine Aushöhlung von ungeheurer Tiefe entstanden sein muß), es gewiß machen, daß die gesammte Ober-

* Die Geologen beginnen von Eiszeiten zu sprechen, die weit hinter der zurückliegen, von der ich spreche.

fläche des Felsenbettes höchstens um einige Ellen niedriger geworden ist.

Wenig verwitterte Felsen nehmen nicht die Formen an, die sich in der angefügten Zeichnung zeigen, sondern eher solche, wie in Figur 1 Seite 172. Wie auch die Natur oder Zusammensetzung der Felsen sein mag, niemals finden wir bei ihnen tiefe Gruben oder Mulden, die durch Verwitterung oder eine der gewöhnlichen Arbeiten der Natur entstanden wären. Noch weniger finden wir eine große Zahl von solchen Gruben oder Mulden dicht nebeneinander. Finden wir also Lee-Seiten wie bei D, E und F in Figur 3 S. 172 die vielleicht nicht zwölf Fuß von einander entfernt sind, und die Ueberbleibsel von Aushöhlungen oder Bruchstellen darstellen, die

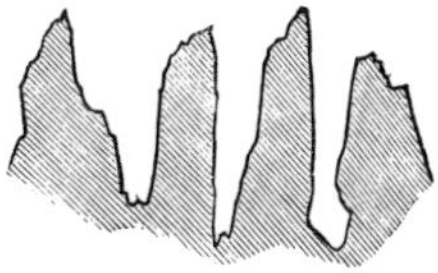

vor der Einwirkung des Gletschers existirt haben, so ist es gewiß, daß die zwischen ihnen liegenden Erhöhungen B, C blos um einige Fuß niedriger geworden sind, und als wahrscheinlich stellt sich heraus, daß die Tiefe des entfernten Felsens die Länge einer Linie nicht überschreitet, die man von D bis F zieht.

Die unbeschädigten Lee-Seiten von unter Gletschern gewesenen Felsen haben deshalb einen besondern Werth, da sie Andeutungen (freilich unvollkommen) des Betrages von Aushöhlung liefern, den die über und neben ihnen arbeitenden Gletscher geliefert haben.

5. Ich bemerkte bereits, daß die Tiefe des beseitigten Stoffes sich beständig vermindert, wenn die einwirkende Kraft dieselbe bleibt. Das heißt, wenn ein Gletscher von tausend Fuß Dicke mit der Geschwindigkeit von dreihundert Fuß jährlich in einem Thale hin-

absteigt, so wird er fähig sein, im Laufe des ersten Jahres sämmtliche berührte Theile der Oberfläche einen Zoll tief zu entfernen, aber in dem nächsten Jahre (vorausgesetzt, daß seine Dicke von tausend Fuß und die Geschwindigkeit seiner Bewegung dieselbe bleibt) wird er nicht einen Zoll, sondern etwas weniger beseitigen, weil seine Einwirkung sich auf eine größere Oberfläche vertheilt. Daraus folgt übrigens nicht, daß die Masse der entfernten Stoffe von Anfang an geringer werden wird.

Daran kann auf der andern Seite kein Zweifel bestehen, daß die Masse des entfernten Stoffes im Laufe der Jahre abnimmt. Dafür sprechen folgende Gründe. Der beseitigte Fels ist durch Reibung entfernt worden. Es giebt zwei Reibungen. Die erste wird von den unten in Gletschern eingebetteten oder unter ihm fortrollenden fremden Stoffe gegen das Felsenbett ausgeübt. Wir wissen bereits, daß diese fremden Stoffe aus zwei Quellen stammen, nämlich vom Felsenbett selbst und von Massen, die auf die Oberfläche des Gletschers gefallen sind und sich später nach unten fortgearbeitet haben.

Da die Felsen, auf die der Gletscher einwirkt, immer glatter werden, so muß die Zufuhr aus der ersten Quelle beständig abnehmen. Ebenso gewiß ist, daß die von oben auffallenden Steine, wenn das Felsenbett viele seiner Unebenheiten verloren hat und der Gletscher sich fester an dasselbe anschließt, größere Schwierigkeiten finden, zwischen das Eis und das Felsenbett zu kommen. Dadurch erklärt sich, daß Streifen auf nivellirten Felsen fehlen oder selten vorkommen, und deshalb sagte ich, daß solche Streifen ein verhältnißmäßig frühes und rohes Stadium der Gletscherthätigkeit andeuten.

Wir haben nun noch die Reibung des Eises selbst am Felsen zu betrachten. Auch diese muß sich vermindern, wenn die Oberflächen, über die der Gletscher weggeht, immer glatter werden. Je mehr die Unterseite des Gletschers und das Felsenbett einander parallel werden, um so geringer muß die Reibung wie die Abschleifung sein.

Wir dürfen daher mit Grund vermuthen, daß nicht blos die Dicke des Gesteins, das von irgend einer Stelle fortgeführt wird, mit jedem Jahr sich vermindert, sondern daß auch der Gesammtbetrag der beseitigten Stoffe fortwährend abnimmt. Gerade wie ein richtig gestellter Hobel von einem Brett Spahn auf Spahn abnimmt, indem jeder Spahn dünner als der vorige wird — und zuletzt über das Holz hinfährt, ohne eine andere Wirkung als ein rohes Glätten zu erzeugen, ebenso nimmt ein über Felsen hingehender Gletscher Spahn auf Spahn ab (in der Form von Sand oder Schlamm) und gleitet am Ende weiter, indem er noch die letzte Hand anlegt und die Oberflächen, die er durch Raspeln und Feilen vorgerichtet hat, abschleift.

Deshalb müssen alle Berechnungen der Einwirkungen durch Gletscherbewegung falsch sein, welche von der Annahme ausgehen, daß die beseitigte Stoffmasse von Jahr zu Jahr dieselbe bleibt. Allerdings, muß ich hinzufügen, giebt es keine sicheren Anhaltspunkte für die Berechnung der Arbeit, die ein Gletscher in einer bestimmten Zeit verrichtet, aber Andeutungen existiren, welche auf den Satz hinweisen, daß die von den Gletschern ausgehenden Wirkungen hinsichtlich der Entstehung von Aushöhlungen weit geringer sind, als Manche glauben.

6. Fragt man, ob der Einfluß der Gletscher auf Felsen als vorwiegend zerstörend oder erhaltend aufgefaßt werden muß, so antworte ich ohne Zögern: er ist vorwiegend erhaltend. Allerdings ist er in einem gewissen Grade zerstörend, aber einem Maurer gleich, der eine Säule aufrichtet, die später geschliffen werden soll, entfernt

der Gletscher einen kleinen Theil des Gesteins, auf das er einwirkt, damit der Rest sich um so besser erhalte. Indem er die Unebenheiten des Felsens entfernt und folglich den Flächenraum, welcher der Luft ausgesetzt ist, auf ein Minimum beschränkt, läßt der Gletscher, wenn er verschwindet, das Gestein in der erdenklich besten Verfassung zurück, den Angriffen von Hitze, Kälte und Wasser zu widerstehen.

Unzählige Male hat man unter der Zustimmung selbst derjenigen, welche die Gletscher der entsetzlichsten Zerstörungen anzuklagen gewohnt sind, darauf hingewiesen, daß die geglätteten Oberflächen, welche sie zurücklassen, unvergänglich zu sein scheinen. Alle, die über solche Dinge ein Urtheil haben, stimmen darin überein, daß Hunderte, ja Tausende von Jahren vergehen können, ohne an der Form der roches moutonnées etwas zu ändern.

Was die Wirkungen der Gletscher betrifft, die noch voll Leben und Thätigkeit sind, so ist man darüber verschiedener Meinung. Wenn man aber Beweise findet, daß Gletscher, die eine ungeheuer lange Zeit existirten, nichts weiter thaten, als vordem verwitterte Formen abzurunden, rauhe und unebene Flächen zu glätten und selbst die Verwüstungen älterer und mächtigerer Kräfte nicht bis zu gänzlicher Vernichtung fortzusetzen, während jene Kräfte während derselben Zeit an Felsen, die nicht von Gletschern geschützt waren, sich tief einbohrten, den Raum der ausgesetzten Oberflächen nicht verminderten, sondern ihn im Gegentheil fortwährend vermehrten und ungeheure Gesteinmassen in die Tiefe schleuderten, die nur zum kleinsten Theil auf die Gletscher fielen (welcher kleinste Theil aber Alles, was die Gletscher zerstörten, an Masse erreichte und wahrscheinlich übertraf), so läßt sich der Schluß kaum abweisen, daß die Gletscher, gleichviel ob sie leben oder todt sind, und man mag sie nun an sich oder im Vergleich mit andern Kräften betrachten, in ihren Einwirkungen als ausnehmend erhaltend angesehen werden müssen.

Diese Abschweifung verlasse ich nun, um wieder von meinen Wanderungen zu erzählen. Häufig werde ich dabei Erscheinungen zu berühren haben, die sich aus dem oben Gesagten erklären. Darum stellte ich meine Ansichten über die Wirkungen der Gletscher und der andern Naturkräfte zusammen. Ich werde meinen Lesern so verständlicher geworden sein, als wenn ich bald diese bald jene Einzelheit, die im Zusammenhange mit dem Ganzen aufgefaßt sein will, hervorgehoben und erläutert hätte. Gleich im Folgenden wird das Walten der Naturkräfte, von dem ich eben ausführlich gesprochen habe, sich zeigen, ohne daß ich mich in meiner Erzählung durch Hinweise auf meine Erklärungen zu unterbrechen nöthig habe.

Am 3. August hatten wir einen Gang über den Findelen-Gletscher gemacht und waren später, als wir dachten, und Beide schläfrig nach Zermatt zurückgekehrt. Am nächsten Tage wollten wir über den Col de Valpelline gehen und mußten deshalb früh aufstehen. Herr Seiler, der vortreffliche Mann, wußte das und weckte uns selbst. Als er an meine Thür kam, antwortete ich: „Schon gut, Seiler, ich werde aufstehen," und legte mich gleich auf die andere Seite, indem ich mir sagte: „Vor allen Dingen will ich noch zehn Minuten schlafen." Seiler blieb aber horchend vor der Thür stehen, faßte Argwohn und klopfte wieder. „Herr Whymper, haben Sie ein Licht bekommen?" Ohne an die möglichen Folgen zu denken, antwortete ich: „Nein," und nun sprengte der wackere Mann das Schloß seiner eigenen Thür auf und gab mir sein Licht. Durch ähnliche Handlungen, die von Gefälligkeit und Uneigennützigkeit zeugen, hat Herr Seiler seinen beneidenswerthen Ruf errungen.

Um vier Uhr Morgens verließen wir sein Monte-Rosa-Hotel

und arbeiteten uns bald durch die Dickichte von grauen Erlen, welche den in dem wunderschönen kleinen Thal zum Z'Mutt-Gletscher führenden Weg einfassen.*

Es giebt nichts, was unzugänglicher aussähe, als das Matterhorn von dieser Seite, und selbst bei kaltem Blut hält man den Athem an, wenn man die entsetzlichen Klippen ansieht. Es giebt in den Alpen wenige, die ihnen an Größe gleichkommen, und keine, die den Namen senkrechter Wände mehr verdienten. Die größte von allen ist die ungeheure Nordklippe, die über dem Z'Mutt-Gletscher hängt. Steine, die von der Spitze dieser schrecklichen Mauer sich ablösen, fallen etwa 1500 Fuß tief, ehe sie etwas berühren, und diejenigen, welche von oben herunterrollen und über diese Mauer wegspringen, schießen mindestens tausend Fuß über ihre Basis hinaus. Diese Seite des Berges ist mir stets düster, finster, schrecklich erschienen. Sie erinnert an Verfall, Ruin und Tod und ist mir jetzt durch schmerzliche Erinnerungen noch fürchterlicher geworden.

„An den Klippen des Matterhorns bemerkt man von Zerstörung nichts," sagt Professor Ruskin. Zugegeben — wenn man sie von weitem sieht. Nähert man sich aber und setzt sich neben dem Z'Mutt-Gletscher nieder, so hört man, daß ihre stückweise Zerstörung unaufhörlich und in jedem Augenblicke vor sich geht. Man hört sie, wenn man sie auch vielleicht nicht sieht, denn selbst wenn die herabstürzenden Massen so laut wie schwere Geschütze donnern, und der vom Ebihorn zurückgeworfene Schall den Lärm verstärkt, nehmen sie sich an der großen alten Mauer, deren Verhältnisse riesig sind, wie Stecknadeln aus.

Will man die Zerstörung mit Augen sehen, so muß man noch

* Der Weg an der rechten oder südlichen Thalseite ist weit pittoresker als der gegenüber.

näher treten, und die Klippen und Grate erklettern, oder zu der Hochfläche des Matterhorngletschers hinaufsteigen, der von diesen Geschossen durchschnitten und gepflügt wird, und auf der Oberfläche mit ihren kleineren Bruchstücken bestreut ist. Die größern Massen, die mit fürchterlicher Geschwindigkeit fallen, schlagen in den Schnee ein und werden unsichtbar.

Auch der Matterhorngletscher sendet seine Lawinen nieder, als wenn er mit den Felsen hinter ihm wetteifern wolle. Rings um seine ganze nördliche Seite endet er nicht auf die gewöhnliche Weise, also mit sanften Abhängen, sondern kommt am Rande der steilen Felsen, die zwischen ihm und dem Z'Mutt-Gletscher liegen, zu einem plötzlichen Ende, und selten vergeht eine Stunde, ohne daß ein Streifen davon losbricht und mit ungeheurem Krachen auf die darunter liegenden Schneefelder fällt, wo die Trümmer dann wieder zusammenfrieren.

Die am Rande des Z'Mutt-Waldes stehenden Fichten, deren Rinde abgestreift und die vom Wetter gebleicht sind, bilden einen passenden Vordergrund einer Landschaft, die an ernster Großartigkeit kaum übertroffen werden kann. Sie ist ein Gegenstand, des Pinsels eines großen Malers würdig und selbst für einen Meister ersten Ranges schwer zu behandeln.

Höher am Gletscher aufwärts sieht der Berg nicht so wild aus, bleibt aber nicht weniger ungangbar. Als wir nach drei Stunden die Felseninsel erreichten, die das Stöckje heißt, das Ende des eigentlichen Z'Mutt-Gletschers bezeichnet und dessen höheren Theil, den Stock-Gletscher, von dem tiefern und ausgedehnteren Tiefenmatten-Gletscher trennt, konnte selbst Carrel, der sonst keine großen Worte macht, seine Verwunderung über die steilen Hänge nicht zurückhalten, und nannte es tollkühn, daß wir auf dem südwestlichen Grat zu lagern gewagt hatten, dessen Profil man vom

Stöckje sehr gut wahrnimmt.* Carrel sah jetzt die nördliche und nordwestliche Seite des Berges zum ersten Male und war mehr denn je überzeugt, daß eine Ersteigung blos in der Richtung von Breil möglich sei.

Drei Jahre später überschritt ich mit dem Führer Franz Biener dieselbe Stelle, als ein Windstoß uns plötzlich einen abscheulichen Geruch zuführte. Als wir uns umsahen, entdeckten wir auf den südlichen Klippen des Stöckje eine todte Gemse. Wir kletterten hinauf und fanden nun, daß ein ganz ungewöhnlicher und merkwürdiger Unfall ihr den Tod gebracht hatte. Sie war auf den obern Felsen ausgeglitten und einen mit Geröll bedeckten Abhang heruntergekollert, ohne wieder auf die Füße kommen zu können. Endlich war sie über eine kleine Felsgruppe, die aus den Trümmern hervorragte, hinweggestürzt und mit den Spitzen beider Hörner an einer kleinen Leiste hängen geblieben. Das Geröll, das am Felsen weiter hinunterging, hatte die arme Gemse mit den Hinterfüßen gerade berühren können und hatte daran gestrampelt und gekratzt, bis sie nichts mehr zu berühren vermochte. Sie war offenbar verhungert und hing noch in der Luft, mit heraushängender Zunge und zurückgeworfenem Kopf, als ob sie den Himmel um Hülfe anflehen wolle.

Im Jahre 1863 hatten wir ein solches Schauspiel nicht und schlenderten ganz gemächlich über diesen bequemen Paß nach den

* Professor Ruskin's Ansicht: „Der Cervin von Nordwesten (Moderne Maler, B. 4) ist vom Stöckje aufgenommen. Die kleine Einsenkung des Grats auf der rechten Seite und dicht am Rande der Zeichnung, ist der Col du Lion. Mein drittes Zeltlager errichtete ich am Fuße der senkrechten Klippe auf dem Grat, genau in Drittelentfernung zwischen dem Col du Lion und dem Gipfel. Der zerklüftete Theil des Grats etwas weiter oben heißt der Col du Coq und der fast wagerechte Theil des Grats weiter oben die Schulter. Es macht Herrn Ruskin's Arbeit große Ehre, daß man auf einer Zeichnung, die vor vierzehn Jahren gemacht wurde, solche Einzelzüge erkennen kann.

Sennhütten von Prerayen hinüber. Von der Paßhöhe bis Prerayen wollen wir blos einen Schritt machen. Der Weg ist bereits beschrieben worden, und wer ihn genau kennen lernen will, der mag die Schilderung Herrn Jacomb's, der den Paß entdeckt hat, zu Rathe ziehen.* In Prerayen wollen wir blos Halt machen, um zu bemerken, daß der Eigenthümer der Sennhütten, in dem die Meisten nichts als einen Hirten sehen, nicht nach seinem Aeußern beurtheilt werden darf. Er ist ein wohlhabender Mann, der große Herden besitzt, und obgleich er, wenn man ihn höflich behandelt, zuvorkommend ist, so kann und wird er doch, wenn man seine Stellung nicht anerkennt, als Herr von Prerayen und mit dem ganzen Gewicht eines Mannes auftreten, der seine fünfhundert Franken Steuern zahlt.

Die Bergkuppen waren umwölkt, als wir am 5. August von unserm Heu aufstanden. Wir beschlossen, uns nicht sofort mit unserm Berge zu beschäftigen, und kehrten auf unserm Wege vom vorigen Tage zu der höchsten Sennhütte auf der linken Seite des Thals zurück, um den Dent d'Erin am nächsten Morgen anzugreifen. Dieser Gipfel interessirte uns mehr wegen der prachtvollen Aus-

---

* „Bergspitzen, Pässe und Gletscher," zweite Folge. — Der Gipfel des Col de Valpelline liegt etwa 11 650 Fuß über dem Meere. Der Paß gehört zu den bequemsten in dieser Höhe und kann, wenn man den richtigen Weg trifft, bei schönem Wetter und unter günstigen Umständen begangen werden, ohne daß man Stufen in das Eis haut. Ich muß übrigens hinzufügen, daß der Paß zu einem der schwierigsten wird, wenn man den richtigen Weg verfehlt. Man wird sich viel Zeit und Mühe sparen, wenn man sich streng an dem linken Rande (oder der östlichen Seite) des Zardesan-Gletschers hält. Herr Jacomb hielt sich rechts.

Von einer Spitze, die etwa zwanzig Minuten südöstlich vom Gipfel des Col liegt, hat man eine sehr schöne Aussicht. Diese Spitze, auf der Karte des Zermatt-Thals zu 12410 Fuß angegeben, hat keinen Namen. Ein mit Schnee bedeckter und gar nicht steiler Gletscher, über den man zu dem zweihundert Fuß niedrigeren Tête Blanche hinüberblickt, verbindet sie mit dem Col. Ich erstieg diese Spitze 1866.

sicht auf den südwestlichen Grat und die höchste Spitze des Matterhorns, die er darbieten muß, als aus irgend einem andern Grunde.

Der Dent d'Erin war zu jener Zeit noch nicht erstiegen worden. Wir bogen von unserm alten Wege ab und kletterten am Fuße des Mont Brulé ein Stück in die Höhe, um zu sehen, ob die südwestlichen Hänge zu ersteigen seien. Wir waren getheilter Meinung, welcher Weg zur Spitze der beste sei. Carrel, der immer lieber Felsen als Eis beging, rieth zur Uebersteigung des langen Vorsprungs des Tête de Bella Cia, der gegen Westen hinabstreicht und die Südgrenze des letzten in den Zardesan einmündenden Gletschers ist, worauf wir über die Ausläufer aller zum Zardesan hinabgehenden Gletscher zu dem westlichen und felsigen Grat des Dent klettern könnten. Ich machte dagegen den Vorschlag, dem Zardesan-Gletscher seiner ganzen Länge nach zu folgen und von der Hochfläche an seinem obern Endpunkte, wo mein Weg mit dem Carrel's sich kreuzte, nicht auf dem westlichen Grat, sondern auf dem Firnschnee direct zum Gipfel aufzusteigen. Der Buckelige, der uns bei diesen Ausflügen begleitete, erklärte sich für Carrel's Weg und gab dadurch den Ausschlag.

Der erste Theil unsers Programms wurde glücklich ausgeführt und um halb elf Uhr Vormittags (6. August) saßen wir in einer Höhe von 12500 Fuß rittlings auf dem westlichen Grat und blickten auf den Tiefenmatten-Gletscher hinunter. Allem Anschein nach befanden wir uns eine Stunde später auf dem Gipfel, doch war diese Zeit kaum verflossen, als wir wußten, daß wir nicht glücklich sein würden. Der Grat war gleich den meisten Felsenrücken großer Berge, auf denen ich gestanden habe, vollständig vom Frost zerfressen und weiter nichts als ein Haufen aufgethürmten Gerölls. Er war überall schmal und gerade an den schmalsten Stellen am bröcklichsten und unsichersten. An keiner Seite konnten wir uns beim Steigen etwas unterhalb des Kammes halten, auf der Seite von Tiefenmatten nicht, weil es dort zu steil war, und hier wie drüben nicht, weil das Fortrollen eines einzigen Blocks die sämmtlichen Steine oberhalb in Bewegung gebracht haben würde. Da wir mithin auf dem Kamm selbst zu bleiben hatten, ohne einen einzigen Schritt nach rechts oder nach links davon abweichen zu dürfen, so mußten wir uns unsichern Massen anvertrauen, die unter unsern Füßen wankten, zuweilen zusammensanken und ein unheimliches hohles Krachen hören ließen, als wenn eine kleine Erschütterung den ganzen Grat in eine entsetzliche Lawine verwandeln werde.

Ich folgte meinem Führer, der kein Wort sagte, und lehnte mich nicht gegen ihn auf, bis wir an eine Stelle kamen, wo wir über einen Felsblock wegsteigen mußten, der quer über dem Grat lag. Carrel konnte ihn ohne Beihülfe nicht ersteigen und auch nicht weiter gehen, bis ich oben neben ihm stand. Als er über meinen Rücken auf den Block stieg, fühlte ich diesen wanken und sich gegen mich neigen. Ich bezweifelte die Möglichkeit, daß noch ein Zweiter auf ihm stehen könne, ohne ihn zum Sturz zu bringen. Nun rebellirte ich. Durch Ausharren war keine Ehre zu gewinnen und ebenso wenig brachte es Schande, wenn wir auf einem Platze umkehrten, der durch seine außerordentliche Schwierigkeit gefährlich wurde. Wir kehrten also nach Prerayen zurück, da wir keine Zeit mehr hatten, unser Steigen auf einem andern Wege, der sich später als der richtige erwies, neu zu beginnen.

Vier Tage später kam eine englische Gesellschaft, zu der meine Freunde W. E. Hall, Crauford Grove und Reginald Macdonald gehörten, in der Valpelline an und bewerkstelligte am 12. August, ohne von meinem Versuch etwas zu wissen, unter der geschickten Führung von Melchior Anderegg die erste Ersteigung des Dent d'Erin auf dem von mir vorgeschlagenen Wege. Dies ist der einzige Berg, den ich habe ersteigen wollen und der mir nicht früher oder später zugefallen ist. Mein Nichterfolg war beschämend, aber ich bin überzeugt, daß wir weise handelten, als wir umkehrten, und auf Carrel's Wege nicht weiter klettern durften, ohne die Liste der Unglücksfälle in den Alpen zu vermehren. Daß der Dent d'Erin noch einmal bestiegen worden sei, habe ich nicht gehört.*

Am 7. August gingen wir über den Va-Cornère-Paß** und hatten beim Hinabsteigen in das Val de Chignana eine schöne Aussicht auf den Grand Tournalin. Dieser Berg wurde von so vielen Punkten sichtbar und war um so viel höher als jede andere Spitze in seiner Nachbarschaft, daß sein Gipfel gewiß ein schönes Panorama darbot. Da das Wetter für das Matterhorn ungünstig blieb,

* Ich habe früher gesagt, daß es 1860 keinen Paß von Prerayen nach Breil gab, und das ist richtig. Am 2. Juli 1868 verließ mein unternehmender Führer, Johann Anton Carrel, mit einem wohlbekannten Gefährten, Baptiste Bic von Val Tournanche, um 2 Uhr in der Nacht Breil, um einen Paß zu ermitteln. Sie wendeten sich zu dem Gletscher, der von dem Dent d'Erin gegen Südosten hinabstürzt, erreichten seinen Fuß, stiegen auf etwas Schnee zwischen ihm und den Klippen im Süden aufwärts und erklommen dann diese selbst. (Diesen Gletscher nannten sie den Gletscher des Mont Albert, denn so heißt dieser Berg, der auf Reilly's Karte der Valpelline als Les Jumeaux figurirt, in der Umgegend.) Sie stiegen bis zu einer beträchtlichen Höhe an den Felsen aufwärts und gingen dann über den Gletscher gegen Norden zu einem kleinen rognon (Felsgruppe), der fast in seiner Mitte liegt. Bei diesem und zwischen ihm und den großen seracs schritten sie weiter. Später führte sie ihr Weg zum Dent d'Erin und sie erreichten die Basis seiner höchsten Spitze durch ein couloir (mit Schnee gefüllte Rinne) und über die Felsen an der Spitze des Gletschers. Um 1 Uhr Nachmittags gewannen sie die Höhe ihres Passes, stiegen über den Zardesan-Gletscher hinunter und waren um halb 7 Uhr in Prerayen. Da ihr Weg den von Hall, Grove und Macdonald 1863 bei der Ersteigung des Dent d'Erin gewählten schneidet, so ist es klar, daß dieser Berg von Breil bestiegen werden kann. Carrel meint, daß der von ihm und Bic ermittelte Paß ausgebessert werden kann. Verhält sich das so, dann braucht man zur Besteigung des Dent d'Erin von Breil weniger Zeit als von Prerayen. Breil ist als Ausgangspunkt bedeutend vorzuziehen.

** Nach dem Domherrn Carrel ist dieser Paß 10335 Fuß hoch.

so verabredete ich mit Carrel für den nächsten Tag eine Besteigung des Grand Tournalin und schickte ihn direct nach dem Dorfe des Val Tournanche, um dort die nöthigen Vorkehrungen zu treffen, während ich mit Meynet einen kurzen Abstecher nach Breil machte, und zwar mittelst eines kleinen Passes im Rücken des Mont Panquero, der in der Gegend unter dem Namen Col de Fenêtre bekannt ist. Abends traf ich mit Carrel in Val Tournanche zusammen und verließ mit ihm jenen Ort am 8. August kurz vor fünf Uhr Morgens, um den Tournalin anzugreifen. Meynet wurde an diesem Tage zurückgelassen und trennte sich höchst ungern von uns, nachdem er lange gebeten hatte, daß ich ihn mitnehmen möchte. „Zahlen Sie mir nichts, lassen Sie mich nur mitgehen; ich brauche blos etwas Brot und Käse und werde nicht viel essen, ich gehe lieber mit Ihnen, als daß ich Sachen das Thal hinuntertrage.“ So sprach er und es that mir wirklich leid, daß die Schnelligkeit unserer Bewegung mich zwang, den guten kleinen Mann zurückzulassen.

Carrel führte mich über die Wiesen im Süden und Osten der Höhe, auf der das Dorf Val Tournanche gebaut ist und dann im Zickzack durch einen langen Wald, wobei er oft steile Richtewege einschlug und dadurch seine genaue Kenntniß der Gegend bewies. Als wir wieder ans Tageslicht kamen, befanden wir uns in einem der kleinen versteckten Seitenthäler, die an den Hängen, welche das Val Tournanche begrenzen, so zahlreich sind.

Dieses Thal, der Combe de Ceneil, streicht im allgemeinen östlich und enthält blos eine kleine Häusergruppe (Ceneil). Der Tournalin liegt am Endpunkte des Combe und beinahe rein östlich vom Dorfe des Val Tournanche, wo man übrigens nichts vom Berge sieht. Hat man Ceneil hinter sich gelassen, so zeigt er sich am Ende des Combe über einem Halbkreise von Klippen, an denen mehrere schöne Wasserfälle herunterstürzen. Um diese Klippen zu vermeiden, biegt sich der Pfad etwas nach Süden, wobei er immer auf der linken Seite des Thales bleibt, und erreicht etwa 3500 Fuß über Val Tournanche und 1500 Fuß über Ceneil und eine halbe Stunde östlich davon den Fuß einiger Moränen, die im Verhältniß zu dem Umfang des Gletschers, der sie gebildet hat, auffallend groß sind. Die Bergketten auf der westlichen Seite des Val Tournanche stellen sich auf dieser Stelle prächtig dar, aber hier endet der Pfad und es geht steil aufwärts.

Als wir diese Moränen erreichten, hatten wir zwischen zwei Wegen die Wahl. Der eine behielt die östliche Richtung bei und führte zuerst über die Moränen, dann über Geröll und noch weiter oben über ein breites Schneefeld zu einer Art von Col oder Einsenkung südlich vom Gipfel, der auf einem bequemen Grat zu erreichen war. Der andere Weg führte über einen zusammengeschmolzenen Gletscher in Nordosten, der vielleicht nicht mehr existirt, zu einem stark hervortretenden Col im Norden des Gipfels, von dem ein minder bequemer Grat zur höchsten Spitze lief. Wir folgten dem ersten Wege und standen nach einer guten halben Stunde auf dem Col, der uns eine prachtvolle Aussicht auf die Südseite des Monte Rosa und auf die Ketten gewährte, die östlich von ihm und vom Val d'Ayas laufen.

Während wir oben rasteten, kam ein starkes Rudel Gemsen von der Nordseite her auf den Gipfel. Einige schienen die Aussicht zu genießen, denn sie standen wie Bildsäulen da, während andere sich gleich zweibeinigen Touristen damit unterhielten, Steine über die Klippen zu rollen. Bei dem Klappern der stürzenden Trümmer blickten wir auf. Die Gemsen waren so zahlreich, daß wir sie nicht zählen konnten. Rings um den Gipfel gruppirt, schienen sie unsere Anwesenheit nicht zu ahnen und zerstreuten sich, als wäre eine Bombe zwischen sie geschlagen, in einem panischen

Schrecken, als mein aufgeregter Gefährte sie mit einem Schrei begrüßte. In verschiedenen Richtungen stürmten sie wild bergab und sprangen so kühn und so sicher, so schnell und so anmuthig, daß sie uns mit Bewunderung erfüllten.

Carrel läßt mich hinab.

Der Grat, der vom Col zum Gipfel führte, war auffallend bequem, wenn auch vom Frost stark zertrümmert, und Carrel hielt es für keine schwierige Aufgabe, aus den umherliegenden Steinen einen Pfad für Maulthiere zu bauen, als wir aber auf dem Gipfel waren, sahen wir, daß wir durch eine Kluft, die uns bisher verborgen geblieben war, von der höchsten Spitze getrennt wurden. Ihre Südseite ging fast senkrecht hinunter, aber sie war nicht tiefer als vierzehn bis sechzehn Fuß. Carrel ließ mich hinunter, stieg dann auf das Blatt meines Beils, das ich gegen den Felsen stemmte, von da auf meine Schultern herunter und gelangte von dort mit einer Gewandtheit auf den Boden, die gegen meine Unbeholfenheit ebenso abstach, wie seine Bewegungen gegen die der Gemse. Nach einigen Schritten standen wir auf der höchsten Spitze. Sie war noch nie bestiegen worden und wir errichteten zum Gedächtniß unseres Erfolges eine mächtige Pyramide, die meilenweit zu sehen war und sich Jahre lang erhalten haben würde, wenn der Domherr Carrel sie nicht hätte einreißen lassen, weil sie das Gesichtsfeld einer Camera unterbrach, die er 1868 auf der niedrigeren Spitze aufstellte, um das Panorama zu photographiren. Nach diesem wohlbekannten Gebirgskundigen liegt der Gipfel des Grand Tournalin 6100 Fuß über dem Dorf des Val Tournanche und 11155 Fuß über dem Meere. Seine Ersteigung kostete uns, die Haltezeiten eingerechnet, nicht mehr als vier Stunden.

Ich kann die Besteigung des Tournalin Jedem empfehlen, der im Val Tournanche einen Tag übrig hat. Man darf, wenn es blos auf die Aussicht ankommt, nicht vergessen, daß diese südlichen Penninischen Alpen nach Mittag selten unbewölkt sind und häufig nur bis zehn oder elf Uhr Morgens hell bleiben. Gegen Sonnenuntergang stellt sich das Gleichgewicht in der Luft gewöhnlich her und die Wolken verschwinden.

Ich rathe zu der Ersteigung des Berges nicht wegen seiner Höhe, oder wegen Zugänglichkeit oder Unzugänglichkeit, sondern einfach wegen der weiten und prachtvollen Aussicht, die man von seinem Gipfel hat. Er hat eine herrliche Lage und die Liste der Bergspitzen, die man von ihm sieht, umschließt fast alle Hauptberge des Cottischen, Dauphiné-, Grajischen, Penninischen und Oberland-Systems. Die Aussicht besitzt die Elemente des Pittoresken, die bei den Panoramen-Aussichten höherer Gipfel zu fehlen pflegen, in besonderem Grade. Sie bietet drei Abschnitte, jeden mit einem beherrschenden Mittelpunkte, zu denen das Auge naturgemäß hingezogen wird. Alle drei bilden ein Gemälde für sich und doch sind alle unähnlich. Im Süden zieht, durch die Dünste des Val d'Aosta halb verschleiert, die lange Linie der Grajischen Alpen, in der Berg auf Berg von 12000 Fuß und noch höher einander folgt. Auf ihnen, so schön sie auch sind, ruht das Auge aber nicht, sondern auf dem Viso im fernen Hintergrunde. In Westen und gegen Norden hin bilden die Kette des Montblanc und einige der mächtigsten Berge der mittleren Penninischen Alpen den Hintergrund, werden aber durch die Grate, die im Matternhorn gipfeln, an Großartigkeit übertroffen. Auf dem Osten und Norden, wo anmuthige Wiesen zum Val d'Ayas hinunterlaufen, oder auf den über ihnen liegenden Gletschern und Schneefeldern, oder auf dem Oberlande im Hintergrunde ruht das Auge nicht lange, denn unmittelbar vor uns, meilenweit entfernt und doch scheinbar in nächster Nähe, steigen die blitzenden Zinnen des Monte Rosa zum azurblauen Himmel auf.

Diejenigen, welchen die höchsten Alpen unzugänglich sind, mögen sich damit trösten, daß diese gewöhnlich nicht die Aussichten bieten, welche den stärksten und bleibendsten Eindruck machen. Allerdings sind einige der Panoramen, die man von den höchsten Gipfeln sieht, wunderbar, doch fehlen hier die isolirten und centralen Punkte, die so höchst pittoresk sind. Das Auge schweift über eine Menge von Gegenständen, von denen jeder an sich vielleicht großartig ist, und wandert, durch diesen Reichthum verwirrt, von einem zum andern, wobei der Eindruck, den der erste gemacht hat, vom zweiten verwischt wird, und wenn diese glücklichen Momente vorüber sind, die gewöhnlich schnell vorüberfliegen, so verläßt man den Berg mit einem Eindruck, der selten lange dauert, weil er zu flüchtig ist.

Keine Aussichten haften fester im Gedächtniß als die, welche man nur einen Augenblick lang sieht, wenn z. B. ein Nebelschleier zerreißt und ein einzelner Thurm oder Dom sich zeigt. Die Gipfel, die man in solchen Fällen wahrnimmt, sind vielleicht nicht die größten und edelsten, aber man erinnert sich ihrer länger als aller Panorama-Aussichten, weil das vom Auge photographirte Bild Zeit zum Trocknen hat, statt in noch nassem Zustande durch die Berührung mit anderen Eindrücken verwischt zu werden. Das Gegentheil findet bei den Panorama-Aussichten aus der Vogelschau und von den großen Bergspitzen statt, welche zuweilen zwanzig Meilen in jeder Richtung umfassen. Das Auge wird durch den Schwarm von Einzelheiten verwirrt und vermag die verhältnißmäßige Bedeutung der Gegenstände, die es sieht, nicht zu würdigen. Es ist fast ebenso schwer, sich auf einem sehr hohen Berge blos mit Hülfe des Auges einen richtigen Begriff von der verschiedenen Erhebung einer Anzahl von Bergspitzen zu machen, als vom Grunde eines Thales aus. Nach meiner Ansicht ist der beste Standpunkt für die Betrachtung großartiger Gebirgslandschaften ein solcher, der hoch genug liegt, um einen Begriff von der Höhe wie von der Tiefe zu geben, eine weite und mannigfaltige Aussicht gewährt und doch nicht so hoch ist, daß Alles vor den Augen des Beschauers auf ein und dasselbe Niveau sinkt. Für diese Klasse von Panorama-Aussichten ist die vom Grand Tournàlin ein gutes Beispiel.

Auf dem nördlichen Wege stiegen wir vom Gipfel herab und mußten bis zum Col tüchtig klettern. Von dort hatten wir über den Gletscher geraden Weg und stießen am Fuße des Grats, der gegen Osten läuft, auf den Weg, den wir zum Ersteigen gewählt hatten. Am Abend kehrten wir nach Breil zurück.

Eine Stunde nördlich vom Dorf Val Tournanche findet im Thale ein plötzliches Steigen statt und gerade über dieser Stufe hat der Bergstrom sich zu seinem heutigen Bett durchgefressen und eine wunderbare Kluft gebildet, die seit langer Zeit unter dem Namen Gouffre des Busserailles bekannt ist. An dieser Stelle verweilten wir lange, um auf den Donner des verborgenen Wassers zu hören und sein wildes Aufkochen beim Hinaustreten aus der düstern Schlucht zu beobachten; aber unsere Anstrengungen, in die Geheimnisse des Platzes einzudringen, waren vergeblich. Im November 1865 veranlaßte der unerschrockene Carrel zwei zuverlässige Gefährten, die Maquignaz's vom Val Tournanche, ihn an einem Seile in den Abgrund und zu den Stromschnellen hinabzulassen. Die That erforderte eiserne Nerven wie Muskeln und Sehnen von nicht gewöhnlicher Art und läßt Carrel als einen Mann ohne Todesfurcht erkennen. Einer seiner Gefährten stieg später auf dieselbe Weise hinab und Beide waren so voll von Bewunderung über das Gesehene, daß sie gleich mit Hammer und Meißel ans Werk gingen, einen Weg zu dieser romantischen Stelle zu bauen. Binnen wenigen Tagen hatten sie einen rohen, aber zweckdienlichen Brettergang längs der Felsenmauer bis in die Mitte der Schlucht gebildet, und jetzt kann man für einen halben Franken sich das Wunder ansehen.

Ohne Zeichnungen kann ich dem Leser keinen genauen Begriff von diesem merkwürdigen Platze geben. In einigen Zügen entspricht er der Schlucht, die ich auf S. 166 abgebildet habe, doch läßt er die eigenthümliche Thätigkeit und Wirksamkeit laufenden Wassers noch deutlicher erkennen. Die Länge der Schlucht beträgt etwa 320 Fuß und ihre Tiefe vom Rande ihrer Felsenmauern bis zur Oberfläche des Wassers etwa 110 Fuß. Nirgends kann man die ganze Tiefe oder Länge auf einen Blick übersehen, denn obgleich die Breite an einigen Stellen 15 Fuß und mehr beträgt, wird der Blick doch durch die Biegungen der Felsen gehemmt. Diese sind überall zu einer glatten und glasähnlichen Oberfläche abgeschnitten. An einigen Stellen hat der Strom in die Felsen hineingebohrt und natürliche Brücken zurückgelassen. Die merkwürdigsten Züge der Schlucht sind übrigens die Höhlen, die das Wasser im Herzen der Felsen gebildet hat. Carrel's Bretterweg führt zu einer der größten, zu einer Grotte, die an ihrer breitesten Stelle etwa 28 Fuß im Durchmesser hat und 15 bis 16 Fuß hoch ist. Der lebendige Felsen ist ihre Decke und am Grunde einer Spalte brüllt 50 Fuß tiefer unten der Strom. Diese Höhle wird mit Kerzen beleuchtet und man kann sich in ihr blos durch Zeichen unterhalten.

Im Jahre 1869 besuchte ich diese Schlucht und mußte mich über ihre Höhlen um so mehr wundern, als ich die Härte der Hornblende kenne, in der sie entstanden sind. Carrel meißelte ein großes Stück ab, das jetzt vor mir liegt. Es hat eine stark geglättete, glasähnliche Oberfläche und könnte auf den ersten Blick mit Gestein verwechselt werden, das von Eis abgeschliffen ist. Das Wasser hat aber die weichsten Atome herausgefunden und so ist der Stein mit Einsenkungen bedeckt, die den Pockengruben eines Menschen gleichen. Die Ränder dieser kleinen Vertiefungen sind abgerundet und die sämmtlichen Oberflächen derselben fast ebenso stark geglättet wie die übrigen Stellen.* In einige Adern von Speckstein ist das Wasser tiefer als an anderen Stellen eingedrungen und es kann sein, daß das Vorhandensein von Speckstein eine der Ursachen war, welche zur Bildung der Schlucht beigetragen haben.

Nach sechstägiger Abwesenheit war ich wieder in Breil, wohl zufrieden mit meinem Ausfluge am Matterhorn, der durch die Willigkeit der Führer und die Freundlichkeit der Einwohner zu einem sehr angenehmen geworden war. Ich muß indessen zugeben, daß man in Val Tournanche hinter der Zeit zurückgeblieben ist. Die Wege sind noch ebenso schlecht oder vielleicht noch schlechter als zu Saussure's Zeit und die Gasthöfe stehen hinter denen der Schweiz bedeutend zurück. Wenn sich das änderte, so würde das Thal zu einem der beliebtesten und besuchtesten aller Alpenthäler

* Die Vertiefungen in Felsen, über die Eis hinwegging, sind mehr oder weniger eckig.

werden, aber wie es jetzt ist, suchen die Touristen so schnell wie möglich wieder herauszukommen und so ist es weniger bekannt, als es wegen seiner Naturschönheiten zu sein verdiente.

Nach meiner Ansicht liegt der Hauptgrund, weshalb die Wege in den italienischen Alpenthälern nicht gebessert werden, in der weit verbreiteten Ansicht, daß blos die Gastwirthe davon Nutzen haben würden. In einem gewissen Grade ist das wahr, aber insofern der Wohlstand der Einwohner mit dem der Gastwirthe verbunden ist, werden die Interessen beider Parteien so ziemlich identisch. So lange ihre Wege so uneben und sumpfig bleiben, müssen die Italiener zusehen, wie die Schweiz und Savoyen goldene Ernten halten. Zu gleicher Zeit mögen die Gastwirthe auf eine bessere Verpflegung bedacht sein. Ihre Vorräthe lassen häufig in der Menge zu wünschen übrig und sind nach meinen Erfahrungen in der Güte traurig bestellt.

Ich will die Gerichte, die man mir auf den Tisch gestellt hat, nicht kritisch beleuchten, da ich mit ihren Bestandtheilen nicht bekannt bin. Die Touristen behaupten allgemein, daß man ihnen Ziegenfleisch als Schöpsfleisch vorsetzt und der Maulesel ein Rind oder eine Gemse vorstellen muß. Ich will mein Urtheil bis dahin zurückhalten, daß man mir erklärt, was aus allen den todten Mauleseln wird. Hoffentlich verwunde ich die Empfindlichkeit der mir bekannten italienischen Gastwirthe nicht, wenn ich sage, daß ihr Verkehr mit ihren Gästen ein freundlicherer werden würde, wenn sie ein Verlangen nach nahrhaften Speisen minder häufig als ein Verbrechen betrachteten. Die geringschätzige Miene, mit der Fragen nach einem schmackhaften Gericht stets aufgenommen werden, erinnert mich an einen Gastwirth der Dauphiné, der mir einmal sagte, er habe gehört, daß es in der Schweiz viele Touristen gebe. „Ja," antwortete ich, „es giebt ihrer sehr viele." „Wie viele?"

„Nun,“ sagte ich, „zuweilen habe ich an einer Wirthstafel über hundert sitzen sehen.“ Er hob die Hände in die Höhe. „Die wollen am Ende jeden Tag Fleisch essen?“ „Nun, das ist nicht unwahrscheinlich.“ „In diesem Falle,“ entgegnete er, „denke ich, daß wir uns ohne sie besser befinden.“

Siebentes Kapitel.

Mein sechster Versuch der Ersteigung des Matterhorns.

Carrel hatte im Punkte der Führer freie Hand und wählte seinen Verwandten Cäsar, Luc Meynet und zwei Andere, deren Namen ich nicht kenne. Diese Leute wurden jetzt einberufen und alle Vorbereitungen getroffen, als das Wetter sich aufhellte.

Am Sonntag (9. August) ruhten wir aus und sahen mit Freude, daß die Nebel rings um den großen Berggipfel dünner wurden. Am 10. brachen wir kurz vor Tagesanbruch auf und schritten in einen stillen und wolkenlosen Morgen hinaus, der unserm Unternehmen einen glücklichen Ausgang zu versprechen schien.

Ununterbrochen aber langsam gehend kamen wir vor neun Uhr auf dem Col du Lion an. Welche Veränderungen! Felsenleisten waren verschwunden, die kleine Fläche, auf der mein Zelt gestanden hatte, sah sehr zerrüttet aus, denn Wind und Frost hatten die Steine zerstreut, so daß sie halb verschwunden war, und der Gipfel des Col selbst, der 1862 eine ansehnliche Breite gehabt und eine Schneedecke getragen hatte, war jetzt spitzer als der First eines Kirchendaches, und mit hartem Eis überzogen. Daß das schlechte Wetter der letzten Woche an der Arbeit gewesen war, hatten wir bereits weiter unten gesehen. Bis auf mehrere hundert Fuß unter dem Col waren die Felsen mit Eis überzogen. Lockerer Schnee bedeckte die älteren und hinteren Felder und durch seine Heimtücke hätten wir beinahe unsern Anführer verloren. Er trat auf Schnee, der fest zu sein schien, und hob eben das Beil, um einen tüchtigen Schlag zu führen, als in dem Augenblicke, wo er es hoch über dem Kopfe schwang, der Rand des Hanges, auf dem er stand, abbrach und in Schlangenwindungen niederging, lange nackte Streifen hinterlassend, die in der Sonne glitzerten, da sie glasiges Eis waren. Mit großer Geistesgegenwart warf sich Carrel auf den Felsen zurück, von dem er eben vorgetreten war, und war gerettet. Er bemerkte einfach: „Es ist Zeit, daß wir uns ans Seil binden," und als dies geschehen war, arbeitete er weiter, als ob nichts geschehen wäre.*

In den nächsten zwei Stunden machten wir reichliche Erfahrungen, wie werthvoll ein Seil für Bergsteiger ist. Wir hatten uns in ziemlicher Entfernung von einander angebunden und gingen gewöhnlich paarweise. Unserm Anführer Carrel folgte ein zweiter Mann dicht auf dem Fuß, der ihm die Schulter darbot oder ihm das Beil unter den Füßen hielt, so oft es nöthig war. Wenn dieses Paar festen Fuß gefaßt hatte, folgte das nächste auf ähn-

* Dieser Fall ereignete sich dicht neben dem Platze, den das Bild zu S. 143 darstellt. Der neue trockene Schnee war höchst lästig und lief wie Mehl in die Stufen, die wir in die Eishänge einhieben. Der vorderste Mann ging so weit vor wie möglich und hielt sich am Felsen fest. Nun wurde ihm ein Seil zugeworfen, an beiden Enden befestigt und von den Nachfolgenden als Geländer benutzt. Uebrigens verließen wir uns auf dieses Seil nicht allein und banden uns auf die übliche Weise an einander fest. Das zweite Seil bot uns gegen ein Ausgleiten eine weitere Sicherheit.

liche Weise, wobei das Seil von den oben Stehenden an sich gezogen wurde. Die Anführer gingen nun wieder weiter, das dritte Paar fand Platz und folgte, und so ging es langsam aber sicher fort. Immer nur Einer bewegte sich zu gleicher Zeit, und glitt er aus, wie das häufig geschah, so konnte er keinen Fuß weit rutschen, ohne von dem Andern gehalten zu werden. Die Unfehlbarkeit und Sicherheit der Methode verlieh Demjenigen, welcher gerade vorwärts ging, Vertrauen und ermunterte ihn nicht blos, alle seine Kräfte anzustrengen, sondern hielt ihn auch in der schwierigsten Lage aufrecht. Diese Felsen, die sich unter gewöhnlichen Umständen leicht begehen ließen, waren jetzt höchst bedenklich geworden. Das Schneewasser, das längere Zeit in kleinen Faden heruntergesickert war, hatte natürlich denselben Weg eingeschlagen, auf dem wir hinaufstiegen. In der Nacht fror es wieder und glasirte die Felsen, über die es floß. Bald war der Ueberzug von Eis so dünn wie ein Blatt Papier und bald so dick, daß wir beinahe Stufen in ihn hauen konnten. Das Wetter war prächtig und meine Leute nahmen ihre Arbeit so leicht, daß sie laut riefen, um das Echo des Dent d'Herens zu wecken.

Fröhlich gingen wir weiter, erreichten das zweite Zeltlager, den Schornstein, die anderen wohlbekannten Punkte und rechneten bereits zuversichtlich darauf, oben auf der „Schulter" zu schlafen, als vor unserer Ankunft am Fuße des Großen Thurmes ein kalter Wind plötzlich zu wehen anfing und uns mahnte, um uns zu blicken.

Es ließ sich schwer sagen, woher dieser Wind stamme. Er wehte nicht wie ein gewöhnlicher Wind, sondern kam wie das Wasser in einem Tropfbade herunter. Alles wurde wieder ruhig, die Luft verrieth kein Zeichen von Störung, es herrschte eine völlige Windstille und nicht ein Wölkchen war zu sehen. In diesem Zustande blieb das Wetter aber nicht lange. Die kalte Luft kehrte zurück, und auch dieses Mal vermochte Niemand zu sagen, woher sie komme. Wir drückten unsere Hüte fester, als der Wind den Grat erreichte und zwischen den Klippen heulte. Ehe wir den Fuß des Großen Thurms erreichten, bildeten sich oben und unten Nebel. Sie zeigten sich zuerst, an verschiedenen Stellen zugleich, in kleinen vereinzelten Flocken, die umher tanzten und wirbelten, vom Wind in Streifen zerrissen wurden und sich während dieses Processes immer vergrößerten. Bald vereinigten sie sich wieder, bald zerrissen sie aufs neue, zeigten einen Augenblick lang den blauen Himmel und verhüllten ihn im nächsten Moment. Dabei vermehrten sie sich immerfort, bis das ganze Firmament mit jagenden, wirbelnden Wolken gefüllt war. Ehe wir unser Gepäck ablegen und eine Art von Schutz suchen konnten, brauste aus Osten ein Schneesturm heran. Es fiel so viel Schnee, daß der Grat in wenigen Minuten damit bedeckt war. „Was sollen wir thun?" rief ich Carrel zu. „Monsieur," antwortete er, „der Wind ist schlecht, das Wetter hat sich geändert, wir sind schwer beladen. Hier ist ein schöner gîte, lassen Sie uns Halt machen. Gehen wir weiter, so erfrieren wir halb. Das ist meine Meinung." Niemand widersprach und so begannen wir, Platz für ein Zelt zu machen und hatten in ein paar Stunden die im Jahre 1862 angefangene Plattform fertig. Inzwischen waren die Wolken schwärzer geworden und kaum hatten wir unsere Arbeit beendet, als ein Gewitter mit furchtbarer Gewalt gegen uns heranstürmte. Zackige Blitze schossen bei den Thürmen oben und bei den Klippen unten hervor. Sie waren uns so nahe, daß wir den Muth verloren. Wir glaubten, versengt zu werden und befanden uns in der That im Brennpunkte des Gewitters. Der Donner kam mit den Blitzen zu gleicher Zeit, mit kurzen und scharfen Schlägen, die ich mit keinem andern Geräusch vergleichen kann, als mit dem tausendfach verstärkten Schmettern einer Thür, die Jemand heftig ins Schloß wirft.

Wenn ich sage, daß Donner und Blitz zugleich kamen, so spreche ich wissenschaftlich ungenau. Ich will damit sagen, daß die Zeit, welche zwischen dem Sehen des Blitzes und dem Hören des Donners lag, meiner Wahrnehmung entging. Da ich so wahr als möglich zu sprechen wünsche, so muß ich mich auf zwei Punkte beschränken, die ich mit einer gewissen Bestimmtheit verbürgen kann. Der erste betrifft die Entfernung der Blitze von unserer Gesellschaft. Zwischen ihnen und uns kann ein Raum von 1100 Fuß gelegen haben, wenn zwischen dem Sehen der Blitze und dem Hören des Donners eine Secunde verstrichen ist. Eine Secunde ist aber kein Zeitraum, der sich ohne Instrument wahrnehmen läßt. Gewiß ist, daß wir den Blitzen zuweilen näher als 1100 Fuß gewesen sind, weil ich sie sowohl über als unter uns vor wohlbekannten Punkten des Grats, die keine tausend Fuß entfernt waren, vorüberzucken sah.

Der zweite Punkt betrifft die Schwierigkeit, Töne, welche bloße Echos sind, vom wirklichen Donner, d. h. von dem mit dem Blitz gleichzeitig erfolgenden Krachen zu unterscheiden. Arago hat diesen Gegenstand in seinen Meteorologischen Abhandlungen ausführlich behandelt und scheint zu bezweifeln, ob es jemals möglich sein werde, zu entscheiden, ob Echos stets die Ursache der rollenden Töne sind, welche wir gewöhnlich Donner nennen. „Wir haben wenig Hoffnung," sagt er, „zu einer vollgültigen Entscheidung über die bestimmte Rolle zu gelangen, welche Echos bei der Erzeugung der rollenden Töne des Donners spielen." Ich maße mir nicht an, zu beurtheilen, ob man diese rollenden Töne stets oder nie als wahren Donner betrachten darf, und will blos sagen, daß es bei diesem Gewitter auf dem Matterhorn möglich war, das Krachen des Donners selbst von den rollenden und anders klingenden Tönen zu unterscheiden, welche bloße Echos des ersten und ursprünglichen Klanges waren.

Auf unserm Lagerplatze gab es ein Echo, und zwar ein so merkwürdiges, daß es Schwärme von Menschen herbeiführen würde, wenn es unten zu hören wäre. Ich glaube, daß es von den Klippen des Dent d'Herens kam. Es war unsere Lieblingsunterhaltung, durch laute Rufe dieses Echo zu wecken, welches nach etwa zwölf Secunden jeden scharfen Schrei mehrmals sehr deutlich wiedergab. Das Gewitter dauerte beinahe zwei Stunden und steigerte sich zuweilen zu großer Wuth. Gewöhnlich hatte das lange Rollen, das nach einem Blitze von den umliegenden Bergen kam, noch nicht aufgehört, als schon eine andere Reihe von Echos das Gespräch aufnahm und die Luftschwingungen ununterbrochen fortsetzte. Gelegentlich trat eine Pause ein, die sofort durch einen einzelnen Schlag, die Begleitung einer einzelnen Entladung, unterbrochen wurde, und in solchen Zeiten ließen sich die Echos von dem Dent d'Herens an ihren eigenthümlichen Wiederholungen und an der Zeitlänge erkennen, welche nach dem Donnerschlage verfloß.

Hätte ich die Existenz dieser Echos nicht gekannt, so würde ich angenommen haben, daß der Wiederhall der wirkliche Donner von Blitzen sei, die ich nicht bemerkt hätte. Hinsichtlich der Kraft ließ sich nämlich das Echo vom Donner nicht unterscheiden, der jedesmal aus einem einzelnen scharfen und kurzen Schlage zu bestehen schien.*

* Dieselbe Wahrnehmung glaube ich immer gemacht zu haben, wenn ich dicht bei den Entladungspunkten gewesen bin. Stets hat ein bestimmter Zwischenraum zwischen der ersten Entladung und den rollenden Tönen gelegen, die ich für bloße Echos gehalten habe, von denen ich aber nur in dem oben

Wir befanden uns, wie gesagt, näher als tausend Fuß bei den Entladungspunkten und hörten folglich den Schlag fast in demselben Augenblicke, als wir den Blitz sahen, das Rollen aber erst eine beträchtliche Zeit später. Wenn wir statt dessen einen solchen Platz gehabt hätten, daß der ursprüngliche Schlag fast gleichzeitig mit den Echos in unser Ohr gefallen wäre, so würden wir wahrscheinlich geglaubt haben, daß die auf einander fallenden Schläge und rollenden Echos der Wiederhall von verschiedenen Entladungen seien, die ganz dicht auf einander folgten, und daß sie gar keine Echos seien.

Ich habe in den Alpen viele Gewitter erlebt, aber nur dieses eine Mal den Beweis erhalten, daß das Rollen des Donners ein wirkliches Echo ist und nicht der Wiederhall einer Anzahl von Entladungen zu sein braucht, die sich über eine lange Linie erstrecken, in verschiedenen Entfernungen vom Zuschauer erfolgen und folglich sein Ohr nicht in demselben Augenblick erreichen können, obgleich sie so rasch auf einander folgen, daß sie einen mehr oder weniger fortlaufenden Ton bilden.*

Während dieser ganzen Zeit schien der Wind ziemlich beständig

---

erwähnten Falle sagen kann, daß sie wirkliche Echos gewesen sind. Andere haben dasselbe beobachtet. Der Geologe Professor Theobald von Chur, der zwischen der Tschiertscher und Urden-Alp bei einem Gewitter mitten in den elektrischen Wolken war, sagt, daß die Schläge kurz wie Kanonenschüsse waren, aber einen helleren, mehr krachenden Ton hatten, und daß das Rollen des Donners erst später hörbar wurde. So erzählt Berlepsch in seinem Alpenbuche.

* Herr J. Glaisher hat oft bemerkt, daß alle Töne, die man in Luftballons in gewisser Entfernung von der Erde hört, durch ihre Kürze auffallen. „Es ist blos ein Ton, ein Zurückwerfen oder Wiederkehren findet nicht statt. Dies ist für alle Töne im Luftballon charakteristisch: ein heller Ton, der seine eigenen Schwingungen hat und mit denselben plötzlich aufhört." Ich höre von Herrn Glaisher, daß die Donnerschläge, die er auf seinen Luftreisen gehört hat, von der allgemeinen Regel keine Ausnahme machen. Die Abwesenheit des Rollens hat ihn in der Ueberzeugung bestärkt, daß die rollenden Töne, welche den Donner begleiten, Echos sind und weiter nichts.

von Osten zu kommen. Er traf das Zelt, obgleich dasselbe theilweise von Felsen geschützt war, so daß wir große Furcht hatten, unser Zufluchtsort möchte mit uns selbst fortgeweht werden. Wir gingen deshalb hinaus, so oft es still war, und bauten gegen den Wind eine Mauer. Um halb vier Uhr sprang der Wind gegen Nordwesten um und die Wolken verschwanden. Da unser Zelt bloß fünf Personen faßte, so benutzten wir die Gelegenheit, einen der Träger hinunterzuschicken und ihm ein paar Andere bis etwas unter den Col du Lion zum Schutz mitzugeben. Von dieser Zeit bis Sonnenuntergang war veränderliches Wetter. Zuweilen wehte und schneite es stark, zuweilen herrschte völlige Windstille. Offenbar beschränkte sich das schlechte Wetter auf den Mont Cervin, denn wenn die Wolken in die Höhe stiegen, so konnten wir Alles unterscheiden, was vor unserm Platze überhaupt sichtbar war. Der mehr als zwanzig Meilen entfernte Monte Viso war klar, und die Sonne ging hinter der Kette des Montblanc prachtvoll unter.

Die Nacht verbrachten wir bequem und selbst üppig unter unseren Decken. Aber an Schlaf war bei dem Geräusch des Windes, des Donners und der fallenden Steine wenig zu denken. Um der Blitze willen vergab ich dem Donner. Ein herrlicheres Schauspiel als die Beleuchtung der Matterhornklippen durch sie werde ich wohl nicht wiedersehen.*

Der größte Steinfall schien immer in der Nacht zwischen 12 Uhr und Tagesanbruch vorzukommen. Ich bemerkte dies in jeder der sieben Nächte, die ich auf dem südwestlichen Grat in Höhen zwischen 11800 und 13000 Fuß zubrachte.

Ich habe vielleicht Unrecht, wenn ich annehme, daß in der

* S. im Anhang die Erfahrungen, die Heathcote 1869 bei einem Gewitter am Matterhorn gemacht hat.

Die Matterhorn=Klippen bei dem Gewitter um Mitternacht des 10. August 1863.

Nacht mehr Steine fallen als am Tage, denn jedes Geräusch macht in der Nacht mehr Wirkung, als wenn man die Ursache seiner Entstehung sieht. Selbst ein Seufzer kann in der Stille der Nacht erschrecken. Am Tage wird die Aufmerksamkeit zwischen dem Ton und der Bewegung des fallenden Steines wahrscheinlich getheilt, oder sie richtet sich auch auf andere Gegenstände. Es ist indessen gewiß, daß der größte Steinfall, der in einer Nacht vorkam, nach Mitternacht erfolgte, und ich erkläre das durch die Thatsache, daß die größte Kälte jedes astronomischen Tages allgemein zwischen Mitternacht und Tagesanbruch eintritt.

Am 11. August traten wir um halb vier Uhr aus dem Zelte und sahen leider, daß es noch immer schneite. Um neun Uhr hörte dies auf und die Sonne zeigte sich schwach, so daß wir das Gepäck aufluden und die „Schulter" zu erreichen suchten. Bis elf Uhr kletterten wir und dann begann es wieder zu schneien. Ich hielt neuen Rath, und da die Stimmen so gut wie einstimmig gegen das Vordringen waren, so entschloß ich mich zum Rückzuge. In den letzten beiden Stunden waren wir nicht 300 Fuß vorwärts gekommen und hatten nicht einmal das Seil erreicht, welches Tyndall's Gesellschaft 1862 an Felsen geknüpft zurückließ. Ging es so fort, so brauchten wir vier bis fünf Stunden, um auf die Schulter zu kommen. An einen solchen Versuch dachte unter den obwaltenden Umständen Keiner von uns, denn wir hatten nicht bloß unser eigenes Gewicht in Bewegung zu setzen, womit wir auf diesem Theil des Grats schon genug zu thun gehabt haben würden, sondern mußten auch, von vielen kleinen Dingen abgesehen, viel schweres Gepäck, das Zelt, die Decken, die Lebensmittel, die Leiter und vierhundert laufende Fuß Seile tragen. Dies waren noch nicht die schwersten Bedenken. Erreichten wir die Schulter wirklich, so wurden wir dort vielleicht noch mehrere Tage festgehalten und konnten weder hinauf noch hinunter. Auf eine solche Gefangenschaft durfte ich es nicht ankommen lassen, da ich Ende der Woche in London sein mußte.*

Im Laufe des Nachmittags erreichten wir Breil, wo das schönste Wetter war und wo die Wirthsleute unsere Erzählungen deshalb mit sichtlichem Unglauben anhörten. Sie staunten, als sie hörten, daß wir einen vierundzwanzigstündigen Schneesturm gehabt hätten. „Nun,“ sagte der Gastwirth Favre, „wir haben keinen Schnee gehabt. Während der ganzen Zeit Ihrer Abwesenheit ist das

Gastwirth Favre in Breil.

schönste Wetter gewesen und auf dem Berge hat sich blos eine kleine Wolke gezeigt.“ Eine kleine Wolke, vortrefflich! Wer es nicht selbst empfunden hat, der weiß freilich nicht, was für ein entsetzliches Hinderniß eine solche kleine Wolke ist.

Wie kommt es, daß das Matterhorn diesen abscheulichen Wetterwechseln unterworfen ist? Gewöhnlich ist man gleich mit der Antwort da: „Weil der Berg einzeln steht und die Wolken anzieht.“

---

* Seitdem haben wenigstens einmal mehrere Personen fünf bis sechs Tage lang in dieser Lage sich befunden.

Das ist keine genügende Erklärung. Der Berg steht einzeln, gewiß, aber doch nicht so viel mehr als die benachbarten Gipfel, daß er die Wolken um sich sammeln sollte, während alle anderen es nicht thun. Die Wolken, die am Matterhorn zu entstehen pflegen, werden nicht durch ein Zusammenziehen kleinerer, vereinzelter Dünste aus der Ferne gebildet, so daß der Proceß ein ähnlicher wäre wie das Ansetzen von Schaum an einen im Wasser liegenden Baumstamm, sondern erzeugen sich am Berge selbst und treten plötzlich an Stellen auf, wo man bisher keine Wolken gesehen hat. Hauptsächlich entstehen und hängen sie an den gegen Süden liegenden Seiten, am häufigsten an der südöstlichen. Häufig umhüllen sie den Gipfel nicht und gehen selten bis zum Glacier du Lion oder bis unter den Glacier du Mont Cervin hinunter. Sie entstehen im schönsten Wetter, an hellen und windstillen Tagen.

Wir sollten die Erklärung mehr in Wärmeunterschieden als in der Höhe und Isolirung des Berges suchen. Ich möchte die Störungen in der Luft, die an schönen Tagen* auf der Südseite des Matterhorns vorkommen, hauptsächlich der Thatsache zuschreiben, daß der Berg ein Felsen ist, also viel Hitze in sich aufnimmt,** und nicht blos selbst wärmer, sondern auch von einer höheren Temperatur umgeben ist als Gipfel wie das Weißhorn und der Lyskamm, die im eigentlichen Sinne des Wortes Schneeberge sind.

Bei gewissen Zuständen der Luft bleibt sich die Wärme derselben über einen weiten Raum und bis zu einer großen Höhe ziemlich gleich. Ich habe erlebt, daß das Thermometer oben auf einem Alpengipfel von 13000 Fuß Höhe auf 70 Grad im Schatten

* Ich spreche ausschließlich von Störungen, die bei schönem Wetter und am Tage eintreten.

** Die Felsen sind zuweilen so heiß, daß es beinahe weh thut, sie zu berühren.

zeigte, und 6000 bis 7000 Fuß weiter unten nur einige Grad höher stand. Zu anderen Zeiten wird zwischen zwei Standpunkten, von denen der höhere nicht mehr als 6000 bis 7000 Fuß über dem niedrigen liegt, ein Unterschied von 40 bis 50 Grad Fahrenheit wahrgenommen.

Vorausgesetzt, daß die Temperatur auf allen Seiten des Matterhorns und bis zu einer bedeutenden Höhe über seinem Gipfel ganz oder beinahe gleichförmig ist, dann werden sich wahrscheinlich keine Wolken auf dem Berge bilden. Wenn aber die ihn unmittelbar umgebende Luft wärmer als die anstoßende Schicht ist, dann muß nothwendigerweise eine örtliche, aufsteigende Strömung entstehen. Theile der kühleren, aufliegenden oder angrenzenden Luft werden natürlich vom Berge angezogen werden, wo die in der warmen Luft enthaltene Feuchtigkeit durch die Berührung mit ihm sich rasch verdichten muß. Das Niederströmen kalter Luft, welches auf dem Matterhorn vorkommt, wenn die ganze Umgegend ruhig zu sein scheint, kann ich mir auf keine andere Weise erklären. Die Wolken werden durch die Berührung von zwei Luftschichten, die eine sehr verschiedene Temperatur haben und mit unsichtbarer Feuchtigkeit beladen sind, eben so sicher erzeugt, wie gewisse farblose Flüssigkeiten, wenn man sie mit einander mischt, eine weiße und trübe Masse ergeben. Die Reihenfolge ist diese: Wind von einer niedrigen Temperatur — Nebel — Regen — Schnee oder Hagel.*

Diese Ansicht wird durch das Verhalten der benachbarten Berge in einem gewissen Grade unterstützt. Der Dom (14 935 Fuß) und

* Die Nebel sind für diejenigen, welche sich nicht auf dem Berge selbst befinden, in hohem Grade trügerisch. Zuweilen scheinen sie in bedeutender Entfernung zu entstehen, so daß mithin die ganze Luft der Nachbarschaft einem Wechsel unterliege, aber in Wahrheit bilden sie sich in der unmittelbaren Nähe des Berges.

der Dent Blanche (14 318 Fuß) besitzen beide auf ihren Südseiten große Kl ppen nackter Felsen, und an diesen bilden sich häufig bei schönem und stillem Wetter Wolken, die mit denen am Matterhorn gleichzeitig erscheinen, während das Weißhorn (14 804 Fuß) und der Lyskamm (14 889 Fuß), Berge von ziemlich derselben Höhe und hinsichtlich ihrer Lage dem eben genannten Paar entsprechend, gewöhnlich vollkommen klar bleiben.

Diese Wolken hatten mich also geschlagen, und in sehr verdrießlicher Stimmung kam ich am 11. August um Mitternacht in Chatillon an. Ich war aber wie der Spieler, der jeden Einsatz verliert und nur um so eifriger wieder setzt, weil sich das Glück doch einmal ändern muß. Der Entschluß, neue Pläne zu ersinnen und neue Versuche zu machen, begleitete mich nach London.

Kreuzung des Kanals.

Achtes Kapitel.

Die Alpen des Dauphiné.*

Als wir im Jahre 1861 das Dauphiné bereisten und den höchsten Gipfel des Mont Pelvoux erreichten, sahen wir zu unserer Ueberraschung und Betrübniß, daß er nicht der hervorragendste Punkt des Bezirks sei und daß ein anderer Berg, der etwa eine Stunde entfernt war und durch eine unzugängliche Schlucht von uns getrennt wurde, diese Auszeichnung in Anspruch nahm. Dieser Berg störte meine Ruhe und oft kehrten meine Gedanken zu seinem großen mauerartigen Gipfel zurück, der an scheinbarer Unersteiglichkeit blos vom Matterhorn übertroffen wurde. Noch aus einem andern Grunde reizte er mich — er ist der höchste Berg in Frankreich.

Das Jahr 1862 verging, ohne daß ich ihn besuchen konnte, und 1863 waren meine Ferien zu kurz, um mich daran denken zu

---

* Ueber die in diesem Kapitel beschriebenen Wege vergleiche man den Plan im Text der S. 219.

lassen. Aber im folgenden Jahre wurde die Sache möglich, und ich beschloß also, mir Ruhe zu verschaffen, indem ich die Aufgabe vollende, die ich 1861 hatte aufgeben müssen.

In der Zwischenzeit hatten Andere ihre Blicke auf das Dauphiné gerichtet. Der erste war (1862) Herr F. Tuckett, jener große Bergsteiger, dessen Name überall bekannt ist, so lang und breit die Alpen sind. Er hatte Michel Croz, Peter Perrn und Bartholomäus Peyrotte zu Führern und erreichte große Erfolge. Vor der Pointe des Ecrins machte er aber Halt, weil ihr Ansehn ihn entmuthigte, und zog sich zurück, um anderswo minder gefährliche Lorbeern zu sammeln.

Sein Unternehmen warf übrigens auf die Ecrins einiges Licht. Er deutete die Richtung an, von der ein Angriff mit der größten Aussicht auf Erfolg unternommen werden könne, und die Herren William Mathews und Bonney, denen er das Resultat seiner Arbeiten mittheilte, unternahmen mit den Brüdern Michel und J. B. Croz nach seinen Angaben eine Besteigung. Sie wurden aber geschlagen, wie ich jetzt ausführlich erzählen werde.

Der Führer Michel Croz war mithin bei diesen beiden Unternehmungen im Dauphiné betheiligt gewesen und empfahl sich mir darum besonders. Herr Mathews, bei dem ich mich nach ihm erkundigte, ertheilte ihm ein hohes Lob und schloß mit den Worten: „Er befand sich blos wohl, wenn er höher als 10 000 Fuß geklettert war.“

Ich wußte, was mein Freund meinte. Croz befand sich am wohlsten, wenn er seine Kräfte aufs äußerste anstrengte. Plätze, wo jeder Anderer keuchte und schwitzte, wenn es auch eiskalt war, erschienen ihm als Lumperei, und blos, wenn er sich über den Kreis gewöhnlicher Sterblichen erhoben hatte und seine herrliche Kraft in Anwendung bringen und seine unvergleichliche Kenntniß von Schnee und Eis verwerthen konnte, ließ sich von ihm sagen daß er wahrhaft glücklich sei.

Von allen Führern, mit denen ich Reisen gemacht habe, war Michel Croz derjenige, welcher meinen Wünschen am besten entsprach. Er wurde nie stumpf und arbeitete nie mürrisch. Man brauchte

Michel August Croz.

ihn nicht anzutreiben und ihm nicht zweimal dasselbe zu sagen. Wußte er, was gethan werden solle und wie es gethan werden solle, so wurde es gethan, wenn es überhaupt möglich war. Solche Männer sind nicht gewöhnlich, und wer sie kennen lernt, der achtet sie hoch. Michel war nicht allgemein bekannt, aber wer ihn einmal verwendet hatte, der kam immer wieder. Die Inschrift auf seinem

Grabe sagt mit Recht, daß er von seinen Gefährten geliebt und von den Reisenden geachtet wurde.

Als ich den Plan zu meiner Reise faßte, stellten meine Freunde A. W. Moore und Horaz Walker ebenfalls ihr Programm auf, und da unsere Wünsche ziemlich dieselben waren, so beschlossen wir, gemeinschaftlich zu handeln. Die Ausflüge, die in diesem und den beiden folgenden Kapiteln beschrieben werden, sind gegenseitige Ideen, welche gemeinschaftlich ausgeführt wurden.

Bei unserm Programm folgten wir den Grundsätzen, nicht in Gasthöfen zu schlafen und jeden Tag womöglich einen höchsten Punkt zu erreichen, von dem wir einen bedeutenden Theil unseres Weges vom nächsten Tage übersehen könnten. Dieser Punkt war für uns ein wichtiger, da alle von uns beabsichtigten Ausflüge neue waren und über Boden führten, von denen man aus Büchern sehr wenig erfuhr.

Meine Freunde waren so glücklich gewesen, Christian Almer von Grindelwald als Führer zu gewinnen. Die Vereinigung von Croz und Almer war eine vortreffliche. Beide standen in der Blüthe des Lebens,* Beide besaßen eine ungewöhnliche Kraft und Thätigkeit, und ihr Muth wie ihr Wissen war ebenfalls zweifellos. Almer ließ sich nie die Laune verderben und war immer thätig und zuvorkommend, ein kühner und zugleich vorsichtiger Mann. Was ihm an Feuer und Aufschwung fehlte, das ersetzte Croz, der seinerseits durch Almer im Zügel gehalten wurde. Mit Freuden erinnere ich mich, wie sie zusammen arbeiteten und wie Jeder von dem Andern sagte, daß er ihn so lieb habe, weil er so tüchtig sei; aber für Alle, welche diese Männer gekannt haben, ist es ein trauriger,

---

* Croz wurde am 22. April 1830 im Dorfe Tour im Chamouny-Thale geboren; Almer war ein oder zwei Jahre älter.

wahrhaft betrübender Gedanke, daß sie nicht mehr zusammen wirken können.

Am Mittag des 20. Juni trafen wir uns in St. Michel an der Mont-Cenis-Straße und gingen am Nachmittag über den Col de Valloires zu dem Dorfe desselben Namens. Der Gipfel dieses hübschen kleinen Passes liegt 3500 Fuß über St. Michel und gewährt eine schöne Aussicht auf die Aiguilles d'Arve, eine Gruppe von drei sonderbar geformten Gipfeln, die zu erforschen unsere besondere Aufgabe war.* Wir selbst und Andere hatten sie von manchem fernen Punkt gesehen und immer sahen sie sehr hoch und unzugänglich aus, aber Nachrichten über sie hatten wir nicht gefunden, ausgenommen in den wenigen Worten von Joanne's „Wegweiser im Dauphiné." Da wir uns auf dem Gipfel des Col de Valloires überzeugten, daß wir uns vom Valloires-Thal her ihnen nähern könnten, so eilten wir hinunter, um ein Nachtlager zu suchen, welches dem Eingang des kleinen Thals, das zu ihnen führt, so nahe wie möglich sei.

Beim Anbruch der Dunkelheit erreichten wir den Eingang dieses kleinen Thals (Vallon des Aiguilles d'Arve) und fanden einige Gebäude gerade da, wo wir sie brauchten. Die Eigenthümerin empfig uns höflich und stellte uns eine große Scheune zur Verfügung, jedoch unter der Bedingung, daß wir weder Licht brennten noch Tabak rauchten. Als wir das versprochen hatten, führte sie uns in ihre Sennhütte, machte ein großes Feuer, kochte uns Milch und behandelte uns mit wahrer Gastfreundschaft.

Am andern Morgen sahen wir, daß das Vallon des Aiguilles d'Arve sich fast genau westlich vom Valloires-Thal abzweigt, und

---

* Die Pointe des Ecrins wird auch auf dem Gipfel des Col de Valloires über dem Col du Galibier sichtbar. Dies ist der niedrigste Punkt, von dem ich den richtigen Gipfel der Ecrins gesehen habe.

daß das Dorf Bonnenuit, das schon zum letztern gehört, dem Vereinigungspunkte der beiden Thäler ziemlich gerade gegenüberliegt.

Am 21. Juni, kurz vor vier Uhr Morgens, machten wir uns auf den Weg, stiegen im Thal aufwärts und gingen eine Zeit lang über Weiden, dann aber über eine Steinwüste, die von Wasserrinnen tief durchzogen war. Um halb sechs Uhr hatten wir die beiden größten Nadeln deutlich vor uns, und da wir jetzt wußten, daß die Zeichner der amtlichen sardinischen Karte über diese Gegend

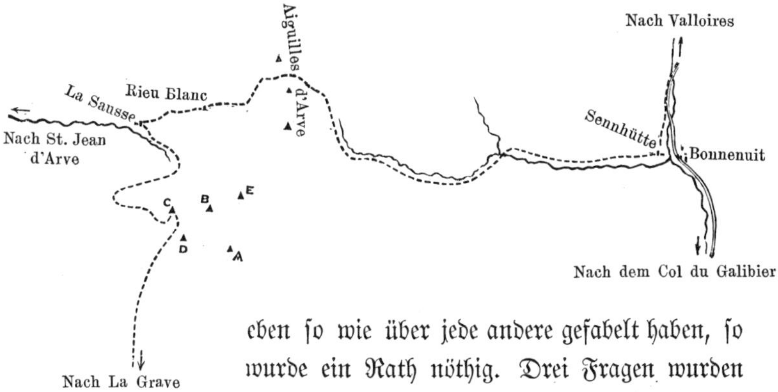

eben so wie über jede andere gefabelt haben, so wurde ein Rath nöthig. Drei Fragen wurden gestellt: Erstens, welche der Nadeln ist die höchste? Zweitens, welche sollen wir ersteigen? Drittens, wie läßt sich das ausführen?

Von den französischen Ingenieuren hörten wir, daß sie die beiden höchsten Nadeln als 11 513 und 11 529 Fuß hoch gefunden hätten, aber wir wußten nicht, welche zwei Nadeln von ihnen gemessen worden wären.* In Joanne's Buch lasen wir, daß die

* Ich muß bemerken, daß diese Berge zu dem Gebiet gehören, das neuerdings an Frankreich abgetreten worden ist. Die oben erwähnte sardinische Karte ist die alte amtliche. Die französische Vermessung, von der ich spreche, wurde zur Fortsetzung der großen amtlichen französischen Karte ausgeführt, das Blatt, welches die Aiguilles d'Arve enthält, aber noch nicht ausgegeben.

Nadeln verschiedene Male erstiegen worden seien, indessen ergab sich aus den Worten nicht, ob sich dies auf alle drei beziehe. Besonders wurde noch gesagt, daß die 11 513 Fuß hohe Nadel „verhältnißmäßig zugänglich“ sei.

Wir sagten also: „Wir wollen den 11 529 Fuß hohen Gipfel ersteigen. Durch diese Entscheidung wurde die zweite Frage nicht beantwortet. Joanne's „verhältnißmäßig zugängliche“ Nadel war nach seiner Beschreibung offenbar die nördlichste von den dreien. Unser Gipfel mußte also einer der beiden anderen sein, aber welcher?

Wir waren eigentlich für den mittlern, doch ließ sich hierüber schwer zu einem Entschluß kommen, da alle von gleicher Höhe zu sein schienen. Als der Rath zum Studium der dritten Frage: „Wie ist es auszuführen?“ gelangte, da wurde mit Einstimmigkeit beschlossen, daß in Anbetracht der offenbar größern Schwierigkeit der östlichen und südlichen Seiten eine Flankenbewegung nach der nördlichen Seite ausgeführt werden solle.

Der Beschluß wurde richtig vollzogen, und nachdem wir einige Schneefelder von beträchtlicher Steile, die gelegentlich über 40 Grad betrug, durchwatet hatten, befanden wir uns gegen neun Uhr Morgens in einer Schlucht der Senkung zwischen der mittleren und nördlichsten Nadel. Wir betrachteten nun die Nordseite unseres Gipfels und gelangten schließlich zu der Ueberzeugung, daß sie unersteiglich seien. Croz zuckte mit seinen beiden Schultern und sagte: „Wahrhaftig, Sie thun am besten, wenn Sie die Sache Andern überlassen.“ Almer sprach mehr und endete mit der Erklärung, daß er nicht mitgehen werde, wenn man ihm auch tausend Franken biete. Wir wendeten uns nun zu der nördlichsten Spitze, fanden aber ihre Südseite noch abschreckender als die Nordseite der mittleren Nadel. Wir gaben uns nun dem ungewohnten Luxus

Die Aiguilles d'Arve, oberhalb der Sennhütten von Rieu Blanc gesehen.

einer dreistündigen Rast auf der Höhe unseres Passes hin, denn ein Paß mußte unsere Schlucht nun einmal sein.

Wir hatten nicht übel gethan. Wir befanden uns 10300 bis 10400 Fuß über dem Meere und hatten die höchst pittoresken Berge der Tarentaise vor uns, während wir im Südosten den Monarchen der Centralalpen des Dauphiné sahen, dessen nähere Bekanntschaft wir machen wollten. Drei sonnige Stunden gingen vorüber, ehe wir uns auf den Rückweg machten. Wir sahen die fernen Weiden eines Thals (muth=

maßlich war es das Vallon oder die Ravine de la Sausse) und ein langes Schneefeld, welches zu ihm niederging. Steile Felsen trennten uns aber von diesem Schneefelde, und unser erster Eindruck war der, daß wir auf demselben Wege zurückgehen müßten, auf dem wir heraufgestiegen waren.

Als wir aber etwas hin und her gingen, entdeckten wir zwei kleine mit Schneefaden gefüllte Rinnen und beschlossen, in der nördlichsten derselben hinunterzusteigen. Unser Weg war steil, aber sicher, denn die Schlucht war so eng, daß wir gegen die eine Seite die Schulter und gegen die andere die Füße stemmen konnten, dazu kam, daß der letzte Nachzügler des vorigen Winters, der Schnee, sehr hart geworden war und zäh an der Spalte festhielt, so daß er uns einen Weg darlieh, wenn die Felsen ihn uns verweigerten. In einer halben Stunde hatten wir die Spitze des großen Schneefeldes erreicht. Walker sagte: „Hier können wir glitschen.“ „Nein, es ist zu steil,“ antworteten die Führer. Unser Freund ließ sich aber stehend heruntergleiten und machte es eine Zeit lang ganz geschickt, aber nach einer Weile verlor er sein Gleichgewicht und schoß nun, bald mit dem Kopfe, bald mit den Füßen voran, in einer solchen Geschwindigkeit herunter, daß es so aussah, als überschlüge er sich. Sein Beil gab er auf und ließ es zurück, aber es überholte ihn und schlug ihn tüchtig. Mensch und Beil reisten mit einander einige hundert Fuß tief und lagerten endlich unten auf dem Felsen. Nach wenigen Augenblicken waren wir über sein Befinden ruhig, da wir seine ironische Bitte hörten, ihn nicht zu lange unten warten zu lassen.

Wir Andern folgten dem Wege, den die punktirte Linie auf dem Holzschnitte angiebt. Die Zickzacks machten wir, um die aus dem Schnee vortretenden kleinen Felsengruppen zu vermeiden, durch die Walker zum Fall gekommen war. Auch wir machten eine

Glitschpartie, aber sitzend, und vereinigten uns unten mit unserm Freunde. Dann wendeten wir uns scharf links und trabten auf dem höchsten Rande einer alten Moräne von bedeutender Größe herunter. Ihr Schlamm war auffallend hart, und an den Stellen, wo große erratische Blöcke auf ihrem Kamme lagen und uns den Weg versperrten, mußten wir mit unserm Eisbeil Stufen in denselben hauen.

Durch den Ton eines fernen „Muh“ geleitet, fanden wir uns schnell zu den höchsten Sennhütten des Thals, das den Namen Rieu Blanc führt. Hier wohnten drei alte Weiber, die zu einem der Verbindungsglieder zu gehören schienen, die von den Naturforschern so eifrig aufgesucht werden. Alle ihre Gedanken bezogen sich auf Kühe und sie sprachen einen barbarischen Dialekt, der selbst dem Savoyarden Croz fast unverständlich war. Sie wollten nicht glauben, daß wir zwischen den Nadeln durchgegangen seien „Das ist unmöglich, da gehen niemals Kühe.“ „Können wir über einen Grat nach La Greve gehen?“ „Gewiß, das thun die Kühe oft.“ „Können Sie uns den Weg zeigen?“ „Nein, aber folgen Sie nur den Spuren der Kühe.“

In der Nähe dieser Hütten verweilten wir einige Zeit, um die Westseiten der Aiguilles d'Arve zu untersuchen, und kamen einstimmig zu der Ansicht, daß die mittlere in dieser Richtung eben so unersteiglich sei wie von Osten, Norden oder Süden. Am folgenden Tage sahen wir dieselbe Nadel wieder in südöstlicher Richtung von einem 11000 Fuß hohen Berge und änderten unsere Ansicht nicht.

Vom 20. bis 22. Juni sahen wir die mittlere Nadel von allen Seiten und gingen um die südlichste fast rund herum. Die nördlichste lernten wir ebenfalls von allen Seiten, mit Ausnahme der nördlichen, kennen. Die letztere ist gerade die Richtung, von der Joanne sagt, daß sie einen verhältnißmäßig bequemen Zugang biete. Wir haben daher über ihre Ersteigung, ausgenommen, was ihren gegenwärtigen Gipfel betrifft, kein Urtheil. Dieser besteht aus zwei sonderbaren Zinken oder Felsnadeln, und wie diese bestiegen werden können, vermag ich nicht zu verstehen, werde mich auch nicht wundern, wenn diese Ersteigung einmal mehr in der Phantasie als in der Wirklichkeit ausgeführt wird, etwa wie jene berühmte Besteigung des Montblanc, „nicht ganz bis zum Gipfel, aber bis zum Montanvert.“

Alle drei Nadeln können zugänglich sein, sehen aber so unersteiglich aus, wie mir nur je etwas vorgekommen ist. Sie sind zwischen den Thälern der Romanche und der Arc die höchsten Gipfel und liegen etwas nördlich von der Wasserscheide zwischen denselben. Eine Linie, die man durch sie zieht, wird ziemlich genau von Norden nach Süden laufen.

Auf einem rauhen Pfade stiegen wir von Rieu Blanc zu den Sennhütten von La Sausse hinunter, welche dem Sausse-Thal, in dem sie liegen, den Namen geben. Dies ist eins der zahlreichen Seitenthäler, welche nach St. Jean d'Arve und von da nach St. Jean de Maurienne führen.

Durch zwei mehr oder minder bekannte Pässe, nämlich über den Col de l'Infernet und über den Col de Martignare, gelangt man aus diesem Thal nach dem Dorfe La Grave ins Romanche-Thal, auf der Straße nach Lautaret. Den ersten Paß überstieg Forbes, wie er in seinem Buche: „Norwegen und seine Gletscher,“ erwähnt, genau vor dreißig Jahren. Der letztere liegt nördlich vom erstern und wird von Reisenden selten betreten. Das paßte aber, und so machten wir uns am 22. Juni zu ihm auf den Weg, nachdem wir in La Sausse bequem, wenn auch nicht üppig, auf dem Heu geschlafen und in der Höflichkeit und Gastfreundschaft unserer Wirthe für die Einfachheit der Einrichtung Entschädigung gefunden hatten.*

Unser Zweck war jetzt, auf der Landstraße von Grenoble nach Briançon bis La Grave zu gehen und unterwegs irgend einen Punkt zu ersteigen, der hoch genug sei, um uns einen guten Ueberblick der Alpen des Dauphiné im allgemeinen und der großen Ketten der Meije im Besondern zu gewähren. Vor meiner Abreise aus England hatte mir ein sorgfältiges Studium des Joanne'schen Werkes die Ueberzeugung verschafft, daß der kürzeste Weg von La Sausse nach La Grave über den Col de Martignare führe und daß sich von diesem Col ein hoher Gipfel ersteigen lasse, der in jenem Buche der Bec du Grenier heißt und auch Aiguille de Goléon genannt wird. Als ich aber die sardinische Karte zu Rathe zog, fand ich dort östlich vom Col de Martignare nicht einen diese beiden Namen tragenden Gipfel, sondern zwei verschiedene angezeigt. Der eine genau über dem Col war der Bec du Grenier, dessen Höhe nicht angegeben wurde. Der andere, noch weiter gegen Osten und etwas südlich von der Wasserscheide, war die Aiguille de Go-

* Als ich 1869 im Hospiz des Col de Lautaret ausruhte, redete mich ein Bauer in mittleren Jahren an und fragte mich, ob ich gegen eine kleine Vergütung in seinem Wagen nach Briançon mitfahren wolle. Er war sehr neugierig, was ich von seiner Heimath wisse, und fragte zuletzt: „Waren Sie in La Sausse?" „Ja." „Nun, dann sage ich Ihnen, daß Sie einige der ersten Leute der Welt gesehen haben." „Nun," sagte ich, „vorsündfluthlich sahen sie allerdings aus." Er meinte es aber ernstlich und fuhr fort, indem er schallend auf sein Knie schlug: „Ja, wahrhaft brave Leute und in der Pflege der Kühe unvergleichlich." Nun wurde er sehr mittheilsam. „Sie dachten wahrscheinlich," sagte er, „als ich Ihnen meinen Wagen anbot, daß ich arm sei, nicht einen Sou besitze, aber ich sage Ihnen, das war mein Berg, ja mein Berg, den Sie bei La Sausse sahen, das waren meine Kühe, so ein Hundert bei einander." „Sie sind also reich?" „Nun, so so. Am Col du Galibier habe ich noch einen zweiten Berg und bei Villeneuve einen dritten." Der Mann sah wie ein gewöhnlicher Bauer aus und war viertausend Pfund werth.

léon (11250 englische Fuß hoch) mit einem sehr bedeutenden Gletscher, dem sogenannten Lombard. Auf der französischen Karte* dagegen war keiner der obigen Namen zu entdecken, wohl aber fand sich eine Spitze, Aiguille de la Sausse genannt (10897 Fuß), an der Stelle eingetragen, welche die sardinische Karte dem Bec du Grenier anwies, während weiter gegen Osten ein zweiter und namenloser Gipfel (10841 Fuß) lag, aber nicht auf der Stelle der Aiguille du Goléon, von der, wie vom Lombard-Gletscher, keine Spur zu finden war. Dies alles war recht verwirrend und unbefriedigend, doch hegten wir keinen Zweifel, daß wir eine der Spitzen östlich vom Col de Martignare, der über das Sausse-Thal hinüberhängt, ersteigen könnten, und beschlossen daher, diesen Col zur Grundlage unserer Unternehmungen zu machen.**

Von unseren Wirthinnen mit frommen Wünschen entlassen, brachen wir kurz nach vier Uhr Morgens auf, stiegen zunächst zum oberen Ende der Schlucht empor, machten dort Kehrt, um einen langen, auf ungewöhnliche Art vortretenden Felsenvorsprung zu umgehen, und schritten nun auf den Col de Martignare los, mußten aber, ehe wir seinen Gipfel erreichten, nochmals umkehren und unseren ursprünglichen Weg wieder einschlagen.*** Um sechs Uhr standen wir auf der Wasserscheide und folgten ihr gegen Osten, wobei wir uns eine Strecke weit genau an den Grat hielten und

* Eine Durchzeichnung der noch nicht veröffentlichten Blätter der amtlichen französischen Karte hatte ich gesehen.

** Ich entnehme diesen ganzen Absatz wie mehrere Stellen in diesem und den folgenden Kapiteln dem Tagebuche Moore's. In diese Namensverwechselungen noch weiter einzugehen, würde unerquicklich sein, und ich bemerke daher nur, daß sowohl die Behörden, bei denen ich anfragte, als die Einwohner an Ort und Stelle sich ihrer schuldig machten.

*** Ein großer Theil dieser Morgenwanderung führte über losen und sehr lästigen Schiefer, der wahrscheinlich eine Fortsetzung der wohlbekannten Betten des Col du Galibier und des Col de Lautaret war.

später ein wenig gegen Süden abbogen, um eine beträchtliche Nadel zu vermeiden, die uns verhinderte, schnurstracks auf den Gipfel loszusteuern, wie wir eigentlich beabsichtigten. Nach neun Uhr standen wir oben und hatten nun die Bodenbildung vor Augen.

Unser Gipfel schloß mit drei anderen eine Hochfläche ein, die von einem Gletscher gefüllt wurde. Ich will diese Bergspitzen A, B, C, D nennen (s. den Plan auf S. 219). Wir standen auf C, der fast genau so hoch wie B, aber höher als D und niedriger als A war. Gipfel A war der höchste von allen und etwa 200 Fuß höher als B und C. Wir erkannten in ihm die Aiguille de Goléon, die nach der französischen Vermessung 11250 Fuß hoch ist. Den Gipfel D hielten wir für den Bec du Grenier und B und C nannten wir, in Ermangelung anderer Namen, die Aiguilles de la Sausse. Der Gletscher lief in südöstlicher Richtung und war der Lombard-Gletscher.

Die Gipfel B und C hingen über der Sausse-Schlucht und standen mit einer weiteren Nadel E in Verbindung, die dasselbe Thal überragte. Eine Fortsetzung des Grats, aus dem diese drei Nadeln sich erhoben, stieß an die Aiguilles d'Arve. Der Kopf der Sausse-Schlucht war also von sechs Gipfeln kreisförmig umschlossen, von denen drei sich als Aiguilles de la Sausse bezeichnen ließen und die anderen die Aiguilles d'Arve waren.

Wir waren in der Wahl unseres Gipfels sehr glücklich gewesen. Von anderen Dingen nicht zu sprechen, gewährte er eine großartige Aussicht auf den Grat, welcher in einer Spitze von 13080 Fuß gipfelt. Es ist die Meije, welche die Reisenden die Aiguille du Midi de la Grave zu nennen pflegen. Der Blick, den man vom Dorfe La Grave auf diesen Berg hat, kann nicht genug gepriesen werden und ist eine der schönsten Aussichten, die man in den Alpen unten auf der Landstraße genießen kann. Der Blick auf die Ortler-Spitze vom Stelvio läßt sich allein mit ihr vergleichen; doch sprechen sich diejenigen, welche beide Aussichten kennen, meistens für die auf die Meije aus. Von La Grave aus kann man aber die edleren Verhältnisse und die majestätische Größe der Meije eben so wenig beurtheilen, wie man die Symmetrie des Doms der Paulskirche vom Kirchhof aus zu würdigen vermag. Um sie richtig zu sehen, muß man eine größere Entfernung und eine bedeutendere Höhe wählen.

Die Meije zu beschreiben, werde ich nicht versuchen. Dieselben Worte und Phrasen müssen bei manchem Berge Dienste leisten und werden langweilig. Außerdem ist es eine entmuthigende Thatsache, daß jede Beschreibung, so wahr sie auch sein und so viele Mühe man sich mit ihr geben mag, selten und vielleicht nie eine Idee von der Wirklichkeit giebt.

Die Meije verdient übrigens mehr als eine vorübergehende Bemerkung. Sie ist der einzige und letzte Alpengipfel, der nie den Fuß eines Menschen gekannt hat, und ihre zackigen Grate, ihre wie erstarrte Ströme gestalteten Gletscher und ihre fürchterlichen Abgründe sind der Art, daß man bei ihrer Beschreibung nicht übertreiben kann.* Wollte ich aber von diesen Zügen ohne die Beihülfe

* Der Grat, der die Meije heißt, streicht von Ostsüdost zu Westnordwest und wird von zahlreichen und ziemlich gleich hohen Nadeln gekrönt. Die beiden höchsten liegen an den östlichen und westlichen Endpunkten des Rückens und sind eine Viertelstunde von einander entfernt. Dem erstern geben die französischen Ingenieure eine Höhe von 12730, dem letztern von 13080 Fuß. Nach meiner Ansicht kann die westliche Nadel kaum 200 Fuß höher als die östliche sein. Es ist möglich, daß ihre Höhe seit der Vermessung abgenommen hat.

Im Jahre 1869 habe ich das östliche Ende des Grats vom Gipfel des Col de Lautaret genau beobachtet und die Ueberzeugung gewonnen, daß die hier aufragende Spitze erstiegen werden kann, wenn man einem langen Gletscher folgt, der von ihr gegen Nordosten in das Thal der Arsine hinabsteigt. Der höchste Gipfel mag Schwierigkeiten bieten, ist aber möglicherweise zugänglich. Jeder Versuch muß unbedingt von der Nordseite gemacht werden. (S. S. 239.)

von Bildern sprechen, so hieße das eben so viel, als wollte ich in Worten die Lieblichkeit von Wellenlinien, die Schönheit der Farben oder der Harmonie von Tönen besprechen. Ich versuchte das Unmögliche und machte besten Falls den Eindruck, daß die von mir besprochenen Dinge ganz hübsch zu sehen oder zu hören sein könnten, obgleich sie beim Lesen unverständlich blieben. Ich will also von diesen Dingen schweigen, nicht daß ich nicht mit Liebe an sie dächte, sondern weil sie sich nicht in die Sprache übersetzen lassen. Da ich jetzt nun einmal zu topographischen Einzelnheiten zurückkehren muß, so will ich versuchen, der Armuth meiner Feder durch einen freigebigen Gebrauch meines Pinsels zu Hülfe zu kommen.

Während wir auf der Aiguille de la Sausse saßen, richtete sich unsere Aufmerksamkeit auf einen gerade gegenüberliegenden Punkt, nämlich auf eine Lücke oder Kluft zwischen der Meije und dem Berge, welcher der Rateau heißt. In Wahrheit hatten wir die Nadel blos deshalb bestiegen, um uns eine gute Aussicht auf diesen Punkt zu verschaffen. Die Schlucht sah, wie meine Gefährten bemerkten, einem Paß so ähnlich wie ein Apfel dem andern. Sie war noch nicht begangen worden, doch hätte dies längst geschehen sein sollen, wie die Eingeborenen selbst anerkannten, indem sie ihr den passenden Namen: Bresche der Meije, gaben.

Ich hatte diese Stelle 1860 und dann wieder 1861 gesehen, aber an ein Begehen derselben nicht gedacht. Unsere Bekanntschaft mit ihr beruht hauptsächlich auf einer photographischen Wiedergabe des damals noch nicht veröffentlichten Blattes 189 der großen Karte von Frankreich, welche Herr Tuckett uns mit seiner bekannten

---

Blatt 189 der französischen Karte ist in Betreff der Umgegend der Meije, namentlich der nördlichen Bergseite, auffallend ungenau. Die auf ihr eingetragenen Grate und Gletscher werden sich an Ort und Stelle schwerlich auffinden lassen.

Gefälligkeit zur Verfügung gestellt hatte. Aus dieser Karte ergab sich, daß wir, wenn wir die Bresche übersteigen konnten, den geradesten Weg zwischen dem Dorfe La Grave und dem Dorfe Bérarde im Departement der Isère gewannen, und daß die Entfernung zwischen den beiden Ortschaften auf diesem Wege um ein Drittheil geringer war als auf der gewöhnlichen Straße über die Dörfer Freney und Venos. Meine Leser werden fragen: Weshalb wurde die Bresche nie begangen? Aus dem sehr vernünftigen Grunde, weil das Thal auf seiner Südseite (Vallon des Etançons) unbewohnt und La Bérarde selbst ein elendes Dorf ohne Interessen, ohne Handel und fast ohne Bevölkerung ist. Weshalb wollten wir aber über die Bresche gehen? Weil die Pointe des Ecrins unser Ziel und La Bérarde der nächste bewohnte Ort war.

Bei unserm Aufenthalt auf der Aiguille de la Sausse hatten wir keine besondere Hoffnung, die Bresche überwinden zu können, da sie eine Verbindung der schlimmsten Schwierigkeiten darzubieten schien. Offenbar gab es nur einen Weg, auf dem ihr näher zu kommen war. Wie wir sahen, befand sich auf der Spitze des Passes ein steile Mauer von Schnee oder Eis (muthmaßlich von Eis, da sie zu steil war), deren Basis durch einen großen Schrund, der sie von den umliegenden Schneefeldern trennte, geschützt wurde. Blickten wir von da hinab, so sahen wir wellenförmige Schneefelder, die zu einem großen Gletscher niederführten. Die Schneefelder machten uns keine Sorge, aber der Gletscher war in jeder Richtung zerklüftet und zerrissen. Mächtige Spalten schienen ihn an mehreren Stellen seiner ganzen Breite nach zu durchziehen und überall hatte er das eigenthümliche verschobene Ansehen, das auf eine ungleiche Bewegung des Eises hindeutet. Wie konnten wir zu ihm hinaufgelangen? An seiner Basis endete er plötzlich, kurz abgeschnitten von einer Klippe, über die er von Zeit zu Zeit Lawinen hinunterwarf, wie wir an der großen dreieckigen Trümmerstätte unten erkannten. Dort ließ sich nichts unternehmen — der Gletscher mußte in der Seite angegriffen werden. Aber auf welcher Seite? Im Westen nicht — diese Klippen konnte Niemand ersteigen. Wenn es

Melchior Anderegg (1864).

irgendwo geschehen sollte, so mußte es im Osten sein, und dort sahen die Felsen wie roches moutonnées aus.

Wir eilten also nach La Grave hinunter, um zu hören, was Melchior Anderegg, der eben mit der Familie meines Freundes Walker durch das Dorf gekommen war, über die Sache zu sagen habe. Wer ist Melchior Anderegg? Diese Frage kann nur Jemand stellen, der nie in der Schweiz gewesen ist, wo der Name Melchior eben so bekannt ist wie der Name Napoleon. Melchior ist auf seine Art auch ein Kaiser, ein Fürst unter den Führern. Sein Reich ist der ewige Schnee, sein Scepter die Eisaxt.

Melchior Anderegg, der von Bekannten blos Melchior genannt wird und unter diesem Namen allgemein bekannt ist, wurde am 6. April 1828 in Zaun bei Meiringen geboren. Hinchcliff's „Sommermonate in den Alpen" lenkten die öffentliche Aufmerksamkeit auf ihn, der bis zum Erscheinen des kleinen Buchs nur Wenigen bekannt gewesen war. Im Jahre 1855 war er im Grimsel-Hotel Lohnbedienter und führte die Fremden auf Rechnung seines Herrn. Melchior bekam blos ein Trinkgeld. 1856 zog er in den Schwarenbach-Gasthof auf der Gemmi, wo er sich mit dem Schnitzeln und dem Verkauf von Holzsachen beschäftigte. Im folgenden Jahre machte er mit den Herren Hinchcliff und Stephen zahlreiche Wanderungen und bewährte eine seltene Gewandtheit, einen unerschütterlichen Muth und einen bewunderungswürdigen Charakter. Seit jenem Jahr ist seine Stellung eine fest begründete gewesen. Seit langer Zeit giebt es keinen Führer, nach dem mehr gefragt würde, und gewöhnlich hat er auf ein Jahr im voraus Verpflichtungen übernommen.

Was er nicht gethan hat, läßt sich am Ende leichter sagen, als eine Liste seiner Unternehmungen aufstellen. Seine Waffen begleitet ein unwandelbarer Erfolg; zum Siege, nicht zum Tode führt er die, welche sich ihm anvertrauen. Ich glaube nicht, daß die Reisenden, die er führt, jemals ein Unfall getroffen hat. Gleich seinem Freunde Almer kann er ein sicherer Mann genannt werden, und das ist der schönste Ehrenname, der sich einem Führer beilegen läßt.

Bald nach Mittag befanden wir uns in dem kleinen Gasthofe

von La Grave. Das Dorf liegt auf der großen Straße von Lautaret und ist ein schiefes, gleichsam umgefallenes Nest, in dem es, wie Moore witzig bemerkt, nur ein Ding giebt, das sich nie verändert: der Gestank.* Melchior war bereits fort, hatte aber ein paar Zeilen hinterlassen, in denen er sagte: „Ich halte die Uebersteigung der Bresche für möglich, aber sehr schwierig.“ Seine Ansicht war auch die unsrige, und so legten wir uns mit der Erwartung schlafen, am nächsten Tage achtzehn bis zwanzig Stunden auf den Beinen zu sein.

Am folgenden Morgen verließen wir La Grave gegen drei Uhr, überschritten nach wenigen Minuten die Romanche und wendeten uns um vier Uhr zu der Moräne des östlichen Gletscherarms, der von der Bresche niedersteigt.** Die Felsen, die wir ersteigen wollten, lagen zwischen den beiden Gletscherarmen und sahen noch immer glatt und wie eine einzige Fläche aus. Um fünf Uhr standen wir oben vor ihnen und sahen nun, daß wir uns getäuscht hatten. Kein Zimmermann hätte eine bequemere Treppe bauen können. Sie waren keine roches moutonnées und sahen blos wegen ihrer merkwürdigen Festigkeit von fern glatt aus. Es war ein wirklicher Genuß, diese prächtigen Felsen zu ersteigen. Der Stiefel haftete so fest am Stein, daß man nicht ausgleiten konnte, wenn man sich nicht große Mühe gab. In einer Stunde standen wir über dem zerklüftetsten Theil des Gletschers und sahen uns nach einem Wege

---

* Wie wahr das ist, hat Jeder empfunden, der vor 1864 in La Grave gewesen ist. In jener Zeit wurden die Pferde der zwischen Grenoble und Briançon hin- und hergehenden Couriere unmittelbar unter dem Speisesaal und den Schlafzimmern eingestellt, und durch die Ritzen in dem Fußboden drang ein scharfer Geruch, der beständig das ganze Haus füllte. 1864 soll sich das geändert haben.

** Unsern Weg von La Grave nach Bérarde sieht man auf dem in den Text gedruckten Kärtchen.

auf demselben um. Genau an der richtigen Stelle lag seitwärts ein Streifen Schnee, und statt das Eis durch schwierige Turnübungen erreichen zu müssen, gingen wir vom Felsen so bequem wie auf der Landstraße zu demselben hinüber. Um halb sieben Uhr befanden wir uns auf dem Mittelpunkte des Gletschers und sahen die Einwohner von La Grave in Masse vor die Häuser kommen, um sich mit Verwunderung zu überzeugen, wie falsch ihre zuversichtlichen Prophezeiungen gewesen seien. Wie mochten sie staunen, als unsere kleine Karawane, die von unten wie eine Reihe Fliegen an einer Mauer aussah, ohne sich zu besinnen und ohne anzuhalten, höher und höher kroch, bald auf eine Minute verschwand, wenn sie in eine Spalte untertauchte, und bald auf der andern Seite wieder kletternd zum Vorschein kam. Je höher wir stiegen, um so leichter wurde die Arbeit, um so kleiner die Winkel, um so schneller unsere Schritte. Wir hatten auf dem Schnee immer Schatten und gingen so bequem wie auf einer Landstraße. Als wir um drei Viertel auf acht die Spitze des Passes erblickten, stürmten wir so leidenschaftlich vorwärts, als gelte es der Mauerbresche einer Festung, nahmen den Graben, hinten geschoben und vorn gezogen, im ersten Anlauf, eroberten den steilen Hang, der nun folgte, und standen um acht Uhr fünfzig Minuten in der kleinen Lücke, 11 054 Fuß über dem Spiegel des Meeres. Die Bresche war erstürmt. Die Leute unten hatten Recht, zu staunen: fünf und eine Viertelstunde

Maßstab:
3 engl. Meilen = 1 Zoll.

hatten uns zur Ersteigung von 6500 Fuß genügt.* Wir stießen ein Triumphgeschrei aus, als wir sie zum Frühstück in die Häuser gehen sahen.

Alle Bergbesteiger wissen, wie nützlich es ist, einen Weg, der über unbekannten Boden führt, vorher von einer etwas entfernten Höhe zu sondiren. Wer kein Laie ist, wird das immer thun, wenn es überhaupt möglich ist, und sehr gründlich zu Werke gehen. Im allgemeinen wird es, je näher man dem Gipfel kommt, um so schwieriger, den richtigen Weg zu ermitteln. Kleine Gipfel erscheinen als unverhältnißmäßig wichtig, untergeordnete Grate als hoch und Abhänge verdecken die dahinterliegenden Bergspitzen. Wenn man eine Ersteigung blindlings unternimmt, ohne sich eine erträgliche Bekanntschaft mit der relativen Bedeutung der einzelnen Theile und ihrer Stellung zu einander verschafft zu haben, so muß ein Wunder geschehen, wenn man nicht erheblichen Schwierigkeiten begegnen soll.

Obgleich die vorhergehende Prüfung eines Wegs, den man begehen will, von einer etwas entfernten Höhe aus, demjenigen, welcher das Gesehene richtig beurtheilt, viel sagen und ihn befähigen wird, viele Schwierigkeiten zu umgehen, gegen die man sonst wie ein Blinder anrennen würde, so wird sie doch selten in den Stand setzen, über die Gangbarkeit oder Ungangbarkeit eines ganzen Wegs ein sicheres Urtheil zu gewinnen. Felsen aus einer Entfernung genau zu erkennen, ist für Jeden unmöglich. Die eben erwähnten Klippen liefern ein Beispiel. Drei der tüchtigsten und erfahrensten Führer sprachen sich dahin aus, daß wir den größten Schwierigkeiten begegnen würden, und wir fanden gar keine. In der That, je ge-

* Im allgemeinen ist die Ersteigung von tausend Fuß in der Stunde die bei großen Ersteigungen gewöhnliche Leistung.

sunder und unverletzter ein Gestein ist, um so unzugänglicher pflegt es in der Entfernung auszusehen, während weiche und leicht zerstörbare Felsen, die oft zu den schwierigsten und gefährlichsten gehören, von weitem häufig den Eindruck machen, daß ein Kind sie überschreiten könne.

Ueber die Gangbarkeit eines Gletschers läßt sich mit größerer Sicherheit urtheilen. Wenn ich sehe, wie ich das aus großer Ferne schon kann, daß er wenige offene Spalten hat, dann weiß ich, daß er möglicherweise überschritten werden kann. Bis zu welchem Grade ein solcher Gletscher, oder ein anderer, von vielen Spalten durchzogener aber schwierig sein wird, das hängt von der Breite und Länge seiner Spalten und von den Winkeln seiner Oberfläche ab. Mancher Gletscher ist stark zerklüftet, aber seine Risse sind so schmal, daß man von der geraden Linie nicht abzuweichen braucht, wenn man ihn überschreitet. Ein anderer hat weniger offene Spalten und ist doch wegen der Steilheit seiner Winkel ungangbar. Man sagt wohl, daß ein Mann mit einem Beil auf einem Gletscher überall hingehen könne, aber die Erfahrung lehrt bald, daß man mit kleinen Winkeln zu thun haben muß, wenn man sich auf Eis frei bewegen will. Es ist deshalb nothwendig, die Winkel einer Gletscheroberfläche annähernd zu kennen, um beurtheilen zu können, ob sie leicht zu begehen oder ungangbar ist. Wenn man einen Gletscher aus einer Ferne ganz von vorn betrachtet, erkennt man dies nicht. Man muß ihn im Profil sehen, und häufig ist es wünschenswerth, ihn von vorn und von der Seite zu prüfen. Von vorn kann man die Richtung der Spalten beobachten und zugleich sehen, wo die meisten und wo die wenigsten sind; von der Seite erkennt man, ob die Winkel klein oder groß sind. Ist ein Gletscher sehr steil, so thut man am besten, ihn ganz zu vermeiden und sich an die Felsen zu halten, selbst wenn diese schwierig sind.

Auf Gletschern mit weniger Steigung und mit wenigen offenen Spalten läßt sich aber immer besser gehen als auf dem bequemsten Felsen.

Dies wird erklären, weshalb wir uns täuschten, als wir die Bresche der Meije von der Aiguille de la Sausse betrachteten. Wir bemerkten alle Schwierigkeiten, beachteten aber die Entfernung nicht genug, in der die Bresche südlich von La Grave liegt. Was ich meine, wird durch die beifolgende Zeichnung deutlich werden. Figur 1, die nach den Angaben der französischen Vermessung gezeichnet ist, wird zugleich als Beispiel dienen, wie schlecht das Auge ohne Hülfe Erhebungswinkel beurtheilt.

Fig. 2.

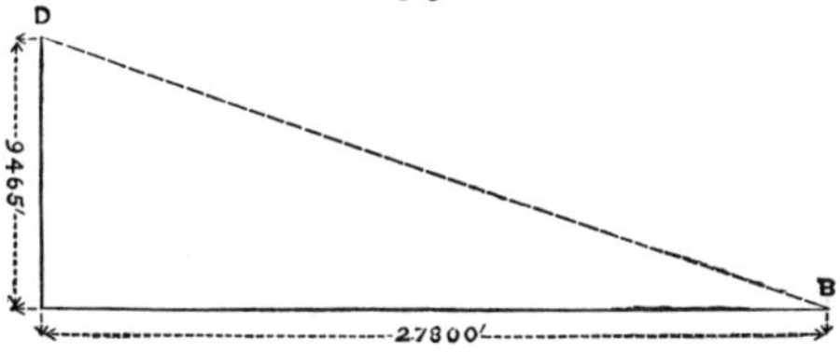

Fig. 1.

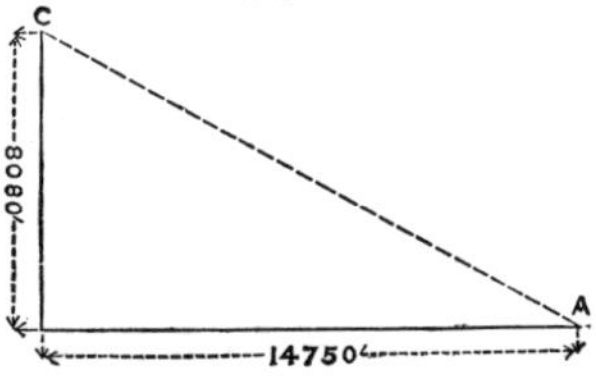

Das Dorf La Grave liegt genau 5000 und der höchste Gipfel der Meije 13080 Fuß über dem Spiegel des Meeres. In ihren Niveaux existirt mithin ein Unterschied von 8080 Fuß. Der Gipfel der Meije liegt aber etwa 14750 Fuß südlich von La Grave und folglich ist eine Linie, die von La Grave zum Gipfel der Meije gezogen wird, nicht steiler als die punktirte Linie A bis C in Figur 1. Mit anderen Worten: könnte man von La Grave bis zum Meije-Gipfel in gerader Linie gehen, so würde der Steigungswinkel weniger als 30 Grad betragen. Unter zehn Personen würden an Ort und Stelle wahrscheinlich neun den Winkel doppelt so hoch schätzen. (Figur 2 stellt in ähnlicher Weise die Entfernung und Erhebung des Matterhorns von und über Zermatt dar. S. S. 100.)

Die Bresche liegt 2000 Fuß unter dem Gipfel der Meije und blos 6000 Fuß über La Grave. Eine directe Linie vom Dorfe bis zur Bresche würde mithin einen Winkel von nicht viel mehr als 20 Grad haben. Es ist aber nicht möglich, so zu steigen, wie der Vogel fliegt. Man muß Umwege machen und viel länger gehen.

Das Vallon des Etançons (gegenüber La Bérarde).

Unser Weg betrug wahrscheinlich das Doppelte einer directen Linie zwischen den beiden Gletschern. Wir gelangen daher zu dem auffallenden Schlusse, daß in diesem Passe, der zu den steilsten in den Alpen gehört, das Mittel aller Winkel nicht größer als 11 bis 12 Grad ist. Natürlich waren die Winkel an manchen Stellen viel steiler und an anderen viel geringer, aber ihr Mittel kann die eben erwähnte Steigung nicht überschritten haben.

Als wir auf dem Gipfel der Bresche saßen, kümmerten wir uns um diese Dinge wenig. Unser Tagewerk war so gut wie vorbei, denn wir wußten von den Herren Mathews und Bonney, daß auf der anderen Seite keine Schwierigkeiten existirten. Wir überließen uns also der Ruhe und dem Genuß, betrachteten abwechselnd den Rateau und die Ecrins und fragten uns, wie der eine Berg nur zusammenhalten könne und ob der andere Berg sich gegen uns halten werde. Der Rateau sah so zerfressen aus, daß man glauben konnte, ein Windstoß oder ein Donnerschlag werde den ganzen Bau in Trümmer schlagen, während die Ecrins sich als die Monarchen der Gruppe darstellten und Kopf und Schultern über alle die anderen Gipfel hoben, welche das große Hufeisen des Dauphiné bilden. Endlich durchkältete uns ein eisiger Luftstrom und bestimmte uns, unser Quartier 3000 Fuß tiefer auf einen kleinen Grasflecken, eine Oase in einer Wüste, zu verlegen, wo wir fast vier Stunden saßen und die prachtvolle Mauer bewunderten, welche den Meije-Gipfel auf dieser Seite gegen Angriffe schützt.* Dann trabten wir hinunter ins Vallon des Etançons, d. h. in eine heulende Wildniß, ein Bild der Verwüstung, entblößt vom thierischen wie vom Pflanzenleben, natürlich ohne Wege, ein reines Chaos, und fast in seiner ganzen Länge mit Trümmern von der Größe einer Wallnuß bis zu der eines Hauses bedeckt, so daß das Thal aussieht, als ob ein halbes Dutzend Moränen größter Art hineingefahren oder geschossen wären. Unsere Stimmung wurde

---

* Diese Mauer kann als eine größere Gemmi, wie man diese von Leukerbad sieht, beschrieben werden. Vom höchsten Gipfel der Meije bis zum Glacier des Etançons gerade herunter ist die Klippe 3250 Fuß hoch und so gut wie senkrecht, so daß sie vollständig unersteiglich zu sein scheint. Ich würde eine Zeichnung dieser Mauer geben, welche in ihrer Art die imposanteste ist, die ich kenne, wenn das Format dieses Buches nicht ganz unzureichend wäre, ihr gerecht zu werden.

durch ein beständiges Stolpern verdorben, denn man durfte die Augen nicht von den Füßen wenden, und wenn ein unglücklicher Mensch sich nur die Nase schneuzte, ohne bei der Operation stillzustehen, dann fiel er entweder, oder zerschund sich die Haut, oder vertrat sich halb den Fuß. Wir sahen gar kein Ende und wurden bei jedem Schritt ärgerlicher, indem wir einstimmig schwuren, daß keine Macht der Welt uns dahin bringen solle, dieses Thal wieder zu betreten. Wir begingen dadurch ein Unrecht gegen dasselbe, denn es war von herrlichen Bergen eingeschlossen, die allerdings unbekannt sind, aber einen großen Ruf verdienen, und nur in einer anderen Gegend zu stehen brauchten, um aufgesucht und als Muster kühner Formen und anmuthiger Umrisse gepriesen zu werden.

Vor nicht sehr langer Zeit vielleicht hatte das Vallon des Etançons einen heiterern Charakter. Es ist wohlbekannt, daß viele der französischen Alpenthäler in ziemlich modernen Zeiten sich rasch verschlechtert haben. Vor wenigen Jahren hat Blanqui in der Akademie der Wissenschaften auf einige der Ursachen hingewiesen, durch welche diese Veränderung entstanden ist. Passen seine Bemerkungen gerade auf dieses Thal auch nicht ganz, so kann ich doch dieses Kapitel mit einigen seiner kräftigen Sätze passend schließen: „Der Mißbrauch des Weiderechts und das Niederschlagen der Wälder," sagte er, „haben den Boden seines ganzen Grases und seiner sämmtlichen Bäume beraubt, so daß die sengende Sonne ihn nun so ausdörren kann, daß er fast wie Porphyr wird. Weicht der Regen ihn auf, so rollt er, da er ohne Stütze und Zusammenhang ist, in die Thäler herunter, zuweilen in Fluthen, die wie schwarze, gelbe oder röthliche Lava aussehen, zuweilen in Strömen von Steingeröll und selbst von mächtigen Felsblöcken, die mit einem furchtbaren Donner niedergehen. Ungeheure Lager von Feuersteinen, viele Fuß dick, die hinuntergerollt sind und sich über die Ebene weit verbreitet haben, umgeben große Bäume, begraben ihre Wipfel und steigen über ihnen empor. Die Schluchten, auf welche die Sonne, von der die Felsen gespalten und zertrümmert werden, einwirkt, und deren Geröll vom Regen hinuntergefegt wird, dringen tiefer und tiefer in das Herz des Berges ein, während die Betten der Ströme, die von ihnen ausgehen, zuweilen in einem einzigen Jahre durch die Trümmer um einige Fuß erhöht werden. Ein mittelbarer Beweis der Zunahme des Uebels ist in der Entvölkerung des Landes zu finden. Trifft man nicht rasche und energische Maßregeln, so läßt sich die Zeit leicht angeben, in der die französischen Alpen blos eine Wüste sein werden. Jedes Jahr wird das Uebel verschlimmert und in einem halben Jahrhundert wird Frankreich mehr Ruinen und ein Departement weniger haben."

Neuntes Kapitel.

Ersteigung der Pointe des Ecrins.

Am 23. Juni trabten wir vor fünf Uhr Nachmittags den steilen Pfad hinunter, der nach La Bérarde hineinführt. Zunächst suchten wir den Jäger und Führer Rodier auf, der so glatt und freundlich wie immer war, nahmen seine Glückwünsche über die Besteigung der Bresche in Empfang und begaben uns dann ins Freie, um uns nach einem gewissen Alexander Pic umzusehen, den wir am vorigen Abend mit unserem Gepäck auf dem Wege über Freney und Venos abgeschickt hatten. Als die Nacht kam und kein Pic erschien, sahen wir, daß unsere Pläne geändert werden mußten. Ohne ihn konnten wir nämlich gar nicht existiren, da er unsere Lebensmittel, unseren Tabak, kurz Alles mit sich führte. Nach einigen Erörterungen verabredeten wir also, einen Theil unseres Programms aufzugeben, die Nacht zum 24. oben auf dem Glacier de la Bonne Pierre zu verbringen und am 25. den Versuch einer Besteigung der Ecrins zu machen. Dann legten wir uns aufs Stroh.

Am nächsten Morgen spazierte unser Träger Pic mit seiner gewöhnlichen heiteren Miene herein. Wir bemächtigten uns unserer Zahnbürsten, aber als wir nach den Cigarren sahen, starrte uns eine entsetzliche Leere ins Gesicht. „He, Monsieur Pic, wo sind unsere Cigarren?" „Meine Herren, ich bin trostlos," begann er und erzählte nun eine lange Geschichte von einer Ohnmacht auf der Straße, von Räubern, Dieben und von einer Plünderung des Tornisters, die während seiner Bewußtlosigkeit erfolgt sei und die er erst bemerkt habe, als die Missethäter fort gewesen seien. „Monsieur Pic, das heißt, Sie haben die Cigarren selbst geraucht." „Meine Herren, ich rauche nie, nie." Wir erkundigten uns heimlich, ob er als Raucher bekannt sei, und erfuhren, daß er stark rauche. Er betheuerte trotzdem, daß er nie wahrer gesprochen habe als jetzt, und das kann auch wirklich so sein, da er als der größte Lügner im Dauphiné bekannt ist.

Wir konnten nun aufbrechen und machten uns mit Rodier, der unter einer Last von Decken schwankte, um ein Uhr Mittags nach dem Glacier de la Bonne Pierre auf den Weg. Wir erstiegen manche Abhänge und überschritten manche Bergströme, die Herr Tuckett in der Alpen-Zeitschrift vom December 1863 beschrieben hat. Die Schwierigkeiten, denen er bei den letzteren begegnet war, vermieden wir, indem wir sie hoch oben kreuzten. Als wir die Moräne auf der rechten Seite des Gletschers, oder vielmehr eine der dortigen Moränen, denn es giebt mehrere, erreichten, senkten sich zu unserm großen Nachtheil Nebel herab, und es wurde halb sechs Uhr, ehe wir an der Stelle ankamen, wo wir zu lagern gedachten.

Jeder wählte sich seinen Winkel und dann versammelten wir uns um ein großes Feuer, das unsere Leute gemacht hatten. Fortnum und Mason's tragbare Suppe wurde gekocht und als vorzüglich befunden; doch muß ich bemerken, daß wir dreimal so viel nöthig

16*

hatten, als in der Gebrauchsanweisung benannt wird. Nicht blos beim Kochen, sondern auch beim Trinken dieser Suppe ist Kunst erforderlich. Ein Punkt ist der folgende: Laß deine Freunde zuerst trinken, nicht blos weil das höflich ist, sondern auch, weil man sich mit Suppe, die zu heiß ist, den Mund verbrennt und weil ein letzter Schluck so viel werth ist als zwei erste, da die ganze Kraft unten am Boden sitzt.

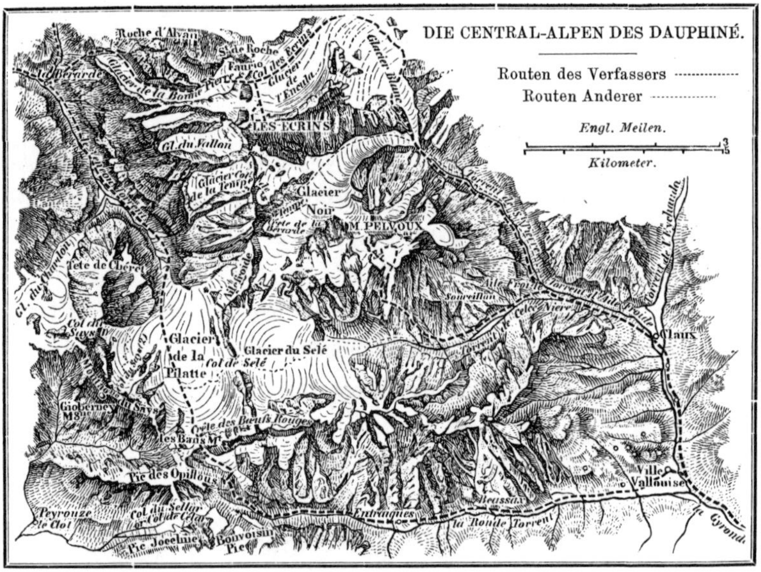

Während wir diese Geschäfte besorgten, wurde der Nebel dünner, der den Gletscher und die umliegenden Gipfel einhüllte. Hier und da wurden am Himmel kleine blaue Stellen sichtbar, als plötzlich, während wir gerade nach der Spitze des Gletschers blickten, weit, weit über uns in einer fast unbegreiflichen Höhe in einer Spalte der Wolken eine wunderbare, von dem Licht der untergehenden Sonne übergossene Felsnadel hervortrat. Der herrliche Anblick überraschte uns so, daß Secunden vergingen, ehe wir wußten, was wir sahen, und nun erkannten, daß dieser staunenswerthe und scheinbar meilenweit von der Erde entfernte Punkt einer der höchsten Spitzen der Ecrins sei. Ehe die Sonne des nächsten Tages unterging, hofften wir auf einer noch hervorragenderen Nadel zu stehen. Der Dunst stieg und fiel und bot uns eine Reihe Nebelbilder von entzückender Großartigkeit. Schließlich verschwand er und der Gletscher wie die ihn umstehenden gewaltigen Felswände standen nun in einem köstlichen hellblauen Licht da, das von keinem Wölkchen getrübt wurde.

Die Nacht ging ohne jeden erwähnenswerthen Vorfall vorüber, aber am nächsten Morgen hatten wir Gelegenheit, ein Beispiel der eigenthümlichen Verdunstung zu beobachten, die in den Hochalpen so häufig vorkommt. Am vorigen Abend hatten wir einen wasserdichten Sack mit fünf Flaschen von Rodier's schlechtem Wein an einem Felsvorsprunge aufgehängt. Am Morgen waren vier Fünftel des Inhaltes verschwunden, obgleich die Pfropfen nicht entfernt worden zu sein schienen. Das war seltsam, denn weder ich noch meine Freunde hatten getrunken, und die Führer erklärten alle, daß sie die Flaschen von Niemand hatten berühren sehen. So ließ sich die Erscheinung denn nicht anders erklären als durch die Trockenheit der Luft. Merkwürdig ist dabei nur, daß diese Trockenheit der Luft oder die Verdunstung des Weines dann immer am stärksten ist, wenn ein Fremder sich bei einer Gesellschaft befindet; ja daß bei der Anwesenheit eines einzigen Trägers aus Chamouny die Erscheinung so mächtig auftritt, daß nicht blos vier Fünftel verschwinden, sondern der ganze Wein. In der ersten Zeit wurde es mir schwer, die Verdunstung zu bekämpfen, aber zuletzt entdeckte ich, daß sie ganz aufhörte, wenn ich die Weinflasche Nachts als Kopfkissen benutzte.

Um vier Uhr Morgens gingen wir einzeln hinter einander über den Gletscher und auf eine große Rinne zu, die von den oberen Hängen des Glacier de la Bonne Pierre zu dem niedrigsten Punkte des Grats führt, der von den Ecrins zu dem Berge, Roche Faurio genannt, hinüberläuft. Rodier, der nun mit seinem Packleinen nach La Bérarde zurückkehrte, war beim Anblick dieses Berges von Herzen froh. Herr Tuckett, dessen Forschungen ich jetzt darstellen werde, hat diese Rinne (couloir) entdeckt und begangen.

Im Jahre 1862 hatte dieser ausgezeichnete Bergsteiger das Glück, vom Archiv des Kriegsministeriums in Paris einen Abdruck des damals noch nicht veröffentlichten Blattes 189 der französischen Karte zu bekommen. Mit diesem Blatt in der Hand durchwanderte er die Centralalpen des Dauphiné, ohne durch die Zweifel hinsichtlich der Identität der Bergspitzen, die mir und Macdonald 1861 so viel zu schaffen machten, beunruhigt zu werden. Durch seine Karte belehrt, konnte er zeigen (und that es auf die schonendste Weise), daß wir die Ecrins mit einem andern Berge, dem Pic Sans Nom, verwechselt hatten. Wir begingen unser Versehen, weil wir die Gegend nicht genau kannten und von den Eingeborenen falsch berichtet wurden, doch war es kein grobes, denn die beiden Berge sehen sich ziemlich ähnlich, und es ist äußerst schwer, von irgend einem Punkte, die allerhöchsten Gipfel ausgenommen, einen vollständigen Ueberblick dieser verwickelten Berggruppe zu gewinnen.

Die Lage der höchsten Gipfel läßt sich aus dem Kärtchen im Text, das nach Blatt 189 gezeichnet worden ist, auf den ersten Blick erkennen. Der Hauptkamm der Kette läuft in diesem Theil derselben genau von Norden nach Süden. Die am nördlichen Endpunkte liegende Roche Faurio erhebt sich 3716 Meter oder 12192 Fuß über das Meer. Der Col des Ecrins, der niedrigste Punkt zwischen jenem Berge und den Ecrins, ist 11000 Fuß hoch. Der höchste

Gipfel jenes Gebirgs (13 462 Fuß) liegt übrigens ein wenig östlich von und vor dem Hauptkamm. Weiterhin nimmt die Höhe ab und sinkt in der Nähe des Col de la Tempe vielleicht unter 11 000 Fuß, doch unmittelbar südlich von der Spitze jenes Passes befindet sich auf dem Kamm ein Punkt, der von den französischen Vermessern zu 12 323 Fuß angegeben wird. Dieser Gipfel hat keinen Namen. Weiter gegen Süden wird der Kamm wieder höher und gipfelt in dem Berge, den die französischen Vermesser Sommet de l'Aile Froide genannt haben. An Ort und Stelle heißt er gewöhnlich die Aléfroide.

Hinsichtlich der Höhe dieses Berges* herrscht einige Ungewißheit. Die Franzosen geben seinem höchsten Punkt 3924 Meter (12 878 Fuß), aber Herr Tuckett, der auf den Gipfel des Mont Pelvoux (der nach seinen und seiner Vorgänger Angaben 12 973 Fuß hoch ist) einen guten Theodoliten mitnahm, fand den Gipfel der Aléfroide um vier Grad über seinen Standpunkt erhoben. Da die Entfernung zwischen den beiden Punkten 12 467 Fuß beträgt, so ergiebt sich zu Gunsten der Aléfroide ein Höhenunterschied von fünf Metern. Ich sah diesen Berg 1861 vom Gipfel des Mont Pelvoux und war in Zweifel, welcher von beiden der höhere sei. Als ich ihn 1864 vom Gipfel der Pointe des Ecrins sah, wie ich jetzt erzählen werde, hielt ich ihn für höher als den Mont Pelvoux. Ich habe daher kaum einen Zweifel, daß Herr Tuckett Recht hat, wenn er glaubt, daß die Aléfroide 13 000 Fuß hoch ist und nicht 12 878 Fuß, wie die französischen Vermesser sagen.

Mont Pelvoux liegt östlich von der Aléfroide und vor dem Hauptkamm und dem Pic Sans Nom (12 845 Fuß), zwischen diesen

* Man sieht den Berg auf dem Holzschnitt zu S. 41. Verschiedene seiner Punkte sind ziemlich gleich hoch und alle scheinen ersteiglich zu sein. Wie ich höre, ward er 1870 erstiegen, aber ein genauer Bericht ist mir nicht zugekommen.

beiden Bergen. Der letztere ist einer der größten Gipfel des Dauphiné, aber von anderen Bergen so eingeschlossen, daß er selten anders als aus der Ferne gesehen und dann mit den benachbarten Spitzen gewöhnlich verwechselt wird. Zufällig hat man auf der Karte seinen Namen vergessen, seine Lage aber durch eine große von Gletschern umgebene Felsgruppe angedeutet, die man zwischen den Worten Aile Froide und Mont Pelvoux sieht.

Die tiefste Einsenkung des Hauptkammes südlich von der Aile Froide ist der Col du Selé, der nach Herrn Tuckett 10834 Fuß hoch ist. Der Kamm erhebt sich bald wieder und verbindet sich etwas weiter gegen Süden mit einem andern Kamm, der ziemlich genau von Osten nach Westen streicht. Einem Berge auf dem Verbindungspunkte der beiden Kämme haben die Franzosen den auffallenden Namen Crête des Boeufs Rouges gegeben. Der höchste Punkt dieser Gegend ist 11332 Fuß hoch, aber etwas westlich liegt noch ein anderer Gipfel (Mont Bans) von 11979 Fuß Höhe. Von diesem Punkte läuft der Hauptkamm in nordwestlicher Richtung zu den Cols de Says, die beide über 10000 Fuß hoch sind.

Es ergiebt sich daraus, daß die allgemeine Erhebung dieses Hauptkammes jener der Montblanc-Kette oder der Centralgruppe der Penninischen Alpen ziemlich gleich ist. Könnte ich ihm vollständiger folgen und auch die anderen Kämme berücksichtigen, die ihn umgeben oder von ihm ausstrahlen, so würde sich zeigen, daß in diesem ganzen Bezirke niedrige Schluchten und Einsenkungen auffallend fehlen und außerordentlich viele Gipfel von mittlerer Erhebung vorhanden sind.* Die Schwierigkeit, die Identität von Gipfeln festzustellen, der ein Forscher im Dauphiné begegnet, ent-

* In dem Bezirke, den die Flüsse Romanche, Drac und Durance begrenzen, giebt es mehr als zwanzig Gipfel von mehr als 12000 Fuß und dreißig andere von mehr als 11000 Fuß.

steht hauptsächlich dadurch, daß die Erhebung der Kämme gleichförmiger ist als die in den Alpen gewöhnlich vorkommende, und daß mithin eine Spitze die andere leicht verdeckt. Durch die Enge und den gewundenen Lauf der Thäler wird diese Schwierigkeit vermehrt.

Da Herr Tuckett das Blatt 189 der französischen Karte besaß, so konnte er das eben Gesagte und noch viel mehr leicht feststellen. 1862 fügte er drei interessante Pässe den bereits bekannten hinzu, die über diesen Theil der Kette führen. Der erste, der von Ville Vallouise über das Dorf Claux und die Gletscher des Selé und der Pilatte nach La Bérarde führt, ist der Col du Selé, der zweite, zwischen Ville Vallouise und Villar d'Arène (auf der Straße nach Lautaret) über Claux und die Gletscher Blanc und d'Arsine, ist der Col du Glacier Blanc, und der dritte, von Vallouise nach La Bérarde über den Glacier Blanc, den Glacier de l'Encula und den Glacier de la Bonne Pierre, ist der Col des Ecrins.

Dieser letzte Paß wurde gelegentlich entdeckt. Herr Tuckett wollte die Pointe des Ecrins ersteigen, aber die Umstände waren gegen ihn, wie er in den folgenden Worten erzählt: „Als wir auf der Hochfläche des Encula-Gletschers ankamen, hatten wir plötzlich einen überraschenden Blick auf die Ecrins und faßten bei einer oberflächlichen Besichtigung die Hoffnung, daß ihre Ersteigung ausführbar sein werde. Auf den Seiten von La Bérarde und dem Glacier Noir bieten sie die steilsten und unzugänglichsten Wände dar, die sich denken lassen, aber in der Richtung des Encula-Gletschers, wie die obere Hochfläche des Glacier Blanc auf der französischen Karte heißt, sind die Hänge nicht so steil und werden fast bis zum Gipfel von ungeheuren Massen Névé und Séracs bedeckt.

„Der Schnee war in sehr schlechtem Zustande, und da wir bei

jedem Schritt bis über die Knie einsanken, so wurden unsere Aussichten auf Erfolg mehr als zweifelhaft. Als wir näher kamen, entdeckten wir auch Spuren von frischen Lawinen und gelangten nach langer Berathung und einer sorgfältigen Prüfung durch das Fernrohr zu der Ueberzeugung, daß zu wenig uns günstig sei, um die Zeitverschwendung eines Versuches zu rechtfertigen. Ich sah nun die Karte an und entdeckte, daß der Gletscher, den man durch die Lücke, die man im Kamme zwischen der Roche Faurio und den Ecrins westlich und in einer großen Tiefe unten sieht, der Gletscher der Bonne Pierre sein müsse, und daß wir, wenn wir zu seinem Kopf hinuntersteigen könnten, einen Weg nach La Bérarde ermitteln könnten. Als ich zu Croz und Perrn sagte, daß wir, obgleich uns der Zustand des Schnees von den Ecrins abhalte, doch etwas Interessantes und Wichtiges ausführen, nämlich einen neuen Col entdecken könnten, waren Beide herzlich einverstanden, und nach wenigen Minuten stand Perrn jenseit des Grats und hieb in der ziemlich feuchten Rinne einen Weg."

Dies war die Rinne, an deren Fuß wir am 25. Juni 1864 bei Tagesanbruch standen. Bevor ich aber die Erzählung unserer Thaten an diesem ereignißreichen Tage beginne, muß ich auf die Erfahrung der Herren Mathews und Bonney im Jahre 1862 zurückgreifen.

Diese Herren versuchten einige Wochen nach Tuckett's Besichtigung des Gebirges mit den beiden Croz die Ecrins zu ersteigen. „Am 26. August," sagt Bonney, „brachen wir auf und faßten mit jedem Augenblick größere Hoffnungen. Als wir uns gegen den letzten Hang wendeten, der zum höchsten Gipfel führt, wurde selbst der vorsichtige Michel so übermüthig, daß er ausrief: Ihr unglücklichen Ecrins, bald seid Ihr todt! Hochmuth kommt vor dem Fall, dieses alte Wort bewährte sich auch hier. Als wir eben am Abhang anlangten, sahen wir, daß zwischen uns und dem Gipfel ein fürchterlicher Bergschrund lag, über den die zerfressenste aller Schneebrücken führte. Wir blickten rechts und links, um zu erkunden, ob wir nicht über einen der beiden Grate an den Endpunkten des Abgrundes gehen könnten, aber sie erhoben sich nicht unmittelbar aus dem Schnee, wie wir von unten aus geglaubt hatten, sondern endeten in einer Felswand von mehr als 40 Fuß Höhe. Es gab blos eine Stelle, wo der Bergschrund schmal genug war, um eine Ueberschreitung zu gestatten, und hier mußten wir eine Eisklippe erklettern und dann einen Weg in ein steiles Schneefeld einhauen, ehe wir den Grat zu erreichen vermochten. Nachdem wir einige Zeit vergebens versucht hatten, bat Michel uns, ein wenig zu warten, und entfernte sich, um die Schlucht zu untersuchen, welche den höchsten Gipfel von dem Schneedom zur Rechten trennte, und zu ermitteln, ob es möglich sei, die Felswand zu ersteigen. Bald sahen wir ihn wieder, wie er mühsam kletterte, und endlich stand er auf dem Grat selbst. Wieder glaubten wir, gesiegt zu haben, und wollten ihm folgen. Plötzlich rief er uns zu, Halt zu machen, und schickte sich zur Rückkehr an. Wenige Minuten blieb er stehen. Nach einer langen Pause rief er seinem Bruder zu, daß er auf dem Wege, dem er aufwärts gefolgt sei, nicht zurückkehren könne. Johann war offenbar besorgt um ihn und beobachtete ihn einige Zeit mit großer Aengstlichkeit. Zuletzt begann er in den Schnee der gegen uns gekehrten Felsenseite Stufen zu hauen. Nun verließ uns Johann, begab sich zu der oben erwähnten Eisklippe, arbeitete eine Viertelstunde mit dem Beil und gelangte auf ihre Spitze, wo er Stufen zu hauen anfing, um seinem Bruder entgegenzugehen. Fast jede Stufe schien durch die Schneekruste in das harte Eis darunter hineinzureichen, und ein Geriesel von Schnee, den die Brüder mit ihren Beilen losmachten, kam von den Seiten des Kegels herunter. Michel kann nicht hundert Ellen von uns entfernt gewesen sein, und doch verflossen volle drei Viertelstunden, ehe die Brüder sich trafen. Als dies geschehen war, stiegen sie vorsichtig herab und begruben bei jedem Schritt ihre Beile tief in den Schnee.

„Michel berichtete, daß er den Grat mit großer Schwierigkeit erreicht und gesehen habe, daß er eine Strecke weit, in der That so weit, als man sehen könne, gangbar sei, daß aber der Schnee sich in einem höchst gefährlichen Zustand befinde, da er ganz locker sei und auf hartem Eise ruhe. Als er habe hinuntersteigen wollen, seien die Felsen so glatt und schlüpfrig gewesen, daß er nicht habe zurückkehren können. Eine kurze Zeit habe er gefürchtet, daß er sich nicht herauswickeln könne und in beträchtlicher Gefahr schwebe. Natürlich hätten wir den Grat auf diese Weise erreichen können, wie unser Führer hinabgestiegen war, aber offenbar waren sie gegen jeden Versuch, so daß wir uns nicht berechtigt glaubten, sie zu drängen. Wir kannten sie genau genug, um zu wissen, daß sie nie zurückschreckten, wenn nicht wirkliche Gefahr vorhanden sei, und gaben deshalb das Zeichen zum Rückzuge."

Bei diesen beiden Unternehmungen war das Wetter schön und Zeit im Ueberfluß vorhanden. Jedesmal schlief die Gesellschaft in bedeutender Höhe und erreichte den letzten Gipfel der Ecrins früh am Tage und mit ungeschwächter Kraft. Bei beiden Gelegenheiten waren die Führer und die Reisenden ausgesuchte Leute und erfahrene Bergsteiger, die sich bei zahlreichen früheren Fällen als gewandt und muthig bewährt hatten und nicht gewohnt waren, ein Unternehmen wegen seiner bloßen Schwierigkeit aufzugeben. Der erste wie der zweite Versuch wurden aufgegeben, weil der Schnee an und unter dem letzten Gipfel in einem Zustande war, daß sich Lawinen befürchten ließen, und nach dem Urtheil aller Betheiligten entstand aus diesem Zustande der Dinge eine so große unbedingte Gefahr, daß es unverantwortlich gewesen wäre, weiterzugehen.

Gesprächsweise hörten wir von den Herren Mathews, Bonney und Tuckett, wenn der Schnee auf dem letzten Gipfel nicht in einem guten Zustande, also fest und zusammenhängend sei, so würden wir wahrscheinlich ihrer Meinung werden. Sei auch die dem Encula-Gletscher gegenüberliegende Bergseite viel weniger steil als die übrigen und augenscheinlich die einzige, auf der eine Besteigung mit Aussicht auf Erfolg unternommen werden könne, so sei sie trotzdem so steil, daß man nach einem Schneefall mindestens einige Tage warten müsse, wenn nicht Lawinen entstehen sollten. Nach dem, was ich über die Veränderlichkeit des Wetters in den Hochalpen gesagt habe, brauche ich nicht zu bemerken, daß wir wenig Aussicht hatten, am 25. Juni, oder an irgend einem anderen bestimmten Tage, genau den Zustand der Dinge zu finden, der für den Erfolg unerläßlich war. Wir hatten solches Zutrauen zu dem Urtheil unserer Freunde, daß es bei uns feststand, die Ersteigung aufzugeben, wenn die Umstände nicht unzweifelhaft günstig seien.

Kurz vor sechs Uhr standen wir oben auf der Rinne, die etwa 1000 Fuß hoch war, und überblickten unsere Arbeit. So hart, dünn und keilartig die Ecrins von Weitem ausgesehen hatten, sahen sie noch härter und dünner aus, als wir auf den Kamm hinaustraten. Keine leichte Schatten verriethen uns breite und abgerundete Grate, sondern scharf und schattenlos standen gezackte Ränder in der klaren Luft da.* Man hatte gesagt, daß wir unsern Weg zum letzten Gipfel über einen der Grate nehmen müßten, aber beide waren gleich abstoßend und an zahllosen Stellen gekerbt und

* Die folgende Ansicht der Ecrins wurde vom Gipfel des Col du Galibier aufgenommen.

zerhackt. Sie erinnerten mich an meine Niederlage von 1863 an dem Dent d'Hérens und an einen Platz auf einem ähnlichen Grat, wo ich kaum rückwärts oder vorwärts konnte. Angenommen selbst, daß einer dieser Grate zu begehen war, mußte ich erst hinaufgelangen, und rund um die Basis des letzten Gipfels schwang sich ein ungeheurer Berg-

schrund, der sie von den unteren Abhängen beinahe vollständig trennte. Somit war es augenscheinlich, daß die Ersteigung nicht ohne Anstrengung ausgeführt werden könne und daß sie unsere ganze Kraft und Zeit in Anspruch nehmen werde. In mehr als einer Beziehung wurden wir begünstigt. Der Nebel war verschwunden, die Luft hell und vollkommen ruhig. Wir hatten auf längere Zeit schönes Wetter vor uns und der Schnee war in vortrefflichem Zustande. Das Wichtigste von Allem war, daß in der letzten Zeit auf dem höchsten Gipfel der neue Schnee, weil er sich selbst nicht stützen konnte, heruntergerutscht und in einer mächtigen

Lawine über dem Schrund, über Berg und Thal des Gletschers, hier nivellirend und dort ausfüllend, bis zum Col heruntergedonnert war, wo er in ungeheueren zusammengedrückten Massen und für uns unschädlich dalag. Er hatte eine breite Spur, fast eine Straße, gemacht, auf der wir wenigstens eine Strecke weit rasch vorrücken konnten.

In wenigen Minuten hatten wir einen vollen Ueberblick gewonnen, und da keine Zeit zu verlieren war, so aßen wir schnell einige Bissen, legten die Tornister, die Lebensmittel und alle sonstigen Hindernisse auf dem Col nieder, machten uns um halb sechs

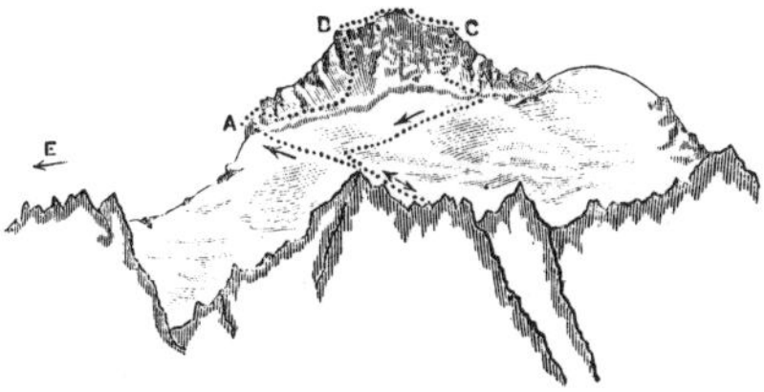

Uhr wieder auf den Weg und schritten direct auf die linke Seite des Schrundes zu, wo ein Uebergang allein möglich war. Zehn Minuten nach acht waren wir drüben. Auf der beifolgenden Zeichnung läßt sich unser Weg erkennen. Der Pfeil D bezeichnet die Richtung des Gletschers der Bonne Pierre. Der Grat vorn, der von rechts querüber läuft, ist der auf der Karte zu Seite 244 theilweise sichtbare Grat, welcher von der Roche Faurio gegen Westnordwest zieht. Wir erreichten die Hochfläche des Encula-Gletschers, der hinter diesem Grat liegt, in der Richtung von D, und gingen dann links vom Bergschrunde bei A ziemlich geradeaus.

Bis dahin hatten wir keine Mühe gehabt, aber nun änderte sich die Natur der Arbeit sofort. Zieht man blos die obersten 700 Fuß des letzten Ecrins-Gipfels in Betracht, so läßt sich der letztere als eine dreiseitige Pyramide beschreiben. Die eine Seite kehrt sich gegen den Glacier Noir und bildet eine der steilsten Felswände der Alpen. Die zweite liegt gegen den Glacier du Vallon und ist weniger steil als die erste, auch im Winkel nicht so gleichförmig. Die dritte ist dem Encula-Gletscher zugewendet, und auf dieser Seite näherten wir uns dem Gipfel. Man denke sich eine dreieckige Fläche, die 700 bis 800 Fuß hoch ist, in einem Winkel von mehr als 50 Grad niedergeht und glatt und glasartig ist. Man denke sich die höchsten Ränder in Spitzen und Zähnen ausgeschnitten und nach verschiedenen Richtungen gebogen. Man denke sich endlich die glasartige Fläche mit kleinen Steintrümmern bedeckt, die sehr schwach befestigt, aber dafür mit Eis überzogen sind' und man hat eine kleine Vorstellung von der Bergspitze, vor der wir standen. Es war unmöglich, das Loslösen von Steinen zu verhüten, deren Sturz immer die stärksten Ausdrücke hervorrief. Die besten Freunde würden sich in einer solchen Lage nicht geschont haben. Wir erreichten den östlichen Grat und bemühten uns eine halbe Stunde, uns zum Gipfel emporzuarbeiten. Es war unnütz, denn jede Elle weiter kostete eine unglaubliche Zeit. Da wir die Bekanntschaft des Glacier Noir auf eine eilige Weise nicht zu machen wünschten, so bliesen wir zum Rückzuge und kehrten zum Schrunde zurück. Abermals hielten wir Rath und sprachen einstimmig die Ueberzeugung aus, daß wir geschlagen seien, wenn wir uns nicht am obern Rande des Schrundes forthelfen und den Gipfel nahe an dessen Spitze erklimmen könnten. Croz zog den Rock aus und ging an die Arbeit — auf dem Eise, nicht auf dem schwarzen Eise, von dem man so viel spricht und das man so selten sieht, sondern auf Eis, so hart, wie es nur welches giebt. Die Führer hatten eine ermüdende Arbeit. Croz hieb eine halbe Stunde lang Stufen und schien nicht vorwärts zu kommen. Einer der am weitesten Zurückgebliebenen, der sah, wie groß die Arbeit und wie langsam der Fortschritt sei, sprach die Ansicht aus, daß wir am besten thäten, uns an den Grat zu halten. Croz gerieth bei diesem Zweifel an seiner Kraft in Hitze, stellte die Arbeit ein, wendete sich um und kam mit einer Eile, die uns schaudern machte, zu mir zurück. „Unter allen Umständen," sagte er, „müssen wir hier weiter, und zwar um so schneller, desto besser." Er fühlte bald, daß man ihn nicht habe beleidigen wollen, und nahm seine Arbeit wieder auf, bei der Almer ihn nach einiger Zeit ablöste. Es wurde halb zehn Uhr, die Arbeit hatte bereits eine Stunde gedauert und das Beil war noch immer in Thätigkeit. Für uns wurde die Sache sehr unangenehm, da wir uns durch kein Umherspringen erwärmen konnten. Nicht blos für die Füße, sondern auch für die Hände brauchten wir Löcher, so daß uns an Fingern und Zehen fror. Das Eis, das in Sprüngen in den Bergschrund niederpolterte, machte uns trübe Gedanken, und von Unterhaltung war wenig die Rede, da wir in Entfernungen von zwanzig Fuß ans Seil gebunden waren. Noch eine Stunde verging. Wir befanden uns jetzt unmittelbar unter dem Gipfel und hielten an, um hinaufzublicken. In senkrechter Richtung waren wir fast noch so weit von ihm entfernt, wie vor drei Stunden. Der Tag schien sich gegen uns zu entscheiden. Die einzigen Felsen, die wir in der Nähe hatten, waren bloße Trümmer, nicht größer als Theetassen und meistens, wie sich später zeigte, mit Eis überzogen. Es fehlte uns die Zeit, Stufen bis zum Gipfel zu hauen, und überdies war es unmöglich. Wir beschlossen also, mit Hülfe der Felsen wieder auf den Grat zu gehen. Hätten wir nicht zu einander ein festes Vertrauen gehabt, so würden wir das nicht gethan haben. Man muß nämlich wissen, daß wir uns in einer Lage befanden, wo ein Ausgleiten, das sehr leicht erfolgen konnte, für uns alle nicht blos möglicherweise, sondern ganz gewiß verderblich werden mußte. Es war ein Platz, wo Alle übereinstimmend zu handeln hatten und wo weder ein straffes Anziehen noch ein Nachlassen des Seiles eintreten durfte. Noch eine Stunde lang befanden wir uns in dieser schlimmen Lage und standen erst um halb eins wieder auf dem Grat, aber an einem viel höheren Punkte (B) und dicht unter dem Gipfel. Unsere Leute waren ganz erschöpft; in einer Rinne von tausend Fuß Höhe Stufen zu hauen, war freilich nicht die rechte Vorbereitung für eine Arbeit dieser Art. Wie dem auch sein mag, wir waren sämmtlich froh, einige Zeit ruhen zu können, denn wir hatten, seit wir den Col vor sechs Stunden verlassen, nicht eine Minute gesessen. Almer aber hatte keine Ruhe, denn er wußte, daß Mittag vorüber und noch viel zu thun sei. Er band sich also los und begann gegen den Gipfel aufwärts zu arbeiten. Neben den Felsenzähnen lagen Schneebetten und die Spitze eines derselben beging Almer, blos einige Schritte von mir entfernt, als es plötzlich, ohne daß das kleinste Anzeichen auch nur einen Moment voranging, unter ihm einbrach und auf den Gletscher hinunterstürzte. Als ich ihn einen Augenblick, mit dem einen Fuße ausschreitend und den andern auf die fallende Masse setzend, schwanken sah, gab ich ihn verloren, aber er fiel zum Glück auf die richtige Seite und konnte sich anhalten. Hätte er statt des linken Fußes den rechten vorgesetzt, so würde er höchst wahrscheinlich mehrere hundert Fuß durch die bloße Luft geflogen sein und bis zu dem Gletscher, der dreitausend Fuß senkrecht tiefer lag, nirgends einen Halt gefunden haben.

So klein, so lächerlich klein die Entfernung bis zum Gipfel war, brauchten wir doch eine ganze Stunde, ehe wir ihn erreichten. Almer war uns nur um einige Schritte voraus, aber der bescheidene Mann wollte den höchsten Punkt nicht zuerst betreten und uns bei sich vorbeilassen. Wir riefen nach Croz, der die Hauptarbeit verrichtet hatte, aber er lehnte die Ehre ab und wir betraten nun die Spitze gleichzeitig, d. h. wir stellten uns ein bis zwei Ellen tiefer rund um sie, denn um sie besteigen zu können, war sie zu klein.

Nach meiner Gewohnheit schlug ich vom obersten Fels (Granitschiefer) ein Stück ab und fand später, daß es mit dem höchsten Gipfel der Ecrins eine auffallende Aehnlichkeit habe. Dasselbe beobachtete ich bei andern Gelegenheiten* und will hier die merk-

Bruchstück von der Spitze der Pointe des Ecrins.

würdige Thatsache constatiren, daß nicht blos Fragmente von Kalksteinen häufig die charakteristischen Formen der Felsen besitzen, von denen sie losgebrochen worden sind, sondern daß auch Stücke von Glimmerschiefer in einer wahrhaft wunderbaren Weise genau die Gestalt der Gipfel, zu denen sie gehört haben, repräsentiren. Warum sollte das nicht so sein, falls die Gebirgsmasse mehr oder weniger gleichartig ist? Dieselben Ursachen, welche die kleinen Formen er-

* Das auffallendste mir bekannte Beispiel erzähle ich in Kapitel 20.

zeugen, modeln die großen, dieselben Einflüsse sind am Werke, derselbe Frost und Regen formen die Masse wie deren Theile.

Wenn der Raum es mir gestattete, könnte ich eine doch immer nur dürftige Idee von der Aussicht geben, doch wird man sich leicht denken, daß ein Panorama, welches sich über ein Gebiet so groß wie ganz England erstreckt, der Mühe des Sehens verlohnt und selbst in den Alpen nicht oft anzutreffen ist. Keine Wolken verdunkelten dieselbe, so daß wir ziemlich alle höchsten Gipfel der Kette sahen. Jetzt erblickte ich den Pelvoux jenseits des Beckens des Glacier Noir, wie ich von ihm vor drei Jahren die Ecrins gesehen hatte. Er ist ein prächtiger Berg, obgleich sein Nachbar, die Alefroide, ihm an Höhe gleichkommt, oder ihn vielleicht sogar übertrifft.

Wir konnten nur kurze Zeit auf dem Gipfel bleiben und schickten uns um ein Viertel auf vier Uhr zum Hinabsteigen an. Als wir jetzt hinunterblickten und daran dachten, über welchen Boden wir hinaufgestiegen waren, zauderten wir sämmtlich, auf demselben Wege zurückzugehen. Moore sagte nein, Walker sagte dasselbe und ebenso ich. Auch die Führer waren derselben Meinung, und doch hatten wir früher allgemein gedacht, daß der von uns gewählte Weg zum Gipfel der einzig mögliche sei. Die letzten Felsen waren aber nicht zu vergessen. Wären sie nur mäßig hervorgetreten oder einfach überglast gewesen, nun so würden wir die Sache versucht haben, aber sie waren keine vernünftige Felsen und gewährten uns keinen Halt. Wir wendeten uns also zum westlichen Grat und vertrauten unserm Glück, daß wir Mittel finden würden, in den Schrund hinunter und später über ihn hinweg zu gelangen. Unsere Gesichter waren getreue Dolmetscher unserer Gedanken und unsere Gedanken waren keine heitere. Hätte mir Jemand gesagt: „Du warst ein großer Narr, hieher zu kommen," so würde ich demüthig geantwortet haben: „Das ist nur zu wahr." Hätte mein Censor dann weiter gesagt: „Schwöre mir, nie wieder einen Berg zu besteigen, wenn du von diesem glücklich herunter kommst,“ so würde ich den Eid wahrscheinlich geleistet haben. In der That war unser Spiel des Einsatzes nicht werth. Die Führer fühlten das so gut wie wir. Als Almer beim Hinuntersteigen an die Spitze trat, bemerkte er mehr fromm als logisch: „Der liebe Gott hat uns heraufgeführt und wird uns auch sicher hinuntergelangen lassen.“ Er bewies damit, was er denke.

Der Grat, auf dem wir hinunterzusteigen versuchten, war dem andern an Schwierigkeiten ebenbürtig. Beide waren so ausgezackt, daß wir uns unmöglich dicht an ihnen halten konnten und an der Nordseite gelegentlich eine Strecke hinuntersteigen mußten, um dann wieder heraufzuklettern. Beide waren so verfallen, daß die erfahrensten wie die unerfahrensten Mitglieder unserer Gesellschaft beständig Felsblöcke in Bewegung brachten. Beide Grate waren so schmal, so dünn, daß man oft förmlich rathen mußte, auf welche Seite ein aus dem Gleichgewicht gebrachter Block fallen würde.

An einem Punkte gewann es den Anschein, als ob wir zum Gipfel zurückkehren und den andern Weg versuchen müßten. Wir gingen hart am Rande des Grats und hatten auf der einen Seite die ungeheure, dem Pelvoux zugekehrte Felswand, die von der senkrechten Linie nicht weit entfernt war, auf der andern Seite einen Hang von mehr als 50 Grad. Vor einer tiefen Schlucht mußten wir plötzlich Halt machen. Almer, der der Erste war, kroch auf Händen und Füßen vorsichtig zum Rande vor und blickte hinunter. Diese Vorsicht war durchaus nicht unnöthig, denn die Felsen waren schon mehrmals unversehens unter uns weggebrochen. In dieser Stellung blickte er einige Momente hinunter, wendete dann den Kopf zu uns zurück und sah uns an, ohne ein Wort zu sprechen. Sein Gesicht kann Sorge und Furcht ausgesprochen haben, Freude und Hoffnung las man darin gewiß nicht. Wir erfuhren jetzt, daß von Hinuntersteigen keine Rede sein könne, und daß wir, wenn wir überhaupt hinüberwollten, auf einen wankenden Block hinüberspringen mußten. Wir entschieden uns dafür und ließen Almer, indem wir das Seil verlängerten, zuerst springen. Der Block schwankte, als er mit den Füßen ihn berührte, aber er schlang die Arme um eine große Masse und brachte sich vor Anker. Was für den Ersten schwierig und gefährlich gewesen, war für die Andern leicht genug, so daß wir besser hinüberkamen, als wir erwartet hatten. Uns trieb die richtige Bemerkung, die Croz machte, daß wir, wenn wir hier nicht hinunterkämen, auch auf dem andern Wege nichts ausrichten würden.

Wir waren jetzt bei C angekommen und konnten auf dem Grat nicht weiter fortgehen, so daß wir wieder seitwärts hinabzusteigen begannen. Bald waren wir dicht beim Schrund, vermochten aber nicht zu sehen, wie er an dieser Stelle geartet sei. Zwei Stunden waren bereits vergangen, seit wir den Gipfel verlassen hatten, und es wurde höchst wahrscheinlich, daß wir auf dem Glacier Blanc eine Nacht verbringen mußten. Almer, der noch immer voranging, hieb in gerader Richtung auf den Rand Stufen, konnte aber so wenig wie früher unter sich sehen. Er bat uns deshalb, das Seil recht fest zu halten, richtete sich steif in die Höhe und bog von der breiten Stufe, die er zu diesem Zwecke gebildet hatte, den Oberkörper so weit vor, bis er sah, was er brauchte. Nun rief er, daß unsere Arbeit beendet sei, ließ mich dicht an den Rand kommen und band mich los, worauf er zu den Andern ging, bis er Seil genug hatte und nun mit einem lauten Jodeln auf den weichen Schnee hinuntersprang. Halb war es sein Geschick, halb war es Glück, daß wir die Schlucht an der besten Stelle erreicht hatten und blos einen Sprung von acht bis zehn Fuß zu machen brauchten.

Hinabsteigen vom westlichen Grat des Pointe des Ecrins.

Es war jetzt drei Viertel auf fünf Uhr und wir hatten zur Ersteigung des letzten Gipfels, der nach Bonney's Berechnung von 1862 blos 525 Fuß hoch ist, acht und eine halbe Stunde gebraucht.* Während dieser Zeit hatten wir blos eine halbe Stunde ausgeruht und unsere Nerven und Muskeln immerwährend in der höchsten Spannung erhalten. Man wird leicht glauben, daß wir die gewöhnlichen Vorkommnisse einer Gletscherwanderung als eine reine Erholung betrachteten und Manches, was uns zu anderer Zeit furchtbar gewesen sein würde, für die größte Kleinigkeit ansahen. So spät am Tage es war und so tief wir in den weichen Schnee einsanken, nahmen wir einen solchen Schritt an, daß wir den Col des Ecrins in weniger denn 40 Minuten erreichten. Bei dem Ordnen unseres Gepäcks verloren wir keine Zeit, denn wir hatten vor dem Dunkelwerden noch einen langen Gletscher und zwei Eisflächen zu überschreiten. Um halb sechs Uhr traten wir also unsern Marsch wieder an, verschoben das Essen und Trinken und hatten zwei Stunden später den Glacier Blanc überwunden.** Von der Moräne des Glacier Noir wurden wir drei Viertel auf neun frei, gerade als der letzte Rest von Tageslicht verschwand. Croz und ich waren den Uebrigen etwas voraus und zwar zum Glück für uns, denn als unsere Gefährten eben die Spitze des Gletschers heruntersteigen wollten, löste sich die ganze Moräne los, die auf seiner Vorderseite ruhte, und kam mit schrecklichem Gepolter herunter.

Wir hatten jetzt den Genuß, über eine Ebene zu wandern, die unter dem Namen der Wiese von Frau Carle bekannt, mit Geröllsteinen von allen Größen bedeckt ist und von zahlreichen kleinen

* Uns kam diese Angabe zu niedrig vor und wir hielten diesen Gipfel um 200 Fuß höher.

** Der Glacier Blanc liegt in der Richtung, welche der Pfeil unter dem Buchstaben E auf der Zeichnung S. 255 andeutet.

Bergströmen durchschnitten wird. Jedes Loch sah wie ein Stein, jeder Stein wie ein Loch aus und wir stolperten rechts und links, bis unsere gute Laune und unsere Glieder aus Rand und Band kamen. Meine Gefährten, die beide kurzsichtig waren, fanden diese Wanderung höchst unangenehm, und so war es kein Wunder, daß, als wir zu einer Felsenmasse so groß wie ein Haus kamen, die vom Pelvoux heruntergerollt war und als regelmäßiger Würfel gar kein Obdach darbot, Moore begeistert ausrief: „Wie köstlich! das ist das, wonach ich mich gesehnt habe. Laßt uns hier ein Nachtlager improvisiren.“ Das sagte er in einer Nacht, die mit Donner und Blitz, mit Sturm und Regen drohte.

Da die Genüsse eines improvisirten Nachtlagers unter solchen Umständen für Croz und mich nichts Neues waren, so waren wir der Ansicht, daß das schlechteste Dach vorzuziehen sei, aber Walker und Almer erklärten aus Gutmüthigkeit, daß sie sich auch nach einem solchen Plätzchen sehnten, und somit machte das Kleeblatt Halt. Wir überließen ihnen großmüthig alle Vorräthe — ein Dutzend Cubikzoll Schinkenfett und eine halbe Kerze — und gingen auf die Sennhütten von Alefroide zu, wie wir wenigstens glaubten, denn Gewisses wußten wir nicht. Nach einer halben Stunde kamen wir dem Hauptstrom ungewöhnlich nahe und Croz verschwand mit einem Male gänzlich. Ich ging vorsichtig vorwärts, um zu der Stelle herunterzugucken, wo ich ihn vermuthete, und stürzte mit dem Kopfe voran in einen großen Rhododendronbusch. Nachdem ich mich mühsam losgemacht hatte, fiel ich rückwärts über einige Felsen hinunter und gelangte durchnäßt in eine Spalte, die dem Strom so nahe lag, daß ich ganz übersprudelt wurde.

Unter dem Donnern des Stromes kam es nun zu folgendem Zwiegespräch: „Heda, Croz!“ — „Monsieur.“ — „Wo sind Sie?“ — „Hier, Monsieur.“ — „Wo ist hier?“ — „Das weiß ich nicht;

wo sind Sie?“ — „Hier, Croz,“ u. s. w. Die Sache verhielt sich so, daß wir wegen der tiefen Finsterniß und des lärmenden Stromes gegenseitig keine Idee von unserer Lage hatten. Nach zehn Minuten vereinigten wir uns übrigens wieder und waren dieser Art von Wanderung so überdrüssig geworden, daß wir um ein

Eine Nacht mit Croz.

Viertel auf elf Uhr neben einem gemüthlichen Felsen Quartier machten.

Wie genau erinnere ich mich jener Nacht und der fröhlichen Stimmung des armen Croz. Wir hatten nasse Füße und waren äußerst hungrig, aber die Nacht verging uns neben unserm Wachholderfeuer höchst angenehm und noch lange nach Mitternacht saßen wir auf und erzählten uns bei unserer Pfeife wunderbare Geschichten unglaublichster Art, in denen mein Gefährte, wie ich gestehen muß, mehr als ich leistete. Dann warfen wir uns auf unsere Rhododendron-Betten, schliefen den Schlaf des Gerechten und standen an einem hellen Sonntagmorgen leidlich frisch auf, um mit unsern Freunden in La Ville de Val Louise einen Tag zu ruhen und zu schwelgen.

Ich habe nicht richtig geschildert, wenn ich nicht den Eindruck gemacht habe, daß die Ersteigung der Pointe des Ecrins keine gewöhnliche Arbeit ist. Heutzutage herrscht unter denen, welche über die Alpen schreiten, eine zunehmende Tendenz, die Schwierigkeiten und Gefahren, denen man begegnet, zu unterschätzen, und dies ist nicht weniger schlimm als die alte Mode, Alles so schrecklich wie möglich zu machen. So schwierig wir den Gipfel fanden, trafen wir doch die beste, vielleicht einzig mögliche Zeit des Jahres. Der große Hang, der uns so viel Zeit kostete, war seiner größten Gefahr beraubt, weil die erwähnte Lawine ihn entblößt hatte. Wäre noch Schnee auf ihm gewesen und hätten wir trotzdem bei unserm Unternehmen beharrt, so wären wir fast ohne Zweifel nicht siegreich gewesen, sondern verunglückt.* Unter dem Schnee befindet sich dort immer Eis, dessen Winkel ein steiler ist, und die Felsen treten nicht genug vor, um dem Schnee die Stütze zu bieten, deren er bedarf, um in einem großen Winkel fest zu liegen. Ich bin so weit davon

* Seitdem ist der Gipfel von einem französischen Herrn Namens Vincent mit den Führern Johann Carrier und Alexander Tournier aus Chamouny noch einmal bestiegen worden. Sie folgten unserm Wege, aber in umgekehrter Richtung, d. h. auf dem westlichen Grat stiegen sie hinauf und auf dem östlichen hinunter. Künftige Besteiger werden am besten thun, eine Leiter oder irgend ein anderes Hülfsmittel mitzubringen, um den Bergschrund in dessen Mitte und unmittelbar unter dem Gipfel zu überschreiten. Man kann dann direct aufwärts gehen und vermeidet die Arbeiten und Schwierigkeiten, die bei der Benutzung der Grate unvermeidlich sind.

entfernt, zu einer Wiederholung der Ersteigung zu reizen, daß ich hiermit erkläre: So unglücklich und elend ein Mensch gewesen sein mag, so wird er, wenn er sich nach einem frischen Schneefall auf der Pointe des Ecrins befindet, in einer schrecklicheren Lage sein, als er je zuvor gewesen ist.

Zehntes Kapitel.

Vom Val Louise nach La Bérarde über den Col de Pilatte.*

Existirte keine Straße, so würde sich von Alefroide nach Claux ebenso schlecht gehen lassen, wie auf der Wiese von Frau Carle.** Das Thal ist mit ungeheuren Gneißmassen von der Größe eines Hauses an bedeckt, und nur gelegentlich befindet sich ein Fels an seiner ursprünglichen Stelle, während alles Andere aus Trümmern besteht, die fast ausschließlich von den benachbarten Klippen zu stammen scheinen.

Es war Sonntag, ein höchst ruhiger und heller Tag. Ein goldener Sonnenschein hatte die Wolken zerstreut und beleuchtete die Berge so prächtig, daß wir über den Glanz des Morgens und der Schönheit des Gebirges den Hunger vergaßen.

---

* Den Weg sieht man auf der Karte zu Kapitel 9.

** Eine Viertelstunde hinter Claux senkt sich das Thal jäh, und hier, wo die Felsenbetten zu steil sind, als daß Trümmer sich anhäufen könnten, sieht man roches moutonnées. An derselben Stelle stürzt sich der Bergstrom von Alefroide mit einigen Stromschnellen durch eine mauerähnliche Schlucht, in der man die früheren Einwirkungen des Wassers hoch oben an den Klippen wahrnimmt.

Wir hatten den Tag der Ruhe bestimmt, aber in der Kneipe von Claude Giraud fanden wir sie nicht und flohen vor dem Babel von Tönen, das sich aus einer Tiefe erhob, zu der die Thiere des Feldes nicht hinabzusteigen vermögen. In den Sennhütten von Entraigues* fanden wir den Frieden, der uns im Val Louise versagt worden war.

Wir wurden wieder mit der herzlichsten Gastfreundschaft empfangen. Alles Eßbare und Trinkbare wurde herbeigebracht und uns aufgenöthigt. Neugierig fragte man uns aus und wir sagten, was wir wußten, worauf wir uns auf unser reinliches Stroh zurückzogen und uns Glück wünschten, der stinkenden Höhle entgangen zu sein, welche in Val Louise die Stelle eines guten Gasthofs vertritt, und unser Loos mit denen getheilt zu haben, welche in Sennhütten wohnen. Nach den beiden Nächten, die wir auf Kieseln und Gletscherschlamm verbracht hatten, kam uns unser Stroh wie Luxus vor und ich wurde ganz ärgerlich, weil ich eine Aufforderung zum Aufstehen erwartete, als um Mitternacht die schwere hölzerne Thür in ihren Angeln kreischte und Jemand zu räuspern und zu husten begann. Als ich ihn aber anrief: „Herr Eduard?“ bemerkte ich meinen Irrthum — es war unser Gefährte vom Pelvoux, Herr Reynaud, der vortreffliche Führer von La Bessée.

* Der Weg von Val Louise nach Entraigues ist gut und von üppigem Laubwerk beschattet. Das Thal von Entraigues ist schmal und von schönen Klippen eingefaßt. An seinem westlichen Endpunkte wird es von einem edlen Gebirgsblock geschlossen, der höher aussieht, als er ist. Der höchste Punkt (Pic de Bonvoisin) liegt 11 500 Fuß über dem Meere. Bei Entraigues (5284 Fuß) zieht man Kartoffeln, Erbsen und andere Gemüse, obgleich die Felder dem Winde offen liegen und keine Sonne haben.

Das Seitenthal der Selle stößt bei Entraigues auf das Hauptthal und von dem erstern kann man über den wenig bekannten Col de Loup (unmittelbar vom Pic de Bonvoisin) zum Val Godemar hinübergehen. Zwei andere Pässe, beide von beträchtlicher Höhe, führen von der Spitze des Selle-Thales in die Thäler von Champoleon und Argentiere.

Reynaud war eingeladen worden, uns auf der im vorigen Kapitel beschriebenen Wanderung zu begleiten, hatte aber Val Louise erst nach unserm Aufbruch erreicht und uns während der Nacht energisch verfolgt. Wir hatten die Idee, daß sich ein Paß über den hohen Grat, der auf der französischen Karte Crête de Boeufs Rouges* heißt, in der Nähe der Bergspitze Les Bans finden lassen werde, welcher der Zeit und ganz gewiß der Entfernung nach der kürzeste Weg von Val Louise über die Centralalpen des Dauphiné sei. Von der Bresche der Meije aus hatten wir die nördliche oder Pilatte-Seite gesehen und zu erkennen geglaubt, daß sie an einer Stelle des genannten Berges gangbar sei. Mehr konnten wir aus einer Entfernung von drittehalb Meilen nicht erkennen. Wir wollten nun versuchen, ob sich auf dem Grat ein Punkt treffen lasse, der unmittelbar über der scheinbar leichtesten Stelle liegt.

Am Morgen des 27. Juni verließen wir Entraigues und gingen über sanft absteigenden Boden gegen den Pic de Bonvoisin hin, wobei wir der Straße des Col de Sellar folgten, welche von Val Louise zum Val Godemar führt.** Da wir um fünf Uhr fanden, daß wir nicht daran denken durften, vom Grund des Thales einen Blick auf den Grat zu gewinnen, über den wir gehen wollten, so schickten wir Almer zu den niedrigen Hängen des Bonvoisin hinauf, damit er Umschau halte. Er telegraphirte, daß wir kommen sollten, und so verließen wir gegen sechs Uhr die Schneebetten der Thalsohle, um die gegen Norden aufsteigenden Hänge zu erklettern.

Unser Weg führte gegen Nordnordwest und war merkwürdig steil. Auf einer Entfernung von weniger als einer Stunde erstiegen

---

* Dieser Name ist gleich vielen andern, die auf Blatt 189 bei Bergen und Gletschern stehen, kein Localname, oder wenigstens nicht im allgemeinen Gebrauch.

** Die Höhe des Col de Sellar oder de Celar ist nach Forbes 10073 Fuß, Bauern von Entraigues sagten mir, daß man Schafe und Ziegen leicht über ihn führen kann.

wir eine absolute Höhe von einer halben Stunde. Ungewöhnlich schwierig war aber unser Weg so wenig, daß wir bereits um drei Viertel auf elf oben auf der Paßhöhe standen und also in fünf Stunden, die Halte eingerechnet, mehr als 5000 Fuß hoch gestiegen waren.

Auf Blatt 189 der französischen Karte ist im Süden der Crête des Boeufs Rouges ein Gletscher eingezeichnet, der sich am Fuße des Grats und von Ost nach Westen der ganzen Länge desselben hinzieht. 1864 gab es hier keinen einzigen Gletscher, sondern drei kleinere, die alle von einander getrennt waren.*

Wir stiegen vom Val d'Entraigues westlich vom westlichsten jener kleinen Gletscher aufwärts und verließen das Thal durch die erste große Oeffnung in seinen Klippen, nachdem jener Gletscher überwunden war. Wir betraten das Eis nicht früher, als bis es uns einen bequemern Weg als die Felsen darbot. Nun trat Croz an die Spitze und führte uns mit bewunderungswürdiger Gewandtheit durch ein Gewirr von Spalten an den Fuß einer großen Schneerinne, die von der Spitze des Gletschers zu dem Gipfel des Grats emporstieg, den wir zu begehen hatten.

Schon in London hatten wir, ohne von dieser Stelle irgend etwas zu wissen, die Ueberzeugung gewonnen, daß eine solche Rinne in diesem Winkel existiren müsse. Als wir aber im Val d'Entraigues waren, wo wir in die Ecke nicht hineinsehen konnten, wurde unser Glaube an die Existenz der Rinne immer geringer, bis die telegraphischen Zeichen Almer's, den wir auf die Höhe gegenüber

---

* Man sehe die Karte zu S. 224. Es ist zwar möglich, aber sehr unwahrscheinlich, daß diese kleinen Gletscher in der Zeit der Vermessung vereinigt waren. Seitdem sind im Dauphiné wie in den Alpen überhaupt die Gletscher sehr bedeutend zusammengeschrumpft. Eine bedeutende Verminderung ihrer Größe hat 1869 stattgefunden und wird von den Eingeborenen den sehr starken Regengüssen jenes Jahres zugeschrieben.

geschickt hatten, damit er nach ihr suche, uns die Gewißheit gaben, daß wir keine falschen Propheten gewesen seien.

Schneerinnen sind weiter nichts als theilweise mit Schnee gefüllte Schluchten. Sie sind höchst nützliche Einrichtungen und können als natürliche Landstraßen betrachtet werden, die eine gütige Vorsehung an den passendsten Stellen angelegt hat, auf daß der Mensch über einen Boden hinwegkomme, der sonst unzugänglich sein würde. Für den Bergsteiger sind sie ein bloßes Spiel und zeigen ihm schon von weitem einen Pfad, wo Alles außer diesem unsicher ist. Für den Neuling sind die Schneerinnen dagegen ein großer Kummer, weil er vom Schnee gewöhnlich zwei Vorstellungen hat, erstens, daß der Schnee rutscht, und zweitens, daß diejenigen, welche sich auf ihm befinden, mitrutschen.

Für Alle, welche die Vorzüge von Schneerinnen nicht kennen, wird es vielleicht nichts Abschreckenderes geben als ein Platz, wie unsere Zeichnung* ihn darstellt, und wenn Personen, die in Gebirgswanderungen noch keine Uebung besitzen, über einen Grat gehen oder Felsen erklettern müssen, zwischen denen solche Schneerinnen liegen, so werden sie die letztern instinktartig vermeiden. Erfahrene Bergsteiger dagegen werden in ihnen einen Pfad sehen, dem sie fast selbstverständlich folgen, es sei denn, daß sie mit Eis gefüllt, oder durch fallende Steine zu sehr reingefegt wären, oder daß der anstoßende Felsen ausnahmsweise leichter begangen werden könnte als die Schneerinne.

Sieht man Schneerinnen von vorn, so stellen sie sich als ungeheuer steil dar. Steht man vor ihnen, so kann man sich bei der

* Ich entwarf diese Zeichnung zur Erklärung der nachfolgenden Bemerkungen. Sie stellt keine bestimmte Schneerinne dar, ist aber ein ziemlich genaues Bild derjenigen, welche wir beim Uebergang über den Col de Pilatte betraten.

Berechnung ihres Falls um mehrere Grade irren. In Wahrheit liegt aber der Schnee von Rinnen in keinem steileren Winkel als an anderen Stellen. 45 bis 50 Grad sind keine ungewöhnliche Steigung. Selbst bei einem solchen Winkel können zwei Männer, die mit richtigen Beilen versehen sind, auf Schnee 700 bis 800 Fuß stündlich steigen. Auf steilen Felsen kann man nur in dem Falle, daß sie den zugänglichsten Charakter haben, in derselben Zeit dieselbe Höhe erreichen, und bei schwierigen Felsen braucht man dazu vielleicht vier bis fünf Stunden. Schneerinnen lassen sich mithin schon deshalb empfehlen, weil man bei ihnen Zeit erspart.

Natürlich ist man in allen

Eine Schneerinne.

Schneerinnen fallenden Steinen ausgesetzt. Die meisten, die von den Felsen auf den Schnee fallen, senken sich nach und nach durch den Schnee, der die Mulde füllt, hinunter, und da ihr Lauf und ihre Gewalt auffälliger sind, wenn sie auf Schnee treffen, als wenn sie von Fels zu Fels springen, so lassen sich Personen von lebhafter Phantasie leicht durch sie schrecken. Die Furchen, die man in Schneerinnen von oben bis unten laufen sieht, werden durch fallende Steine vertieft, gelegentlich auch gebildet und von vorsichtigen Leuten als Grund bezeichnet, weshalb Schneerinnen zu vermeiden seien. Häufig sind es aber Gossen, die das von den Felsen träufelnde Wasser macht. Wie dem aber auch sei, an die Möglichkeit, von fallenden Steinen getroffen zu werden, muß man immer denken und soll daher, um die Gefahr so viel wie möglich zu vermindern, lieber an den Seiten als in der Mitte der Schneerinne gehen. Steine, die von den Felsen kommen, fliegen dann dem Bergsteiger über den Kopf weg, oder schlagen in unschädlicher Entfernung in den Schnee ein.

Um halb zehn Uhr begannen wir die Schneerinne zu ersteigen, die von dem namenlosen Gletscher zu einem Punkt des Grats genau östlich vom Mont Bans* führt. Bis dahin war der Weg weiter nichts als ein steiler Einschnitt in einem Winkel gewesen, wo man wenig sehen konnte, aber jetzt öffneten sich Blicke nach verschiedenen Richtungen und die Wanderung wurde interessant. Uns gefiel sie vielleicht mehr als unserm Gefährten Reynaud, der in der letzten Nacht nicht geschlafen hatte und außerdem schwer beladen war. Die Taschen waren mit Büchern vollgestopft, denn wir durften die

* Den oberen Theil der Südseite des Col de Pilatte und die kleinen Gletscher, von denen ich oben gesprochen habe, sieht man auf der von Briançon nach Mont Dauphin führenden Straße zwischen dem 12. und 13. Viertelstunden-Stein (von Briançon).

Wissenschaft nicht vernachlässigen, sein Tornister war mit Instrumenten gefüllt, weil Höhen und Winkel gemessen sein wollten, und da wir uns gegen den Hunger zu wehren hatten, so waren seine Schultern mit zwei Brotthürmchen geschmückt und hinten an seinem Tornister baumelte eine Schöpskeule, die wie ein zu groß gerathener Schwanz aussah. Der gutmüthige Mensch hatte diese Nahrung mitgebracht, weil er meinte, daß wir sie gebrauchen würden. Zufällig waren wir bereits gut versorgt und konnten ihn, da wir an unserem eigenen Gepäck zu tragen hatten, von seiner Last, die er doch nicht wegwerfen mochte, nicht befreien. Als der Weg steiler anstieg, wurde seine Erschöpfung immer bemerkbarer und äußerte sich zuletzt in Stöhnen. Zuerst war es ein leiser und sanfter Ton, allein wie wir selbst so stiegen auch seine Klagelaute, bis endlich die Klippen im Echo mit ihm stöhnten und wir lachen mußten.

Während des ganzen Steigens hieb Croz mit einer nicht zu erschlaffenden Energie Stufen und um drei Viertel auf elf Uhr standen wir oben auf unserem Paß, wo wir uns durch einen langen Halt erquicken wollten. Gerade in diesem Augenblicke aber senkte sich der Nebel, der um den Grat gespielt hatte, und verhüllte uns die ganze Aussicht auf die Nordseite. Croz war der Einzige, welcher auf unsern Weg bergab einen Blick geworfen hatte, und es wurde für räthlich gehalten, sofort aufzubrechen, wo er den Anblick noch frisch im Gedächtniß habe. Ich kann mithin über die Höhe des Passes weiter nichts mittheilen, als daß sie unmittelbar östlich vom Mont Bans liegt und eine Meereshöhe von 11300 Fuß hat. Dieser Paß, den wir Col de Pilatte nannten, ist der höchste im Dauphiné.

Unser Hinuntersteigen zum Col de Pilatte bewerkstelligten wir auf einem glatten Eisfelde, das nach Moore's Messungen einen Winkel von 54 Grad hatte. Croz ging noch immer vorn, wir andern folgten, sämmtlich ans Seil gebunden, in Zwischenräumen von etwa fünfzehn Fuß, und Almer hatte die verantwortliche Stellung des letzten Mannes, so daß er und Croz etwa siebzig Fuß von einander entfernt waren. Wir alle aber hörten den starken Mann, wie er unten Stufen hieb, während dann und wann die Stimme des Mannes, der unser Halt war, von oben durch die Wolke drang: „Gleiten Sie nicht aus, meine lieben Herren, stellen Sie Ihre Füße gut, gehen Sie nicht weiter, bis Sie sicher stehen."

Auf diese Art gingen wir drei Viertelstunden lang. Plötzlich hörten wir das Beil unseres Croz nicht mehr. „Was giebt es, Croz?" „Einen Bergschrund, meine Herren." „Können wir hinüberkommen?" „Auf mein Wort, das weiß ich nicht; wir werden wohl springen müssen." Indem er so sprach, zog der Nebel nach rechts und links fort. Die Wirkung war dramatisch. Es war ein Theatercoup, die Vorbereitung zu dem großen aufregenden Sprunge, den die ganze Gesellschaft auszuführen hatte.

Irgend eine unsichtbare Ursache, eine Klippe vielleicht oder eine eigenthümliche Bildung der Felsen unter uns, hatte unsere Eismauer in zwei Theile gespalten, und der mächtige Riß, der auf diese Weise entstanden war, lief auf jeder Seite fort, so weit wir sehen konnten. Wie auf dem Abhang oben waren wir von dem Abhang unten durch eine große Spalte getrennt. Auf einer schiefen Fläche von 54 Grad konnten wir nicht hinunterlaufen, um uns einen bessern Uebergang auszusuchen; wir mußten über den Abgrund kommen und zwar hier.

Ein Sprung von 15 bis 16 Fuß abwärts und ein Sprung von 7 bis 8 Fuß vorwärts waren zugleich auszuführen. Das ist nicht viel, wird man sagen. Es war nicht viel, aber nicht die Weite, sondern die Beschaffenheit des Sprunges gab ihm einen besondern Feingeschmack. Man mußte eine schmale Eiskante treffen. Sprang

Reynaud's Luftreise.

man über sie hinweg, so rollte man immer tiefer und tiefer. Sprang man zu kurz, so stürzte man in die Spalte unten, die allerdings durch Hineinfallen von Eis und Schnee zum Theil verstopft war, aber an manchen Stellen so weit klaffte, daß sie einen erratischen Körper aufzunehmen bereit war.

Croz band Walker los, um genug Seil zu bekommen, rief uns zu, daß wir fest halten möchten, und sprang über den Abgrund. Er kam gut auf die Füße, band sich los und warf das Seil Walker zu, der seinem Beispiel folgte. Nun kam ich an die Reihe und trat an den Rand des Eises vor. Die Secunde, die nun folgte, war ein sogenannter großartiger Moment. Ich will damit sagen, daß ich eine großartig-lächerliche Empfindung hatte. Es war mir, als drehe sich Alles mit ungeheurer Geschwindigkeit um mich und als fliege mein Magen davon. Im nächsten Augenblicke lag ich unten auf dem Schnee, versicherte natürlich, daß es nichts gewesen sei, und suchte Freund Reynaud zu ermuthigen.

Er trat an den Rand und machte Erklärungen. Ich glaube nicht, daß er sich vor der Stelle mehr als wir fürchtete, aber er machte schrecklich viel aus der Sache — mit einem Worte, er war ein Franzose. Er rang die Hände. „O, was für ein Teufel von einem Platze!“ „Es ist nichts, Reynaud,“ sagte ich, „es ist nichts.“ „Springen Sie,“ riefen die Anderen, „springen Sie.“ Er drehte sich aber herum, so weit eine solche Bewegung in einer Eisstufe ausgeführt werden kann, bedeckte das Gesicht mit den Händen und rief: „Auf mein Wort, es ist nicht möglich. Nein, nein, nein, es ist nicht möglich.“

Wie er heruntergekommen ist, weiß ich nicht. Wir sahen einen Fuß, der Moore zu gehören schien, wir sahen Reynaud als fliegenden Körper und so rasch herunterkommen, wie Jemand, der einen Kopfsprung ins Wasser macht. Arme und Beine hatte er ausgestreckt, seine Schöpskeule flog in der Luft, sein Stock fiel ihm aus der Hand und dann machte er ein Geräusch, als wenn ein Bündel Teppiche aus dem Fenster geworfen wird. Als wir ihn auf die Füße stellten, bot er ein jämmerliches Schauspiel; sein Kopf war ein großer Schneeballen, Branntwein tropfte aus der einen Seite des Tornister, Chartreuse aus der andern. Wir beweinten diese Verluste, aber wir schütteten uns vor Lachen aus.

Dieses Kapitel hat die Grenzen bereits überschritten, auf die ich es hätte beschränken sollen, aber ich kann es nicht schließen, ohne der Gewandtheit zu gedenken, mit der Croz uns durch einen dichten Nebel über den letzten Theil des Pilatte-Gletschers führte. Wahrscheinlich hat man in den Alpen nie anderswo größere Beweise von Kraft und Ueberlegung gesehen. Auf diesem fast unbekannten und sehr steilen Gletscher war er selbst im Nebel vollkommen zu Hause. Obgleich er nie fünfzig Fuß vor sich sehen konnte, bewegte er sich doch mit der höchsten Sicherheit und ohne jemals einen einzigen Schritt zurück thun zu müssen. Von Anfang bis zu Ende verrieth er eine vollkommene Kenntniß der Dinge, mit denen er zu thun hatte. Jetzt hieb er Stufen auf der einen Seite einer Spalte abwärts, war rasch auf der andern Seite und zog uns hinauf. Dann reinigte er einen Grat, bis wir einen Punkt fanden, von dem wir auf einen andern Grat springen konnten, oder entdeckte eine Schneebrücke, über die er auf Händen und Füßen kroch und uns an der Leine hinüberzog, wobei er unsere Befürchtungen verspottete, unsere Ungelenkigkeit nachäffte, alle Hülfe ablehnte und uns blos bat, daß wir ihm folgen möchten.

Gegen ein Uhr Nachmittags traten wir aus dem Nebel und befanden uns jetzt auf dem oberen Theile des Gletschers, nachdem wir, wie Reynaud richtig bemerkte, so rasch heruntergekommen waren, als ob überhaupt kein Nebel gewesen wäre. Nun griffen wir die

Schöpskeule an, die unser vorsorglicher Freund mitgebracht hatte, und eilten später mit erneuter Kraft nach La Bérarde.

Reynaud und ich gingen zusammen nach St. Christophe, wo wir uns trennten. Später haben wir uns über die Thaten dieses merkwürdigen Tages unterhalten und ich weiß deshalb, daß er seinen Antheil an dem Uebergang über den Col de Pilatte nicht um vieles Geld aufgeben würde, obgleich es uns nicht gelang, einen bequemeren oder kürzeren Weg, als der Col du Selé ist, aufzufinden. An demselben Abend traf ich mit Moore und Walker in Venos zusammen und ging mit ihnen am nächsten Tage auf der Straße von Lautaret zum Hospiz auf dem Berge, wo wir schliefen.

So endete unser kleiner Feldzug im Dauphiné. Er war merkwürdig, weil kein Fehlschlag vorkam und weil wir alle unsere Pläne leicht und sicher ausführten. Größtentheils war dies dem Geist meiner Gefährten zu danken, aber auch das schöne Wetter, dessen wir uns erfreuten, und unser sehr früher Aufbruch an jedem Morgen sprachen mit. Da wir unser Werk an den längsten Tagen im Jahre bei oder vor Sonnenaufgang begannen, so brauchten wir uns nicht zu übereilen, wenn wir unsere volle Ueberlegung brauchten, und durften uns eine Stunden lange köstliche Ruhe gönnen, so oft wir Lust dazu hatten.

Nicht dringend genug kann ich Vergnügungsreisenden empfehlen, die Gasthöfe des Dauphiné zu vermeiden. Man schlafe in den Sennhütten. Nahrungsmittel verschaffe man sich aus den Gasthöfen, so viel man deren bekommen kann, versuche aber durchaus nicht, in ihnen zu übernachten.* Schlafen kann man in ihnen nicht. Joanne behauptet, daß der Erfinder des Insectenpulvers aus dem Dauphiné stamme. Das will ich gern glauben. Als Knabe und

* Ein Pfund von Liebig's Extract und einige Pfund Chocolade sind Alles, was man braucht; das Uebrige kann man sich an Ort und Stelle verschaffen.

Jüngling muß er die Nothwendigkeit einer solchen Erfindung oft gefühlt haben.

Am 29. Juni ging ich über den Col du Galibier nach St. Michel, am 30. über den Col des Encombres nach Moutiers, am 1. Juli über den Col du Bonhomme nach Contamines und am 2. über den Pavillon de Bellevue nach Chamouny, wo ich Herrn Adams-Reilly traf, der mit mir einige vor längerer Zeit verabredete Unternehmungen ausführen wollte.

Elftes Kapitel.

Die Mont-Blanc-Kette.

Vor zehn Jahren wußten wenige Leute durch persönliche Bekanntschaft, wie höchst ungenau die Mont-Blanc-Kette aufgenommen worden war. Während des letzten halben Jahrhunderts hatten Tausende die Kette bereist und mindestens tausend Menschen auf ihrem höchsten Gipfel gestanden, aber unter ihnen allen befand sich nicht einer, welcher den Willen oder die Fähigkeit besessen hätte, eine Karte des Berges zu zeichnen, der bis auf die neueste Zeit für den höchsten in Europa galt.

Viele Personen wußten, daß große Böcke geschossen worden waren, und es war allgemein bekannt, daß sogar der Mont Blanc selbst auf allen Seiten, die nördliche ausgenommen, lächerlich falsch dargestellt worden, aber es lebte vielleicht nicht ein einziger Mensch, welcher gewußt hätte, daß in der erwähnten Zeit bei der Bestimmung von Höhen zu beiden Enden der Kette Irrthümer um nicht weniger als tausend Fuß vorgekommen, einige Gletscher in doppelter

Größe eingetragen und Berge und Thäler aufgenommen waren, die gar nicht existirten.

Zu jener Zeit war bloß ein Theil der ganzen Kette mit einiger Genauigkeit vermessen worden. Das geschah nicht, wie man vermuthen sollte, durch eine Regierung, sondern durch einen Privatmann, den englischen Saussure, den verstorbenen Forbes. Im Jahre 1842 veranstaltete er eine besondere Aufnahme des Mer de Glace von Chamouny und seiner Nebenzweige, die er in den folgenden Jahren durch weitere Beobachtungen bis zum Glacier des Bossons einschließlich ausdehnte. Die aus dieser Aufnahme hervorgehende Karte war ihres Urhebers würdig, so daß spätere Erforscher der von ihm dargestellten Gegend in seiner Arbeit bloß einige unbedeutende Ungenauigkeiten entdeckt haben.

Der von Forbes vermessene Bezirk blieb bis zum Jahre 1861 der einzige helle Fleck einer Gegend, wo sonst Alles dunkel war. Verschiedene Männer machten ehrenwerthe Versuche, Licht in die Finsterniß zu tragen, aber ihre Anstrengungen waren nutzlos und bewiesen nur, daß jede Arbeit einer Anzahl von Beobachtern, die unabhängig von einander wirken und nicht unter der Leitung eines einzigen Kopfes stehen, weggeworfen ist.

Im Jahre 1861 erschien Blatt 22 von Dufour's Karte der Schweiz. Dasselbe enthielt den Theil der Mont-Blanc-Kette, der zur Schweiz gehört, und dieser Theil des Blattes war mit der bewunderungswürdigen Treue und Gründlichkeit ausgeführt, die das ganze wahrhaft einzige Kartenwerk Dufour's kennzeichnen. Der Rest der Kette (etwa vier Fünftel des Ganzen) war nach den Vermessungen früherer Geographen eingetragen und die Erbärmlichkeit dieses Theils trat durch den Contrast mit der vollendeten Arbeit der schweizerischen Vermesser grell hervor.

Man bedurfte starker Hände, um die Vermessungen zu vollenden, und nicht lange so erschienen die richtigen Leute. Im Jahre 1863 beschloß Herr Adams-Reilly, der die Alpen einige Jahre bereist hatte, eine Vermessung der vernachlässigten Theile der Mont-Blanc-Kette zu unternehmen. Er versah sich mit einem guten Theodoliten und bestimmte die Lage von nicht weniger als zweihundert Punkten, indem er von einer Grundlinie ausging, die Forbes im Chamouny-Thal vermessen hatte. Die Genauigkeit seiner Arbeit läßt sich nach der Thatsache beurtheilen, daß er, nachdem er viele Ecken umgangen und seine Beobachtungen über eine Strecke von elf deutsche Meilen ausgedehnt hatte, den Col Ferret blos zweihundert Ellen von dem Punkte eintrug, den General Dufour ihm angewiesen hatte.

Im Winter von 1863 und im Frühling von 1864 zeichnete Reilly nach seinen gewonnenen Daten eine ganz neue Karte. Die Räume zwischen seinen trigonometrisch vermessenen Punkten trug er später nach Photographien und nach einer Reihe von Panorama-Skizzen ein, die er von seinen verschiedenen Standpunkten aufgenommen hatte. Seine Karte war ein ungeheurer Fortschritt und die erste, welche den großen Bergspitzen ihre richtige Lage anwies.

Diese außerordentliche Arbeit lehrte mich Herrn Reilly als einen Mann von wunderbarer Entschlossenheit und Ausdauer kennen. Mit sehr schwacher Hoffnung, daß mein Antrag Annahme finden werde, lud ich ihn ein, an neuen Angriffen auf das Matternhorn Theil zu nehmen. Er ging auf meine Pläne mit Wärme ein und machte mir den Gegenvorschlag, ihn auf einigen Wanderungen zu begleiten, die er in der Mont-Blanc-Kette ausführen wollte. Unser mündlicher Vertrag hatte folgenden Inhalt: Ich helfe dir bei deinen Plänen und du hilfst mir bei den meinen. Ich schlug gern in die dargebotene Hand ein, da alle Vortheile auf meiner Seite waren.

Als Reilly seine Vermessungen ausführte, nahm Hauptmann Mieulet für die Fortsetzung der großen Karte von Frankreich eine andere vor, denn etwa die Hälfte der Mont-Blanc-Kette einschließlich des ganzen Chamouny-Thals war neuerdings wieder einmal französisch geworden. Hauptmann Mieulet war angewiesen, blos bis zur neuen Grenze zu vermessen, und das Blatt, in das seine Arbeit einzutragen war, sollte nach dem allgemeinen Maßstabe der Karte in $^1/_{80000}$ der natürlichen Größe ausgeführt werden. Da man dem Generalstabe aber Vorstellungen machte, daß es sehr vortheilhaft sein würde, die Vermessung bis Cormayeur auszudehnen, so erhielt Hauptmann Mieulet die Weisung, seine Beobachtungen auf die südliche oder italienische Seite der Kette auszudehnen. Nach den Materialien, die er sammelte, wurde rasch ein besonderes Blatt im Maßstabe von $^1/_{40000}$ gestochen und 1865 auf den Befehl des verstorbenen Kriegsminister Randon veröffentlicht.* Dieses Blatt war vortrefflich ausgeführt, enthielt aber bloß den mittleren Theil der Kette, so daß eine vollständige Karte noch immer fehlte.

Herr Reilly überreichte dem englischen Alpenclub seine Karte im Manuscript. Man beschloß sie zu drucken, aber ihr Urheber wollte sie dem Kupferstecher nicht früher übergeben, bis er sie sorgfältig geprüft habe. Zu diesem Zweck wollte er Ersteigungen hoher Punkte ausführen, die bis dahin für unzugänglich gegolten hatten, und lud mich zur Theilnahme an einigen dieser Unternehmungen ein.**

Ich werde diese Wanderungen ganz kurz beschreiben, da ich hoffe, daß Herr Reilly selbst einen Bericht über seine merkwürdigen Forschungen veröffentlichen wird. Ehe ich dazu schreite, wird

* Der Titel ist: Massif du Mont Blanc, extrait des minutes de la Carte de France, levé par M. Mieulet, Capitaine d'Etat Major.

** Reilly's Karte wurde 1865 auf Kosten des Alpenclubs unter dem Titel: Die Mont-Blanc-Kette im Maßstabe von $^1/_{80000}$ herausgegeben.

es passend sein, daß ich der Topographie der Mont-Blanc-Kette einige Worte widme.

Gegenwärtig ist die Kette zwischen Frankreich, Italien und der Schweiz getheilt. Frankreich besitzt den Löwentheil, die Schweiz die fruchtbarsten Gegenden und Italien die steilste Seite. Die Kette steht in einem Rufe, den sie nicht ganz verdient. Sie kann sich weder der Schönheit des Berner Oberlandes noch der Erhabenheit des Dauphiné rühmen. Sie zieht aber den großen Haufen durch den Besitz des höchsten Alpengipfels an. Entfernt man diesen, so ist die Erhebung der Kette durchaus nicht merkwürdig. In der That sind ihre Berge mit Ausnahme des Mont Blanc selbst weniger bedeutend als die des Oberlandes und der Mittelgruppen der penninischen Alpen. Die folgende Tabelle wird eine Vergleichung erleichtern.

		Meter.		Engl. Fuß.
1.	Mont Blanc	4810	=	15781
2.	Grandes Jorasses . . .	4206	.	13800
3.	Aiguille Verte . . .	4127	.	13540
4.	„ de Bionnassay . .	4061	.	13424
5.	Les Droites . . .	4030	.	13222
6.	Aiguille du Géant . . .	4010	.	13157
7.	„ de Trélatête, Nr. 1 .	3932	.	12900
	„ „ „ 2 .	3904	.	12809
	„ „ „ 3 .	3896	.	12782
8.	„ d'Argentière . . .	3901	.	12799
9.	„ de Triolet . . .	3879	.	12726
10.	„ du Midi . . .	3843	.	12608
11.	„ du Glacier . . .	3834	.	12579
12.	Mont Dolent . . .	3830	.	12566
13.	Aiguille du Chardonnet . .	3823	.	12543
14.	„ du Dru . . .	3815	.	12517
15.	„ de Miage . . .	3680	.	12074
16.	„ du Plan . . .	3673	.	12051
17.	„ de Blaitière . . .	3533	.	11591
18.	„ des Charmoz . .	3442	.	11293*

* Einige dieser Gipfel haben streng genommen kein Recht, in einer Liste der höchsten Gipfel der Kette zu figuriren, da sie weiter nichts als Zähne oder

Die Grenze läuft auf dem Hauptkamm. Vom Chamouny-Thal aus sieht man von diesem wenig und im Dorfe selbst zeigen sich bloß zwei schmale Streifen desselben, die kaum zweidrittel Meilen lang sind, deren einer vom Gipfel des Mont Blanc nach dem Dôme du Goûter hinübergeht, während der andere in der Nachbarschaft des Col de Balme liegt. Der ganze Rest wird durch vorliegende Grate und Berge von untergeordneter Bedeutung verdeckt.

Der Mont Blanc selbst wird durch die beiden Gletscher des Miage, die Gletscher der Brenva und des Géant, das Val Véni und das Chamouny-Thal begrenzt. Vom Gipfel aus läuft ein langer Grat in nordnordöstlicher Richtung durch den Mont Maudit zur Aiguille du Midi. Ein zweiter Grat geht in nordwestlicher Richtung durch die Bosse du Dromadaire zum Dôme du Goûter, wo er sich nun in zwei Grate theilt, von denen der eine der nordwestlichen Richtung bis zur Aiguille du Goûter treu bleibt, der andere aber, der zum Hauptkamm der Kette gehört, gegen Westen zur Aiguille de Bionnassay streicht. Die beiden Wege, die man bei der Ersteigung des Mont Blanc gewöhnlich einschlägt, liegen zwischen diesen Hauptgraten. Der eine führt von Chamouny über die Grands Mulets, der andere vom Dorfe Bionnassay über die Aiguille und den Dôme du Goûter.

Der Mont Blanc ist auch noch von anderen Seiten erstiegen worden, ja es giebt vielleicht keinen einzigen Compaß-Strich, in dem er nicht zugänglich wäre. Es existirt indessen nicht die geringste Wahrscheinlichkeit, daß man noch bequemere Wege zum Gipfel entdecken wird als die bereits bekannten.

Ich glaube streng bei der Wahrheit zu bleiben, wenn ich sage,

---

Nadeln auf Graten oder Theile von höheren Bergen sind. Zu ihnen gehören z. B. die Aiguilles du Dru, du Géant und de Bionnassay.

daß vom Mont Blanc abgesehen die Aiguille du Midi und die Aiguille de Miage die beiden einzigen Gipfel der Mont-Blanc-Kette waren, die man vor 1864 bestiegen hatte. Der letztgenannte der beiden Berge ist ein ganz unbedeutender Punkt und der erstere blos ein Theil der eben erwähnten Grate, so daß er kaum als ein besonderer und vom Mont Blanc verschiedener Berg betrachtet werden kann. Die wirklich großen Gipfel der Kette galten für unzugänglich und waren, so viel ich weiß, mit Ausnahme der Aiguille Verte niemals bestiegen worden.

Die Grandes Jorasses sind der schönste und nach dem Mont Blanc der höchste Berg der Kette. Der nächste ist ohne Frage die Aiguille Verte. Die Aiguille de Bionnassay, die an Höhe auf die Verte folgt, sollte eigentlich als ein Theil des Mont Blanc aufgefaßt werden und ebenso ist der Gipfel, der Les Droites heißt, blos ein Theil des Grates, der in der Verte gipfelt. Die Aiguille de Trélatête ist die nächste Nadel, die auf den Namen eines besonderen Berges Anspruch hat, und im Südwesten der Kette der weitaus bedeutenste und zugleich höchste Gipfel. Dann folgt die Aiguille d'Argentière, die im nordwestlichen Endpunkte denselben Rang einnimmt, wie jener Berg im südwestlichen. Die übrigen Nadeln sind verhältnißmäßig unbedeutend und obgleich manche derselben, wie der Mont Dolent, sich von niedrigen Standpunkten gesehen recht stattlich ausnehmen und eine gewisse Wichtigkeit zu besitzen scheinen, so fallen sie sogleich auf den ihnen gebührenden Platz zurück, sobald man eine erhebliche Höhe erreicht.

Für die Zwecke meines Freundes würde der Gipfel der Aiguille Verte eine der besten Stationen des ganzen Gebirgs gewesen sein. Ihre große Höhe und ihre beherrschende, einsame Lage machen sie, wenn man die verwickelte Kette überblicken will, zu einem ausgezeichnetem Standpunkte. Herr Reilly ging aber aus guten Gründen an ihr vorbei und machte die Ueberschreitung des Col de Triolet zu unserem ersten Unternehmen.*

In der Nacht des 7. Juli schliefen wir bei einer Temperatur von 26.5 Grad Fahrenheit auf dem Couvercle unter hohen Felsen, gingen am 8. um halb fünf Uhr in gerader Linie auf einen Punkt im Norden des Jardin los und erstiegen dann in Schlangenlinien, um einen minder steilen Weg zu gewinnen, die oberen Hänge des Glacier de Talèfre in der Richtung des Fußes der Aiguille de Triolet. Croz war wieder mein Führer, bei Reilly befand sich Michel Payots von Chamouny und Heinrich Charlet aus demselben Orte war unser Träger.

Der Weg führte über einen wellenförmigen Gletscher, der bis zu der zum Col führenden Ecke eine mäßige Steigung hatte, und von da über einen steilen, secundären Gletscher, der zum Becken des Talèfre niederging. Mit solchen Eiskennern wie Croz und Payot fanden wir keine Schwierigkeit, diesen secundären Gletscher zu überschreiten, und erreichten um halb acht Uhr die Spitze des sogenannten Passes, der nach Mieulet 12162 Fuß über dem Meere und 4530 Fuß über unserem Lager auf dem Couvercle liegt.

Unser Niedersteigen begann auf sehr steilen, aber festen Felsen und dann auf einem Nebenzweige des Glacier de Triolet. Schrunde** gab es in Menge und nicht weniger als fünf liefen quer über den Gletscher, so daß bei allen ein Sprung nöthig war. In den Größenverhältnissen kam keiner dem ungewöhnlichen Abgrund des Col de Pilatte gleich, aber in anderen Beziehungen übertrafen sie

* Vorher hatten wir die Ersteigung der Aiguille d'Argentière versucht und waren, blos noch hundert Fuß vom Gipfel entfernt, durch einen heftigen Wind besiegt worden. Ich werde am Schluß des Kapitels von diesem Versuch sprechen.

** Große Spalten. Ein Bergschrund ist auch ein Schrund, aber noch etwas mehr. S. Kap. 14.

diesen weit. „Diese Schrunde machen uns das Leben herzlich sauer," bemerkte Reilly.

Beim Kopfe des Glacier de Triolet laufen verschiedene Felsrücken vom Grat gegen Südosten und theilen den Gletscher in eine Anzahl von Buchten. Auf dem nördlichsten Rücken stiegen wir hinab und als wir gerade an dem Punkte, wo unsere Bucht sich mit der nächsten berührte, auf den offenen Gletscher hinaufkletterten, gingen wir an einem wunderschönen, mit Eiszapfen behangenen Eisbogen vorbei, welcher als zerschmelzender Rest eines alten sérac isolirt dastand und sich dreißig Fuß über die Oberfläche des Gletschers erhob. Es war ein Wunder, wie ich es noch nirgends gesehen hatte. Als ich 1865 bei der Stelle vorbeikam, war jede Spur des Bogens verschwunden.

Wir hofften die Sennhütten des Prè du Bar noch ganz früh am Tage zu erreichen, verloren aber an den Hängen des Mont Rouge so viel Zeit, daß es fast vier Uhr war, ehe wir bei ihnen ankamen. Erst bei Gruetta fanden wir eine Brücke über den Fluß, und ehe wir so weit hinunterstiegen, umgingen wir lieber den Fuß des Mont Rouge und stiegen über einen Ausläufer des Glacier du Mont Dolent.*

Den 9. Juli füllten wir mit der Besteigung des Mont Dolent aus. Es war eine Miniatur-Besteigung, die von Allem etwas hatte. Zuerst erkletterten wir den Col Ferret (Nr. 1) und hatten ein kleines Hinschleifen über schieferige Steinplatten, dann kam ein

* Der Uebergang vom Couvercle über den Col de Triolet nach Prè du Bar kostete uns achteinehalbe Stunde wirklichen Gehens. Hätten wir ihn in entgegengesetzter Richtung bewerkstelligt, so würden wir viel mehr Zeit gebraucht haben. Der Weg ist der kürzeste, den es zwischen Chamouny und dem St. Bernhard giebt. Als Paß kann ich ihn mit gutem Gewissen nicht empfehlen (s. Kap. 19) und trage auch selbst kein Verlangen, wieder über die Moräne zur Linken des Glacier de Triolet oder über die Felsen von Mont Rouge zu gehen.

kleiner Gang über Gras, weiterhin ein kleiner Trab auf einer Moräne, die sonderbarer Weise gut zu begehen war, und dann wieder ein Steigen im Zickzack über den mit Schnee bedeckten Gletscher des Mont Dolent. Dort war ein kleiner Bergschrund, ferner gab es eine kleine Schneemauer, die wir mit Hülfe einer Klippe umgingen, und als wir auf den südöstlich vom Gipfel niedergehenden Grat stießen, fanden wir einen kleinen Schneerücken, der zum höchsten Punkt führte. Der Gipfel selbst war nicht viel, ja ein sehr kleines Ding, der reizendste winzige Schneekegel, der sich auf einer Bergspitze jemals aufgethürmt hat, so weich und so rein, daß es ein Verbrechen wäre, ihn zu betreten, eine Jungfrau im Kleinen, ein Nipptisch-Gipfel, den man mit der Hand bedecken kann.*

In der Aussicht vom Mont Dolent gab es nichts Kleines. „Im Verbindungspunkte von drei Bergkämmen gelegen," beginnt Herr Reilly in seinem Tagebuch seine Schilderung, „erhebt er sich wie eine Kirchthurmspitze über seiner unmittelbaren Nachbarschaft, und gewisse Lücken in den umliegenden Graten, die ausdrücklich zu diesem Zweck angebracht zu sein scheinen, dehnen die Aussicht fast nach jeder Richtung aus. Die Abgründe, die sich zum Glacier d'Argentière hinuntersenken, lassen sich blos mit denen der Jungfrau vergleichen, und die Grate zu beiden Seiten jenes Gletschers, namentlich die steilen Felsen Les Droites und Les Courtes, machen, vom spitzen Schneegipfel der Aiguille Verte überragt, fast den Eindruck der Grandes Jorasses. Von dem massiven Thurm der Aiguille de Triolet und den entfernteren Jorasses wie in einen Rahmen eingefaßt, entfaltet sich das zarteste und schönste Bild, das ich jemals gesehen habe — der ganze Bergstock des Mont-Blanc, der sein Schneehaupt über die wirre Reihe von Vorsprüngen, die

* Die Ersteigung des Mont Dolent und die Rückkehr nach Prè du Bar kostete uns, die Halte mitgerechnet, nicht weniger als elf Stunden.

die Monts Maudits stützen, erhebt und links vom Mont Peuteret und von der Masse eingezackter Nadeln, die über der Brenva hängen, begrenzt wird. Der Anblick des Mont Blanc ist nicht neu, aber von diesem Punkte gesehen hat er etwas unvergleichlich Malerisches, als ob er ein Bild wäre, von der Hand eines Meisters gruppirt. Die Aussicht ist ebenso ausgedehnt und weit lieblicher als die vom Mont Blanc selbst."

Wir gingen nach Cormayeur hinunter und verließen am 10. Juli jenen Ort, um behufs der Ersteigung der Aiguille de Trélatête auf dem Mont Suc zu übernachten. Von den Nebeln, die an den Bergen hingen, hofften wir, daß sie sich verziehen würden. Da das nicht geschah, so begaben wir uns mit einer großen Ladung Stroh auf die Moränen des Miage-Gletschers und bezogen genau über dem Lac de Combal eine reizende kleine Höhle, die einige einsame Schäfer unter einer mächtigen Felsplatte gegraben hatten. Dort verbrachten wir die Nacht und auch den folgenden Tag, da wir unsern Plan ebensowenig aufgeben als durch Hineinlaufen in den Nebel zu Schaden kommen wollten. Es war eine langweilige Zeit und ich wurde ganz unruhig dabei. Reilly hielt mir eine Vorlesung über die Vortrefflichkeit der Geduld, nahm dann eine bequeme Lage an

und versenkte sich in die Seiten eines Buches mit gelbem Einbande. „Geduld,“ bemerkte ich boshaft, „wird Leuten sehr leicht, welche Volksausgaben von Romanen besitzen. Ich habe aber kein solches Buch und nun ich mit dem Reinigen meiner Schuhnägel von Schlamm fertig bin, was soll ich nun thun?“ „Gehen Sie und studiren Sie die Moräne des Miage,“ sagte er. Ich ging und kam nach einer Stunde zurück. „Was giebt es Neues?“ sagte Reilly und stützte sich auf den Ellenbogen. „Sehr wenig, es ist eine starke Moräne, stärker als ich glaubte, mit Grat hinter Grat, wie in einem befestigten Lager; und es stehen Mauern mit Schießscharten auf ihr, als wenn sie zur Vertheidigung gebaut wären.“ „Studiren Sie weiter,“ sagte er und warf sich wieder auf den Rücken. Ich ging aber zu dem schlafenden Croz und kitzelte ihm die Nase mit einem Strohhalm, bis er aufwachte, und als diese Unterhaltung ausgespielt hatte, beobachtete ich Reilly, der jetzt selbst unruhig geworden war, sich hin und her warf und auf die Brust legte, seinen Kopf auf die Ellenbogen stützte, sich seine Pfeife anzündete und dicke Rauchwolken von sich bließ. Als ich wieder hinblickte, was war da aus Reilly geworden! Eine unkenntliche Masse; Arme, Beine, Kopf, Steine und Stroh, Alles schien durcheinander zu liegen. Seinen Hut hatte er zur Seite geworfen und seinen Roman ebenfalls weit fortgeschleudert. Nun trat ich vor ihn hin und hielt ihm meinerseits eine Vorlesung über die Vortrefflichkeit der Geduld.

Ja, es war eine langweilige Zeit. Unser Berg entschleierte sich zuweilen für einen Augenblick, als ob er eine gefallsüchtige Schöne wäre, und sah oben reizend, unten aber sehr geheimnißvoll aus. Erst gegen Abend gestattete er uns eine Annäherung und als die Dunkelheit kam, wurden die Vorhänge weggezogen, die leichte Umhüllung gelüftet und auf den Zehen schlichen wir durch den großen Thorweg, den der Mont Suc bildet. Die Nacht schritt aber rasch vor und da standen wir nun draußen in der Kälte und konnten in keine Höhle kriechen und unter keinem überhängenden Felsen Schutz suchen. Es wäre uns schecht gegangen, hätten wir unsere großen Tücher nicht gehabt. Als wir sie an ihren langen Seiten zusammengenäht und über unser Seil, das wir um

Unser Lager auf Mont Suc.

Felsen schlangen, das eine Ende geworfen und das andere mit Steinen beschwert hatten, besaßen wir hinreichenden Schutz und schliefen auf unserm kahlen Grat, 9700 Fuß über dem Meeresspiegel vielleicht besser, als wenn wir in Federbetten gelegen hätten.*

* Die Zeichnung ist nach einer Skizze von Reilly entworfen. Unser Lager befand sich dicht unter der Schneelinie.

Um drei Viertel auf fünf verließen wir unser Lager und kamen vierzig Minuten nach neun, nachdem wir über die niedrigste der drei Spitzen des Trélatête gegangen waren, auf den höchsten Rand. Er erhob sich weit über alle andern Berge in diesem Theil der Kette und gewährte uns eine überaus prachtvolle Aussicht, die ganze westliche Seite des Mont Blanc lag ausgebreitet vor uns. Wir waren die ersten, welche sie sahen. Die Beschreibung dieser Aussicht trete ich meinem Gefährten ab, dem sie von Rechtswegen gehört.

„Vier Jahre lang hatte ich mich für die Geographie der Kette lebhaft interessirt und im vorigen Jahre eine Karte veröffentlicht, die alle Punkte enthielt, ausgenommen diese einzige Stelle, die sich mir immer entzogen hatte. Das unverdiente Lob, welches diese Karte erhielt, war für mich Galle und Wermuth, wenn ich an jenen großen Abhang dachte, den ich hatte leer lassen oder mit nichtssagenden Felsengruppen, von frühern Karten entnommen, besprenkeln müssen.

Denn zu Rathe gezogen hatte ich alle Karten, ohne eine klare Darstellung zu finden. Vom Miage-Gletscher hatte ich keinen Nutzen gehabt, denn von da sah ich nichts als den Fuß prächtiger Eisströme, aber jetzt überblickte ich von der Spitze der todten Felsenmauer, die mir so lange die Aussicht versperrt hatte, jene schönen Gletscher von oben bis unten und sah sie Ströme hinunterschicken, die fast so breit waren als die Bossons vom Mont Blanc, von der Bosse und vom Dôme.

Den Gipfel des Mont Blanc stützen auf dieser Seite zwei Vorsprünge, zwischen denen ungeheure Gletscher niedergehen. Der südlichste derselben entsteht am Fuße der Felsenwände, die von der Calotte* steil herabfallen, und sein Strom wird da, wo er sich mit

* Calotte heißt der Schneedom auf dem Gipfel des Mont Blanc.

dem der Miage verbindet, von einem enormen Felsen in zwei Theile zerschnitten. Die nächste Stelle zu seiner Linken nimmt der größte der erwähnten Vorsprünge ein, der fast allein eine Nadel bildet. Der folgende Gletscher* kommt aus einem großen Becken, welches den Schnee des höchsten Grats zwischen der Bosse und dem Dôme aufnimmt, und wird von dem dritten und letzten Gletscher** durch einen anderen Vorsprung getrennt, der sich mit dem höchsten Grat zwischen dem Dôme und der Aiguille de Bionnassay verbindet."

Die großen Vorsprünge zwischen diesen prächtigen Eisströmen haben einen bedeutenden Theil der ungeheuren Trümmermassen geliefert, die theils auf dem Miage-Gletscher in Val Véni liegen, theils in Graten um ihn vertheilt sind. Diese Moränen*** sollten zu den Weltwundern gerechnet werden. Für einen Gletscher von der Ausdehnung des Miage sind sie sehr groß.

Die Größenverhältnisse der Moränen richten sich nach denen der Gletscher nicht. Viele kleine Gletscher haben große Moränen† und viele große Gletscher haben kleine. Die Größe der Moränen jedes Gletschers hängt hauptsächlich von dem Umfang der Felsenflächen ab, welche innerhalb des Beckens, von dem der Gletscher seine Zuflüsse empfängt, den Einflüssen der Luft ausgesetzt sind. Auch von der Natur des Felsens, von seiner Festigkeit oder leichten Zersetzbarkeit, wie von der Neigung seiner Schichten hängt viel ab.

---

* Glacier du Dome.

** Dieser Gletscher hat keinen Namen.

*** Den Ursprung des Namens Moräne kenne ich nicht. Saussure sagt: „Die Bauern von Chamouny bezeichnen diese Trümmerhaufen als die Moräne des Gletschers." Daraus läßt sich schließen, daß der Name ein localer und auf Chamouny beschränkter war.

† Ein Beispiel wird auf S. 192 erzählt. Es ließen sich noch merkwürdigere Beispiele anführen.

Höchst wahrscheinlich werden die Moränen klein sein, wo wenig Felsenfläche der Luft ausgesetzt ist, wo man aber große sieht, da wird man in der unmittelbaren Nähe des Gletschers bedeutende, von Schnee und Eis nicht bedeckte Felsenflächen finden. Der Miage-Gletscher hat bedeutende Moränen, weil er Trümmer von vielen großen Klippen und Graten aufnimmt. Wenn dieser Gletscher aber statt am Grunde einer Mulde zu liegen, dieselbe ausfüllte, so daß er die Aiguille de Trélatête und die übrigen angrenzenden Berge bedeckte und vom Mont Blanc, durch keinen Fels oder Grat unterbrochen, niederstiege, so würde er von Moränenstoffen ebenso frei sein wie das große Eismeer Grönlands. Wenn nämlich eine Gegend oder ein Bezirk von einem Gletscher vollständig bedeckt wird, dann können die Moränen vom allerkleinsten Umfang sein.*

Die Beiträge, welche die Moränen von den Gletschern selbst durch das Abschleifen der Felsen, über die ihr Eis hinweggeht, empfangen, sind im Vergleich zu den Anhäufungen, welche aus anderen Quellen stammen, geringfügig. Diese großen Geröllhaufen werden fast allein durch Trümmer gebildet, welche von den Abhängen der angrenzenden Berge oder Klippen herabstürzen oder heruntergespült werden, und nur in einem sehr beschränkten Maße bestehen sie aus Stoffen, die durch die Reibung des Eises vom Boden unter dem Gletscher abgekratzt und abgefeilt werden.

Wenn man die entgegengesetzte Ansicht annähme und behauptete, daß die Gletscher durch ihre Bewegung von den Seiten und Sohlen der Thäler, aus denen sie sich abwärts bewegen, Felsmassen abbrechen

* Es ist nicht gewöhnlich, daß man kleine Moränen bei großen Gletschern findet, welche durch viele Arme gespeist werden, denen die Zuflüsse verschiedener Becken zugehen. Ich spreche hier von Becken, welche von Berggraten getrennt werden, oder in denen wenigstens Felseninseln durch das Eis vordringen. Die kleinen Moränen, die einen Zufluß liefern, werden wahrscheinlich durch große ausgeglichen, die aus einem andern Becken stammen.

und unterwegs alles Bewegliche zusammenschieben, so daß vor und neben ihnen große Anhäufungen von Trümmern entstehen,* so könnte man den Schluß nicht abweisen: Je größer der Gletscher ist, um so größer muß die Moräne sein.

Diese Ansicht findet bei Denjenigen, welche die Wirksamkeit der heutigen Gletscher aus persönlicher Beobachtung kennen, keine große Gunst. Von Saussure** an hat man von Zeit zu Zeit darauf hingewiesen, daß die Moränen hauptsächlich durch Trümmer der Felsen oder des Bodens oberhalb der Gletscher, nicht der Stellen, über welche diese hinweggehen, gebildet werden. In den Schriften moderner Theoretiker über die Gletscher und deren Thätigkeit in frühern Zeiten findet man aber nicht selten die Ansicht aufgestellt, daß die Moränen den Betrag der von den Gletschern bewirkten Aushöhlung (das ist der Kunstausdruck) darstellen, oder mindestens Stoffe in sich tragen, die von Gletschern ausgehöhlt worden sind. Ferner sagt man, daß ungeheure Moränen nur durch ungeheure Gletscher entstanden sein können und daß eine große Ausdehnung der Gletscher, eine Eisperiode, nothwendigerweise riesige Moränen erzeugen mußten. Wir brauchen aus unzähligen Beispielen nur ein paar herauszuheben, um zu zeigen, daß solche allgemeine Behauptungen nicht aufrecht erhalten werden können.

In der Kette des Mont Blanc kann man die Moräne des Miage mit denen des Glacier d'Argentière vergleichen. Der letztere Gletscher bekommt seine Zuflüsse aus einem Becken, welches ebenso groß oder noch größer als das des erstern ist, aber seine Moränen sind gegen

---

* Atlas der physikalischen Geographie von Augustus Petermann und Milner.

** „Die Steine," sagt Saussure, „die man auf den oberen Enden der Gletscher findet, sind von derselben Natur wie die Berge, die sich oberhalb erheben. Da sie aber vom Eis in die Thäler geführt werden, so kommen sie zwischen Felsen von ganz anderer Natur."

die des Miage klein zu nennen. Noch schlagender ist die Ungleichheit der Moräne des Gorner-Gletschers, der aus der Nachbarschaft des Monte Rosa* so viele Seitenzweige erhält, und des Z'Mutt-Gletschers. Die den Gorner speisende Oberfläche ist bedeutend größer als das Becken des Z'Mutt und doch sind die Moränen des Z'Mutt ohne Vergleich größer als die des Gorner. Niemand wird wohl sagen, daß die Gletscher des Z'Mutt und des Miage länger existirt haben, als die des andern Paares. Die Erklärung der Erscheinung muß daher unter den Ursachen gesucht werden, auf die ich hingewiesen habe.

Noch auffallender ist, daß das große Eismeer des innern Grönlands fast ohne Moräne ist. Diese ungeheure Hochfläche von Eis, die freilich kleiner als in frühern Zeiten ist, besitzt noch eine solche Ausdehnung, daß die sämmtlichen Gletscher der Alpen in sie hineingestellt werden könnten, ohne daß ihr Umfang merklich zunähme. Wenn die Größe der Moräne zu der Größe der Gletscher in irgend einer Beziehung stände, so müßten die Moränen Grönlands weit bedeutender sein als diejenigen der Alpen.

Dieses innere grönländische Eismeer, so riesig es ist, kann blos als Rest einer Masse betrachtet werden, die unberechenbar größer war und gegenwärtig nur am Südpol ihres Gleichen findet. Mit Ausnahme solcher Oertlichkeiten, wo die Felsen einer raschen Zersetzung unterliegen und die Spuren der Thätigkeit der Gletscher bedeutend verwischt worden sind, verräth das ganze Land Anzeichen eines Abschleifens und Glättens durch Eis, und an den flachen Curven der roches moutonnées wie an der vollendeten Politur, welche noch heute auf dem Felsen sichtbar ist, nachdem sie durch

* Der Unter-Theodul, Klein Matterhorn, Breithorn, Schwarze, Zwillinge, Grenz und Monte Rosa sind lauter Gletscher, die den Gorner speisen. Der Z'Mutt empfängt blos die Gletscher Tiefenmatten, Stock und Schönbühl.

lange Jahrhunderte außerordentlichen Temperaturwechseln ausgesetzt gewesen sind, läßt sich erkennen, daß die Perioden, in der diese Einwirkungen stattgefunden haben, weit länger als die Eiszeit in Europa gewesen sein muß. Wenn die Moränen von den durch Gletscher ausgehöhlten Stoffen gebildet würden, so müßten die grönländischen Moränen die größten der Welt sein.

Die Abwesenheit von Moränen auf dem großen Eismeer und an dessen Rändern ist dem Umstande zuzuschreiben, daß über das Eis hervortretende Felsen fehlen.* Bei zwei Gelegenheiten übersah ich 1867 mit einem Blick von kleinen Bergen an den Grenzen dieses Eismeeres 600 (englische) Geviertmeilen desselben. Nicht ein einziger Gipfel oder Grat, nicht ein einziger auf dem Eise liegender Felsblock ließ sich wahrnehmen. Das Land war von dem Gletscher vollständig bedeckt; so weit das Auge sehen konnte, war alles Eis.**

Es ist mithin klar, daß zur Bildung großer Moränen bedeutende Flächen nackten Gesteins erforderlich sind, und daß eine Eisperiode nicht immer eine ungeheure Moräne erzeugt. Ferner ergiebt sich, daß die Moränen nicht aus Stoffen bestehen, die durch Gletscher ausgehöhlt worden sind, sondern blos die Fähigkeit der Gletscher beweisen, Trümmer fortzuschieben und aufzuhäufen.***

---

* Ich rede hier von den Thälern des Eismeers, die ich in der Nähe der Disco-Bucht gesehen habe. In diesem Bezirk giebt es Moränen, aber sie sind entstanden, als das große Eismeer näher ans Meer reichte und durch die Thäler Arme in den Landgürtel vorschickte, der jetzt zwischen Meer und Gletscher liegt.

** Das innere Grönland scheint zwischen 68 Grad 30 Minuten und 70 Grad nördlicher Breite vom Gletscher ganz und gar bedeckt zu sein. Allerdings hat man von Bergspitzen gesprochen, die im Norden und Süden dieses Gebiets über das Eis hervorragten, ich vermuthe aber, daß diese Höhen auf den Rändern des großen Eismeers stehen.

*** Von den Streifen, die man auf den Felsen findet, über welche Gletscher gegangen sind, nehmen die besten Schriftsteller an, daß sie durch fremde Stoffe entstanden, welche im Eise feststeckten, oder zwischen ihm und dem Felsen-

Die Gegend, die mir zu diesen Bemerkungen über Moränen Anlaß gab, war für uns noch der Schauplatz einer neuen Unternehmung. Zunächst gingen wir zum Lac de Combal* und von da über den Col de la Seigne nach Les Motets, wo wir schliefen. Am 13. Juli stiegen wir in einem schweren Gewitter über den Col du Mont Tondu nach Contamines und über den Col de Voza nach Chamouny. Für Ausflüge in der Nachbarschaft blieben uns blos zwei Tage, die wir zu einem zweiten Versuch einer Ersteigung der Aiguille d'Argentière, also des Berges, der uns genau vor acht Tagen eine so grausame Niederlage bereitet hatte, benutzen wollten.

---

bette hinrollten. Wenn die hauptsächlichste Ursprungsstätte der Werkzeuge, welche diese Zeichen machen, abgeschnitten ist, so müssen die Zeichen natürlich weniger zahlreich sein. Die Seltenheit solcher Streifen in der Nachbarschaft des großen grönländischen Eismeeres war höchst auffallend. Die Gletscherwelt konnte nicht vollkommener sein, aber Streifen, Rinnen und Hohlkehlen fehlen gänzlich. Dabei hatte in den Oertlichkeiten, die ich meine, nach dem Zurücktreten des Eises keine bemerkbare Verwitterung stattgefunden. In dem Landstreifen vor dem Eise sieht man Streifen und Rinnen, aber sie sind in Grönland nicht so gewöhnlich wie in den Alpen.

* Die Ersteigung der Aiguille de Trélatête von unserem Lager am Mont Suc (dritthalb Stunden über dem Lac de Combal) und das Hinuntersteigen nach Les Motets kostete uns 9½ Stunden. Nachdem unser Weg den See verlassen hatte, führte er in der größten der Schluchten auf der Südostseite des Mont Suc aufwärts und lief dann an der Spitze des allmälig abfallenden Schneegrats hin, der auf dem Gipfel jenes Vorsprunges der Trélatête liegt. Dann senkte er sich durch eine Lücke in einen der kleineren Grate des Mont Suc zu einem Zweige des Glacier d'Allée Blanche hinab. Nun ging es zu jenem Gletscher (etwas nordwestlich) gerade hinauf, bis wir auf den Grat trafen, der vom Gipfel der Trélatête in der Richtung des Mont Blanc niederstreicht. Diesem folgten wir, bis wir nach der Ersteigung des Gipfels Nr. 3 (12782 Fuß) den höchsten oder mittelsten Gipfel (12900 Fuß) erreichten. Es ist möglich, von diesem höchsten Punkte des Gebirgs zum Glacier de Trélatête hinunterzusteigen. Ich wollte 1864 diesen Weg einschlagen, wurde aber überstimmt. Der Mont Suc ist ein berühmter Fundort von Krystallen. Wir entdeckten mehrere funkelnde feenartige Höhlen, die mit prachtvollen Exemplaren von Rauch- oder hellen Krystallen bekleidet waren. Leider ging es wie gewöhnlich: die besten wurden beschädigt, ehe sie sich ablösen ließen.

Die Sache verlief so. Reilly dachte, daß die Ersteigung der Nadel bewerkstelligt werden könne, wenn man dem Grat folge, der vom Col du Chardonnet zu ihrem Gipfel führt. Am Morgen des 16. Juli befanden wir uns um halb sieben Uhr auf der Höhe jenes Passes.* Die Gesellschaft bestand aus unserm Freunde Moore und seinem Führer Almer, aus Reilly und seinem Führer Franz Couttet und aus mir und Michel Croz. Zuerst war das Wetter gut und der Weg bequem gewesen, aber unmittelbar nach unserer Ankunft oben auf dem Passe kamen wir in einen wüthenden Sturm. Vor fünf Minuten waren wir warm gewesen, jetzt waren wir halb erfroren. Ein feiner, in der Luft umherwirbelnder Schnee drang durch jede Oeffnung unserer Kleider und erzeugte auf unserer Haut Schmerzen, als ob er nicht eiskalt, sondern glühendheiß gewesen wäre. Unwillkürlich klapperten wir mit den Zähnen; der Athem gefror augenblicklich, zu sprechen war eine Arbeit, zu essen unangenehm, zu sitzen unmöglich.

Wir sahen unsern Berg an und hatten keinen ermuthigenden Anblick. Der aufwärtsführende Grat hatte einen spitzen Kamm, besetzt mit kleinen Nadeln, an deren Basis dicke Schneefelder lehnten, die in beträchtlichen Winkeln auf der einen Seite zum Glacier de Saleinoz und auf der andern zum Glacier du Chardonnet niedergingen. Selbst unter den günstigsten Umständen würde es ein schweres Stück Arbeit gewesen sein, auf diesem Wege hinzuklettern. Klugheit und Bequemlichkeit riethen uns: „Gebt die Sache auf!" Die Vorsicht siegte über die Tapferkeit. Moore und Almer gingen über den Col du Chardonnet nach Orsières und wir Andern kehrten nach Chamouny zurück.

Als wir aber eine Strecke weit hinuntergestiegen waren, ver-

* Der Col du Chardonnet liegt etwa 11000 bis 11100 Fuß über dem Meere.

leitete uns der böse Geist, der die Menschen zur Bergersteigung reizt, Halt zu machen und auf die Aiguille d'Argentière zurückzublicken. Der Himmel hatte keine Wolken, es ließ sich kein Wind, kein Lüftchen spüren, es war erst acht Uhr Morgens und dort gerade vor uns sahen wir einen Gletscherarm hoch ins Gebirge, weit über den Col du Chardonnet hinaufführen und bemerkten eine kleine Rinne, die vom Kopf des Gletschers fast bis zur Spitze des Berges reichte. Offenbar war dies der richtige Weg, den wir einschlagen mußten. Wir machten also Kehrt und betraten ihn.

Der Gletscher war steil und die von ihm ausgehende Schneerinne noch mehr. Siebenhundert Stufen wurden gehauen und dann wurde die Rinne zu steil. Wir wendeten uns zu den Felsen links und erreichten den Grat endlich an einem Punkte, der 1500 Fuß über dem Col lag. Wir schlugen nun die Richtung nach rechts ein, und gingen am Grat fort, indem wir uns an etwas Schnee hielten, der auf der Seite von Saleinoz ziemlich dicht unter dem Kamme lag. Der Wind erhob sich abermals, aber Niemand dachte an eine Umkehr, da wir blos 250 Fuß vom Gipfel entfernt waren.

Wieder begannen die Beile von Croz und Couttet zu arbeiten, denn der Hang war fast so steil, wie Schnee überhaupt sein kann. Seine Oberfläche war mit einer losen und körnigen Rinde bedeckt, die trocken und ohne allen Zusammenhang war, daß sie in Streifen wegglitt, so wie man sie nur berührte. Durch diese Kruste mußten die Führer in die alten darunter liegenden Betten einhauen und unaufhörlich eine Pause machen, um den staubartigen Stoff wegzuschaufeln, der in zischenden Strömen über die harte Unterlage hinunterrieselte. Wie kalt war es und wie blies der Wind! Couttet's Hut wurde ihm vom Kopfe gerissen und machte eine Reise in die Schweiz. Der mehlartige Schnee, der vom Grat über uns heruntergekehrt wurde, erhob sich in Spiralen in die Luft und wirbelte umher, bis er in windstillen Augenblicken niederfiel, oder von neuen Windstößen erfaßt weit fortgeführt wurde, um den Saleinoz zu speisen.

„Meine Füße werden verdächtig gefühllos," rief Reilly, „wenn ich sie nur nicht erfriere." „Stampfen Sie mit den Füßen," riefen die Führer, „das ist das einzige Mittel." Die Finger wurden ihnen durch die Arbeit warm erhalten, aber an den Füßen empfanden sie die Kälte auch und stampften und hieben gleichzeitig. Ich folgte ihrem Beispiel, war aber zu heftig und machte ein Loch, das durch meinen ganzen Stützpunkt durchging. Ein Klappern folgte, als ob man irdenes Geschirr in einen Brunnen wirft.

Ich trat ein paar Schritte zurück und entdeckte im nächsten Augenblicke, daß wir sämmtlich auf einer Höhle (keiner eigentlichen Spalte) standen, die von einem dünnen Eisgewölbe, an dem große Eiszapfen hingen, überbrückt wurde. Fast in derselben Minute steckte Reilly eine seiner Hände mitten durch das Dach. Unsere ganze Gesellschaft hätte in diesem Augenblicke durchbrechen können. „Gehen Sie weiter, Croz, wir stehen auf einem Abgrunde." „Das wissen wir," antwortete er, „aber wir finden keine feste Stelle."

Ohne Umschweife fragte mich mein Gefährte, ob es nicht Gott versuchen heiße, wenn wir auf unserm Plan beharrten. Da ich bejahend antwortete, so bemerkte er weiter: „Wollen wir heruntergehen?" „Sehr gern." „Fragen Sie die Führer." Sie hatten nicht den geringsten Einwand zu machen und so gingen wir hinunter und schliefen auf dem Montanvert.

So wie wir den Grat verließen, waren wir aus dem Wind. In der That war es hundert Fuß tiefer, noch dazu auf der Windseite, auf dem gegen den Glacier du Chardonnet zugekehrten Hange glühend heiß und die Luft vollkommen ruhig. Hier verrieth nichts, daß hundert Fuß höher ein Sturm wüthe, der wolkenlose Himmel sah wie die Ruhe selbst aus und das einzige Zeichen einer gestörten Atmosphäre war der lustige Tanz, den der Schnee auf den Kämmen der Grate ausführte.

Am 14. brachen wir mit Croz, Payot und Charlet auf, um das Werk auszuführen, das wir so plötzlich hatten aufgeben müssen, und schliefen wie früher in den Sennhütten von Lognan. Am 15. erreichten wir um Mittag den Gipfel der Nadel und sahen nun, daß wir, als wir bei unserm ersten Versuche umkehrten, nur noch hundert Fuß davon entfernt gewesen waren.

Für Reilly war es ein Triumph. In der Nähe hatte er sich 1863 das Verdienst erworben, „zwei Berge, jeden etwa von 13 000 Fuß Höhe, die auf der Karte drei Viertelstunden von einander entfernt waren, zu vereinigen." Lange vor unserer Ersteigung hatte er sich unanfechtbare Beweise verschafft, daß die Pointe des Plines, die auf andern Karten als ein besonderer Berg erscheint, blos die Aiguille d'Argentière sein könne, und hatte diesen Berg daher auf seiner Kartenskizze gestrichen. Wir sahen jetzt, daß er Recht gethan hatte. Die Pointe des Plines existirte nicht. Wir hatten den Beweis vor Augen, wie genau er früher beobachtet hatte.

Ich weiß nicht, was am meisten zu bewundern ist, ob die Treue von Reilly's Karte, oder der unermüdliche Fleiß, mit dem die Grundlagen zusammengetragen wurden. Für Männer, welche gesunde Glieder haben, mag es eine Unterhaltung sein, einen Gipfel zu erreichen, indem sie, wie wir es auf dem Mont Dolent machten, rittlings auf einem Gletscher fortrutschen, oder mit einem wüthenden Winde zu kämpfen, wie wir am Gipfel der Aiguille de Trélatête, oder im Juli halb zu erfrieren, wie es uns auf der Aiguille d'Argentière geschah. In solchen Lagen Skizzen und Vermerke zu machen, ist aber eine sehr schlechte Unterhaltung. Herr Reilly arbeitete trotzdem bei allen unseren Wanderungen unter den ungünstigsten Umständen und auf den gefährlichsten Punkten mit Kopf und Hand. Immer und überall blieb er derselbe, ruhig und freundlich, mochte er nun siegen oder geschlagen werden, und stets bereit, seine Wünsche unserer Bequemlichkeit zu opfern. Durch eine glückliche Verbindung von Klugheit und Kühnheit, mit der sich eine seltene Ausdauer verband, wurde er seiner Aufgabe gerecht und vollendete Arbeiten, die unerträglich gewesen wären, wenn er sie nicht aus Liebe übernommen hätte, und die von einem Einzelnen ausgeführt wohl herculisch genannt werden könnten.

Auf dem ebenen Theil des Glacier d'Argentière trennten wir uns. Reilly ging mit Payot und Charlet über die Sennhütten von Lognan und de la Pendant, während ich mit Croz dem rechten Rande des Gletschers gegen das Dorf Argentière hin folgte.* Um sieben Uhr Abends traten wir in den bescheidenen Gasthof und zehn Minuten später hörten wir das Echo der Kanonenschüsse, die bei der Ankunft unserer Gefährten in Chamouny abgefeuert wurden.**

* Man kann nicht schlechter thun, als diesen Weg wählen.

** Von der unteren Sennhütte von Lognan geht man in $2^1/_2$ Stunden nach Chamouny. Von da bis zum Gipfel der Aiguille d'Argentière und bis zum Dorfe gleichen Namens hinunter braucht man $12^1/_2$ Stunden.

Zwölftes Kapitel.

Der Moming-Paß und Zermatt.

Am 10. Juli ging ich mit Croz über den Col de Balme, den Col de la Forclaz und Martigny nach Sierre im Canton Wallis. Die Schweizer Seite der Forclaz macht der Schweiz keine Ehre Der Weg von Martigny bis zum Gipfel ist in späteren Jahren mehrmals ausgebessert worden, aber auch jetzt wieder von Bettlern nicht leer.

Wir kamen bei mehreren müden Fußgängern vorbei, die in diesem Backofen keuchten und von Schwärmen bettelnder Kinder verfolgt wurden. Solche Kinder sind hier so zahlreich wie Maden in einem Käse. Sie tragen Körbchen mit Früchten und martern den müden Reisenden damit. Wie Fliegen summen sie um ihn herum, halten ihm die Früchte ins Gesicht und bringen ihn durch ihre Hartnäckigkeit in Verzweiflung. Hüte dich vor ihnen, berühre ihre Früchte nicht. In den Augen dieser Kinder ist jede Pfirsich, jede Traube das Lösegeld eines Fürsten werth. Aergerlich zu werden hilft nichts, denn sie sind wie Wespen und summen blos noch mehr. Was du auch sagst oder thust, das Ende ist stets dasselbe: „Schenken

Sie mir etwas," ist das Alpha und Omega ihrer Ansprachen. Diesen Spruch, sagt man, lernen sie früher als das Alphabet. Man hört ihn aus jedem Munde. Von dem Kinde an, das kaum das Gehen gelernt hat, bis zum sechzehnjährigen Mädchen stimmt Alles in den großen Chor ein: „Schenken Sie mir etwas, seien Sie so gut, mir etwas zu schenken."

Von Sierre stiegen wir im Val d'Anniviers nach Zinal hinauf, um uns mit unsern früheren Gefährten Moore und Almer zu vereinigen. Moore setzte seinen Ehrgeiz darein, einen Weg von Zinal nach Zermatt zu entdecken, der kürzer als die beiden bekannten Pässe sei.* Auf Dufour's Karte hatte er mir gezeigt, daß eine die beiden Orte verbindende gerade Linie genau über die Einsenkung zwischen dem Zinal-Rothhorn und dem Schallhorn führe. Er war überzeugt, daß die Einsenkung gangbar sei und daß man über sie schneller zum Ziel gelangen werde, als auf dem Umwege über das Triftjoch und den Col Durand.

Er wartete auf uns und wir gingen ohne Aufenthalt im Thal aufwärts und stiegen über den Fuß des Zinal-Gletschers auf die Arpitetta-Alp, wo eine Sennhütte sein sollte, in der wir übernachten könnten. Wir fanden sie endlich,** doch entsprach sie unsern Erwartungen nicht. Es war keines der schön gezimmerten Schweizerhäuschen mit weit vorspringendem Dachrande, in den fromme Sprüche unleserlich eingeschnitzt sind. Es war ein Schuppen, der aus der Bergseite herausgewachsen zu sein schien, mit rohen Schieferplatten gedeckt, ohne Thür oder Fenster und von Mistpfützen und Unreinigkeiten aller Art umgeben.

---

* Der Col de Zinal oder das Triftjoch zwischen dem Trifthorn und dem Ober-Gabelhorn und der Col Durand zwischen dem letztern Berge und dem Dent Blanche.

** Hoch über dem Moming-Gletscher am Fuße der Crête de Milton.

Ein übelriechender Senn lud uns zum Eintritt ein. Drinnen war es finster, indessen gewöhnten sich unsere Augen an die Dunkelheit und wir sahen nun, daß unser Palast fünfzehn Fuß breit und zwanzig Fuß lang, auf der einen Seite kaum fünf und auf der andern ziemlich sieben Fuß hoch sei. An dieser Seite befand sich ein erhöhter und etwa sechs Fuß breiter Raum, der mit schmutzigem Stroh und noch schmutzigeren Schaffellen belegt war. Dies war das Schlafzimmer. Was neben ihm von der Breite übrig blieb, war das Gesellschaftszimmer und der übrige Raum war die Fabrik. Käse war der Artikel, der hier gemacht wurde, und der übelriechende Senn war der Fabrikant. Hinten hatte er sich den bekannten einbeinigen Melkerstuhl angeschnallt, der ihm ein sonderbares Ansehen gab, wenn er sich über seinen Kessel bückte und das Stuhlbein in der Luft stand. Beim Käsemachen mußt er nämlich zehn Minuten hinter einander in die Masse blasen. Dann setzte er sich auf seinen Stuhl, um Luft zu schöpfen und einige Züge aus seiner kurzen Pfeife zu thun, worauf er wieder kräftiger als vorher blies. Man sagte uns, daß dieses Verfahren, das uns sehr unappetitlich vorkam, nothwendig sei. Vielleicht erklärt sich durch dasselbe der Geruch, den gewisse Schweizerkäse haben.

Dicke, schwarze oder bleifarbene Wolken rollten von Zinal herauf und kämpften auf dem Moming-Gletscher mit andern, die vom Rothhorn niedergehend ihnen begegneten. Der Regen kam in Strömen nieder und laut krachte der Donner. Die Hirtenknaben eilten unter Schutz, denn das erschrockene Vieh bedurfte keines Treibers und stürmte die Alp wie in einem Kirchthurmrennen hinunter. Menschen, Kühe, Schweine, Schafe und Ziegen vergaßen ihre gegenseitigen Feindseligkeiten und liefen zu dem einzigen Zufluchtsorte des Berges. Der Zauber war gebrochen, der die Elemente während der letzten Wochen gefesselt gehalten hatte, und der Circus vom

Weißhorn bis zum Besso war der Schauplatz, auf dem sie ihre Wuth austobten.

Ein trüber Morgen folgte auf eine unruhige Nacht. Wir waren in unserm Kriegsrath ungewiß, ob wir weiter gehen oder ins Thal zurückkehren sollten. Vielleicht wurde das Schlimme vom Guten überwogen, und so begaben wir uns gegen sechs Uhr auf den Weg zu unserm Paß. Die ermuthigendsten Versicherungen aller Leute auf der Alp, daß wir uns um das Wetter keine Sorgen zu machen brauchten, da wir so wie so den Punkt nicht erreichen könnten, nach dem wir strebten, begleiteten uns.

Unser Weg führte zuerst über gewöhnliche Berghänge und dann über einen flachen Gletscher. Ehe wir ihn verließen, mußten wir die Linie, der wir zu folgen hatten, genau ermitteln. Zwei Meinungen machten sich geltend. Ich war dafür, uns südlich zu halten und die oberste Fläche des Moming-Gletschers auf einem weiten Umwege nach rechts hin zu erreichen. Dies wurde ohne Abstimmung verworfen. Almer schlug vor, daß wir auf einige Felsen südwestlich vom Schallhorn losgehen und die Hochfläche des Gletschers durch Ersteigung derselben erreichen sollten. Croz war für eine Mittelstraße über einen sehr steilen und zerbrochenen Gletscher. Almer's Felsen sahen nicht gut aus und waren vielleicht unersteiglich. Ich hielt beide Wege für schlecht und stimmte deshalb für keinen. Moore schwankte, Almer gab nach und Croz' Vorschlag wurde gebilligt.

Er kam nicht weit, als er sah, daß er zu viel unternommen habe. Gelegentlich blickte er zurück, um zu erfahren, wie wir darüber dächten, und meinte endlich, daß es am klügsten sei, über die Felsen des Schallhorns zu gehen. Er gab also seinen Plan auf und erklärte sich für Almer's Weg. Niemand widersprach, und in Ermangelung anderer Anweisungen begann er im Eisfeld gegen die Felsen hin Stufen zu hauen.

Ehe wir uns auf das Eis begaben, setzten wir einen Plan fest. Die Felsen des Schallhorns, deren Ersteigung Almer empfahl, lagen uns jetzt südöstlich. Der von Croz gewählte Weg lag südwestlich von den Felsen und führte zu der südlichen Seite eines sehr steilen und zerbrochenen Gletschers.* Den Theil, den er überschreiten wollte, war in einer Beziehung unzweifelhaft gangbar. Er gab ihn auf, weil zu viele Stufen gehauen werden mußten. Der Theil des Gletschers aber, der zwischen seinem Wege und Almer's Felsen lag, war in jeder Beziehung ungangbar. Er lag auf einer Reihe von Felsen, die ihn halb zerbrachen. Der obere Theil wurde von dem unteren durch ein langes Eisfeld getrennt, das sich aus heruntergefallenen Gletschertrümmern aufgebaut hatte. Der Fuß dieses Abhangs war von ungeheuren Mengen großer Lawinenblöcke umgeben. Diese umgingen wir vorsichtig, und als Croz Halt machte, lagen sie tief unter uns, während wir die Seite des großen Abhangs, der zu der Basis der Eismauer oben führte, bereits halb erstiegen hatten.

Quer über dieses Eisfeld hieb Croz nun Stufen. Wir führten im Angesichte eines Feindes, der uns jeden Augenblick angreifen konnte, eine Flankenbewegung aus. Die Gefahr lag auf der Hand, ja wir begingen eine Dummdreistigkeit, einen verrückten Streich. Wir hätten zum Rückzuge blasen sollen.**

„Ich schäme mich nicht zu bekennen," schrieb Moore in sein Tagebuch, „daß in der ganzen Zeit, die wir auf diesem Abhang zubrachten, mein Herz zu meinen Füßen lag, und daß ich mich nie von einer so schweren Sorgenlast befreit fühlte, wie in dem Augenblicke, als wir nach etwa zwanzig Minuten die Felsen erreichten und in Sicherheit waren. Fluchen hörte ich Almer nicht, aber die

* Es war ein sogenannter „Eisfall."

** Croz hatte keine Verantwortung zu tragen, denn er war blos Rathgeber, nicht Leiter.

Sprache, in der er fortwährend mehr zu sich selbst, als zu mir redete, war stärker, als ich sie ihm zugetraut hätte. Sein vorherrschendes Gefühl schien Unwille zu sein, daß wir uns in einer solchen Lage befänden. Er machte sich Vorwürfe, mit von der Gesellschaft zu sein, und der Nachdruck, mit dem er von Zeit zu Zeit ausrief: Schnell, sei schnell, verrieth seine Furcht hinreichend."

Es war nicht nöthig, Croz zur Eile zu mahnen. Er kannte die Gefahr so gut wie wir. Später sagte er mir, daß diese Stelle die gefährlichste sei, die er je betreten habe, und daß er diesen Gang um keinen Preis der Welt wieder wagen werde. Mit männlichem Muth bemühte er sich, der drohenden Vernichtung zu entkommen. Den Kopf auf die Arbeit gebückt, sah er nicht zur Rechten und nicht zur Linken. Schlag auf Schlag fiel sein Beil nieder und dann trat er auf die Stelle, auf die er geschlagen hatte. Wie schrecklich unsicher würden uns diese Stufen zu jeder andern Zeit vorgekommen sein. Jetzt dachten wir aber an nichts als an die Felsen vor uns und an die häßlichen Eisblöcke, die über uns lauerten und offenbar fallen wollten.

Auf den Felsen waren wir sicher, und wären sie doppelt so schwierig gewesen, als wir sie fanden, so würden wir immer noch wohl zufrieden gewesen sein. Wir setzten uns nieder und erfrischten den inneren Menschen, wobei wir unsere Augen auf die thurmhohen Eisnadeln richteten, unter denen wir weggegangen waren und die wir jetzt fast zu unsern Füßen erblickten. Ohne einen vorhergehenden warnenden Laut stürzte eine der größten, die so hoch wie das Monument an der Londoner Brücke war, auf den Abhang hinunter. Die ungeheure Masse bog sich vorn über, als ob sie ein Scharnier habe, und hing zusammen, bis sie einen Winkel nach vorn von dreißig Grad bildete. Dann brach sie von ihrer Grundlage los, zersprang in tausend Bruchstücke und stürzte senkrecht auf den Abhang nieder, den wir überschritten hatten. Jedes Atom unserer Spur, die auf ihrem Wege lag, wurde verwischt und der ganze neue Schnee weggekehrt. Eine breite Straße von glattem, glasartigem Eis bezeugte die unwiderstehliche Gewalt, mit der die Masse gefallen war. Es war unverantwortlich, daß wir einen so gefährlichen Weg gingen, aber es läßt sich leicht verstehen, weshalb wir ihn wählten. Von der Stelle, wo Croz eine Aenderung des Plans anrieth, so weit hinunterzusteigen, bis wir aus der Gefahr waren, und

Eine Eislawine auf dem Moming-Paß.

dann wieder auf dem von Almer empfohlenen Wege hinaufzusteigen, hieß das Unternehmen aufgeben, denn Niemand hätte in der Sennhütte auf der Arpitetta-Alp noch eine Nacht verbringen mögen. „Viele,“

Der Gipfel des Moming-Passes im Jahre 1864.

sagt Thucydides, „sehen die Gefahren, denen sie entgegengehen, sehr gut, werden aber doch durch die Furcht vor Schande — was die Welt so nennt — vorwärts getrieben, so daß sie, durch ein bloßes Wort besiegt, in unwiderbringliches Unglück gerathen." Das war so ziemlich unser Fall. Niemand konnte zu Gunsten des Weges ein Wort sagen, Alle kannten die Gefahr, die uns drohte, und doch setzten wir lieber unser Leben aufs Spiel, ehe wir durch einen Rückzug aus einer unhaltbaren Stellung anerkannten, daß wir uns geirrt hatten.

Nach einem mühsamen Gange über viele Arten von Schnee und durch viele Arten von Dünsten, die alle Stufen zwischen einem schottischen Nebel und einem Londoner Nebel durchliefen, standen wir endlich auf der Einsenkung zwischen dem Rothhorn und dem Schallhorn.* Auf dem Gipfel lag nach Zinal hin eine steile Schneemauer, aber wie es auf der andern Seite aussah, konnten wir nicht erkennen, denn an dem dortigen Rande hing eine Kruste von Schnee,** der von den Westwinden, denen die Luft über Zermatt besonders ausgesetzt ist, über den Kamm getrieben war und wie eine Meerwelle aussah, die im Augenblick des Brechens gefroren ist.

Von uns, die auf der Seite von Zinal etwas tiefer standen, fest am Seil gehalten, arbeitete Croz mit seiner vollen Kraft, schaufelte den losen Schnee fort und hieb die Kruste los, wo sie an dem Berge festsaß, worauf er kühn hinuntersprang und uns aufforderte, ihm zu folgen.

---

* Der Gipfel des Passes wird auf Dufour's Karte zu 3793 Metern oder 12444 Fuß angegeben.

** Diese Schneekrusten entstehen auf den Kämmen hoher Berggrate häufig, so daß man, ehe man die Spitze eines Berges oder Grats erreicht, mit dem Alpenstock sondiren, d. h. ihn in den Schnee stecken muß, um zu erkennen, ob es unten fest oder hohl ist. Diese Schneekrusten bilden häufig eine Schneckenlinie und nehmen die seltsamsten Formen an.

Jetzt war es für uns gut, daß wir einen solchen Vormann hatten. Ein minder intelligenter oder kühner Führer würde gezaudert haben, sich auf ein Hinuntersteigen in dichtem Nebel einzulassen, und Croz selbst hätte das nicht unternehmen können, wenn seine Körperkraft nicht eine so gewaltige gewesen wäre. Er handelte nach seinen Worten: „Wo fester Schnee liegt, kann man gehen, wo Eis existirt, kann man Stufen hauen. Das ist eine Frage der Kraft, ich habe Kraft und folglich brauchen Sie nichts zu thun, als mir zu folgen.“ Er schonte sich nicht und hätten die Thaten, die er bei dieser Gelegenheit verrichtete, die Bretter einer Bühne zum Schauplatz gehabt, so würde das Haus von donnerndem Beifall gebebt haben.

„Der niederführende Abhang,“ schrieb Moore in sein Tagebuch, „hatte mit dem des Col de Pilatte eine große Aehnlichkeit, war aber viel steiler, überhaupt weit schwieriger, und das will viel sagen. Croz war in seinem Element und wählte mit wunderbarem Scharfsinn seinen Weg, während Almer als Letzter einen ebenso ehrenvollen, vielleicht mit größerer Verantwortlichkeit verbundenen Posten hatte, auf dem er sich beharrlich behauptete. Eine Stelle besonders hat sich mir als die aufregendste eingeprägt, die ich kenne. Wir mußten auf einem Eiskamme hingehen, der ein bloßer Messerrücken war, und hatten auf der linken Seite eine breite Spalte, die sich in blaue Tiefen verlor, auf der rechten Seite aber einen Hang von 70 Grad und mehr, der zu einem gleichen Abgrund führte. Während wir auf diesem Kamme hingingen, hieb Croz kleine Kerben in das Eis, in die wir, die Zehen nach außen kehrend, die Füße stellten und unser Gleichgewicht zu behaupten suchten. Als ich einmal von einem dieser unsichern Haltpunkte zum andern schritt, schwankte ich einen Augenblick. Ich hatte meinen Halt nicht verloren, aber der ängstliche Ton, in dem Almer, der hinter mir ging und mich schwanken sah, ausrief: „Herr, gleiten Sie nicht aus!" gab mir die lebhafteste Idee von der Unsicherheit unserer Lage. Eine breite Spalte, deren oberer Rand hoch über dem untern lag, konnte weder übersprungen noch umgangen werden und drohte zu einer unübersteiglichen Schranke zu werden. Croz zeigte sich aber auch dieser Schwierigkeit gewachsen. Von uns Andern am Seil gehalten, hieb er an dem steilsten Theil der Eismauer, welcher die obere Seite des Schrundes bildete, eine Reihe von Löchern für die Hände und Füße. Auf dieser schlüpfrigen Treppe kletterten wir, das Gesicht gegen den Felsen kehrend, hinunter, bis wir einen Punkt erreichten, wo der Schrund zum Ueberspringen nicht mehr zu breit war. Dieses Stück hatten wir schon öfters ausgeführt und waren daher an Sprünge über Schrunde ziemlich gewöhnt. Um eine lange Geschichte kurz zu erzählen: nach einem wahrhaft verzweifelten und aufregenden Kampfe und nach einer Arbeit mit dem Eise, wie sie nicht schlimmer sein kann, erreichten wir die oberste Fläche des Hohlicht-Gletschers."

Da die Blicke, die wir auf den unteren Theil des Hohlicht-Gletschers warfen, entmuthigend waren, so beschlossen wir, über den Grat zwischen ihm und dem Rothhorn-Gletscher zu gehen. Das ließ sich nicht ohne große Mühe ausführen. Abermals stiegen wir zu einer Höhe von mehr als 12000 Fuß empor. Schließlich nahmen wir unsere Richtung doch auf das verachtete Triftjoch und stiegen auf dem wohlbekannten rauhen Pfade zu diesem Joch hinunter. Zwanzig Minuten nach sieben Uhr waren wir im Monte-Rosa-Hotel von Zermatt. Es hatte uns beinahe zwölf Stunden fortwährenden Gehens gekostet, um von der Sennhütte der Arpitetta-Alp, die dritthalb Stunden über Zinal liegt, zu unserm Ziel zu gelangen, und wir wußten nun, daß der Moming-Paß zwar der geradeste, nicht aber der kürzeste Weg von Zinal nach Zermatt ist;

An der Mauer vor dem Monte-Rosa-Hotel sitzen gewöhnlich zwei Dutzend Führer, gute, schlechte und mittelmäßige, Franzosen, Schweizer und Italiener. Sie rechnen auf Verwendung und schauen nach Touristen aus, warten auf neue Ankömmlinge und berechnen die Zahl von Franken, die sich ihnen aus der Tasche locken läßt. Die Messieurs, die zuweilen seltsam und wunderbar gekleidet sind, stehen in Gruppen umher, oder dehnen sich in Sesseln, oder lungern auf den Bänken vor der Thür. Sie tragen merkwürdige Stiefel und noch auffallendere Hüte. Ihre abgeschälten, mit Blasen bedeckten und geschwollenen Gesichter sind des Studiums werth. Einigen ist es durch Wachsamkeit und besondere Sorgfalt gelungen, sich eine Gesichtsfarbe zu verschaffen, die an schönes Töpfergeschirr ohne Glasur erinnert. Die meisten sind nicht so glücklich gewesen. Sie sind auf Felsen abgebrüht und auf Gletschern geröstet worden. Ihre Backen, die zuerst anschwollen und dann aufsprangen, haben eine terpentinartige Flüssigkeit ausgeschwitzt, die ihnen am Gesicht heruntergelaufen und in kleinen Klumpen, wie das Harz an den Fichtenstämmen, eingetrocknet ist. Sie haben sie entfernt und große Streifen ihrer Haut mit abgerissen. Es ist schlimmer und schlimmer mit ihnen geworden, ihr Fall hat sich hoffnungslos gestaltet, Rasirzeug und Messer sind zu Hülfe gerufen worden, mit sanften und zarten Mitteln haben sie auf ihren Backen eine übereinstimmende Farbe zu erzeugen versucht. Es hat sich nicht thun lassen, aber wie verhext haben sie fortgearbeitet und ihre unglücklichen Gesichter endlich in einen Zustand vollständigen und hoffnungslosen Ruins versetzt. Ihre Lippen sind aufgesprungen, ihre Backen geschwollen, ihre Augen mit Blut unterlaufen, ihre Nasen abgeschält und nicht zu beschreiben.

Das sind die Freuden des Gebirgsreisenden! Mit Spott und Verachtung vergleicht der Neuling diesen Anblick mit seinem glatten Gesicht und seinen schmalen Händen, ohne zu ahnen, daß er selbst

Der Alpenclub in Zermatt im Jahre 1864.

vielleicht in kurzer Zeit ebenso aussehen wird, wie diejenigen, welche er jetzt auslacht.

An diesen auffallend gekleideten und sonderbar aussehenden Leuten bemerkt man eine Ungezwungenheit, die an städtisches Leben und vornehme Gesellschaft nicht erinnert. Es ist ein interessanter Anblick, wie diese steifen Gesellen, unsere überkalten Landsleute, hier, im Clubzimmer von Zermatt, so wie sie mit einander zusammenkommen, gleich wieder einfrieren, und angenehm ist es, ein Zeuge des herzlichen Empfangs zu sein, den der Wirth und seine vortreffliche Gattin jedem neuen Gast bereiten.*

Ich verließ diese angenehme Gesellschaft, um auf der Post nach Briefen zu fragen. Sie brachten mir eine unangenehme Nachricht. Mein Sonntag kam zu einem plötzlichen Ende und ich erwartete die Ankunft Reilly's, der die zum Angriff auf das Matterhorn bestimmten Vorräthe geleitete, blos deshalb, um ihm mitzutheilen, daß unsere Verabredung aufgehoben sei. Dann reiste ich Tag und Nacht, so schnell als ein Courierzug mich fortbringen konnte, zur Heimath.

* Ich benutze diese Gelegenheit, dem Leser einige der erfahrensten Alpensteiger aus Liebhaberei und einige der Führer vorzustellen, die in diesem Buch erwähnt werden. — Auf der Illustration: „Der Alpenclub in Zermatt“ erblickt man Peter Perrn auf der äußersten Rechten des Bildes; dann kommen der junge Peter Taugwalder auf der Bank sitzend und J. J. Maquignaz am Thürpfosten lehnend. Franz Andermatten sitzt auf der Bockleiter und Ulrich Lauener ragt im Hintergrunde hervor.

Dreizehntes Kapitel.

Die Ersteigung des Grand Cornier.

Unsere Thätigkeit im Jahre 1864 war ein ununterbrochener Erfolg gewesen, aber die große Ersteigung, die mir am Herzen lag, war unterblieben, und ehe ich sie ausgeführt hatte, kam ich nicht zur Ruhe. Auch noch andere Dinge wirkten darauf hin, daß ich die Alpen noch einmal besuchte. Ich wünschte einmal andere Gegenden zu bereisen, und zwar so, daß die Verantwortlichkeit der Leitung auf mir allein ruhe. Es kam etwas darauf an, zu erfahren, ob mir die Wahl von Wegen anvertraut werden könne.

Im Jahre 1865 unternahm ich eine Reise also hauptsächlich deshalb, um ausfindig zu machen, in wie weit ich fähig sei, Pfade über Gebirge zu ermitteln. Das Programm, das ich mir für diese Wanderung entwarf, war kein ganz kleines, denn es umschloß fast alle die großen Gipfel, die noch nicht erstiegen worden waren. Ich hatte diesen Plan aber nicht leichtsinnig gefaßt und führte ihn auch nicht übereilt aus. Nichts wurde versäumt, was mir einen guten Erfolg sicherte. Ich suchte bei Allen Belehrung, welche sie zu ertheilen im Stande waren, und studirte die Niederlagen Anderer, um ihre Fehler zu vermeiden. Die Resultate, die ich erreichte, entsprangen nicht sowohl aus meinem Glück, als aus meinen Vorstudien und meiner sorgfältigen Berechnung.

Man kann als Regel annehmen, daß der Erfolg kein Zufall ist und daß es immer einen Grund giebt, wenn Jemand scheitert. Wenn aber eine ausgezeichnete, eine sogenannte glänzende That ausgeführt wird, dann sind wir nur zu geneigt, den Erfolg allein ins Auge zu fassen, ohne zu fragen, wie er erreicht worden ist. Scheitert dagegen Jemand, so untersuchen wir, worin er gefehlt hat. Fehlschläge sind oft lehrreicher als Erfolge und die Täuschungen des Einen werden dem Andern nützlich.

Bis zu einem gewissen Punkte führte ich mein Programm vollständig und glücklich durch. Unsere Anstrengungen waren stets von Erfolg begleitet, so lange wir unsere Wanderungen nach dem entworfenen Plan ausführten. Die meisten machten wir genau an den Tagen, die wir Monate vorher festgesetzt hatten, und alle gingen verhältnißmäßig so leicht von statten, daß ihre Schilderung wegen des Mangels an Schwierigkeiten und Gefahren dem Leser weniger interessant sein würde, als wenn unser Streben von Fehlern und Irrthümern begleitet gewesen wäre. Ehe ich von diesen Unternehmungen spreche, will ich die Gründe erklären, welche bei der Wahl unserer Wege die Entscheidung gaben.

Die letzten fünf Sommer hatten meine ersten Erfahrungen Lügen gestraft. Meine Abneigung gegen Schnee war überwunden und meine Vorliebe für Felsen hatte sich geändert. Gleich Allen, die nicht im Gebirge geboren sind, war ich zuerst auf steilem Schnee außerordentlich ängstlich gewesen. Ich dachte, daß der Schnee rutschen und Alle, die auf ihm ständen, mitnehmen werde. Allerdings gleitet Schnee einer gewissen Art leicht, wenn er eine bestimmte Neigung hat.* In einem Buche lassen sich die Umstände, unter denen Schnee gefährlich oder sicher ist, nicht beschreiben. Ein Urtheil darüber läßt sich blos durch Erfahrung gewinnen, und man tritt auf Schnee nicht eher mit Selbstvertrauen auf, bis man sich diese Erfahrung verschafft hat. Ich gelangte nach und nach zu Selbstvertrauen und damit verminderte sich meine Vorliebe für Felsen. Es wurde mir nun klar, daß sich auf Schnee besser steigen lasse als auf Felsen. Dies gilt von reinen und einfachen Schneebetten, oder von Schnee, der auf einem Gletscher liegt. Wenn ich später unter mehreren Wegen zu wählen hatte, so habe ich mich stets für Stellen entschieden, wo Schneegehänge oder mit Schnee bedeckte Gletscher am höchsten ins Gebirge hinaufgehen.**

Verhältnißmäßig selten kommt es vor, daß die Ersteigung eines großen Berges ausschließlich auf Schnee und Gletschern ausgeführt werden kann. Es treten Grate hervor, welche überstiegen sein wollen. Bei meinen ersten Kletterversuchen hielt ich mich stets an die Rücken (Kämme) der Grate, oder wurde von meinen Gefährten dazu verleitet, welche wie die meisten Bergsteiger solche Wege für die natürlichsten und besten hielten. Nach meinen Erfahrungen thut man aber selten gut, die Gratkämme zu betreten, wenn man einen andern Weg hat. Wie ich bereits sagte und jetzt noch besonders schildern werde, sind die Kämme aller Hauptgrate der großen Alpengipfel vom Frost zerfressen und zerklüftet, und nicht selten geschieht es, daß eine Kluft in einem Grat, die von fern ganz unbedeutend aussieht, sich als eine unübersteigliche Schranke erweist, so daß man einen weiten Umweg machen oder ein gutes Stück hinuntersteigen muß, um das Hinderniß zu umgehen. Vertraut man sich einem Grat an, so ist man fast immer an einen bestimmten Weg ge-

* S. Seite 138, 202, 302.
** S. Seite 237.

bunden, von dem sich schwer abweichen läßt. Findet sich ein ernstes Hinderniß, so verliert man viel Zeit, und selbst eine gänzliche Niederlage ist durchaus nicht unwahrscheinlich.

Selten wird man einen großen Alpengipfel finden, der von den Schneefeldern und Gletschern, die ihn umgeben, in allen Richtungen schroff abgeschnitten wäre. In seinen Schluchten wird Schnee haften, wenn auch der Boden zu steil sein sollte, um die Bildung von permanenten Schneebetten zu gestatten. Die Vorzüge solcher Schneerinnen (couloirs) habe ich bereits hervorgehoben* und brauche nach dem, was ich oben über den Schnee gesagt habe, kaum noch hinzuzufügen, daß ich die Ersteigung von Schneerinnen (unter Beobachtung der gehörigen Vorsicht) der Ersteigung von Felsengraten bei weitem vorziehe.

Folgt man den Gletschern, den über ihnen liegenden Schneefeldern und den von diesen ausgehenden Schneerinnen, so kann man den Spitzen der großen Alpengipfel gewöhnlich sehr nahe kommen. Das letzte Klettern wird vielleicht auf einem Gratkamme stattfinden müssen. Je kürzer diese Strecke ist, um so besser.

Gelegentlich kommt es vor, daß bedeutende Hänge oder Seiten von Bergen keine Schneerinnen haben. In diesem Falle wird es am besten sein, sich an die Flächen oder an ihre Schluchten und kleineren Grate zu halten und die großen zu vermeiden. Auf einer Fläche kann man sich leichter rechts oder links wenden, als auf dem Kamme eines Grates, und eine vorkommende Schwierigkeit leichter umgehen.

Als ich die Wege auswählte, die ich 1865 einschlagen wollte, spähte ich zunächst nach Stellen, wo Gletscher und Schneefelder zu den Gebirgen, die ich erklettern wollte, oder zu den Graten, die ich

---

* S. Seite 273 ff.

übersteigen mußte, am höchsten hinaufreichten. Dann spähte ich nach Schneerinnen, die noch höher hinaufgingen, und hatten wir den Kopf einer solchen Rinne erreicht, dann vollendeten wir die Ersteigung, wo es irgend anging, auf Flächen und nicht auf Kämmen. Auf diese Weise erstiegen wir den Grand Cornier (13022 Fuß), den Dent Blanche (14318 Fuß), die Grandes Jorasses (13700 Fuß), die Aiguille Verte (13540 Fuß), die Ruinette (12727 Fuß) und das Matterhorn (14780 Fuß) und führten noch andere Wanderungen aus, von denen beiläufig die Rede sein wird. Dem Wege, den wir vor dem Aufbruch gewählt hatten, blieben wir stets treu.

Ehe wir zu steigen begannen, sahen wir uns alle diese Berge von benachbarten Höhen genau an. Ich bezeichnete den Führern die Wege, die ich gehen wollte, und zeichnete sie, wenn sie verwickelter Natur waren, auf Papier, um jedes Mißverständniß zu vermeiden. Einige Male empfahlen sie Veränderungen und in jedem Falle wurde über den Weg gründlich berathen. Die Ausführung der Arbeit war Sache der Führer und selten sprach ich darein oder versuchte zu helfen.

Den 13. Juni 1865 verlebte ich mit Herrn Hawker und den Führern Christian und Ulrich Lauener im Lauterbrunnen-Thal und am 14. ging ich mit Christian Almer und Johann Tännler über den Petersgrat nach Turtman (Tourtemagne) im Valais. Tännler wurde nun abgelohnt, da Michel Croz und Franz Biener auf mich warteten.

Zwei Hauptführer zu finden, die in größerer Uebereinstimmung arbeiteten als Croz und Almer, würde nicht möglich sein. Biener spielte eine untergeordnete Rolle und wurde eigentlich nur um der Bequemlichkeit willen angeworben. Croz sprach blos französisch, Almer fast nur deutsch, aber Biener verstand beide Sprachen und war in dieser Beziehung nützlich. Voran ging er selten, ausgenommen am frühen Morgen, wenn es leichte Arbeit gab, und war mehr Träger als Führer.

Ich kann nicht dringend genug darauf aufmerksam machen, wie wichtig es bei Bergbesteigungen ist, eine Kraft in Reserve zu haben. Wir hatten immer einen überzähligen Führer und brauchten uns daher nicht zu übereilen oder zu überarbeiten, so lange wir beisammen waren. Mochte kommen, was da wollte, wir waren in Bereitschaft. Leider wurde ich durch eine Reihe von Zufälligkeiten, die ich stets betrauern werde, gezwungen, mich zuerst von Croz zu trennen* und

* Ehe ich mich 1864 von Croz trennte, warb ich ihn für 1865 an, aber als ich ihm im April schrieb, um die Zeit seiner Verpflichtung festzustellen, da zeigte sich, daß er, weil er nicht früher von mir gehört, sich für frei gehalten hatte und vom 27. Juni an im Dienst eines Andern stand. Ich erinnerte ihn an sein Versprechen, aber er glaubte seinen später eingegangenen Verpflichtungen nicht untreu werden zu dürfen. Seine Briefe machten ihm Ehre und aus dem letzten derselben theile ich die folgende Stelle als eine interessante Erinnerung an einen wackern und ehrlichen Mann mit.

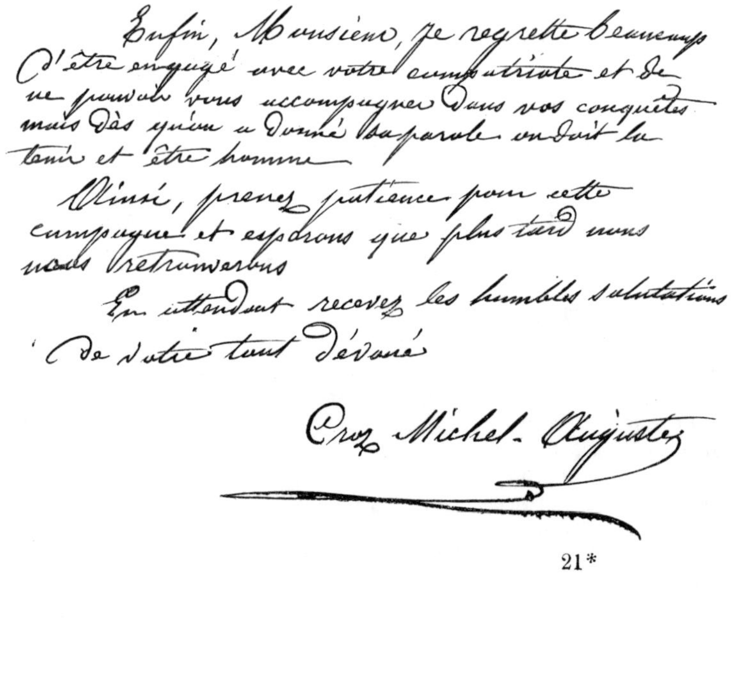
Enfin, Monsieur, je regrette beaucoup d'être engagé avec votre compatriote et de ne pouvoir vous accompagner dans vos conquêtes mais dès qu'on a donné sa parole on doit la tenir et être homme

Ainsi, prenez patience pour cette campagne et espérons que plus tard nous nous retrouverons

En attendant recevez les humbles salutations de votre tout dévoué

Croz Michel-Auguste

dann auch die Uebrigen zu entlassen.* So mußte ich von dem Verfahren abweichen, das ich nach reiflicher Ueberlegung angenommen hatte, das in der Praxis erfolgreich war, weil es auf einem gesunden Grundsatze fußte, und wurde zufällig Theilnehmer einer Unternehmung, die mit der Katastrophe endete, welche den Schluß dieses Buches bildet, wie sie auch zum Schluß meiner Alpenwanderungen wurde.

Am 15. Juni gingen wir von Turtman nach Z'meiden und von dort über den Forcletta-Paß nach Zinal. Von der Höhe des Passes bogen wir auf einige benachbarte Berge ab, um den Grand Cornier uns näher anzusehen, und beschlossen von seiner Nordseite fern zu bleiben. Obgleich der Berg mehr als anderthalb Meilen entfernt war, konnten wir doch mit Gewißheit sagen, daß er von unserer Richtung aus nicht zu ersteigen sei.

Am folgenden Morgen verließen wir Zinal, nachdem wir durch eine Bemerkung im Fremdenbuche** im ersten Augenblicke sehr überrascht worden waren, erstiegen den Zinal-Gletscher und machten einen weiten Bogen um unsern Berg, um ihn besser prüfen zu können. Wir mußten rund herum bis zu seiner Südseite gehen, bevor sich ein Weg zeigte. Um halb neun Uhr langten wir auf der Hochfläche des Gletschers an, die sich gegen Osten zwischen dem Grand Cornier und dem Dent Blanche niedersenkt, und konnten von dieser Stelle aus unsern Pfad leicht erkennen. Wir steuerten über

---

* S. Kapitel 20.

** Es war ein Bericht über eine Ersteigung des Grand Cornier, den wir noch für jungfräulich hielten, und zwar gerade auf der Seite, die wir für ungangbar erklärt hatten. Die Sache überraschte uns um so mehr, als Franz Biener unter den Betheiligten genannt wurde. Als ich ihn befragte, zeigte sich, daß er allerdings dabei gewesen war und damals wirklich den Grand Cornier erstiegen zu haben glaubte. Später sah er, daß er blos auf einer der verschiedenen Spitzen des gegen Norden laufenden Grats, wie ich glaube auf der Pigne de l'Allée (11168 Fuß) gewesen war.

den Gletscher in nördlicher Richtung auf den Grat los, der gegen Osten hinabgeht, erreichten ihn durch die Ersteigung von Schneefeldern und folgten ihm bis zum Gipfel, wo wir kurz nach Mittag eintrafen. Dieser ganze Weg führte fast ausschließlich über Schnee.

Ein Theil des südlichen Grats des Grand Cornier.

Die Grate, die nördlich und südlich vom Gipfel des Grand Cornier niedergehen, sind ein höchst auffallendes Beispiel der außerordentlichen Wirkungen, die durch jähe Wechsel von Hitze und Kälte entstehen. Der südliche war in die wildesten Formen zerhackt und zersplittert und der nördliche, welcher das auf Seite 326 dargestellte drollige Beispiel von Umbildung des Gesteins darbot, war nicht weniger zerklüftet. Vor unsern Augen schwankten und stürzten mehrere kleine Felsblöcke, rissen andere mit sich fort und wurden zu einer vollständigen Lawine, die mit lautem Donner zu den Gletschern herunterpolterte.

Der natürliche Grund, daß große Grate die wildesten Formen darbieten, ist nicht in ihren Raumverhältnissen, sondern in ihrer Lage zu suchen. Sie sind der glühenden Sonnenhitze ausgesetzt und haben selten Schatten, so lange die Sonne über dem Horizont steht. Sie sind völlig schutzlos und werden von den heftigsten Stürmen

Ein Theil des nördlichen Grats des Grand Cornier.

und der stärksten Kälte angegriffen. Die härtesten Felsen halten solchen Einflüssen nicht Stand. Diese großartigen, scheinbar für die Ewigkeit bestimmten Gebirge, die so fest und unwandelbar aussehen, verändern sich stets und zerbröckeln in Staub. Ihre zerrissenen Grate sind Zeugen ihrer Leiden. Ich wiederhole, daß jeder Hauptgrat jedes großen Alpengipfels, den ich kenne, auf diese Weise zerklüftet ist, und daß unter den Felsenspitzen, auf den ich gestanden habe, nicht eine sich befindet, die etwas Anderes wäre als ein aufgethürmter Trümmerhaufen.

Die kleineren Grate haben gewöhnlich nicht so außerordentliche Formen wie die großen. Sie sind den atmosphärischen Einwirkungen weniger ausgesetzt und weniger zerbröckelt, so daß man mit Recht vermuthen darf, ihre jährliche Zersetzung sei geringer als die der höchsten Grate.

Selbst im Winter hört die Abnutzung nicht auf, denn diese großen Grate sind nie vollständig mit Schnee bedeckt* und die Sonne hat noch immer Gewalt. Die Zerstörung ist eine unaufhörliche und nimmt mit der Zeit zu, denn je größer die Oberflächen werden, die der unerschöpflichen Kraft der Sonne und des Frostes ausgesetzt sind, um so größer wird auch der Ruin.

Auf allen Felsengebirgen werden die vorkommenden Steinfälle durch diese Kräfte veranlaßt. Daran zweifelt Niemand, doch will man sich so recht davon überzeugen, so muß man die Steinbrüche sehen, in denen diese Steine gebrochen wurden, und muß Augenzeuge gewesen sein, wie die Keime dieser Lawinen von den Felsenspitzen sich loslösten.

Zwei Ursachen rufen diese Steinfälle hervor. Einmal macht die Sonnenhitze kleine Steine oder Felsen frei, die auf Graten oder Hängen liegen geblieben und durch Schnee oder Eis mit einander

---

* In einer August-Nummer des „Athenäums" von 1863 schrieb ich: „Diese Einwirkung des Frostes hört im Winter nicht auf, da das Matterhorn nie ganz mit Schnee bedeckt ist. Weniger steile Berge können im Winter ganz einschneien, und wenn sie dann auch nicht höher werden, so wird die Abnutzung wenigstens unterbrochen. Wir gelangen dadurch zu dem Schlusse, daß, wenn auch solche Schneegipfel wie der Mont Blanc im Laufe der Jahre höher werden können, das Matterhorn niedriger werden muß." Diese Bemerkungen haben ihre volle Bestätigung gefunden.

Die Männer, welche Herr Dollfuß-Ausset im Winter von 1865 in seinem Observatorium auf dem Gipfel des Col Theodule zurückließ, bemerkten, daß der Schnee auf Felsen in ihrer Nähe an sieben Decembertagen schmolz, und trugen am 22. December in ihr Tagebuch ein: „Wir haben am Matterhorn gesehen, daß der Schnee auf den Felsen schmolz und Wasser ablief."

verbunden worden sind. Ich habe solche Erlöste oft gesehen, wenn die Sonne hoch stand; erst fielen sie langsam, dann gewannen sie Kraft, nahmen an Umfang zu und polterten endlich herunter, indem sie eine Staubwolke hinter sich herzogen, die wie der Rauch hinter einem Courierzuge aussah. Die zweite Ursache der Steinfälle ist das Gefrieren des Wassers, welches am Tage in die Risse und Spalten einsickert. Diese Kraft ist natürlich in der Nacht am thätigsten und dann oder bei ganz kaltem Wetter erfolgen auch die größten Steinfälle.*

Wenn man solche Fälle beständig gesehen und gehört hat, so begreift man leicht, daß die Gletscher mit Moränen beladen sind. Nicht, daß diese zuweilen so groß sind, bewundert man, sondern daß sie nicht stets größer sind. Von allen mineralogischen Gründen abgesehen, weiß man, daß diese Trümmer von den Gletschern nicht ausgegraben sein können. Die Moränen werden von den Gletschern getragen, aber geboren werden sie von den Graten. Die Sonne erzeugt, der Frost befreit sie. „Feuer," bemerkt Plutarch im Leben des Camillus sehr richtig, „ist die thätigste Kraft der Natur und jede Erzeugung ist Bewegung oder wenigstens mit Bewegung verbunden. Alle Stoffe sind ohne Wärme träg und todt. Sie sehnen sich nach Wärme als ihrer Lebensbedingung und wenn diese sie trifft, werden ihnen sofort gewisse active oder passive Eigenschaften zu Theil." **

* In jeder der sieben Nächte die ich in den Jahren 1861 bis 1863 auf dem südwestlichen Grat des Matterhorns in Höhen von 11 844 bis 12 992 Fuß über dem Meer verlebte, fielen fortwährend Steine in Schauern und Lawinen. S. Seite 208.

** Bacon kann diese Stelle vor Augen gehabt haben, als er schrieb: „Man muß nicht denken, daß Bewegung Hitze erzeugt, oder Hitze Bewegung erzeugt, obgleich das in einigen Beziehungen wahr ist, vielmehr ist die Bewegung das eigentliche Wesen der Hitze, oder ihr stoffliches Selbst."

Wenn man den Alpen eine beständige und unveränderliche Temperatur verschaffen könnte, so daß sie nicht abwechselnd eisigen Winden und glühender Hitze ausgesetzt wären, so dürfte man sie schon eher ewig nennen. Sie würden immerhin verwittern, aber ihr Ruin träte viel langsamer ein.

Wenn Felsen von einem Gletscher bedeckt sind, so genießen sie einer fast unveränderlichen Temperatur. Die Extreme des Sommers und des Winters sind ihnen dann unbekannt, da unter dem Eise höchstens ein Unterschied von wenigen Graden eintritt.* Dann entsteht in Folge von ungleicher Ausdehnung und Zusammenziehung eine geringe oder gar keine Zersetzung. Dann dringt der Frost nicht in das Herz des Felsens ein und spaltet keine großen Massen ab. Die Felsen sind dann einem Abschleifen, keinem Zersprengen ausgesetzt. Dann verschwinden Atome, keine Massen. Spalten werden überbrückt, denn das Eis kann nicht zu ihnen gelangen,** und nachdem das Abschleifen Jahrhunderte lang stattgefunden hat, finden wir noch immer zahllose eckige Oberflächen (an den Lee-Seiten der Felsen), die vor der Einwirkung des Eises ihre Form erhielten.

Diese augenfälligen Unterschiede zwischen den Wirkungen der Hitze, der Kälte, des Wassers und der Thätigkeit der Gletscher auf Felsen sind die folgenden. Die erstern benutzen Sprünge, Risse, Verbindungen und weiche Stellen, die letztere nicht. Die erstern

---

* An den Seiten der Gletscherbetten ist der Temperaturwechsel ohne Zweifel größer. Daß die Winterkälte aber nicht in die innersten Theile der Gletscherbetten eindringt, wird dadurch bewiesen, daß in den Alpen wie in Grönland, wie ich dort selbst gehört habe, das ganze Jahr lang, im Winter wie im Sommer, Ströme unter dem Eise fließen. Durch Versuche kann man sich leicht überzeugen, daß selbst im Hochsommer die Temperatur des Gletscherbodens dicht an 32 Grad Fahrenheit bleibt.

** S. Seite 170.

können unter überhängenden Massen wirken, die letztern nicht. Die Wirkungen der ersteren nehmen beständig zu, weil sie durch die Bildung neuer Spalten, Risse und Löcher ein immer größeres Arbeitsfeld bekommen. Die Wirkungen der letztern nehmen beständig ab, weil der Raum der Oberfläche, auf die sie einwirken, immer glatter und flacher und folglich geringer wird.

Zu welchem andern Schlusse kann man also gelangen, als zu dem, daß Sonne, Frost und Wasser mit der Bildung von Bergformen und Thalhängen unendlich mehr zu thun haben als Gletscher? Wer kann sich also der Ueberzeugung verschließen, daß Kräfte, die überall am Werke sind und stets am Werke gewesen sind, die eine so unvergleichliche Thätigkeit, Kraft und Ausdauer beweisen, größere Wirkungen hervorgerufen haben müssen als eine vereinzelte Gewalt, deren Einfluß stets ein örtlicher ist, die verhältnißmäßig kurze Zeit gearbeitet hat, in ihren Einwirkungen stets langsam und schwach ist und an Intensität immerfort abnimmt?

Trotzdem giebt es Leute, welche leugnen, daß Sonne, Frost und Wasser bei der Modellirung der Alpen eine wichtige Rolle gespielt haben, und einen Glaubensartikel daraus machen, „daß das Alpengebiet seine heutige Gestaltung hauptsächlich der Thätigkeit seiner alten Gletscher verdankt.“ *

Croz unterbrach meine Träumereien durch die Bemerkung, daß es Zeit zum Aufbruch sei. In weniger als zwei Stunden waren wir unten auf der Gletscherfläche, wo wir unser Gepäck gelassen hatten; in weitern drei Viertelstunden erreichten wir die Einsenkung zwischen dem Grand Cornier und dem Dent Blanche (Col du Grand Cornier**) und um sechs Uhr Abends trafen wir in Abricolla ein.

---

* Professor Tyndall: „Ueber die Bildung der Alpen.“

** Vor wenigen Monaten ist dieser Col überstiegen worden.

Croz und Biener sehnten sich nach Milch und gingen in ein tiefer liegendes Dorf des Thals, ich blieb aber mit Almer, wo ich war, und verlebte auf einigen Brettern in einer halb niedergebrannten Sennhütte eine kalte Nacht.*

* Die folgenden Einzelheiten sind für Bergsteiger vielleicht interessant. Aufbruch in Zinal (5505 Fuß) um 2 Uhr 5 Minuten Morgens. Bis zur Hochfläche südöstlich vom Gipfel des Grand Cornier in 5 Stunden 25 Minuten. Bis zum Gipfel $2^1/_2$ Stunden. Die letzten 300 Fuß des Grats, dem wir folgten, waren ungewöhnlich scharf und schmal und hatten einen großen Vorsprung, von dem Eiszapfen herunterhingen. Wir mußten unter ihn gehen und uns einen Weg durch die Eiszapfen bahnen. Vom Gipfel bis zur Hochfläche des Gletschers hatten wir 1 Stunde 40 Minuten heftigen Schneesturm mit Gewitter. Vom oberen Gletscher bis zum Gipfel des Col du Grand Cornier (bequeme Felsen) 45 Minuten. Vom Gipfel des Col bis zu dem Ende des gegen Westen streifenden Gletschers 55 Minuten. Von dort nach Abricolla (7959 Fuß) 15 Minuten.

Vierzehntes Kapitel.

Ersteigung des Dent Blanche.

Croz und Biener kehrten erst am 17. Juni um fünf Uhr Morgens zurück und wir brachen nun sofort nach Zermatt auf, um den Col d'Hérens zu überschreiten. Wir waren indessen nicht weit gegangen, als die Anziehungskraft des Dent Blanche so unwiderstehlich wurde, daß wir uns seitwärts zu dem steilen Gletscher wendeten, der an seiner südwestlichen Seite niedergeht.

Der Dent Blanche ist ein Berg, von dem mit Ausnahme des Ordens der Bergsteiger wenige Leute etwas wissen. Er galt und gilt noch heute für einen der schwierigsten Alpengipfel. Man hatte sich an ihm oft vergebens abgemüht, bis die erste Ersteigung gelang. Selbst Leslie Stephen, der flinkeste Steiger der ganzen Alpenbrüderschaft, mußte einmal besiegt von ihm zurückkehren.

Bis 1862 war der Dent Blanche noch nicht erstiegen, aber in jenem Jahre erreichten die Herren T. S. Kennedy und Wigram mit den Führern Johann B. Croz* und Kronig seinen Gipfel. Sie

* Der Bruder meines Führers Michel Croz.

Der Bergschrund auf dem Dent Blanche im Jahre 1865.

hatten schwer zu kämpfen, ehe sie den Sieg erfochten, denn die natürlichen Schwierigkeiten des Weges wurden durch einen wüthenden Sturm und ein Schneetreiben so vermehrt, daß sich die Wagschale beinahe gegen sie geneigt hätte.*

Kennedy brach am 18. Juli 1862 zwischen zwei und drei Uhr Morgens von Abricolla auf, erstieg den Gletscher, den ich am Eingang dieses Kapitels erwähnt habe, bis er zu einer Höhe von 3912 Metern gelangt war, und vollendete die Ersteigung auf dem südlichen Grat, der die Westseite des Schönbühl-Gletschers überragt.

Leslie Stephen.

Er hat sein Unternehmen in einem höchst interessanten Artikel des Alpen-Journals beschrieben. Sein Bericht trägt den Stempel der Wahrheit, aber es hat Ungläubige gegeben, welche behaupteten, daß es ihm in einem solchen Wetter unmöglich gewesen sei, zu ermitteln, ob er den Gipfel wirklich erreicht habe. Zuweilen verstiegen sich diese Zweifler zu der Erklärung, daß der Dent Blanche, wie der übliche Ausdruck lautet, noch jungfräulich sei.

Ich theilte diese Zweifel nicht, obgleich sie mich bestimmten, eine Ersteigung zu versuchen. Es erschien mir als möglich, einen

* S. die Anmerkung zu S. 129.

bequemeren Weg zu finden, als der von Kennedy gewählte war. Glückte mir das, so brachte ich seine Gegner zum Schweigen und stellte zugleich meine eigene Weisheit ins hellste Licht. Von diesen edlen Motiven geleitet, ließ ich meine kleine Armee am Fuße des Gletschers Halt machen und fragte sie: „Was ist für uns das Beste: den Dent Blanche zu ersteigen, oder nach Zermatt zu gehen?“ Sie antwortete mit gebührender Feierlichkeit: „Den Dent Blanche zu ersteigen, halten wir für das Beste.“

Von den Sennhütten von Abricolla sieht man den Dent Blanche fast genau im Profil. Man erkennt von dort, daß der Winkel der Vorderseite kaum größer als dreißig Grad sei, so daß diese Vorderseite aller Wahrscheinlichkeit nach einen bequemeren Pfad darbieten werde, als der Kamm des sehr zerklüfteten Grats, dem Herr Kennedy gefolgt war.

Im Zickzack erstiegen wir den Gletscher bis zum Fuß der höchsten Spitze und sahen uns nach einem Wege um, der zu ihr führte. Eine Zeit lang spähten wir vergebens, denn ein mächtiger Bergschrund verbot uns jede Annäherung, wie ein Festungsgraben den Wall gegen einen Sturm schützt. Wir stiegen immer noch höher, bis wir etwa noch tausend Fuß unter dem 3912 Fuß hohen Punkt waren, wo Kennedy zum Grat hinübergegangen war, entdeckten nun eine Brücke über den Bergschrund und krochen auf Händen und Füßen auf die andere Seite.

Ein Bergschrund, sagte ich früher, ist ein Schrund und zugleich noch etwas mehr. Ein Schrund ist einfach eine große Spalte. Ein Bergschrund ist häufig, nicht immer, eine große Spalte. Man wendet den Ausdruck auf die letzte der Spalten an, die man beim Steigen findet, bevor man den Gletscher verläßt und zu den Felsen gelangt, welche ihn begrenzen. Das ist der Bergschrund. Zuweilen ist er sehr breit, aber in früher Jahreszeit, d. h. im Juni oder noch zeitiger, ist er gewöhnlich zugeschneit oder fest überbrückt, so daß er nicht viel Mühe macht. Später, im August etwa, sind die Bergschründe häufig große Hindernisse und gelegentlich völlig unübersteiglich.

Sie sind die Linien eines Bruches, der durch ungleiche Bewegung entstanden ist. Die unteren Gletscher bewegen sich rascher als der Schnee oder das Eis, das unmittelbar am Berge sitzt; daher stammen diese Spalten. Die langsamere Bewegung des oberen Gletschertheils läßt sich blos daraus erklären, daß derselbe eine stärkere Reibung zu überwinden hat, denn in der Regel liegt jener obere Theil in einem steileren Winkel als der untere. Man sollte daher meinen, daß die Bewegung oben rascher sein müsse, als unten, und dies würde auch der Fall sein, wenn die Felsen, über die und zwischen die das Eis geht, nicht eine Verzögerung herbeiführten.*

Wir werden den Bergschrund des Dent Blanche in einer Höhe von 12000 Fuß über dem Meer überschritten haben. An diesem Punkte, kann ich wohl sagen, begann unsere Arbeit. In seiner allgemeinen Neigung war der Berg nicht steil, aber er wurde so von kleinen Graten und Klippen durchzogen und war so von beginnenden Schneerinnen gesäumt, daß er alle Schwierigkeiten eines steileren Abhangs darbot. An keinem Punkte waren diese groß, aber sie traten zahlreich auf und bildeten zusammen ein recht anständiges Ganzes. Kurz nach neun Uhr Morgens überschritten wir den Bergschrund und machten in den nächsten elf Stunden blos einmal einen Halt von fünfundvierzig Minuten. Die ganze übrige Zeit beschäftigten wir uns damit, die 2400 Fuß dieser südwestlichen Bergseite hinauf- und herunterzusteigen. Da man nun, die Zeit des

---

* Schneerinnen werden an ihrer Basis stets durch Schründe geschützt. Ein Beispiel einer Schneerinne mit einem doppelten Schrunde wird S. 273 erwähnt.

Hinauf- und Heruntersteigens im Durchschnitt genommen, jede Stunde tausend Fuß zurückzulegen pflegt, so ist es ziemlich gewiß, daß der Dent Blanche außerordentliche Schwierigkeiten darbietet.

Die Hindernisse, die der Berg selbst uns darbot, waren übrigens im Vergleich mit den durch das Wetter entstehenden Beschwerden nichts. Allerdings kamen häufig Unterredungen vor, wie die folgende: „Almer, stehen Sie fest?“ „Ja.“ „Biener, gehen Sie vorwärts.“ Biener verschaffte sich einen guten Halt und rief dann: „Kommen Sie, mein Herr.“ Kaum setzte ich mich in Bewegung, so sagte Almer: „Nein, nein, dort nicht, hier,“ und zeigte mit dem Stock auf die richtige Stelle. Nun war Croz an der Reihe und wir zogen alle das Seil an uns, während der schwere Mann uns folgte. „Vorwärts,“ hieß es nun und so ging es immerfort.

Fünfhundert Fuß waren wir in dieser Art höher gekommen, als wir von dem ersten, übrigens nicht unerwarteten Stoß eines Orcans begrüßt wurden, der über uns wüthete. Für die Leute unten in den Thälern war der Tag ein lieblicher, wir hatten aber vor langer Zeit schon einige leichte flockige Wolken bemerkt, die am Gipfel unseres Berges hingen und auf verdächtige Art zu langen seidenartigen Fäden aus einander gezogen wurden. Croz hatte schon vor dem Ueberschreiten des Schrundes vorhergesagt, daß der Wind uns besiegen werde, und zur Umkehr gerathen. Ich hatte aber entgegnet: „Nein, mein guter Croz. Sagten Sie doch selbst, der Dent Blanche sei das Beste; wir müssen ihn also ersteigen.“

Dieser Sturm erweckte mir sehr lebhafte und unangenehme Erinnerungen. An den Grenzen des gestörten Luftkreises fühlte man ihn blos gelegentlich. Er schien es dann auf eine bestimmte Person besonders abgesehen zu haben und hatte er dieses Opfer zur Genüge gequält, so schwang er sich nach irgend einer weit entfernten Stelle herum, aber blos um augenblicklich mit noch größerer Gewalt zurückzukehren.

Mein alter Feind, das Matterhorn, blickte über den Z'Mutt-Gletscher herüber und sah ganz unangreifbar aus. „Glauben Sie," sagten meine Leute, „daß Sie oder Andere jemals auf jenen Berg gelangen?" Als ich, über diese Bemerkung ärgerlich, antwortete: „Ja, aber nicht auf dieser Seite," lachten sie leise und spöttisch. Ich muß bekennen, daß meine Hoffnung sank, denn nichts kann unersteiglicher aussehen und wirklich sein, als das Matterhorn auf seiner nördlichen und nordwestlichen Seite.

„Vorwärts," hieß es wieder. Wir standen nun über dem Dent d'Hérens. „Wir haben keine tausend Fuß mehr und sind in drei Stunden auf dem Gipfel." „Sie wollen sagen, in zehn," bemerkte Croz, der nach unserm langsamen Vorwärtskommen rechnete. Ich war aber bei meiner Abschätzung von der Wahrheit nicht weit fern geblieben. Um ein Viertel auf vier Uhr erreichten wir den großen Grat, dem Kennedy gefolgt war, dicht bei der höchsten Spitze. Der Wind und die Kälte waren dort fürchterlich. Oft konnten wir keinen Schritt weiter machen und mußten uns hinter Felsen niederkauern, wo wir auf das Geheul des unbarmherzigen Windes horchten, der in Stößen über den Grat drang, die oberste Schneeschicht aufriß und sie in Streifen über den Schönbühl-Gletscher trieb. Sonst sah man nichts als ein unbeschreibliches Wirbeln in der Luft, durch das der Wind sich sichtbar machen zu wollen schien.

Unser Ziel war von Nebel verhüllt, obgleich es blos einige Schritt von uns lag, und Croz' Prophezeiung, daß wir die ganze Nacht auf dem Gipfel bleiben müssen würden, konnte leicht wahr werden. Meine Leute erhoben sich über unsere Lage, obgleich ihre Finger fast alles Gefühl verloren hatten. Sie murrten weder, noch sprachen sie von Umkehren und verlangten vielmehr nach dem kleinen weißen Kegel, von dem sie wußten, daß er in der Nähe sein müsse. Wieder machten wir Halt, eine große Felsmasse, die lose auf dem Grat lag, versperrte uns den Weg. Ueber sie wegsteigen konnten wir nicht und um sie herumzuklettern durften wir kaum wagen. Zum letzten Male machte der Wein die Runde. Die Flüssigkeit war halb gefroren und trotzdem verlangte uns nach mehr. Leider war die Flasche leer und so ließen wir sie zurück und benutzten eine augenblickliche Windstille zum Weitersteigen.

Das Ende kam, ehe wir es erwarteten. Die Wolken öffneten sich und ließen mich erkennen, daß wir den höchsten Punkt beinahe erreicht hatten. Zwischen ihm und uns, etwa zwanzig Schritt entfernt, lag ein kleiner künstlicher Steinhaufen. Kennedy hatte die Wahrheit gesagt, diese Pyramide stammte von ihm her. „Was ist das, Croz?" „Homme des pierres," schrie er mir zu. Noch weiter zu gehen, war nutzlos, und ich zupfte daher Biener am Seile und mahnte ihn damit an die Rückkehr. Er gab Almer dasselbe Zeichen und wir kehrten um. Sie sahen die Steine nicht, da sie Stufen hieben, und täuschten sich über den Grund der Rückkehr. Die Stimme war unhörbar geworden und jede Erklärung mithin unmöglich.*

Unser Heruntersteigen war ein häßliches Stück Arbeit. Mit ihrem bereiften Haar und mit Eiszapfen im Bart sahen meine Leute wie der leibhaftige Winter aus. Meine Hände waren ganz gefühllos geworden und ich bat die Andern anzuhalten. „Wir dürfen nicht stehen bleiben, wir müssen uns in Bewegung erhalten," war die Antwort. Sie hatten Recht; machten wir Halt, so erfroren wir. Es ging also weiter und wir hielten uns an Felsen, die mit Eis überzogen waren, so daß die Haut der Finger an ihnen kleben

* Der Gipfel des Dent Blanche ist ein Grat von etwa hundert Schritt Länge. Der höchste Punkt pflegt gewöhnlich am nordöstlichen Ende zu liegen.

blieb. Handschuhe nützten zu nichts, da sie sich auch mit Eis überzogen und die Stöcke so glatt wie Aale zwischen ihnen durchglitten. Berührten wir das Eisen unserer Beile mit den Fingern, so fühlte es sich glühend heiß an. Trotzdem durften wir die Hand nicht zurückziehen und mußten die Felsen und Beile fest umfassen, denn ein Straucheln oder Ausgleiten hätte an diesem Orte uns sicheres Verderben gebracht.

Zwölf Minuten nach vier Uhr Nachmittags traten wir den Rückweg an und ein Viertel auf neun Uhr gingen wir wieder über den Bergschrund, ohne bis dahin eine Minute ausgeruht zu haben. Während der letzten zwei Stunden war es windstill, aber die Zeit war für uns von so entscheidender Bedeutung, daß wir ununterbrochen vorwärts drängten und nicht anhielten, bis wir mitten auf dem Gletscher waren. Nun sahen mir nach, wie viel noch von unseren Fingerspitzen übrig geblieben sei, und fanden, daß die Haut fast ganz verschwunden war. Wir sahen rohes Fleisch, und noch Wochen später wurde ich durch das Zwicken, das ich beim Anziehen der Stiefel in den Fingern fühlte, an die Ersteigung des Dent Blanche erinnert. Die Anderen kamen mit einigen unbedeutenden Frostbeulen davon, und wir Alle durften uns Glück wünschen, daß es uns nicht schlimmer ergangen war. Meine Leute machten mir wegen des Rückwegs Complimente, die ich ihnen von Herzen zurückgab. Wenn sie nicht so kräftig und übereinstimmend gearbeitet hätten, so wären wir gezwungen gewesen, auf dem Berge zu übernachten, wo es kein Plätzchen gab, auf dem wir sitzen konnten. Mußten wir oben bleiben, so glaube ich nicht, daß einer von uns am Leben geblieben wäre.

Im Nebel stiegen wir vom Gletscher und in vollständiger Dunkelheit von der Moräne an seiner Basis und von den tieferen Abhängen hinunter. Um drei Viertel auf zwölf waren wir wieder bei den Sennhütten von Abricolla. Wir waren achtzehn und eine halbe Stunde abwesend gewesen und während derselben nicht weniger als siebzehn Stunden im Gehen geblieben. In dieser Nacht schliefen wir aber auch, wie blos vollständig erschöpfte Menschen schlafen können.*

Als wir zwei Tage später nach Zermatt hinunter gingen, mußte uns Herr Kennedy begegnen. „Eben haben wir Ihre Pyramide auf dem Gipfel der Dent Blanche gesehen," sagte ich. „Nein, das

T. S. Kennedy.

haben Sie nicht," antwortete er in sehr bestimmtem Tone. „Was wollen Sie damit sagen?" „Nun, daß Sie meine Pyramide nicht gesehen haben können, weil ich keine errichtet habe." Wir haben doch aber eine Pyramide gesehen." „Gewiß, aber die stammt von einem Herrn, der im vorigen Jahre mit Lauener und Zurfluh auf

* Die Ersteigung des Dent Blanche ist die anstrengendste, die ich jemals gemacht habe. Allerdings war keine Strecke so schwierig, wie die letzten fünfhundert Fuß der Pointe des Ecrins, aber auf der andern Seite gab es nirgends einen Schritt, der eigentlich leicht gewesen wäre. Auf der höchsten Spitze mußten wir unaufhörlich klettern. Der Weg, den wir 1865 wählten, war muthmaßlich ebenso schlimm wie der, den Kennedy 1862 einschlug.

dem Berge gewesen ist." „So?" sagte ich gedehnt, denn es verstimmte mich, eine Neuigkeit zu hören, statt eine mittheilen zu können. „So? Guten Morgen, Kennedy." Ehe dieses Zusammentreffen stattfand, war es uns gelungen, auf dem Col d'Hérens den rechten Weg zu verfehlen. Davon werde ich im nächsten Kapitel erzählen.

Fünfzehntes Kapitel.

Der Col d'Hérens und siebenter Angriff auf das Matterhorn.

Wir würden am 18. um sieben Uhr Morgens nach Zermatt aufgebrochen sein, wenn Biener nicht um die Erlaubniß gebeten hätte, in Evolène, einem dritthalb Stunden von Zermatt entfernten Dorfe, die Messe hören zu dürfen. Ich ertheilte sie ihm unter der Bedingung, daß er spätestens um Mittag zurück sei, aber er kam erst um halb drei Uhr und führte uns dadurch in des Teufels Küche.

Der Paß, den wir auf dem Wege nach Zermatt zu überschreiten hatten, der Col d'Hérens, ist einer der wenigen Gletscherpässe dieses Bezirks, die seit unvordenklichen Zeiten bekannt gewesen sind. In der Sommerszeit wird er häufig begangen und ist ein sehr bequemer Weg, obgleich die Höhe des Passes 11417 Fuß über dem Meere liegt.

Von Abricolla bis zu jener Höhe führt der Weg hauptsächlich über den flachen Glacier de Ferpècle. Irregehneak nn man eigentlich nicht. Der Gletscher steigt in sanften Wellenlinien auf; seine Spalten sind theils schmal, theils leicht zu umgehen, und Alles, was du zu thun hast, wenn du einmal auf dem Eise bist, besteht darin, so gerade aus wie möglich gegen Süden zu gehen. Thust du das, so bist du in zwei Stunden auf der Höhe des Passes.

Natürlich banden wir uns Alle ans Seil, als wir den Gletscher betraten. Biener wurde vorangestellt, da er den Paß häufig begangen hatte und uns durch seine Ortskenntniß einige Zeit ersparen konnte, wenn wir die andere Seite erreichten. Wir mochten etwa den halben Weg zurückgelegt haben, als eine kleine dünne Wolke sich von oben auf uns herabsenkte. Da sie ein bloßer Schleier war, so dachte ich nicht, daß sie uns in Verlegenheit bringen könne, und vernachlässigte die Vorsicht, die Richtung, die wir einzuschlagen hatten, im rechten Augenblicke festzustellen, das heißt das Verhältniß unseres Standpunktes zur Paßhöhe zu ermitteln.

Eine kurze Zeit ging Biener entschlossen vorwärts und hielt die gerade Linie ziemlich fest, aber dann schwankte er und wich bald nach rechts, bald nach links aus. Croz eilte nach vorn, als er das sah, schüttelte den armen jungen Menschen derb an den Schultern, schalt ihn einen Dummkopf und befahl ihm, sich loszubinden und nach hinten zu gehen. Biener war so eingeschüchtert, daß er ohne Murren gehorchte. Croz übernahm nun die Führung kräftig und ging einige Minuten gerade aus, aber dann kam es mir vor, als ob er sich beständig links wende. Ich blickte zurück, doch jetzt war der Nebel so dick geworden, daß ich unsere Spur nicht mehr sehen konnte und mich ganz dem Führer überließ. Endlich kamen auch die Andern, die weiter hinten gingen und daher besser als ich urtheilen konnten, zu meiner Ansicht und wir ließen Croz nun Halt machen und erklärten ihm unsere Bedenken. Er nahm unsere Kritik ruhig hin, aber als Biener den Mund öffnete, hielt er sich nicht länger und donnerte dem jungen Mann entgegen: „Sie sind ein

Esel; ich wette zwanzig Franken gegen einen, daß mein Weg besser ist als der Ihrige. Zwanzig Franken, gehen Sie die Wette ein?"

Almer trat an die Spitze. Er begann damit, daß er hundert Schritt auf unserer Spur zurückging und dann in schräger Richtung von Croz' Wege abwich. Als wir diese Linie eine halbe Stunde verfolgt hatten, wußten wir gewiß, daß wir nicht auf dem rechten Wege waren, denn der Schnee wurde zu steil. Wir hielten uns nun immer mehr rechts, um diese Mauer zu umgehen, aber zuletzt rebellirte ich, da wir eine Zeit lang fast gegen Südwesten, also unbedingt in einer falschen Richtung, gegangen waren. Nach einer langen Berathung gingen wir eine Strecke auf unserer Spur zurück, um nun etwas südlich zu steuern, aber auch hier stießen wir immer auf steile Schneewände und mußten ihnen bald rechts und bald links ausweichen.

Wir geriethen in große Verwirrung und wußten nicht mehr, ob wir dem Dent Blanche oder dem Tête Blanche zu nahe gekommen seien. Der Nebel war dichter geworden und konnte jetzt mit einem leidlichen Londoner Nebel einen Vergleich aushalten. Es gab keine Felsen oder Echos, nach denen wir uns richten konnten, und folgten wir dem Compaß, so kamen wir unabänderlich vor eine steile Schneewand. Meine Leute waren alle geschlagen worden; Jeder hatte seinen Versuch oder mehrere gemacht und jetzt gaben sie Alles auf und fragten mich, was zu thun sei. Es war halb acht Uhr geworden und es blieb blos noch eine Stunde Tag. Wir wurden müde, da wir viertehalb Stunden rasch gegangen waren, und ich sagte also: „Mein Rath ist der, daß wir umkehren und so schnell wie möglich zurückgehen, ohne unsere Spur einen Augenblick zu verlassen." Damit waren Alle wohl zufrieden, aber in diesem Moment hoben sich die Wolken ein wenig und wir glaubten den Col zu sehen. Er lag jetzt rechts von uns und wir stürmten auf ihn los, hatten indessen noch keine hundert Schritte gemacht, als der Nebel wieder da war. Nichtsdestoweniger gingen wir noch zwanzig Minuten weiter, aber da nun die Dunkelheit näher herankam und abermals Schneewinde vor uns aufstiegen, so kehrten wir um und legten die ganze Strecke in solchem Schnellschritt zurück, daß wir den Ferpècle-Gletscher hinter uns hatten, als es pechfinster wurde. Ohne weiteres Abenteuer erreichten wir unsere ungemüthliche Sennhütte und legten uns ohne Abendessen schlafen, da unsere Vorräthe aufgezehrt waren. Wir waren Alle ärgerlich, um nicht zu sagen wüthend, und nur darin einig, daß Biener großen Tadel verdiene.

Am folgenden Morgen waren wir um sieben Uhr abermals auf dem Wege nach dem Col d'Hérens. Es war ein schöner Tag und unsere gute Laune kehrte allmälich wieder, als wir die Dummheiten sahen, die wir am vorigen Abend begangen hatten. Biener's schwankender Weg war nicht ganz schlecht, Croz hatte die rechte Linie zuerst verlassen und einen vollständigen Halbkreis beschrieben, so daß wir, als wir Halt machten, Abricolla, von wo wir kamen, vor uns hatten. Almer war zuerst sehr vorsichtig gewesen, aber seiner Richtung zu lange treu geblieben und dadurch über den rechten Weg hinausgekommen. Als ich Halt machen ließ, weil wir gegen Südwesten gingen, waren wir bereits eine gute Strecke auf dem Tête Blanche aufwärts gekommen. Bei unserm letzten Versuch hatten wir die rechte Richtung, ja wir befanden uns bereits auf der Paßhöhe und würden zehn Schritte weiter auf der andern Seite gewesen sein. Ich brauche nicht zu bemerken, daß wir uns alle Mühe erspart haben würden, wenn wir im richtigen Moment, das heißt gleich nach dem Eintritt des Nebels, den Compaß angesehen hätten. Später war uns dieser Führer von weiter keinem Nutzen, als daß er aussagte, wenn wir falsch gingen.

Nachdem wir von Abricolla aus sechs und eine halbe Stunde gegangen waren, befanden wir uns in Zermatt, wo Seiler's gastfreundliche Aufnahme uns bald unsere Kräfte wiedergab. Am 20. gingen wir über den Theodule-Paß und machten einen Abstecher nach dem Theodule-Horn (11391 Fuß), um einen Weg zu prüfen, den ich mir zur Ersteigung des Matterhorns ersonnen hatte. Bevor ich über unsere Unternehmungen weiter berichte, muß ich eine kleine Pause machen, um zu erklären, weshalb ich diesen neuen Weg in Vorschlag brachte, statt wie früher dem südwestlichen Grat zu folgen.

Beim Matterhorn lassen sich drei Theile unterscheiden;* der erste liegt dem Z'Mutt-Gletscher gegenüber und sieht vollkommen unersteiglich aus, wie er das auch ist. Der zweite, gegen Osten gekehrte, scheint die Unersteiglichkeit selbst zu sein, der dritte, Breil gegenüber, sieht nicht ganz hoffnungslos aus. Von der letztern Richtung aus hatte ich alle meine früheren Versuche gemacht. Man wird sich erinnern, daß nicht blos ich, sondern auch Hawkins, Professor Tyndall und die Jäger von Val Tournanche den Berg auf dem südwestlichen Grat ersteigen wollten. Weshalb verließ ich nun einen Weg, der sich bis zu einem gewissen Punkte so sehr empfahl?

Ich hätte vier Gründe dazu. Erstens nahm meine Abneigung gegen Grate und meine Vorliebe für Schnee und Felsenflächen immer zu. Zweitens war ich überzeugt, daß die Störungen durch das Wetter, die mich mehrmals zurückgeschlagen hatten, stets wiederkehren würden.** Drittens fand ich, daß bei der östlichen Seite eine Augentäuschung spiele, daß sie wohl ziemlich senkrecht aussehe, daß aber ihr Winkel thatsächlich kaum mehr als 40 Grad betrage. Viertens bemerkte ich selbst, daß die Felsschichten des

---

* Kapitel 4. Seite 99—101.

** S. Kapitel 5 und 7. Spätere Erfahrungen von Andern haben mich in dieser Ansicht bestärkt.

Das Matterhorn vom Riffelberg gesehen.

Berges gegen Westsüdwest geneigt seien. Ueber die beiden ersten Punkte habe ich mich schon genügend ausgesprochen, über die beiden letzten sind noch einige Bemerkungen nöthig. Zunächst will ich erklären, weshalb die meisten Personen von der Steile der Ostseite eine übertriebene Meinung haben.

Sieht man das Matterhorn von Zermatt aus, so steht man vom Berge fast nordwestlich. Man sieht die gegenüberliegende Seite folglich weder im Profil noch voll von vorn, sondern in einer fast mittleren Richtung, so daß sie viel steiler aussieht, als sie wirklich ist. Die meisten Besucher von Zermatt gehen auf den Riffelberg oder auf den Gornergrat, und von diesen Stellen aus sieht der Berg natürlich noch jäher aus, weil man seine Ostseite, die fast allein sichtbar ist, mehr unmittelbar vor sich hat. Vom Riffel-Hotel aus gesehen scheint der Abhang einen Winkel von 70 Grad zu haben. Geht der Reisende weiter südlich und überschreitet den Theodule-Paß, so hat er auf einem Punkte die Ostseite sich gerade gegenüber und diese sieht nun ganz senkrecht aus. Verhältnißmäßig wenige Personen berichtigen die irrthümlichen Eindrücke, welche sie auf diesen Punkten empfangen, indem sie die Ostseite im Profil studiren, und die Meisten nehmen eine ganz ungenaue und übertriebene Idee von der Steile dieser Bergseite mit sich fort, weil sie die Frage blos aus einem Gesichtspunkt betrachtet haben.

Verschiedene Jahre vergingen, ehe ich selbst die ersten und falschen Eindrücke abschüttelte, die ich über die Unzugänglichkeit dieser Seite des Matterhorns in mich aufgenommen hatte. Zuerst fiel mir auf, daß es auf dieser Ostseite Stellen gab, wo der Schnee das ganze Jahr lang liegen blieb. Von Rinnen spreche ich hier nicht, sondern von den bedeutenden Oberflächen, die man auf der beifolgenden Zeichnung etwa bis zur halben Höhe aufsteigen sieht. Solche Schneeflächen konnten im Sommer nicht vorhanden sein, wenn sich der Schnee im Winter nicht in bedeutenden Massen aufgehäuft hätte, und solche große Massen konnten an Stellen wie diese in einem Winkel, der 45 Grad viel überschritt, nicht liegen bleiben.* Ich mußte daraus schließen, daß die Ostseite um viele Grade von der senkrechten Linie abwich, und um mir darüber Gewißheit zu verschaffen, ging ich auf die Abhänge über den Sennhütten von Staffel zwischen dem Z'Mutt-Gletscher und dem Matterhorn-Gletscher, von wo man den Berg im Profil sieht. Wie er in dieser Richtung sich zeigt, würde für Jeden überraschend sein, der ihn blos von Osten gesehen hat. Er ist so gänzlich von der scheinbar glatten und vollkommen unersteiglichen Klippe verschieden, die man vom Riffelberg sieht, so daß man kaum glauben kann, die beiden Bergseiten seien eine und dieselbe. Sein Winkel geht kaum über 40 Grad hinaus.

Als ich dies erfuhr, war ein großer Schritt gethan. Diese Kenntniß würde mich übrigens nicht allein bestimmt haben, die Ostseite statt des südwestlichen Grates zur Ersteigung zu wählen. Vierzig Grad erscheinen dem Leser vielleicht nicht als eine furchtbare Steigung und sind es auch bei einer kleinen Klippe nicht. Es ist aber höchst ungewöhnlich, daß man einen so bedeutenden Grad an einem großen Bergabhange durchgängig findet und es lassen sich aus den Hochalpen nur sehr wenige Beispiele anführen, daß ein solcher Winkel auf einer Strecke von dreitausend Fuß Höhe vorkäme.

Ich glaube nicht, daß die Steile oder die Höhe dieser Klippe Bergsteiger von einem Besuch abgeschreckt hätte, wenn sie nicht zugleich so abschreckend glatt ausgesehen hätte. Man glaubte nirgends einen Anhalt für die Hand zu finden. Schon auf dem südwestlichen Grat entstanden durch die Glätte der Felsen manche Schwierigkeiten, obgleich jener Grat selbst aus der Ferne uneben aussah. Wie viel

* Ich möchte nicht zu viel sagen, doch glaube ich, daß Schnee in großen Massen schon bei 45 Grad sich nicht anhäufen kann.

schwerer mußte es also sein, eine Bergfläche zu erklettern, die selbst in der Nähe glatt und wie aus einem Stück aussah.

Ein ernstliches Hinderniß der Ersteigung des südwestlichen Grats liegt darin, daß sein Gestein eine Neigung gegen Westsüdwesten hat. Wie man jetzt genau weiß, besteht die große Masse des Matterhorns aus regelmäßig geschichteten Felsen, die gegen Osten aufsteigen.* Mehr als einmal habe ich erwähnt, daß auf gewissen Theilen des vom Col du Lion zum Gipfel führenden Grats die Felsen aus dem

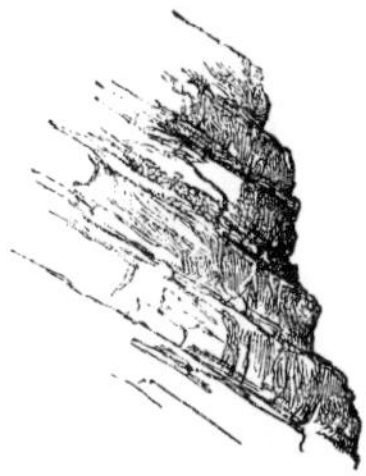

Fig. 1.

Fig. 2.

Berg heraustreten und mit zerbrochenen Rändern überhängen.** Man sieht dies in den Illustrationen zu Seite 124 und 151 und in der angefügten Zeichnung tritt dieselbe Erscheinung in Figur 1 noch deutlicher hervor. Es ist leicht zu verstehen, daß eine solche Gesteinsbildung für Bergsteiger ungünstig ist, und daß der Grad von Leichtigkeit, mit dem solche Felsen sich ersteigen lassen, haupt-

* Hinsichtlich dieses Gegenstandes verweise ich den Leser auf die trefflichen Bemerkungen des Herrn F. Giordano im Anhang.

** S. Seite 112 und 133.

sächlich von der Häufigkeit oder Seltenheit von Spalten und Vorsprüngen abhängt. Die Felsen des südwestlichen Grats sind mit Sprüngen hinreichend versehen, aber wenn dies nicht der Fall wäre, so würden sie in Folge ihrer Bildung und Lage unersteiglich sein.*

Man kann auf dem Felsen des südwestlichen Grats vom Col du Lion bis zum Fuß des Großen Thurms nicht ein einziges Mal gewesen sein, ohne das Vorherrschen der Neigung nach außen und das Ueberhängen der zerbrochenen Ränder bemerkt zu haben. Ebenso wenig kann man unbeachtet lassen, daß wegen dieser beiden Erscheinungen die Trümmer, die der Frost absprengt, nicht an Ort und Stelle liegen bleiben können, sondern in Schauern über die nächsten Klippen niederstürzen müssen. Man kann sagen, daß die Arbeit jedes Tages bei Seite geschafft und der Grat reingefegt wird, so daß man kaum etwas anderes als festen Felsen sieht.**

Die Thatsache, daß der Berg aus einer Reihe von geschichteten Steinbetten besteht, ist vor langer Zeit schon hervorgehoben worden. Saussure bemerkte sie und erwähnte in seinen Reisen ausdrücklich, daß die Schichten „in einem Winkel von etwa 45 Grad gegen Nordosten aufstiegen." Forbes gedachte ihrer auch, sprach aber die Meinung aus, daß die Betten „weniger geneigt oder beinahe wagerecht seien." „Saussure wird ohne Zweifel Recht haben," fügte er hinzu.*** Die Wahrheit scheint mir in der Mitte zu liegen.

* Verwitterter Granit läßt sich sehr leicht ersteigen, da seine griesartige Bildung den Schuhnägeln einen guten Anhalt bietet Bei den metamorphischen Thonschiefern aber, welche die Masse des großen Matterhornsgipfel bilden, ist die Bildung des Felsens von keinem Werth.

** Ich spreche hier blos von dem Theil des Grats, der zwischen dem Col du Lion und dem Großen Thurm liegt. Auf die höhern Felsen paßt die Bemerkung nicht. Noch weiter oben werden die Felsen wieder fest, auf der „Schulter" bemerkt man dann eine starke Zersetzung und auf dem höchsten Gipfel ist wieder festes Gestein.

*** Reisen durch die Alpen, S. 317 der zweiten Auflage.

Das Matterhorn, von einem Punkte nahe beim Theodule-Paß gesehen.

Ich kannte diese beiden Stellen, machte aber von meinem Wissen keinen praktischen Gebrauch, bis ich dieselbe Thatsache selbst und wiederholt beobachtete. Erst nach meiner Niederlage im Jahre 1863 erkannte ich die eigenthümlichen Schwierigkeiten des südwestlichen Grats in der Neigung der Schichten und als ich einmal überzeugt war, daß die Lage und nicht die innere Bildung des Gesteins der wahre Nachtheil sei, da mußte ich natürlich den Schluß ziehen, daß die entgegengesetzte Seite, also die östliche, verhältnißmäßig leicht zu besteigen sein werde. Kurz gesagt, ich erwartete dort eine Schichtung wie in Figur 2 statt der in Figur 1 zu finden. Diese kinderleichte Folgerung war der Schlüssel der Ersteigung des Matterhorns.

Die Frage war nun die, ob die Schichten mit einer ähnlichen Neigung durch den ganzen Berg sich fortsetzen. War das der Fall, dann wurde diese große Ostseite, statt vollständig ungangbar zu sein, das reine Gegentheil. In der That mußte sie eine große natürliche Treppe mit einwärts geneigten Stufen bilden und in diesem Fall kam auf ihr glattes Ansehen nichts an, da die kleinsten Stufen, wenn sie sich nach einwärts neigen, dem Fuß einen guten Halt bieten.

So weit sich aus der Ferne urtheilen ließ, verhielt sich die Sache so. Wenn im Sommer Schnee fiel, so bildete er auf dem Berge lange Stufenlinien, die ziemlich parallel miteinander liefen und in der Richtung, die auf den beiden Figuren unserer Zeichnung erscheint, geneigt waren. Bei solchen Gelegenheiten war die Ostseite zuweilen über und über weiß, während die andern Seiten, die wie gepudert aussehenden Terrassen ausgenommen, schwarz blieben, da der Schnee auf ihnen keinen Haltpunkt fand.

Selbst die äußere Linie des Berges bestärkte meine Vermuthung, daß sein Bau die Ersteigung der Ostseite erleichtern, die aller andern Seiten aber erschweren werde. Betrachtet man eine Photographie des Gipfels von Nordosten (oder in Ermangelung einer solchen den

Umriß zu Seite 351, der nach einer Photographie gezeichnet ist), so sieht man, daß auf der rechten Seite (die dem Z'Mutt-Gletscher gegenüber liegt) eine immerwährende Wiederholung überhängender Klippen und abwärts geneigter Hänge vorkommt, kurz, daß der ganze Charakter dieser Seite ähnlich wie bei Figur 1 auf S. 349 ist, daß dagegen auf der linken Seite die Formen überall an Fig. 2 erinnern. Sieht man den Berg von dieser Seite, so überzeugt man sich vollständig, daß die Umrisse des Berges durch die Richtung, in der seine Felsschichten streichen, wesentlich bedingt worden sind.

Es war mithin kein bloßer Einfall, der mich bestimmte, Herrn Reilly zur Theilnahme an einem Angriff auf die Ostseite aufzufordern, sondern die allmälig gewonnene Ansicht, daß dort der beste Pfad zum Gipfel führe. Wären wir nicht gezwungen gewesen, uns zu trennen, so würde der Berg 1864 ohne Zweifel erstiegen worden sein.

Als wir vom Z'Mutt-Gletscher nach Zermatt gingen und ich meine Führer Halt machen ließ, um ihnen die Ostseite im Profil zu zeigen, gaben sie bereitwillig zu, daß sie sich über die Steile derselben bedeutend getäuscht hätten, doch waren sie gar nicht mit mir einverstanden, daß sich dort leicht werde klettern lassen, und Almer und Biener sprachen ihre Abneigung gegen jede Ersteigung in dieser Richtung entschieden aus. Ich gab ihrem offenbaren Widerwillen für den Augenblick nach und erstieg mit ihnen das Theodulehorn, um einen zweiten Weg zu prüfen, von dem ich erwartete, daß er sich ihnen mehr empfehlen werde, weil er zum großen Theil über Schnee führte.

Am Matterhorn giebt es eine ungeheure Rinne, die vom Mont-Cervin-Gletscher bis zu einem hohen Punkte des südöstlichen Grats führt.* Ich schlug vor, diese Rinne bis zu ihrem Kopfe zu ersteigen

* Ihre Lage wird auf dem Umriß zu Seite 152 rechts durch den Buchstaben E angedeutet. S. auch die Karte des Matterhorns und seiner Gletscher.

und dann über den südöstlichen Grat auf die Ostseite hinüberzugehen. Wir würden nun auf dem Niveau des Grundes des großen Schneefeldes gewesen sein, das man auf der Zeichnung zu Seite 347 im Mittelpunkte der Ostseite erblickt. Dieses Schneefeld wollten wir quer durchschneiden, um so durch den Schnee auf den nordöstlichen Grat zu gelangen, der sich auf derselben Zeichnung etwa einen halben Zoll vom Gipfel zeigt. Die letzte Strecke wollten wir auf den mit Schnee gemischten zertrümmerten Felsen der Nordseite des Berges zurücklegen. Croz verstand mich augenblicklich und hielt den Plan für ausführbar, worauf wir die Einzelheiten besprachen und nach Breil hinuntergingen. Luc Meynet, der Bucklige, wurde herbeigerufen und war ganz entzückt, seinen alten Beruf des Zelttragens wieder aufnehmen zu können, und bald war Favre's Küche in voller Thätigkeit, Lebensmittel auf drei Tage zu kochen. Diese Zeit wollte ich nämlich der Sache widmen, die erste Nacht auf dem Felsen über der Rinne schlafen, am zweiten Tage den Gipfel ersteigen und zum Zelt zurückkehren, am dritten endlich nach Breil hinuntergehen.

Am 21. Juni brachen wir gegen sechs Uhr auf und folgten drei Stunden lang der Straße des Breiljoches.* Wir hatten die vollste Aussicht auf unsere Rinne und bogen im rechten Winkel zu ihr hinüber. Je näher wir ihr kamen, um so günstiger sah sie aus. Es lag ziemlich viel Schnee in ihr, noch dazu augenscheinlich in einem kleinen Winkel, und es sah so aus, als ob das Drittheil der Höhe eine sehr einfache Aufgabe bieten werde. Gewisse verdächtige Zeichen im Schnee unten an der Basis deuteten an, daß die Rinne von fallenden Steinen heimgesucht werde, und wir hielten uns deshalb aus Vorsicht an eine Seite, arbeiteten uns unter dem

* S. Seite 163.

Schutz von Klippen in die Höhe und warteten, ob etwas herunterfalle. Da nichts kam, so gingen wir auf die rechte oder nördliche Seite, indem wir bald Stufen in den Schnee hieben und bald auf den Felsen kletterten. Kurz vor zehn Uhr erreichten wir einen Platz, wo sich gut ausruhen ließ, und lagerten uns auf Felsen, die dicht am Schnee lagen und eine vortreffliche Aussicht auf die Rinne gewährten.

Während meine Leute die Speisen auspackten, bestieg ich ein kleines Vorgebirge, um unsern ferneren Weg näher zu prüfen und unsere edle Schneerinne zu bewundern, die volle tausend Fuß in das Herz des Berges hineinführte. Dann bog sie sich gegen Norden und lief zum Kamm des südöstlichen Grats hinauf. Ich war neugierig zu erfahren, wie es an jener Ecke aussehe, und während ich dort hinblickte und mit den Augen den feingezogenen Curven folgte, die im Schnee der Rinne hinabgingen und alle auf eine breite Vertiefung in der Mitte derselben mündeten, bemerkte ich einige kleine Steine, die abwärts glitten. Ich tröstete mich mit dem Gedanken, daß sie uns nichts schaden könnten, da wir uns an die Seite hielten. Nun kam aber ein größerer Stein, ein einsamer Geselle, der mit der Schnelligkeit von fünfzehn deutschen Meilen in der Stunde reiste und dann ein zweiter und dann ein dritter. Ich wollte meine Leute nicht unnöthigerweise erschrecken und sagte ihnen nichts. Sie hörten die Steine nicht. Almer saß auf einem Felsblock und schnitt von einer Schöpskeule große Scheiben herunter, die Andern plauderten. Die erste Andeutung einer Gefahr gab ihnen ein Krachen, ein plötzliches Poltern, das zwischen den Klippen furchtbar wiederhallte, und als sie nun aufblickten, sahen sie Massen von Felsen, Blöcken und Steinen, großen und kleinen, achthundert Fuß über uns um die Ecke springen, mit furchtbarer Wuth an die Klippen gegenüber anschlagen, von ihnen auf unsere Mauern zurückprallen und niederfahren, wobei einige auf eine wahnsinnige Art von einer Seite zur andern hinüberschlugen, andere in Sprüngen hundert Fuß und weiter über den Schnee flogen und die meisten in einer Wirrmasse mit Schnee und Eis gemischt abwärts glitten und die Vertiefung in der Mitte, die meine Bewunderung erregt hatte, erweiterten.

Meine Leute sahen sich erschreckt nach Schutz um, ließen ihr

Mein Zeltträger — der Bucklige.

Frühstück im Stich und sprangen in allen Richtungen hinter Felsen. Die kostbare Schöpskeule wurde weggeschleudert, der Weinschlauch fiel zur Erde und entleerte sich durch das offen gebliebene Spundloch, während die vier Männer unter Felsen kauerten und sich so klein wie möglich machten. Man glaube nicht, daß ihre Furcht ohne Grund gewesen wäre, oder daß ich sie nicht getheilt hätte. Auch ich war sehr besorgt mich zu schützen und klammerte mich an eine Klippe, bis der Sturm vorüber war. Das Laufen meiner

Leute zu schützenden Felsen blieb trotzdem unbeschreiblich lächerlich. Niemals, weder früher noch später habe ich auf einem Berge eine so wilde Flucht gesehen.

Das Abprallen der Steine war für mich etwas Neues. Natürlich entstand es dadurch, daß die Schneerinne Krümmungen machte und daß die stürzenden Steine bereits eine große Schnelligkeit erlangt hatten, bevor sie um die Ecke bogen. In geraden Schneerinnen wird ein solcher Fall wahrscheinlich nie vorkommen. Wie ich früher schon bemerkt habe, ist die Regel die, daß fallende Steine in der Mitte der Rinne niedergehen, so daß man von ihnen keine Gefahr zu befürchten hat, wenn man seinen Weg an den Seiten entlang einschlägt.

Wir würden sehr wenig Unterhaltung und dagegen große Gefahren gefunden haben, wenn wir dieser Rinne gefolgt wären, und kehrten ihr mit seltener Uebereinstimmung den Rücken zu. Nun entstand die Frage: „Was ist zu thun?“ Ich stimmte dafür, die Felsen über uns zu erklettern, aber das wurde für unmöglich erklärt. Ich konnte meinen Leuten nicht widersprechen, wollte aber nicht nachgeben, ohne mich selbst überzeugt zu haben, und begann zu klettern. Nach wenigen Minuten mußte ich Halt machen. Meine Streitkräfte waren zerstreut; der kleine Bucklige folgte mir allein dicht auf den Füßen, lächelnd und mit dem Zelt auf der Schulter; Croz war weiter zurück und hielt seinen Herrn im Auge; Almer saß hundert Fuß tiefer auf einem Felsen und hielt den Kopf in der Hand, Biener war nicht zu sehen. „Kommen Sie herunter,“ rief Croz, „es ist nutzlos,“ und ich machte endlich Kehrt, da ich ebenso wie er dachte. Mein kleiner Plan war also auf den Kopf geschlagen und ich sah mich genöthigt, zu meinem ursprünglichen Gedanken zurückzukehren.

Ohne Zögern gingen wir geraden Weges zu Herrn Morshead's

Breiljoch gegenüber* und erreichten um halb ein Uhr dessen Gipfel. Wir wählten diesen Weg als den kürzesten zum Hörnli, wo wir schlafen wollten, ehe wir die Ostseite angriffen. Unerwarteterweise stießen wir auf ein Hinderniß. Der Paß war plötzlich verschwunden und wir standen vor einer kleinen aber steilen Felsenmauer, die uns vom Furggen-Gletscher abschnitt. Der Gletscher war so zusammengeschrumpft, daß ein Hinabsteigen unmöglich war. In der letzten Stunde waren Wolken vom Süden her aufgezogen, die uns jetzt umgaben und einen starken Wind mitbrachten. Meine Leute traten zusammen und sprachen von Aufgeben des Versuchs. Almer fragte mehr scharf als höflich: „Weshalb versuchen Sie es nicht mit einem Berge, der erstiegen werden kann?" „Es ist unmöglich," pflichtete Biener bei. „Wenn wir nach der andern Seite hinübergehen," sagte Croz, „so verlieren wir drei Tage und erreichen höchst wahrscheinlich nichts. Sie wollen in der Kette des Mont Blancs Ersteigungen ausführen, die ich für möglich halte. Ich kann Sie aber nicht begleiten, wenn ich die nächsten Tage hier verweile, denn am 27. muß ich in Chamouny sein." Er sprach nachdrücklich und brachte mich ins Schwanken. Ich verließ mich auf seine starken Arme bei einigen Arbeiten, die ich für ungewöhnlich schwierig hielt. Es begann zu schneien; das gab für unsere Entschließung den Ausschlag und wir kehrten um.

Wir gingen nach Breil und von da nach dem Dorfe des Val Tournanche, wo wir schliefen. Am nächsten Tage wanderten wir nach Chatillon und gingen dann im Aosta-Thale weiter nach Cormayeur.

Ich kann nur bedauern, daß ich dem Rathe meiner Führer gefolgt bin. Wenn Croz seine wohlgemeinten Worte nicht gesprochen

---

* S. Anmerkung zu Seite 165.

hätte, so lebte er wahrscheinlich noch. In Chamouny trennte er sich zur bestimmten Zeit von uns, aber in Folge eines sonderbaren Zufalls trafen wir nach drei Wochen in Zermatt wieder zusammen und zwei Tage später starb er vor meinen Augen auf demselben Berge, dem wir am 21. Juni auf seinen Rath hin den Rücken gekehrt hatten.

Sechzehntes Kapitel.

Das Aosta-Thal und die Grandes Jorasses.

Das Aosta-Thal ist wegen seiner Steinböcke berühmt und wegen seiner Cretins berüchtigt. Der Steinbock (Bouquetin, Ibex) war früher in den ganzen Alpen verbreitet. Jetzt beschränkt er sich hauptsächlich, vielleicht sogar einzig und allein auf einen kleinen Bezirk im Süden des Aosta-Thals, und man hat in der letzten Zeit häufig die Befürchtung ausgesprochen, daß er rasch verschwinden werde.

Daß der Cretinismus in vielen Menschenaltern werde ausgerottet werden könne, hofft selbst der leichtgläubigste Mensch nicht. Er ist überall in den Alpen verbreitet und also keine Eigenthümlichkeit des Aosta-Thals, aber nirgends drängt er sich häufiger dem Auge des Reisenden auf als dort und in keinem Thale wird man so oft und so peinlich daran erinnert, wie herrlich die Natur und wie kläglich der Mensch sein kann.

Die Furcht, daß der Steinbock bald verschwinden werde, ist

eine voreilige. Eine Zählung dieser Thiere ist allerdings schwer, denn obgleich sie ihre bestimmten Wohnungen haben, so findet man sie doch äußerst selten zu Hause. Es läßt sich aber mit Grund annehmen, daß noch mindestens sechshundert Steinböcke auf den Bergen in der Nähe der Thäler von Grisanche, Rhèmes, Savaranche und Cogne umherstreifen.

Es wäre schade, wenn es sich anders verhielte. Als Ueberreste eines aussterbenden Geschlechts erregen die Steinböcke die Theilnahme Aller und kein Bergsteiger oder Turner kann ohne Kummer an den Untergang eines Thieres denken, das so edle Eigenschaften besitzt, wenige Monate nach seiner Geburt einem Mann mit einem Satze über den Kopf springt, ohne einen Anlauf zu nehmen, sein ganzes Leben in einem fortwährenden Kampfe um die Existenz verbringt, das feinste Gefühl für die Schönheiten der Natur besitzt, Schmerzen dergestalt verachtet, „daß es Stunden lang mitten im kältesten Sturm wie eine Bildsäule dasteht, bis seine Ohrenspitzen erfroren sind, und das, wenn seine letzte Stunde naht, auf die höchsten Berggipfel klettert, seine Hörner an einen Felsen anhakt und sich so lange um sich selbst dreht, bis seine Hörner abbrechen und es herunterfällt und stirbt"!!* Selbst Tschudi nennt diese Geschichte wunderbar, und mit Recht. Ich verweigere ihr jeden Glauben — der Steinbock ist ein zu kluges Thier, um solche Dummheiten zu begehen.

Fünfundvierzig Wildhüter, unter den besten Jägern des Bezirks ausgewählt, bewachen seine Heimath. Ihre Aufgabe ist keine leichte, obgleich sie natürlich mit allen den Leuten bekannt sind, denen sich eine Wilddieberei zutrauen läßt. Wären diese Wächter nicht, so würde der Steinbock in den Alpen sehr bald verschwunden sein.

---

* Tschudi's Thierleben in den Alpen.

Die Leidenschaft, irgend etwas zu tödten, und der gegenwärtige hohe Werth des Thieres selbst würden seine Ausrottung bald herbeiführen. Denn schon um seines Fleisches willen ist der Steinbock begehrens-

Der Steinbock.

werth. Das lebende Gewicht eines ausgewachsenen Thieres beträgt 160 bis 200 Pfund, während die Haut und die Hörner zweihundert deutsche Mark und besonders schöne Exemplare noch mehr werth sind.

Trotz der Wildhüter und trotz der schweren Strafen, die auf

das Erlegen eines Steinbocks gesetzt sind, wird fortwährend gewilddiebt. Da ich das wußte, so fragte ich bei meinem letzten Besuche in Aosta, ob Häute oder Hörner zu verkaufen seien, und wurde zehn Minuten später in eine Bodenkammer geführt, wo man die Ueberreste eines herrlichen Thieres versteckt hatte. Es war ein prachtvolles Männchen und muthmaßlich mehr als zwanzig Jahre alt, da seine schwerfälligen Hörner zweiundzwanzig mehr oder weniger stark hervortretende knorrige Ringe hatten. Das Fell maß von der Nase bis zur Schwanzspitze 1 Meter 69 Centimeter* und vom Bauch bis zum Rückgrat vielleicht 77 Centimeter. Einen so großen Steinbock trifft man selten und der Eigenthümer dieses Felles würde wohl mit mehrjähriger Gefängnißstrafe bedroht worden sein, wenn man von seinem Besitz erfahren hätte.

Die Jagd des Steinbocks gilt mit Recht für ein königliches Vergnügen und König Victor Emanuel, der sie sich vorbehalten hat, ist ein zu guter Jäger, um ein Thier, welches eine Zierde seiner Besitzungen ist, schonungslos zu verfolgen. Im Jahre 1869 fielen seiner Büchse siebzehn zum Opfer, die er auf hundert Schritt und aus weiterer Entfernung schoß. Im Jahre vorher hatte der König dem italienischen Alpenclub ein schönes Exemplar zum Geschenk gemacht. Das Fleisch verzehrten die Mitglieder, das Fell ließen sie ausstopfen und stellten es zu Aosta in ihrem Zimmer auf. Kenner behaupten, daß es schlecht ausgestopft, in der Brust zu schmal und hinten zu breit sei. Mir erschien das Thier als wohlgebaut, wenn es auch für schwere Arbeit besser als für Beweise von Gelenkigkeit geeignet sei. Nach diesem Exemplar wurde die vorstehende Zeichnung aufgenommen.

Das Thier ist ein ausgewachsenes, etwa zwölf Jahre altes

* Wahrscheinlich hatte sich das Fell beim Abhäuten gestreckt.

Männchen und mißt vom Boden bis zum Ansatz seiner Hörner 3 Fuß 3½ Zoll. Seine höchste Länge beträgt 4 Fuß 3 Zoll. Seine Hörner haben elf stark hervortretende und zwei schwach angedeutete Ringe und sind (rund um die Krümmung gemessen) 54½ Centimeter lang. Die Hörner des vorhin erwähnten Exemplars, die ich auf dieselbe Art maß, hatten blos eine Länge von 53½ Centimeter, obgleich sie fast mit der doppelten Zahl von Ringen geschmückt waren, woraus sich auf ein doppeltes Alter des Thieres schließen ließ.*

Die Wildhüter und Jäger des Bezirks behaupten, daß die Ringe auf den Hörnern des Steinbocks dessen Alter angeben (indem jeder für ein Jahr zählt), und daß die halb entwickelten Ringe, die zuweilen nur ganz schwach angedeutet sind, beweisen, daß das Thier im Winter Hunger gelitten hat. Die Naturforscher bezweifeln diese Angabe, aber da sie keine besseren Gründe gegen die Behauptung anführen können, als die Eingeborenen für dieselbe haben (indem der eine Theil sagt, das ist so, und der andere Theil sagt, das ist nicht so), so ist uns vielleicht gestattet, die Frage als eine offene zu betrachten. Ich kann blos sagen, daß der Steinbock sehr harte Zeiten haben muß, wenn die schwach entwickelten Ringe wirklich Hungerjahre andeuten, denn bei den meisten Hörnern, die ich gesehen habe, waren die kleineren Ringe sehr zahlreich und traten zuweilen häufiger auf als die starken.

Der Oberbeamte der Wildhüter, der nach den eben erwähnten Anzeichen urtheilte, sagte mir, daß der Steinbock nicht selten dreißig

---

* King sagt in seinem Werke: „Die italienischen Alpenthäler“: „In den paar Hörnern, die ich besitze und die zwei Fuß lang sind, befinden sich acht dieser Jahresringe.“ Daraus würde sich also ergeben (wenn die Ringe Jahresringe sind), daß die höchste Hornlänge in einem verhältnißmäßig frühen Alter erreicht wird.

Jahre alt wird und es zuweilen zu vierzig und fünfundvierzig bringt. Wie er ferner erzählte, hat das Thier keine Vorliebe für steilen Schnee und steigt eine Schneerinne im Zickzack hinunter, indem es von einer Seite auf die andere springt und dabei Sätze von fünfzig Fuß Weite macht. Herr Tairraz,* der wackere Wirth des Hotel du Mont Blanc in Aosta, der den Steinbock ganz in der Nähe beobachtet hat, theilte mir mit, daß derselbe in einem Alter von vier bis fünf Monaten einen neun bis zehn Fuß hohen Felsblock mit einem einzigen Satze hinaufspringt.

Möge der Steinbock lange leben und möge dessen Jagd dem Alpenkönig Victor Emanuel noch lange die Gesundheit erhalten. Lange lebe der Steinbock, aber nieder mit dem Cretin!

Die eigenthümliche Form von Blödsinn, die man Cretinismus** nennt, ist im Aosta-Thale so stark entwickelt und die Einwohner sind so an sie gewöhnt, daß sie fast unwillig werden, wenn der erstaunte Reisende über die Häufigkeit derselben spricht. Sie antworten dann immer, daß sie dem Thal nicht eigenthümlich sei und daß man überall Cretins finde. Es ist nur zu wahr, daß diese schreckliche Geißel in den ganzen Alpen und über die Welt verbreitet ist, und daß es Orte giebt, wo das Verhältniß der Cretins zu der Bevölkerung noch größer ist oder war als im Aosta-Thale, aber nie habe ich ein Thal gesehen, das so reizend und so fruchtbar wäre und dem Reisenden abgesehen vom Cretinismus einen so angenehmen Eindruck machte, und wo eine gleiche Anzahl von Men-

* Tairraz war der erste Führer des verstorbenen Albert Smith bei dessen berühmter Ersteigung des Mont Blanc.

** „Der Cretinismus kann als die höchste Stufe von Blödsinn betrachtet werden, obgleich er sich von ihm dadurch unterscheidet, daß mit dem Verlust der Geistesfähigkeiten ein krankhafter Zustand des Körpers in Verbindung steht. Er vereinigt mithin zwei verschiedene Elemente, Blödsinn und schlechte Körperbeschaffenheit." Blackie, Ueber den Cretinismus.

schen zu einem Zustande herabgewürdigt wäre, den jeder rechtschaffene Affe mit Verachtung betrachten darf.

Die ganze Erscheinung des Cretinismus bietet große Schwierigkeiten dar. Die Zahl der davon Befallenen ist unbekannt, die Heilung der Krankheit unsicher und ihr Ursprung geheimnißvoll. Sie setzt die schärfsten Beobachter in Verlegenheit und allgemeine

Ein Cretin aus Aosta.

Bemerkungen lassen sich über sie nicht machen, ohne daß man Einschränkungen hinzufügt.

So viel ist ziemlich gewiß, daß der Mittelpunkt ihrer Verbreitung im Aosta-Thale etwa in der Mitte des Thals liegt. Die Stadt Aosta selbst kann als ihr Hauptquartier betrachtet werden. Dort und in den benachbarten Städten Gignod, Villeneuve, St. Vincent und Verrex, wie in den Dörfern und auf den Landstraßen zwischen den Oertern zeigen sich diese verkrümmten und seelenlosen Wesen, die mehr Thieren als Menschen gleichen, am häufigsten und ekeln den Reisenden durch ihr häßliches und unreinliches Aeußere, durch ihre widerlichen Geberden und ihr sinnloses Stammeln. Das beigefügte Bildniß ist nichts weniger als übertrieben, ja manche Cretins sindzu scheußlich, um dargestellt werden zu können.

Wie kann man sich die besondere Häufigkeit des Cretinismus in der Mitte des Thals erklären? Wie kommt es, daß die Cretins, wenn man über Ivrea hinauskommt, immer häufiger werden, in und bei der Hauptstadt des Thales ihre höchste Zahl und traurigste Entwickelung erreichen und weiterhin an Menge abnehmen? Dieses stärkste Auftreten muß unbedingt eine oder mehrere Ursachen haben, die in der Gegend von Aosta wirken und gegen die beiden Endpunkte des Thales hin schwächer werden. Ließe sich der Grund der Erscheinung erklären, so wären die Quellen des Cretinismus entdeckt.

Bis jetzt wird die Krankheit dadurch nur noch räthselhafter, daß sie in Aosta so stark auftritt, während sie in den Ebenen des Ostens und in den Bezirken des Westens fast unbekannt ist und die im Norden und Süden vom Hauptthal abzweigenden Seitenthäler von ihr nichts wissen. In der That ist es noch Jedem aufgefallen, der dem Cretinismus seine Aufmerksamkeit gewidmet hat, daß die Einwohner der Seitenthäler von der Krankheit so gut wie frei sind, daß Leute desselben Stammes, welche dieselbe Sprache reden, dieselbe Luft athmen, dieselben Speisen essen und dasselbe Lebenühren, vom Cretinismus ziemlich frei sind, während ein paar Stunden weiter sich Tausende vollständig in seiner Gewalt befinden.

Auf der andern Seite der Penninischen Alpen findet man fein Seitenstück. Das Rhone-Thal wird vom Cretinismus fast ebenso schlimm heimgesucht und auch hier leiden die beiden Endpunkte des Thales im Vergleich zu dessen Mitte, namentlich zu den Bezirken zwischen Brieg und St. Moritz, verhältnißmäßig wenig.* Dieser zweite Fall bestärkt mich in der Ueberzeugung, daß die starke Entwicklung des Cretinismus in den mittleren Theilen des Aosta-Thals nicht aus zufälligen Umständen entsteht.

Früher nahm man an, daß der Cretinismus durch die beständige Gewohnheit, Schnee- und Gletscherwasser zu trinken, hervorgerufen werde. Saussure stellt dieser Vermuthung die Thatsache gegenüber, daß die Krankheit gerade in solchen Gegenden, deren Einwohner solches Wasser trinken müssen, völlig unbekannt ist, während sie an Punkten, wo dies nicht der Fall ist, starke Verbreitung hat. Die Hochthäler bleiben unberührt, die Niederungen leiden schrecklich.** Jene Annahme scheint dadurch entstanden zu sein, daß man die Cretins mit Personen, welche Kröpfe haben, verwechselte, oder doch den Kropf für das erste Stadium des Cretinismus hielt.

Von dem Kropf weiß man jetzt mit Bestimmtheit, daß er durch den Genuß chemisch unreinen, namentlich harten Wassers erzeugt wird, und die Forschungen neuerer Beobachter haben zu der Entdeckung geführt, daß er mit gewissen geologischen Formationen in innigster Verbindung steht.*** Zu diesen Thatsachen stimmt die Erscheinung, daß ein Kind selten mit einem Kropf geboren wird, daß sich derselbe aber mit dem Wachsthum des Körpers entwickelt, daß er zuweilen bei einem Wechsel des Wohnsitzes† erscheint oder

* Vor wenigen Jahren wurde ermittelt, daß von je fünfundzwanzig Einwohnern des Cantons Wallis, der hauptsächlich aus dem obern Rhone-Thal besteht, einer ein Cretin ist. Danach lebten im Canton 3500 Cretins. Zu derelben Zeit zählte man im Aosta-Thal 2000 Cretins.

** Reise in den Alpen.

*** Auf der Versammlung des Britischen Vereins von 1870 in Liverpool hielt Dr. Moffat über diesen Gegenstand einen Vortrag, nach dem er ermittelt hatte, daß der Kropf auf kohlenhaltigem Boden vorkomme, auf neuem rothen Sandstein dagegen fehle.

† In Briançon ist der Kropf endemisch und stellt sich bei den Soldaten,

wieder verschwindet und daß es möglich ist, ihn absichtlich hervorzurufen.

Nicht so gewiß ist, ob die Ursachen, welche den Kropf erzeugen, zugleich als die Ursachen der Entstehung oder Fortdauer des Cretinismus zu betrachten seien. Es ist richtig, daß die Cretins fast ohne Ausnahme Kröpfe haben, aber es ist auch ebenso richtig, daß es Zehntausende von Leuten mit Kröpfen giebt, die von allen Spuren des Cretinismus völlig frei sind. Noch mehr, es giebt in und außer den Alpen, auch in England, Bezirke, wo der Kropf nicht selten, der Cretinismus aber unbekannt ist. Da der krankhafte Körperzustand, der zum Kropf führt, mit dem Cretinismus möglicherweise in Verbindung stehen kann, so werde ich der ersteren Krankheit einige Aufmerksamkeit widmen, ehe ich über den Hauptgegenstand weiter spreche.

In England gilt ein Kropf für ein Unglück und wird nach Möglichkeit versteckt. In den Alpen ist ziemlich das Gegentheil der Fall. In Frankreich, Italien und der Schweiz ist es ein positiver Vortheil, einen Kropf zu haben, da derselbe vom Militärdienst befreit. Ein Kropf ist eine Sache, die man hochschätzen, Jedermann zeigen und pflegen muß, weil sie so gut wie baares Geld ist, und es ist eine unzweifelhafte Thatsache, daß dieser Umstand die Fortpflanzung der großen Familie der Kropfkranken begünstigt.

Als Savoyen an Frankreich fiel, untersuchte die Regierung die Hülfsquellen der neuen Besitzung und entdeckte bald, daß sie viele Morgen Land, aber wenige Recruten erworben habe. Sie suchte

die in der Festung liegen, nicht selten zeitweilig ein. Chabrand (Arzt in Briançon) erzählt, daß im 34. Infanterie-Regiment, welches 1857 einrückte, von je fünfundzwanzig Mann einer während der Zeit seines Aufenthalts einen Kropf bekam. Dieses Regiment kam von Perpignan, wo die Krankheit nicht gewöhnlich ist.

diesen Zustand der Dinge zu verbessern, und da sie zu dem Schlusse gelangte, daß der Kropf, wenn er auch durch einfältige und thierische Gewohnheiten begünstigt werde, ursprünglich doch durch schlechtes Trinkwasser entstehe, so reinigte sie die Dörfer, untersuchte die Brunnen, um die zu bezeichnen, aus denen getrunken werden solle, und versah die Schulkinder mit Plätzchen, welche Jod enthielten. Wie man sagt, wurden von 5000 Kindern, die man so behandelte, in acht Jahren 2000 geheilt und der Zustand von weiteren 2000 gebessert. Die Zahl der Heilungen würde noch größer gewesen sein, „wenn die Eltern der Regierung nicht entgegengewirkt hätten, um ihren Kindern das Privilegium der Befreiung von der Militärpflicht zu erhalten."* Die verblendeten Geschöpfe entsagten dem Marschallsstab und behielten ihre „Fleischsäcke."**

Es ist kein Wunder, daß der Präfect von Obersavoyen vorschlägt, junge Männer mit Kröpfen nicht mehr vom Dienst zu befreien. Er möge noch weiter gehen und eine Verordnung erlassen,

---

* Das Material zu diesen Bemerkungen entnehme ich der Zeitschrift des italienischen Alpenclubs, Nr. 13 vom Jahrgang 1869.

** Blackie sagt: „Dr. Mottard spricht von einem sogenannten Kropf-Brunnen, der bei St. Julien in der Maurienne liegt. Das Wasser dieses Brunnens überzieht die nahen Bäume mit Kalk und erzeugt beim Trinken nach ein paar Monaten den Kropf. Wie er erzählt, tranken fünf junge Männer absichtlich aus diesem Brunnen, um sich einen Kropf zu verschaffen und vom Militär los zu kommen." Chabrand sagt in seiner bereits benutzten Flugschrift: „Kropf und Cretinismus endemisch" (Paris, 1864): „Es ist bedauerlich, daß die jungen Leute im Briançonnais, die an einer Anschwellung der Drüse leiden, sie nicht los zu werden suchen, sondern sie größer machen, um nicht dienen zu müssen. Namentlich vor der Zeit des Loosens wenden sie alle möglichen Mittel an, die einen Kropf erzeugen sollen, trinken viel Wasser, gehen schnell mit Lasten (auf dem Kopfe?) und ziehen das Halstuch oberhalb der Anschwellung dicht zu. Von 1841 bis 1847 einschließlich sind im Departement der Hochalpen von je 1000 Dienstpflichtigen 91 wegen eines Kropfes frei geworden." Derselbe Schriftsteller giebt die Zahl der in Frankreich lebenden Menschen mit Kröpfen zu 450000 und die der Cretins zu 35000 bis 40000 an.

nach der alle Leute dieser Art, sofern sie nur Waffen tragen können, ohne weiteres der Armee einverleibt werden. Man kann aus ihnen eigene Regimenter bilden, zu Brigaden vereinigen und von Cretins befehligen lassen. Man denke sich, welch ein esprit de corps entstehen würde. Wer vermöchte gegen sie Stand zu halten? Wer würde ihre Taktik verstehen? Der Präfect sparte sein Jod und würde der nicht mit Kröpfen versehenen Bevölkerung gerecht. Der Gegenstand ist einer ernsten Erwägung werth. Ist der Kropf wirklich ein Verbündeter des Cretinismus, so kann man ihn nicht schnell genug ausrotten.*

Nicht das schlechte Wasser, sondern heiße und stockende Luft bezeichnete Saussure als die Ursachen des Cretinismus. Er verließ damit blos eine unbefriedigende Theorie, um eine andere eben so unbefriedigende aufzustellen. Es giebt nämlich Plätze mit heißer und verdorbener Luft, wo die Krankheit unbekannt ist, während es auf der andern Seite Oertlichkeiten giebt, die eines freien Luftumzugs genießen und wo die Hitze nicht übermäßig ist, der Cretinismus aber starke Verbreitung findet, so daß man sein Auftreten im Aosta-Thal durch Saussure's Theorie nicht erklären kann. Was gerade diese Gegend betrifft, so ist es fraglich, ob die dortige Luftstockung nicht eine bloß eingebildete ist. Nach meiner Ansicht ist der Druck, den Fremde in der Mitte des Thals zu empfinden behaupten, nicht der Luftstockung, sondern dem Mangel an Schatten zuzuschreiben, der durch die Richtung des Thals von Osten nach Westen entsteht. Ich glaube ferner, wenn man die Gewalt des

---

* „Personen mit Kröpfen sind vom Militär frei und bleiben in ihrer Heimath, wo sie heirathen und die Krankheit weitererben. Wenn sie dagegen dienen und Garnisonen in der Ferne, namentlich an der Seeküste, beziehen müßten, so würden sie nach Ablauf ihrer Dienstzeit geheilt zurückkehren. Wenn ferner Personen mit Kröpfen nicht dienstfrei wären, so würden mehr gesunde Personen zu Hause bleiben, heirathen und muntere, kräftige Kinder zeugen." Guy und Dagand.

Windes nach den üblichen Methoden beobachtete und abschätzte, so würde man finden, daß das ganze Jahr lang keine ungenügende Luftbewegung stattfindet. Ueberdies liegen verschiedene Städte und Dörfer, wo die Cretins sehr zahlreich sind, an den Eingängen von Thälern und auf Höhen, wo der Abfluß des Wassers leicht vor sich geht und die böse Luft, die den Cretinismus des Rhone-Thals erklären soll, nicht existirt.

Andere haben behauptet, daß Unmäßigkeit,* Aermlichkeit des Lebens, schlechte Gewohnheiten und persönliche Unreinlichkeit den Samen des Cretinismus aussäen, und diese Ansicht verdient die höchste Beachtung. Jede Unmäßigkeit ruft Krankheiten** hervor und das Zusammenhocken in schmutzigen Wohnungen, die wenig oder gar nicht gelüftet werden, kann vielleicht den Körper verschlechtern, wie eine große Zügellosigkeit dem Geist schaden kann. Für diese Ansicht spricht, daß die Cretins bei den unteren Klassen häufiger sind als bei den Wohlhabenden. Trotzdem reicht sie zur Erklärung der Krankheit nicht aus und noch weniger giebt sie uns über die ungemeine Verbreitung derselben in der Mitte des Thals Aufschluß, denn in diesen Beziehungen besteht zwischen der Mitte, den Endpunkten des Thals und den benachbarten Bezirken kein Unterschied oder doch nur ein geringer.

---

* Im Jahre 1869 hörte ich von einem kleinen Grundbesitzer im Aosta-Thal mit einer Frau und mehreren gesunden Kindern, der zwei gute Weinernten hintereinander gehabt hatte. Statt das Geld zurückzulegen, vergeudete er es im Essen und Trinken und in den beiden nächsten Jahren wurden ihnen zwei Cretins geboren. Dann folgten noch mehrere mittelmäßige Jahre, in denen ihm bei mäßigem Leben noch mehr Kinder geboren wurden, die alle gesund waren. Bei den Elteren bemerkte man keine Spur vom Cretinismus.

** S. Robert Christison's Schrift: „Ueber die Gewohnheit der Unmäßigkeit in ärztlicher und gesetzlicher Beziehung 1861"; Eduard Jarvis: „Ueber die Ursachen der Geistesstörungen, 1851" und „Berichte des Parlamentsausschusses für Geisteskrankheiten."

Wir müssen noch eine Vermuthung über den Ursprung des Cretinismus erwägen, der man bei vielen Personen begegnet, obgleich sie selten ausgesprochen wird. Sie trägt einen Charakter von Wahrscheinlichkeit, der den übrigen Erklärungen fehlt und durch unzweifelhafte Thatsachen unterstützt wird.

Die Fruchtbarkeit des Aosta-Thals ist sprichwörtlich. Dasselbe ist mit Weinbergen und Kornfeldern bedeckt, hat eine starke Viehzucht und besitzt große Reichthümer des Mineralreichs. Für Menschen und Thiere giebt es überreichliche Nahrung. Es giebt Arme im Thal, wie überall, aber sie finden ihren Unterhalt so leicht, daß sie ihn nicht anderswo zu suchen brauchen und von Geschlecht zu Geschlecht auf der Scholle sitzen bleiben. Die große Zahl der Personen des Thals, welche denselben Familiennamen führen, beweist die auch anderweitig bekannte Thatsache, daß keine oder eine geringe Auswanderung stattfindet, und daß die Einwohner sich beständig unter einander heirathen. Man vermuthet nun, daß die lange Dauer dieser Gewohnheiten eine allgemeine Verwandtschaft dieser Bevölkerung hervorgerufen hat, und daß der Cretinismus ein großartiger Beweis ist, wie schädlich Heirathen unter Verwandten wirken.

Diese Erklärung empfiehlt sich durch ihre allgemeine Anwendbarkeit auf den Cretinismus. Man findet die Krankheit gewöhnlich in Thälern, auf Inseln,* oder in andern abgeschlossenen Gegenden, wo ein beschränkter Verkehr stattfindet, oder die Einwohner nicht auswandern, während sie auf Ebenen, wo viele Verbindungen

* Dr. Blackie erzählt ein merkwürdiges Beispiel von der „Insel Medwörth (Niederwörth?) in der Nähe von Coblenz, deren Einwohner mit der Uferbevölkerung keinen Verkehr unterhalten und beständig unter einander heirathen.“ Auf dieser Insel leben nach Blackie 750 Menschen und darunter sind nicht weniger als 40 Cretins.

existiren, selten vorkommt. Man wird nun fragen: „Weshalb sind da die Seitenthäler des Aosta-Thals nicht mit Cretins gefüllt?" Ich antworte darauf, daß diese Seitenthäler verhältnißmäßig unfruchtbar sind und ihre Bevölkerung nicht ernähern können. Viele Menschen gehen jährlich fort und kommen entweder nicht wieder, oder kehren mit fremden Frauen zurück. Es findet daher fortwährend ein Wechsel der Bevölkerung und ein Erneuern des Blutes statt. Diese Thatsachen sind gewiß, wenn man auch keine statistischen Tabellen über die Ausdehnung derselben sollte beibringen können.*

Diese Vermuthung erklärt weit besser als die übrigen Theorien, weshalb der Cretinismus in den unteren Klassen so stark wurzelt und die höheren Stände fast unberührt läßt. Die Armen verheirathen sich meistens mit Leuten ihres eigenen Bezirks, während die Reichen in dieser Beziehung keinem Zwange unterliegen. Wir erhalten nun auch einen Einblick in den Grund, weshalb die Krankheit in der Mitte des Thals besonders stark auftritt. Die Bewohner des untern Endes verkehren und verheirathen sich mit den gesunden Leuten von den Ebenen, während die Verhältnisse des oberen Endes jenen der Seitenthäler nahe kommen. Ehe diese Erklärung allgemeine Annahme findet, muß allerdings noch eine engere

* Das Beispiel des Val Sesia paßt nicht ganz hierher, da das letztere kein Seitenthal des Aosta-Thals ist, doch will ich es anführen, um die Ausdehnung dieser Auswanderung zu beweisen. King sagt: „Die Bevölkerung des ganzen Sesia-Thals wird auf 35000 Menschen geschätzt, von denen nicht der zehnte Theil in der Heimath Nahrung findet. Die nothwendige Folge ist, daß alle kräftigen und fleißigen Männer regelmäßig auf kürzere oder längere Zeit nach verschiedenen Theilen Europa's auswandern. Viele italienische und französische Städte, wie Genua, Mailand, Turin und selbst Paris erhalten aus diesen Alpenthälern eine Menge Arbeiter und geschickte Handwerker. Wie stark diese Auswanderung ist, ergiebt sich aus der Thatsache, daß aus dem Sesia-Thal allein jährlich 8000 Männer fortgehen und zum Theil erst nach Jahren zurückkommen.

Verbindung zwischen der behaupteten Ursache und der muthmaßlichen Wirkung hergestellt werden.* Indem wir sie vorläufig als eine wahrscheinliche und vernünftige gelten lassen, wollen wir jetzt untersuchen, welche Aussicht vorhanden ist, daß der Fortschritt des Uebels sich hemmen läßt.

Es ist natürlich unmöglich, die Gewohnheiten der Bewohner des Aosta-Thals plötzlich zu ändern, und es würde wahrscheinlich höchst schwierig sein, eine größere Einwandrung oder Auswandrung hervorzurufen. Bei der gegenwärtigen mißlichen Lage der italienischen Finanzen giebt es kaum eine Aussicht, daß eine Maßregel dieser Art getroffen wird, wenn sie bedeutende Kosten verursachte. Der Bau einer Eisenbahn von Ivrea nach Aosta würde auf natürlichem Wege mehr Bewegung hervorbringen, als sich durch ein Gesetz bewirken ließe, und dieses Mittel dürfte die glücklichsten Wirkungen äußern.**

Von Versuchen Cretins zu heilen, darf man nur geringe praktische Erfolge erwarten. Wer einmal ein Cretin ist, der bleibt es

* Zur Erleichterung des Beweises will ich erwähnen, daß im Departement der Hochalpen, das eine ungeheure Menge von Cretins besitzt, das Verhältniß der Taubstummen zur Bevölkerung nach Chipault größer ist als wie irgend wo sonst in Frankreich, nämlich wie 1 zu 419. Zunächst folgt das Departement der Unterpyrenäen mit 1 zu 677.

** „Rambuteau, Präfect des Simplon-Departements unter dem ersten Napoleon, und Fodéré versichern, daß die Zahl der Cretins im Canton Wallis am Schlusse des vorigen Jahrhunderts bedeutend abgenommen habe. Der erstere erklärt diese Besserung durch die Einfassung der Rhone, das Austrocknen der Sümpfe, das Niederschlagen von Wäldern und die dadurch entstandenen Veränderungen im Charakter der Bewohner, die fleißiger und thätiger wurden und weniger aßen und tranken. Der letztere Schriftsteller sucht den Grund in der Eröffnung der großen Simplonstraße und der leichtern Verbindung mit andern Ländern, wodurch die Leute rühriger wurden.“ Blackie, S. 53. Dieses Zeugniß von Schriftstellern, welche über den Ursprung des Cretinismus ganz verschieden dachten, ist eine bedeutende Bestärkung der zuletzt mitgetheilten Vermuthung.

immer.* Die Versuche des verstorbenen Dr. Guggenbühl haben bewiesen, daß einige Halbcretins, wenn man sie in früher Jugend behandelt, zu nützlichen Mitgliedern der Gesellschaft gemacht werden können, aber sie haben nicht bewiesen, daß die Natur des echten und vollständigen Cretins sich ändern läßt.** Jener Arzt beseitigte wohl einige der mildesten Formen des Cretinismus, aber er traf das Uebel nicht an der Wurzel. Wenn fünfzig Guggenbühls im Aosta-Thal allein arbeiteten, so würden Menschenalter ohne eine merkliche Wirkung vorübergehen und ausgerottet könnte die Krankheit nie werden, so lange man ihre Quellen nicht verstopfte.

Das Haus, das man in Aosta für zweihundert bettelnde Cretins gebaut hat,*** kann keine Dienste thun, bis man seine Bewohner von der Fortpflanzung ihres Unglücks abhält. Selbst der schlimmste Cretin kann zeugungsfähig bleiben und die unbeschränkte Freiheit, die in jenem Hause besteht, soll schon unendliches Unheil gestiftet haben. Viele der Cretins, die im nächsten Menschenalter das Licht der Welt erblicken, werden unzweifelhaft von Cretins abstammen. Es ist seltsam, daß die Einwohner von Aosta nicht durch ihr eigenes Interesse dahin geführt werden, ihre Cretins unter eine Aufsicht zu stellen, welche jeden unerlaubten Verkehr verhindert, und

* „Der ausgebildete Cretinismus ist unheilbar. Der körperliche und geistige Zustand von Halbcretins läßt sich durch eine angemessene Behandlung, Pflege und Erziehung verbessern; aber in körperlicher, sittlicher und geistiger Beziehung vollständige Menschen kann man nie aus ihnen machen.“ Guy und Dagand, „Der Cretinismus im Departement Obersavoyen.“

** Durch die Berichte des Dr. Guggenbühl und derjenigen, welche seine Anstalt auf dem Abendberg besuchten, wurden vor einigen Jahren große Hoffnungen erregt, aber sie gingen nicht in Erfüllung und die Anstalt selbst wurde geschlossen.

*** Die Kosten trugen einige unbekannte Wohlthäter. Außer dieser Anstalt giebt es in Aosta ein dem Orden von St. Moritz und Lazarus gehörendes Krankenhaus mit zwölf Betten für Cretins im Kindesalter.

es ist noch überraschender, daß die katholische Kirche die Ehen von Cretins duldet. Es liegt etwas entsetzlich Groteskes in der Idee der Einsegnung einer Ehe von Blödsinnigen, und da man genau weiß, daß die Krankheit forterbt und sich in späteren Generationen noch mehr entwickelt, so ist die Gestattung solcher Ehen schändlich und ehrlos.*

Der Cretinismus wird also aus zwei Quellen genährt. Ein Contingent liefern scheinbar gesunde Eltern, das zweite entsteht durch Vererbung von kranken Personen. Der Ursprung des ersten ist dunkel und der aus dieser Quelle stammende Cretinismus kann nicht ausgerottet oder auch nur vermindert werden, bevor man in das Geheimniß, das ihn umhüllt, eingedrungen ist. Das Heilmittel für die zweite Klasse ist ein einfaches und liegt in den Händen der Behörde, namentlich der Geistlichkeit. Man muß Ehen zwischen den Kranken verbieten, die schlimmsten Fälle unter Aufsicht stellen und außer der Ehe geborene Cretins in ihren Rechten beschränken. Bloß diese Maßregeln lassen einen Erfolg erwarten. So lange man die Urquellen der Krankheit unberührt läßt, ist es unnütz, Krankenhäuser zu bauen, Wohnungen zu reinigen, Straßen zu erweitern und kleine Verbesserungen der Lage der Einwohner eintreten zu lassen. Alle diese Dinge sind an sich gut, aber einen vollständigen Umschwung können sie nicht bewirken.

---

* Ich muß bemerken, daß wenigstens einige Geistliche Cretins der schlimmsten Art die Einsegnung verweigerten. Alle sollen nicht so eigen sein, aber ich habe auch wieder sagen hören, daß Cretins im Aosta-Thal niemals getraut werden. Die Wahrheit wird wohl die sein, daß einige Priester gewissenhaft sind und andere nicht. Da ich so verschiedene Behauptungen hörte, so bat ich den Domherrn Carrel in Aosta um Belehrung. Seine Antwort bezog sich nur auf das Allgemeine und lautete so: „Es giebt Cretins, die ziemlich verständig reden, gewisse Wahrheiten in sich aufnehmen und einige Begriffe von den gesellschaftlichen Pflichten haben. Diese gehen zuweilen Ehen ein. Was diejenigen betrifft, deren Geist ganz verdunkelt ist, so traut man sie nie."

Man wird hinsichtlich des Ursprungs des Cretinismus nie zu einem befriedigenden Schlusse gelangen, als bis der Stammbaum einer großen Anzahl von Kranken aufgestellt ist. Die Zahlenprobe ist die einzige, die zur Entdeckung der Wahrheit führt. Die erforderlichen Untersuchungen können von Privatpersonen nicht angestellt werden und selbst für Beamte schwierig genug sein. Man wird ihnen die Belehrung, welche sie suchen, sehr ungern ertheilen und das allgemeine Geschrei erheben, daß solche Untersuchungen keinen Nutzen hätten und das persönliche Gefühl verletzen. In Sachen, welche die ganze Menschheit betreffen, müssen sich die persönlichen Gefühle aber dem öffentlichen Interesse unterordnen, und kann man bei dem Cretinismus zur Gewißheit gelangen, so muß man die Proteste der Unwissenheit unbeachtet lassen. Bisher haben diejenigen, von denen wir Schriften über den Cretinismus besitzen, sich fast ausschließlich darauf beschränkt, seinen Ursprung zu errathen, und genaue Angaben, aus denen sich richtige Folgerungen ziehen ließen, fehlen bisher gänzlich.* Wir Engländer sind übrigens nicht in der Lage, Andern Nachlässigkeiten im Untersuchen vorzuwerfen. Noch vor wenigen Monaten hat das Unterhaus einen Antrag, der über die Ursachen des Blödsinns Licht verbreiten wollen, mit bedeutender Mehrheit verworfen.

Der Cretinismus ist der unangenehmste, aber zugleich auffallendste Zug des Aosta-Thals. Ich habe ihn im allgemein menschlichen Interesse besprochen und um Theilnahme für jene unglücklichen Wesen zu erwecken, die vielleicht für die Sünden ihrer Väter bestraft werden, oder doch wenigstens selbst keine Schuld an ihrem Unglück tragen, und deren erster Anblick auf den gründlichsten aller Alpenschriftsteller (Saussure) einen solchen Eindruck machte, daß er

* Weitere Belehrungen über den Cretinismus findet man in den Schriften von Ferrus, Niepce, Fabre, Séguin, Nystrom und Morel.

zweimal erklärte, diese Erinnerung werde ihm nie aus dem Gedächtnisse schwinden.

Von dem Räthsel des Cretinismus wende ich mich jetzt zu einer Erscheinung, mit der die Wissenschaft besser vertraut ist. In einer sehr fern liegenden Periode nahm das Aosta-Thal ein ungeheurer Gletscher ein, der in dessen ganzer Länge vom Mont Blanc bis zur piemontesischen Ebene niederfloß, viele Jahrhunderte lang an seiner Mündung ganz oder ziemlich unverändert blieb und dort riesige Trümmermassen absetzte. Die Länge dieses Gletschers betrug mehr als achtzehn deutsche Meilen und er empfing die Zuflüsse eines Beckens von sechs bis acht Meilen im Durchmesser, das von den höchsten Bergen der Alpen begrenzt wurde. Ganz füllte er dieses Becken nicht. Weder der Hauptstrom noch dessen Zuflüsse bedeckten die Thäler, in denen sie hinunterflossen, vollständig. Die großen Gipfel erhoben sich noch um mehrere tausend Fuß über die Gletscher und wurden damals wie heute von Sonne und Frost zernagt, so daß Steine und Felsblöcke von ihnen in Schauern niederstürzten, wie durch die unermeßlichen Trümmer eckiger Bruchstücke bezeugt wird, aus denen die Moränen von Ivrea bestehen. Der Wein, den man in jener Stadt trinkt, stammt von Boden, den dieser große Gletscher von den Abhängen des Monte Rosa hergetragen hat, und in der ganzen Gegend zwischen Ivrea und dem Po liegen Felsblöcke vom Mont Blanc, welche ein vortreffliches Baumaterial liefern und schon den Römern, die von ihnen bei einigen ihrer Bauten Gebrauch machten, bekannt waren.*

Die Moränen rund um Ivrea sind von außerordentlichem Umfange. Die ehemalige Seitenmoräne des linken Gletscherrandes ist etwa drei Meilen lang und erhebt sich an einigen Stellen

* Diese Thatsache verdanke ich dem Professor Gastaldi.

2130 Fuß über die Thalsohle. Professor Martins nennt sie „die höchste, regelmäßigste und deutlichst ausgesprochene Moräne der Alpen.“* An Ort und Stelle heißt sie die Serra. Die Seitenmoräne des rechten Gletscherrandes erreicht eine Höhe von tausend Fuß und würde für ungeheuer gelten, wenn ihre größere Gefährtin nicht so nahe wäre, während die Stirnmoränen eine Geviertmeile Boden bedecken.

Saussure hat in seinen „Reisen“ die erratische Natur der Stoffe dieser großen Kehrichthaufen hervorgehoben. Ihre eigentliche Herkunft ist später von den Herren Studer (1844) und Guyot (1847) nachgewiesen worden, und die vortreffliche Abhandlung, welche die Professoren Martins und Gastaldi neuerdings veröffentlicht haben, läßt an Genauigkeit und Vollständigkeit nichts zu wünschen übrig.** Ich brauche daher keine Beschreibung dieser Moräne zu liefern und will mich blos mit einigen Betrachtungen beschäftigen, die sich aus den bereits erwähnten Thatsachen ergeben.

Es ist über jeden Zweifel hinaus bewiesen worden, daß diese riesigen Dämme rund um Ivrea thatsächlich die Moränen eines jetzt verschwundenen Gletschers sind, welcher das Aosta-Thal einnahm, und es ist unbestreitbar, daß sich Blöcke vom Mont Blanc unter ihnen befinden. Die erstere Thatsache macht es gewiß, daß der Gletscher eine ungeheure Größe hatte, und die letztere beweist, daß derselbe unendlich lange existirt haben muß.

Die Höhe der Serra deutet die Tiefe des Gletschers an. Sie stellt die letztere nicht unbedingt fest, da ihr Kamm während der Jahrtausende, die seit dem Rückzuge des Eises vergangen sind, niedriger geworden sein muß und da es ferner möglich ist, daß

---

* Revue des Deux Mondes.

** „Abhandlung über die Oberfläche des Bodens im Po-Thal,“ Auszug aus der Zeitschrift der französischen geologischen Gesellschaft, 1850.

gewisse Theile der Oberfläche des Gletschers über die Moräne, als diese ihre größte Höhe erreicht hatte, bedeutend hervorgeragt haben. Jedenfalls muß an der Mündung des Aosta-Thals die Dicke des Gletschers wenigstens zweitausend Fuß und seine Breite eine und eine Drittelmeile betragen haben.

Die auf der Ebene unterhalb Ivrea's liegenden Felsblöcke vom Mont Blanc sagen uns, daß der Gletscher, der sie dorthin trug, unendlich lange Zeit existirt hat. Ihre gegenwärtige Entfernung von den Klippen, zu denen sie gehört haben, beträgt etwa 420000 Fuß, und nehmen wir an, daß sie mit der Geschwindigkeit von vierhundert Fuß jährlich gereist sind, so muß ihre Fahrt nicht weniger als 1055 Jahr gedauert haben. Aller Wahrscheinlichkeit nach sind sie nicht so schnell gereist, aber selbst wenn ihnen eine raschere Bewegung zugetraut werden kann, entspricht die Länge der Zeit, die während ihrer Bewegung vergangen sein muß, meinen Zwecken vollkommen.*

* S. Forbes': „Gelegentliche Bemerkungen über die Gletscher-Theorien" und „Reisen durch die savoyischen Alpen." Hier findet man Belehrung über die durchschnittliche Jahresbewegung der heutigen Alpengletscher. Das erstere Werk erzählt, daß die Ueberreste eines Tornisters zehn Jahre nach dessen Verschwinden und in einer wagerechten Entfernung von 4300 Fuß von der Stelle, wo er verloren gegangen war, entdeckt worden sind, so daß die Jahresbewegung 430 Fuß betragen hat. Das letztere Werk erwähnt des Wiederfindens der Ueberreste einer Leiter, die Saussure benutzt hatte und die in vierundvierzig Jahren 13000 Fuß oder jährlich 295 Fuß weit gereist war. Forbes sagt, daß das erstere Beispiel in allen seinen Einzelheiten sicherer festgestellt sei als das letztere. Wir müssen bemerken, daß der fragliche Tornister den bekannten „Eisfall" des Talèfre-Gletschers hinunterging und daß zwischen dem Orte, wo er verloren ging und dem, wo man ihn wiederfand, ein Höhenunterschied von 1145 Fuß besteht, so daß der Tornister bei jeden vier Fuß seiner Bewegung sich um einen Fuß senkte. Dieses rasche Senken beschleunigt unzweifelhaft die Bewegung des Talèfre-Gletschers. Auf der andern Seite liegt die Stadt Ivrea 768 Fuß (nach Ball) über dem Meer, während Entrèves am Fuße des Mont Blanc 4216 Fuß (nach Mieulet) hoch ist. Der Gletscher, der einst von dem einen dieser Plätze bis zum andern reichte, oder etwa fünfzehn deutsche Meilen

Der Zeitraum von 1055 Jahren repräsentirt die Lebensdauer des Gletschers von Aosta keineswegs. Er kann vor und nach den Reisen der Blöcke vom Mont Blanc ungeheuer lange existirt haben. Die Stirnmoränen, die sich von Caluso bis Viverone, oder mehr als zwei deutsche Meilen weit erstrecken, führen den Beweis, daß der Ursprung des Gletschers während einer Zeitdauer, die mindestens nach Jahrhunderten und wahrscheinlich nach Jahrtausenden berechnet werden muß, immer oder ziemlich immer an derselben Stelle geblieben ist. Diese Moränen bilden bedeutende Hügelketten, deren Grundlagen mehrere englische Meilen breit sind und die eine Höhe von mehr als tausend Fuß erreichen.

Als der Aosta-Gletscher sich von Ivrea zurückzog, kann dieser Rücktritt verhältnißmäßig rasch oder auch mit großer Langsamkeit erfolgt sein. Unter allen Umständen aber muß das Schmelzen einer so ungeheuren Eismasse viele Jahre fortgedauert haben, und während dieser Zeit muß ein bedeutender Theil der Masse im Thal abwärts weitergegangen sein, obgleich die Gletscherspitze sich zurückzog und der Umfang der ganzen Masse abnahm. Erwägt man die Zeit, welche während dieser Phase verging, ferner die Zeit, welche das lange Verweilen des Gletschers bei Ivrea ausfüllt, und endlich die Zeit, welche verfloß, ehe er seinen größten Umfang erreichte, so muß man zugeben, daß die Periode von 1055 Jahren höchst wahrscheinlich ein blos kleiner Theil der Epoche war, während der das Aosta-Thal die Reibung dieser ungeheuren Gletschermasse auszuhalten hatte.

Wir wollen uns auf Gewißheiten beschränken. Hier war also ein Gletscher, der im Aosta-Thal länger als tausend Jahr abwärts

lang war, senkte sich mithin in einem Verhältniß, das ziemlich genau 1 zu 100 ist. Dieses langsame Senken hat gewiß die Tendenz gehabt, die Bewegung des Gletschers zu verzögern.

floß, eine Dicke von zweitausend Fuß,* eine Breite von einigen englischen Meilen und eine Länge von achtzehn deutschen Meilen hatte. Die heutigen Gletscher der Alpen kommen solchen Verhältnissen nicht nahe und diese werden selbst in der Periode, als die europäischen Eisströme eine so große Ausdehnung hatten, von sehr wenigen übertroffen worden sein. Noch wenigere haben eben so lange existirt, und vielleicht nur einem oder zweien, z. B. dem alten Rhone-Gletscher, ist eine gleiche Aufmerksamkeit und ein eben so sorgfältiges Studium zu Theil geworden. Aus diesen Gründen beschäftige ich mich lieber mit diesem Gletscher, als mit andern, die minder gut bekannt und größern Zweifeln ausgesetzt sind. Das Aosta-Thal ist für mich ein starker Beweis zu Gunsten der Theorie, nach welcher die Thäler und viele Seebecken der Alpen von Gletschern ausgehöhlt worden sind.

Ueber die Seen hat Professor Ramsay am 5. März 1862 in der geologischen Gesellschaft gesprochen.** Seine Ansicht erregte Aufsehen und fand Widerspruch. So viel ich weiß, hat Ramsay blos zwei Gegnern, Sir Roderick Murchison und Sir Charles Lyell geantwortet. Diese ausgezeichneten Geologen suchte er durch zwei Abhandlungen im „Naturwissenschaftlichen Magazin"*** zu widerlegen. Wenn ich jetzt die Ansichten des Professors Ramsay in Kürze vorzutragen versuche, so werde ich nicht blos aus seiner ursprünglichen Schrift, sondern auch aus jenen Abhandlungen schöpfen,

* Eigentlich ist dies noch zu wenig gesagt. An der Mündung des Thales, wo dasselbe über eine deutsche Meile breit ist, überstieg die Dicke des Gletschers zweitausend Fuß. Im Thale selbst, wo die Breite geringer ist, muß die Dicke weit bedeutender als zweitausend Fuß gewesen sein.

** Sein Vortrag wurde in der geologischen Vierteljahrsschrift, Augustheft von 1862 abgedruckt. Die Keime seiner Theorie findet man in seinem Werke: „Die alten Gletscher in der Schweiz und in Nordwales."

*** October 1864 und April 1865.

da sie die Ansichten desselben näher beleuchten und Beispiele dafür beibringen.*

In seiner Einleitung sagt Ramsay: „In der physikalischen Geographie giebt es keinen Punkt, der schwieriger zu erklären wäre, als der Ursprung der meisten Seen. Im allgemeinen läßt sich sagen, daß Seen das Resultat der Bildung von Höhlen sind, von denen ein großer Theil aus echten Felsenbetten besteht, also aus Höhlen, die ganz von dichten Felsen umgeben werden, deren Wasser also nicht durch loses Geröll festgehalten wird." Für solche Seen allein gilt seine Theorie und von den Seen dieser Art in den Alpen sagt er: „Die Theorie, daß jeder See durch eine besondere Senkung des Bodens entstanden sei, läßt sich nicht halten. Keiner dieser Seen liegt auf der Linie eines klaffenden Bruches (von Rissen und Spalten). Keiner nimmt ein Becken ein, das durch eine bloße Störung der Steinschichten nach dem Schlusse der miocenen Periode entstanden wäre. Daraus schließe ich, daß die Seen durch Erosion entstanden sein müssen. Sie liegen aber nicht in Höhlen, die durch die gewöhnliche wässerige Erosion entstanden, oder die Wirkungen von marinen Entblößungen sind." Er fährt nun fort: „Wenn wir diese Vermuthungen solcher Höhlungen beseitigt haben, was bleibt uns dann noch? Blos die entblößende Macht des Eises. In der That nimmt jeder dieser Seen sowohl in den Alpen als anderswo einen Raum ein, der einst von einem ungeheuren Gletscher bedeckt war."

Einwänden gegen diese Ansicht begegnet er mit der Bemerkung: „Wenn ein Gletscher die Felsen, über die er geht, abrunden, glätten und mit Streifen bedecken kann, wenn er, aus Höhlen strömend, in den Flüssen den feinsten Schlamm abzuladen vermag, so kann er

* Gelegentlich benutze ich auch seine „Physikalische Geologie und Geographie von Großbritannien" und sein Werk „Die alten Gletscher der Schweiz u. s. w."

auch deren felsigen Grund wie deren Felsufer forttragen." Er nimmt also an, daß Gletscher Seebecken zu bilden im Stande sind, und daß sie dies in der Weise thaten, daß sie die weicheren Theile des Bodens einer Gegend aushöhlten und das dieselben umgebende Gerüst härterer Steine stehen ließen. „Noch häufiger," sagt er, „dürften die Felsbecken sich daher schreiben, daß das Gletschereis auf eine „besondere" Stelle mit größerer Dicke und Schwere lastete, mithin einen stärkeren Reibungsdruck ausübte. Solche Stellen können durch besondere Umstände entstanden sein, über die wir nicht mehr urtheilen können, da wir unfähig sind, die ursprünglichen Formen der Gletscher genau zu reconstruiren."

Ueber die Art, wie die großen Seebecken der Alpen entstanden sind, spricht sich Ramsay, die Sache näher ins Auge fassend, so aus: „Wenn die allgemeine Neigung eines Thals verhältnißmäßig steil war, so hatte ein Gletscher offenbar keine Gelegenheit, sich besondere beckenförmige Höhlungen auszuschleifen. Sein Lauf war, von einem Unterschiede abgesehen, wie der eines Stromes. In dem flach gebildeten Theile eines Thales, oder in den Ebenen, die vor einer Gebirgskette ziehen, liegt die Sache anders. Um einen extremen Fall anzuführen, nehme ich an, daß ein Gletscher über einen Hang von 45 Grad herunterstürzt. Hier wird Niemand daran denken, daß der Eisfluß irgend eine besondere Wirkung hervorruft, ausgenommen, daß der obere Rand des Felsens, der den Katarakt bildet, weggeschliffen wird und die allgemeine Neigung sich dadurch verringert. Dasselbe gilt von kleineren Abhängen; wenn das schnellfließende Eis (schnellfließend für einen Gletscher) den felsigen Untergrund ungleich machte, so konnten solche Unebenheiten nicht groß und dauernd werden, denn das schnellfließende Eis griff die vortretenden Theile mit größerer Kraft und Wirkung an als die kleineren Vertiefungen und erhielt dadurch eine annähernde Gleichförmigkeit oder einen durchschnittlichen Winkel von mäßiger Neigung. Wenn aber ein ungeheurer Gletscher in eine Ebene oder ein niedriges flaches Thal hinabstieg, so entstanden andere Verhältnisse. Dann hatte, um in alltäglichen Ausdrücken zu sprechen, das Eis Zeit, sich weiche Stellen zum Aushöhlen auszusuchen, und dann konnte, wenn der Druck des Eises nach unten durch den Zusammenfluß großer Gletscher oder aus andern Gründen ein ungewöhnlicher wurde, die aushöhlende Wirkung an bestimmten Stellen eine ungewöhnlich große werden und zur Bildung von Vertiefungen mit Felsenufern führen."

Die tiefen Stellen der Seen erklärt Ramsay auf folgende Weise: „Die abschleifende Thätigkeit dauerte noch fort, nachdem der Gletscher sich über die Stelle der heutigen Seegrenze zurückgezogen hatte, so daß in Folge der langen Fortdauer der Abnutzung des felsigen Bodens die Vertiefung, die der Gletscher gradweise aushöhlte, immer weiter nach unten ging, bis nach dem schließlichen Rückzug des Gletschers der Raum, den das Eis früher eingenommen hatte, sich mit dem aus dem Thal abfließenden Wasser füllte."

Auch über die Seichtigkeit der Seemündungen spricht Ramsay sich aus: „Als die Gletscher vordrangen und schmolzen, mußte das Eis dünner werden und eine geringere nagende Kraft ausüben als da, wo es dicker war. So erklärt sich das allmälige Ansteigen des Seebodens gegen den Ausfluß des Wassers hin." Zum Schlusse wiederholt er: „So hat mich denn eine kritische Untersuchung vieler Seen in und bei den Alpen zu der Ueberzeugung gebracht, daß die Becken derselben von den großen Gletschern der Eisperiode ausgehöhlt worden sind."

Das Staunen, das Professor Ramsay durch seine Theorie erweckt hatte, war noch nicht vorüber, als Professor Tyndall noch kühnere Ansichten aufstellte und seine Ueberzeugung aussprach, daß die Thäler der Alpen von Gletschern (ganz?) ausgehöhlt worden seien.

„Daß die Gletscherkraft hinreiche," sagte er, „die Furchen der Alpenthäler zu ziehen, dürfte wohl nicht zu bezweifeln sein. Die Thatsache, daß die Atmosphäre in der ganzen seit dem Verschwinden der Gletscher verflossenen Zeit in den meisten Fällen nicht fähig gewesen ist, auch nur die oberflächlichen Spuren der Gletscher zu verwischen, beweist, daß sie die Thäler nicht gebildet haben kann. Daß die Gletscher die wirklichen Thalgräber gewesen sind, hat für mich weit mehr Wahrscheinlichkeit als die Annahme, daß sie die Thäler, deren früherer Ursprung auf die Entblößung durch Wasser zurückzuführen ist, blos ausgefüllt haben. In der That hat man blos zwischen zwei Theorien zu wählen. Soll man annehmen, daß die Gletscher Thäler gefüllt haben, welche durch eine unbedingt schwächere Kraft vorher gebildet worden waren? Oder soll man annehmen, daß sie in dem gehobenen Lande die Thäler, welche dasselbe jetzt durchschneiden, ausgehöhlt haben? Ich zaudere nicht, mich zu der letztern Ansicht zu bekennen."

Wäre das „Naturwissenschaftliche Magazin," in dem Tyndall's Artikel erschien, nicht ein ernstes Blatt, so hätte man glauben sollen, daß er sich mit dem Publicum und mit Professor Ramsay einen Spaß mache. Wenn es nämlich einigen Personen auch scheinen wollte, als ob er die Ansichten des Letztern bekräftige, so stellte er doch thatsächlich entgegengesetzte Ansichten auf. Professor Ramsay wies diese zweifelhafte Ausdehnung seiner Theorie schleunigst zurück. Er konnte kaum anders, nachdem er von der „wohlbekannten Thatsache" gesprochen hatte, daß die größeren Umrisse der Berge und Thäler in England wie überall in Europa und Amerika vor der tertiären Eisepoche ziemlich dieselben wie jetzt gewesen seien. Jetzt wiederholte er dieselbe Behauptung mit etwas andern Worten. „Der Beweis ist kein vollständiger," schloß er, „trotzdem aber giebt er mehr als einen Wink, daß die großen Thäler in ihren Hauptzügen annähernd ebenso tief wie jetzt waren, ehe sie sich mit Eis füllten.“ Um diese Ansicht zu unterstützen, berief er sich auf eine höchst interessante Thatsache, die ihm zu glauben verbiete, daß das Aosta-Thal durch Gletscher ausgehöhlt worden sei. Auf diesen Gegenstand werde ich wegen seiner Wichtigkeit später ausführlicher zurückkommen.

Professor Tyndall zögerte mit seiner Antwort lange und als er endlich im „Naturwissenschaftlichen Magazin“ einen zweiten Artikel veröffentlichte, blieb er seinen früheren Behauptungen im allgemeinen wohl treu, ging aber doch so weit von ihnen ab, daß er zugestand, es sei vielleicht unmöglich, zu sagen, ob das Wasser oder das Eis die meiste Erosion bewirkt habe. In einem dieser Artikel kam eine Stelle vor, die sich gegen Ramsay's Theorie richtete. „Auf den höheren Abhängen und Gipfelflächen,“ lautete sie, „oder im Gebiet der Cols ist die Macht der Gletscher nicht voll entwickelt, aber weiter unten vereinigen sich die verschiedenen Gletscherarme, die Erosion tritt mit vermehrter Kraft auf und die Aushöhlung erreicht allmälig ihr Maximum. Noch weiter unten vermindern sich die Erhöhungen und die Hänge werden flacher. Die einschneidende Kraft erlahmt nach und nach, und schließlich verlassen die Erosions-Agentien das Gebirge gänzlich und die großen Wirkungen, welche die Gletscher auf den ersten Strecken ihres Wegs ausgeübt haben, verschwinden vollständig.“

Tyndall behauptete also, daß die Gletscher eben da, wo sie nach Ramsay die größte Kraft entwickelten, ganz ohnmächtig seien. Professor Ramsay säumte nicht, dieser Behauptung entschieden zu widersprechen. „Jeder Naturforscher weiß,“ sagte er, „daß, wenn ein Körper wie Gletschereis an einem Abhange niedergeht, der unmittelbare senkrechte Druck des Eises seiner Dicke und seinem Gewicht, wie dem Winkel des Hangs, über den es fließt, angemessen sein muß. Wenn der Winkel 5 Grad beträgt, so wird der Druck und die Erosivkraft eines Eises von bestimmter Dicke größer sein, als bei 10 Grad. Bei 20 Grad wird die Wirkung noch geringer, und bei einem senkrechten Felsen ist sie gleich Null. Hat derselbe ungeheure Eiskörper die Ebene erreicht, so müssen Bewegung und Erosion ganz aufhören, wenn nicht, abgesehen von der geringen Bewegung nach vorn und gegen die Seiten, die durch das Gewicht des Gletschers entsteht, der Druck von hinten wirkte. Dieser Druck ist ein beständiger, so lange Schnee im Gebirge fällt, und deshalb wird die träge Masse in der Ebene immer vorwärts geschoben. Während ihres unmittelbar senkrechten Druckes muß ihre Erosivkraft ihrer Dicke angemessen und größer als auf einem Abhange sein. Sie schabt nun, sozusagen, wider Willen und gezwungen an den Felsen, statt sich, kraft ihrer Schwere, von selbst vorwärtszubewegen. Die Idee drängt sich förmlich auf, daß das langsame Eis die Tendenz haben muß, sich gerade vor der Mündung eines Thales aufzuhäufen und dort eine ungewöhnliche Dicke zu erreichen, so daß es, nachdem sein Herabsteigen aufgehört hat, eine besondere Erosivkraft ausübt."

Professor Tyndall scheint durch diese Antwort nicht überzeugt worden zu sein, wenigstens soll er bei der letzten Naturforscher-Versammlung in Birmingham geäußert haben, „er lasse es sich nicht nehmen, daß die Alpengletscher fähig seien, die Alpenthäler auszuhöhlen," und scheint seine Meinung auch später nicht geändert zu haben. Im Jahre 1869 versetzte er dem Professor Ramsay in „Macmillan's Magazin" einen tüchtigen Seitenhieb, indem er nachwies, daß die heutigen Alpengletscher in der Nähe ihrer Endpunkte (Schnauzen) auf ihre Unterlagen fast gar nicht einwirken, weil sie dort so gut wie bewegungslos sind.*

* Man muß nicht glauben, daß die beiden Professoren in den Zeitschriften einen förmlichen Streit führten. Keiner nannte den Namen seines Gegners,

Eine gleichzeitige Beurtheilung dieser beiden Theorien ist unmöglich. Beide stimmen darin überein, daß sie den Gletschern eine ungeheure Aushöhlungskraft zuschreiben, aber hinsichtlich der Art und Weise, wie diese Wirkung geübt wird, weichen sie vollständig von einander ab. Selbst ihre allgemeinen Schlüsse sind verschieden. Nach der einen Theorie zeigen sich die Wirkungen am stärksten in der Ebene, während im Gebirge wenig geschieht, nach der andern verdankt das Gebirge seine heutigen Formen dem Einschneiden der Gletscher, während die Ebene gar nicht gelitten hat. Da darf man sich nicht wundern, wenn das Publicum fragt: „Wer soll in diesem Streit der Gelehrten entscheiden?" Dagegen überrascht es, so viele Personen zu finden, welche die widersprechenden Aussprüche beider ausgezeichneten Geologen als ein Evangelium betrachten und so sprechen und schreiben, als wenn sowohl die Seebecken, als die Gebirgsthäler durch Gletscher entstanden wären.

Man braucht nicht alle in jenen Theorien enthaltenen Widersprüche zu untersuchen, wenn man zu einem ziemlich richtigen Urtheil über die allgemeinen Sätze gelangen will. Professor Ramsay z. B. schreibt dem Gewicht der Gletscher, Professor Tyndall dagegen der Bewegung der Gletscher die größten Wirkungen zu. Ich werde diesen Punkt bei Seite lassen, weil mir die Grundlagen fehlen, auf die eine zufriedenstellende Entscheidung gestützt werden kann, und weil ich sie bei der Erörterung der Frage, ob die Alpenthäler von Gletschern ausgehöhlt worden sind, nicht nothwendig brauche. Um diesen Gegenstand näher zu beleuchten, wollen wir jetzt zum Thal von Aosta zurückkehren.

Die Stadt Ivrea liegt an der Mündung des Thals, nicht eigentlich in demselben, und man muß auf der ebenen und stau-

---

doch konnte man die oben angeführten Stellen nicht lesen, ohne zu fühlen, daß sie Entgegnungen auf Behauptungen des anderen Theils seien.

bigen Landstraße noch mehrere englische Meilen weit gehen, ehe man das letztere betritt. In diesem Landestheil thut die Civilisation ihr Möglichstes, die Spuren der Eisperiode zu verwischen. Der Ackerbau wühlt alle Ablagerungen um, und die Hämmer der Maurer zerstören alle erratischen Blöcke. Hat man Irvea verlassen, so ist das Schloß Montalto, das ziemlich in der Mitte des Thales auf einer hohen Klippe liegt, der erste interessante Gegenstand. Weiterhin sieht man von Settimo Vittone bis zum Fuße der heutigen Gletscher der Mont-Blanc-Kette rechts und links Spuren von Gletscherthätigkeit. Man braucht die Landstraße nicht zu verlassen, um nach ihnen zu suchen, denn sie sind überall. Dies gilt besonders von dem Gestein, das an seiner alten Stelle geblieben ist. Die Formen der roches moutonnées sind überall zu sehen und ich brauche mich augenblicklich auf keinen dieser Felsen im besonderen zu beziehen. Obgleich sie eine ungleiche Widerstandsfähigkeit besitzen, haben sie die Verwitterung, die während der auf den Rücktritt der Gletscher verflossenen Jahrtausende auf sie eingewirkt hat, im ganzen merkwürdig gut bestanden. Die Thalsohle ist seit jener Zeit durch die vereinigten Einflüsse von Sonne, Frost und Wasser nicht merklich niedriger geworden. Die Formen, welche die roches moutonnées heute darbieten, sind vor zehntausend Jahren dieselben gewesen. Viele der Felsen, welche der Luft ausgesetzt sind, haben ihre große Glätte und ihre schönen Streifen behalten. Wenn man den Boden entfernte, welcher die flachen Theile des Thales bedeckt, so würde man ohne Zweifel eine noch höhere Glätte und noch schönere Streifen finden. Schon die sichtbaren aber haben sich so vollkommen erhalten, daß die Verwitterung ihre Umrisse außerordentlich wenig verändert haben kann, und wir dürfen daher so von ihnen sprechen, als wenn ihre Eisdecke eben erst entfernt worden wäre. Dieser Punkt ist von keiner geringen Bedeutung, denn gerade aus den

Umrissen dieser unter Eis gewesenen Felsen scheint mir hervorzugehen, daß das Thal nicht von Gletschern ausgehöhlt worden und selbst das Abschleifen durch dieselben nur ein sehr beschränktes gewesen ist.

Die Formen, die man moutonnées nennt, herrschen ja sehr bedeutend vor. Die Felsen dagegen, welche ich nivelées* zu nennen wagte, sind verhältnißmäßig selten, obgleich sie zahlreich genug auftreten, um zu beweisen, daß das Thal lange Zeit einer starken Reibung ausgesetzt gewesen ist. Man findet sie auf der Sohle des Thales oder an engeren Stellen, oder an der niedrigeren Seite kleiner Schluchten (jetzt Wasserrinnen), welche der Gletscher zu überschreiten hatte, in die er dabei hineingedrückt wurde und aus denen er sich durch Ersteigung des jenseitigen Ufers entfernte. Kurz, man findet sie genau da, wo man sie vermuthet, d. h. an solchen Stellen, wo das Eis die größte Dicke hatte, die Bewegung wahrscheinlich die schnellste war, wo der Gletscher einen Seitendruck übte, so daß sich seine Kraft über eine kleinere Felsenfläche vertheilte, und wo die Erosion Vertiefungen erzeugt hatte, in die der Gletscher hineingedrückt wurde und von denen er sich nur mühsam frei machen konnte.

Im ganzen Thale treten in Verbindung mit den roches moutonnées zahllose eckige Felsenoberflächen auf, die mir von einem Gletscher abgeschliffen zu sein scheinen. Diese Lee-Seiten** werden dicht unter dem Fuße heutiger Gletscher gefunden, so daß sie Stellen einnehmen, welche nicht blos in der Periode; wo der alte Gletscher von Aosta bis Ivrea reichte, sondern auch in ganz neuen Zeiten mit Eis bedeckt gewesen sind. Schon ehe der große Gletscher das Thal füllte, ist der Eisstrom über sie weggegangen und hat seitdem fast

* S. Seite 173.

** S. Seite 173.

immer dasselbe gethan. Allem Anschein nach sind aber die Lee-Seiten von Eis nie, oder doch so zart berührt worden, daß sich die Spuren später verwischt haben.

Wenn man bereitwillig zugeben kann, daß die Einwirkung der Luft im Stande ist, schwache Spuren einer Erosion* durch Gletscher zu zerstören, so darf man auch in diesem Falle doch nicht mehr sagen. Die an die Lee-Seiten angrenzenden Oberflächen, die stark geglättet sind und schöne Streifen tragen, beweisen, daß Sonne, Frost und Wasser seit dem Verschwinden des Eises sehr wenig auf sie eingewirkt haben. Es würde widersinnig sein, wenn man annehmen wollte, daß diese Kräfte auf einer Geviertelle alle Spuren der Eisthätigkeit, wenn dieselben nicht sehr schwach gewesen wären, verwischt haben könnten, wenn sie auf der nächsten Geviertelle desselben Felsens nicht einmal die Oberfläche haben rauh machen und feine Kritzeln beseitigen können. Doppelt unmöglich ist die Annahme, daß die Felsoberflächen vom Eis gleichförmig angegriffen wurden, und daß alle Unebenheiten, die man gegenwärtig sieht, das Resultat späterer Zersetzung sind. Niemand wird so kühn sein, eine solche Behauptung aufzustellen.

Vorher sagte ich erstens, daß die von Gletschern abgeschliffenen Felsen des Aosta-Thales sich hauptsächlich durch convexe Formen kennzeichnen und durchschnittlich zu der Klasse roches moutonnées gehören; zweitens, daß es Beispiele von roches nivelées giebt, daß sie aber im Verhältniß zu den roches moutonnées selten sind und meistens auf der Sohle des Thales, oder an besonders engen Stellen, oder da vorkommen, wo ungewöhnliche Hindernisse vorhanden sind; drittens, daß man unzählige eckige Felsoberflächen sieht, die nach dem Zurücktreten des Gletschers nicht entstanden sein

* Oder in einer hinreichend langen Zeit stark geglättete Oberflächen zu zerstören.

können. Was die Bedeutung dieser Thatsachen für Tyndall's Theorie betrifft, so muß ich jetzt auf das sechste Kapitel zurückgreifen.

Nachdem ich dort Studer's Bemerkungen angeführt hatte, daß das Abschleifen durch Gletscher convexe Formen hervorruft, bewies ich, daß solche Formen naturgemäß entstehen, wenn der Gletscher auf Oberflächen einwirkt, welche früher durch verschiedene Kräfte zertrümmert wurden, worauf ich andeutete, daß bei einer langen Gletscherthätigkeit das Abschleifen aller Ecken und fast aller Curven unvermeidlich sei. Ich schloß daraus (und übernehme die ganze Verantwortung für diese Behauptung), daß die convexe Form der roches moutonnées als Beweis zu betrachten sei, eine starke Abschleifung durch Gletscher habe nicht stattgefunden, daß schwach convexe Felsoberflächen, die offenbar unter Eis gewesen seien, eine stärkere Erosion verriethen, und daß der Grad der Flachheit in directem Verhältniß zu dem vorgekommenen Betrage von Kraft stehe. Ferner sagte ich, daß, wenn man nicht zerfressene eckige Felsoberflächen in der unmittelbaren Nähe von Felsen, bei denen ein Gletscher thätig gewesen sei, finde, hierin ein neuer und starker Beweis liege, daß der Gletscher sein Abschleifen nicht weit in die Tiefe erstreckt habe, ausgenommen, es lasse sich ermitteln, daß die Ecken durch spätere Einflüsse entstanden seien.

Wende ich diese Schlüsse auf das Aosta-Thal an, so finde ich Folgendes: Da eine neuerliche Entblößung nicht im Stande gewesen ist, im ganzen Thal die Glätte und feine Streifung der Felsen zu verwischen, so können wir nicht glauben, daß die ungeheuren vielen eckigen Oberflächen, die man dicht neben abgeschliffenen findet, erst nach dem Rücktritt des Gletschers entstanden sind; zweitens, ihre Existenz ist in Verbindung mit den unzähligen convexen Oberflächen, die unter Eis gewesen sind und im ganzen Thal auftreten, ein unwiderleglicher Beweis, daß das Thal durch Gletscher nicht ausgehöhlt worden ist; drittens, die verhältnißmäßige Seltenheit von roches nivelées berechtigt mit den anderen Beweisen zu der Behauptung, daß die sogenannte Aushöhlung überall im Thal nicht mehr als einige Fuß in die Tiefe gegangen sein kann.

Bisher habe ich hauptsächlich vom Bett oder von der Sohle des Aosta-Thales gesprochen. Fast eben so schlagende Thatsachen findet man aber auch an den Abhängen der angrenzenden Berge, denn wenn das Thal in Wirklichkeit von Gletschern ausgehöhlt worden wäre, so müßten überall, oben wie unten, die deutlichsten Spuren davon zurückgeblieben sein. Wäre die Thätigkeit der Gletscher eine solche gewesen, so hätte die Oberfläche der Felsen nach dem Rücktritt des Eises von einem Ende des Thals bis zum andern die Glätte des Glases gehabt.* Nun gebe ich gern zu, daß Sonne, Frost und Wasser in einer sehr langen Zeit selbst stark geschliffene Oberflächen stark zerstören können, aber ich leugne die Möglichkeit, daß die eben erwähnte vollkommene Abschleifung vollständig verwischt werden konnte (z. B. auf Höhen über 9000 Fuß), während schon einige Ellen tiefer und überhaupt aller Orten Eisspuren zu sehen sind. Es ist nämlich Allen, die in den Alpen umhergeklettert sind, wohlbekannt, daß die Berge nicht vom Gipfel bis zum Fuße abgeschliffen sind. Die Spuren der alten großen Gletscher erstrecken sich bis zu einer gewissen Höhe und hören dann auf. Man bemerkt dies allgemein in den Alpen und verlegt die Grenze der Abschleifung gewöhnlich in eine Höhe von 9000 Fuß. Oberhalb dieser Linie sind die Berge mehr oder weniger rauh oder eckig, unterhalb derselben treten die Spuren der Eisperiode bald geringer und bald stärker auf. Oberhalb sucht man vergebens nach

---

* S. Seite 181.

Felsen, die durch Eis abgeschliffen wurden,* unterhalb zeigen sie sich fast überall.

In der „Atlantischen Monatsschrift" vom Februar 1864 sagt Agassiz über diesen Punkt: „Jeder Bergabhang in den Alpen trägt eine alte Schrift, die von dem Standpunkt des Eises in früheren Zeiten spricht. Tausende von Fußen über heutigen Gletschern und weit am Gipfel aufwärts finden wir die Seiten der Gebirge fast ebenso gefurcht, zerkratzt und geglättet, wie die Oberflächen, über die gegenwärtig Gletscher gehen. Diese Spuren sind für denjenigen, welcher mit der Gletscherthätigkeit bekannt ist, ebenso lesbar und verständlich, wie Hieroglyphen für den ägyptischen Gelehrten, ja noch mehr, denn er erkennt sie nicht blos auf der Stelle, sondern versteht auch ihre Bedeutung auf den ersten Blick. Oberhalb der Linie, bei der diese Andeutungen aufhören, sind die Ränder der Felsen scharf und eckig, die Oberfläche des Gebirges aber rauh und aller der Eindrücke, die durch Gletscherthätigkeit entstehen, ledig. In den Alpen bleiben diese Eindrücke bis zu einer Höhe von 9000 Fuß sichtbar."

Wenn diese Thatsachen irgend eine Bedeutung haben, so kann es nur die sein, daß die großen Gletscher der Eiszeit über diese Grenze nicht hinausgegangen sind. Denn das läßt sich doch nicht annehmen, daß Tyndall der kindlichen Ansicht des verstorbenen Dollfus-Ausset** beistimmte, nach der die Gletscher in Höhen über

* Natürlich will ich damit nicht sagen, daß nicht in Höhen von mehr als 9000 Fuß an Felsen, die von heutigen Gletschern begrenzt oder umgeben werden, Spuren von Gletscherthätigkeit zu finden wären. Es giebt z. B. in den Alpen in Höhen von weit über 9000 Fuß viele von Gletschern umgebene Felseninseln, die stark abgeschliffen sind. Oben spreche ich von solchen Bergen, die von heutigen Gletschern fern liegen und nie eine Einwirkung derselben gekannt haben.

** S. Materialien zum Studium der Gletscher Th. 1, Abth. 3, S. 11 und an vielen anderen Stellen.

9000 Fuß an die Felsen immerwährend angefroren gewesen sind, so daß keine Erosion von ihnen hat ausgehen können. Ist diese Ansicht die richtige, woher kommen da die Spalten in Höhen über 9000 Fuß? Wie läßt sich von einem Zusammenhang der Gletscher reden, wenn der untere Theil sich abwärts bewegt hat, der obere aber unbeweglich gewesen ist? Dr. Tyndall ist mit den Gletschern zu gut bekannt, um an solchen Unsinn zu glauben. Für mich ist die ganze Thatsache ein starker Grund mehr, zu glauben, daß die Alpenthäler nie vollständig mit Gletschern gefüllt gewesen sind und folglich nicht von Gletschern haben ausgehöhlt werden können.

Was die Mündungen der Thäler uns enthüllen, spricht auch gegen Tyndall. Hier ist Folgendes zu bemerken. Erstens haben die Gletscher an den Thalmündungen nicht so lange existirt wie weiter oben. Zweitens müssen sie sich hier in der Regel langsamer bewegt haben als in den oberen Theilen des Thals, weil die Neigung unten gewöhnlich weit geringer ist und zuweilen, wie im Aosta-Thal, eine völlige Ebene auftritt. Drittens hatten die Gletscher, ehe sie die Thalmündung erreichten, ihre wichtigsten Zuflüsse meistens bereits bis auf den letzten aufgenommen und müssen an Umfang rasch abgenommen haben. Aus allen diesen Thatsachen läßt sich kein anderer Schluß ziehen, als daß die Erosion durch die Gletscher an den Thalmündungen weit geringer sein muß, als weiter oben, und dieser Schluß stimmt trefflich mit dem Ergebniß zusammen, zu dem Tyndall selbst gelangt, wenn er sagt: „Noch weiter unten verringern sich die Höhen und die Berghänge werden minder steil. Die Schneidekraft erlahmt allmälig und das Agens der Erosion verläßt die Berge gänzlich, so daß die großen Wirkungen, welche der Gletscher im früheren Theile seines Laufs geübt hat, vollständig verschwinden.“ Wie stimmt aber diese Erklärung mit den Thatsachen, daß die Thäler an ihren Mündungen gewöhnlich am breitesten sind und die Thalsohle an der Mündung tiefer liegt als am oberen Ende? Wenn die Gletscher in den Thälern aufwärts geflossen wären, so ließen jene Thatsachen sich erklären, aber sie sind unverständlich, wenn Gletscher, die abwärts geflossen sind, die Thäler ausgehöhlt haben.

Die Mündungen, Sohlen, Wände und Endpunkte der Thäler, wie die Abhänge der sie begrenzenden Berge verkünden alle, daß die heutige Gestalt der Alpen durch Gletscher geringe Abänderungen erfahren hat. Weil die Sache sich so verhält, dürfen wir noch nicht leugnen, daß Gletscher unter allen Umständen unfähig seien, Thäler auszuhöhlen. Ehe wir von Professor Tyndall Abschied nehmen, wollen wir ihn über diesen Punkt noch weiter hören. Wie Professor Ramsay, beruft er sich gern auf weiche Stellen. Er glaubt nicht blos, daß weichere Stellen schneller als härtere abgeschliffen werden — diese Ansicht ist vernünftig — sondern behauptet, daß alle die hauptsächlichsten Unebenheiten, die man gegenwärtig in den Thälern, in denen Gletscher niedergegangen sind, wahrnimmt, von dem größeren oder geringeren Widerstande herrühren, den die Felsen der Einwirkung des Eises leisten. „Wenn die Thalsohle," sagte er, „ursprünglich gleichförmig ist, so erzeugt der Gletscher die Ungleichheiten." Ich würde von Dr. Tyndall nicht viel abweichen, wenn er blos sagte, daß Gletscher weiche Stellen schneller abschleifen als harte, und daß sie folglich, wenn sie auf glatte Oberflächen mit weichen und harten Stellen einwirken, schließlich Ungleichheiten hervorrufen müssen. Er geht aber viel weiter. Es entsteht für ihn die Nothwendigkeit, zu erklären, wie es komme, daß der Gletscher solche Massen zurücklasse, wie die bei Montalto im Aosta-Thal, oder die Höhen, auf denen die Schlösser von Sion stehen. Das Thal von Aosta und jenes der Rhone, sagt er, sind von Gletschern ausgehöhlt worden, aber zwei halsstarrige Klippen haben ihre Plätze mitten im Thale behauptet. Sie müssen der vollen Gewalt der Gletscher ausgesetzt gewesen sein, ja die Eisströme sind von ihnen augenscheinlich gespalten worden und neben oder über ihnen weitergeflossen. „Allerdings," fährt er fort, „vermag ein Gletscher solche Schranken zu beseitigen und hat sie wahrscheinlich in einzelnen Fällen um Tausende von Fußen niedriger gemacht. Da sie aber ein widerstandsfähigeres Gestein gehabt haben als der angrenzende Fels, so sind sie nicht so tief abgeschliffen worden wie jene." Die Prüfung solcher Massen hat mich zu einer ganz anderen Ansicht geführt. Die Umrisse ihrer Felsen an den Seiten, welche der Richtung des Gletscherstromes gegenüberliegen, sind häufig flacher und verrathen einen größeren Grad von Abschleifung, als die angrenzenden und niedrigeren Felsen. Sie haben an Höhe mehr als ihre Umgebung verloren, nicht weniger. In der Regel sind aber Andeutungen vorhanden, daß diese aufdringlichen Klippen nur um ein Geringes, nicht um Tausende von Fußen niedriger geworden sind. Wir wollen nun den Fall setzen, daß die angrenzenden Felsen weicher gewesen und auf jeder Seite der harten Klippen um hundert Fuß oder mehr abgeschliffen wären, so daß die Höhe zweier Klippen über dem Niveau ihrer Umgebung um eben soviel zugenommen hätte. Dann müßten diese angrenzenden Felsen ungeheuer abgeschliffen und alle ihre Ecken verschwunden sein. Sie müßten außerordentlich flach geworden sein und die Formen darbieten, die für einen hohen Grad von Abschleifung charakteristisch sind. Wir finden aber, daß dies nicht der Fall ist. Die an die Klippen angrenzenden Felsen sind in der Regel weniger flach und abgenagt als jene Klippen* und scheinen nur um sehr wenige Fuß niedriger geworden zu sein. In solchen Fällen muß man unbedingt

---

* Ich kenne keinen Fall, wo das Gegentheil der Fall wäre.

schließen, daß sie weniger als jene Klippen gelitten haben und daß die Gletscherthätigkeit durch eine wirkliche oder eingebildete Weichheit des Gesteins nicht in dem Grade unterstützt worden ist, wie Dr. Tyndall annimmt.

Die ungeheure starke Erosion, die Dr. Tyndall annimmt, wird von ihm ferner noch durch die Annahme erklärt, daß Gletscher im Stande sind, „Felsmassen im Ganzen zu entwurzeln.“ Er scheint zu fühlen, daß durch ein bloßes Kratzen, Raspeln und Schleifen keine Thäler entstehen können, die mehrere tausend Fuß tief sind, so lange Zeit dabei auch verflossen sein mag, und erdenkt also diesen schnelleren Proceß, um sich aus der Verlegenheit zu ziehen. Wann und wie er auf seine wunderbare Idee gekommen sein mag, kann ich nicht sagen, vergleicht man aber die beiden folgenden Stellen, so muß man annehmen, daß sie erst nach der Veröffentlichung seiner „Gletscher der Alpen“ entstanden ist.

In jenem Werke, welches 1860 erschien, wird in dem Kapitel über Moränen gesagt: „Die leichten Trümmer werden von dem Winde weit und breit über den Gletscher verbreitet und beschmutzen seine weiße Oberfläche. Lose Steine rasseln von Zeit zu Zeit an den Seiten der Berge herunter und fallen auf das Eis, wo dasselbe die Felsen berührt. Auch große Felsblöcke werden fortwährend losgelöst und springen von Leiste zu Leiste, wobei einige den Stößen, welche sie empfangen, Widerstand leisten, während andere, sowie sie auf die Felsen aufschlagen, wie Bomben zerspringen und ihre Bruchstücke weit über das Eis hinschleudern. So wird der Gletscher an seinen Rändern unaufhörlich mit den Trümmern der Gebirge beladen, welche ihn umgrenzen.“

Im „Naturwissenschaftlichen Magazin“ vom October 1864 sagte Tyndall dagegen: „In den ungeheuren Massen der Moränenstoffe, die in vielen Thälern vorkommen, besitzen wir ebenfalls

Andeutungen, wie groß die stattgefundene Abschleifung gewesen sein muß. Diese Moränenstoffe stammen nun zum Theil von Felsblöcken, die von Höhen auf den Gletscher gefallen sind, und müssen größtentheils dem Kratzen und Auspflügen des Gletschers selbst zugeschrieben werden. So erklärt sich uns die Größe vieler dieser alten Moränen, die in einer Zeit entstanden, in der fast alle Berge mit Schnee und Eis bedeckt waren, und wo mithin die Menge der Moränenstoffe, die von nackten Graten kamen, nicht beträchtlich gewesen sein kann."

Oben habe ich bereits gezeigt, daß die Ansicht, nach der die Berge vollständig oder doch ziemlich ganz von Gletschern bedeckt gewesen sind, eine irrthümliche ist. Meine Behauptung wird auch durch die Thatsache unterstützt, daß ein großer, vielleicht der größte Theil der Stoffe, welche die alten Moränen bilden, dieselbe eckige Gestalt hat, welche wir bei den gegenwärtigen Gletschern wahrnehmen.* Diese Eckenbildung ist ein sicherer Beweis, daß jene Stoffe auf die Gletscher getragen und nicht unter ihnen weiter geführt wurden. Wenn sie nämlich unter dem Eise fortgezwängt wären, so würden sich mindestens ihre Ecken abgeschwächt haben, oder sie wären rund und gekritzelt geworden. Es ist wohl bekannt, daß gerade das gegenwärtig allen Trümmern unter Gletschern geschieht, und daß die Steine und Blöcke, welche auf diese Weise fortgeschoben werden, einen eigenthümlichen und unverkennbaren Charakter annehmen. Tyndall's Ansicht wird also durch die Moränen nicht unterstützt, sondern offenbar widerlegt. Ebenso direct wendet sich der Beweis gegen ihn, welchen er von den Felsen hernimmt, die

* Ich weiß natürlich, daß es in England und anderswo Ablagerungen von Gletschern giebt, bei denen gekritzelte und schwacheckige Steine weit häufiger vorkommen als starkeckige. Auf welche Art diese Ablagerungen entstanden sind, hat sich noch nicht erklären lassen.

in Massen „entwurzelt" sein sollen. Wie konnten solche Massen abgebrochen werden, ohne daß sie eckige Oberflächen zurückließen, und wie kommt es, daß an solchen Stellen, wo die Gletscherthätigkeit die kräftigste gewesen ist, eckige Oberflächen meistens fehlen? Um sein „Entwurzeln" zu erklären, beruft sich Tyndall auf die Größe der alten Gletscher und auf den ungeheuren Druck, den sie auf ihre Unterlagen geübt haben müssen, so zuversichtlich, als habe er den vollständigsten Beweis geführt. Nun finden wir aber an den Stellen, wo die größten Gletscher existiren und existirt haben, wo ihr Druck ein ganz entsetzlicher gewesen sein und am längsten fortgedauert haben muß, daß die Felsen, auf welche sie eingewirkt haben, die abgeschliffensten, in ihren Umrissen flachsten und von allen Ecken freisten sind!

Es ist mithin klar, daß die Theorie der weichen Stellen, wie Tyndall sie versteht, unhaltbar ist und nicht im mindesten erklären hilft, wie Thäler von Gletschern haben ausgehöhlt werden können. Die Idee, daß weiche Felsen durch das Kratzen von Felsen rascher als harte leiden, läßt sich hören, doch will ich jetzt zeigen, daß auch Erscheinungen vorkommen, welche gegen sie sprechen. Die Ansicht, daß Gletscher unaufhörlich Felsen entwurzeln, muß unbedenklich verworfen werden, weil die Vernunft und die Thatsachen gegen sie sind.* Beschränkt man dagegen die Thätigkeit der Gletscher darauf, daß sie die Felsen einfach abkratzen, und diese Thätigkeit eine lange Zeit fortsetzen, so ist es keine Vermuthung, sondern eine mathematische Gewißheit, daß sie Vertiefungen oder Einsenkungen hervorbringen müssen. Denkt man an eine Ewigkeit,

* Ich habe bereits zugegeben, daß die kleinen Unebenheiten von Felsen leiden und zertrümmert oder weggekratzt werden können. Das dies geschieht, läßt sich nicht bezweifeln, doch ist es damit verhältnißmäßig schnell vorbei. Es ist ein bloßes Bürsten der Oberfläche als Vorbereitung des Schleifens.

so können Gletscher sogar Thäler einer besondern Art ausschleifen. Diese würden aber mit den Alpenthälern gar keine Aehnlichkeit haben. Sie wären vielleicht interessant, aber abscheulich prosaisch. Die Nägelschuhe der Bergsteiger wären in ihnen nutzlos, in Filzstiefeln oder auf Schlittschuhen müßte man sie bereisen.

Ich habe blos einige der nächstliegenden Einwürfe gegen Tyndall's Theorie angeführt. Es ließen sich noch viele andere machen, denn die Stellung, die der Professor vom ersten Augenblick an eingenommen hat, ist eine entschieden falsche und setzt ihn Angriffen von ziemlich allen Seiten aus. Hätte er blos behauptet, daß Gletscher Thäler aushöhlen können, ohne Beispiele anzuführen und ohne den Beweis zu versuchen, wie sie das machen müßten, so würden viele Personen nur hinsichtlich des Grads dieser Wirkung anderer Meinung gewesen sein. Er ging aber noch viel weiter, indem er behauptet, daß die Alpenthäler auf diese Weise entstanden seien, und hat dadurch dem Fortschritt der Wissenschaft wesentlich geschadet. Seine Freunde können nur wünschen, daß er sich von einer Theorie lossagen möge, die Einwänden aller Art ausgesetzt ist und durch einen Schwarm von Thatsachen widerlegt wird.

Wie es auch mit dem allgemeinen Urtheil über Ramsay's Theorie bezüglich der Bildung von Felsbecken beschaffen sein mag, so kann man ihn nur achten, daß er einer anerkannten Schwierigkeit näher getreten ist und eine Anzahl schätzbarer Thatsachen ans Licht gezogen hat. Einwürfe lassen sich natürlich auch ihm machen. Von vornherein kann man fragen: ist es denn wirklich wahr, daß blos die entblößende Kraft des Eises die wirkende Kraft gewesen sein kann? Haben wir damit die Frage völlig gelöst? Auch die Schlußfolgerung läßt sich angreifen, daß die Felsbecken unbedingt durch Eis ausgehöhlt worden sein müssen, weil man sie gewöhnlich in Gegenden findet, die früher von einem Gletscher bedeckt gewesen sind.* Es kann ja blos ein zufälliges Zusammentreffen stattfinden, auf das sich keine Theorie stützen läßt, wie man auch nicht sagen darf, daß die Eisberge die arktischen Meere ausgehöhlt haben, weil diese mit Eisbergen gefüllt sind. Von solchen Einwürfen werden übrigens Ramsay's Hauptbeweise nicht berührt, und wer dieselben ehrlich prüft, der wird eingestehen müssen, daß sie höchst sinnreich sind und sich schwer widerlegen lassen.

Eine gewisse beschränkte Erosionskraft der Gletscher läßt sich nicht leugnen und Niemand wird bestreiten wollen, daß ein großer Gletscher, der in eine Ebene herunterkommt und dort eine lange Zeit wirkt, eine Vertiefung, wenn auch eine flache, machen muß. In der beifolgenden Zeichnung sei A, C, B, D der Querdurchschnitt

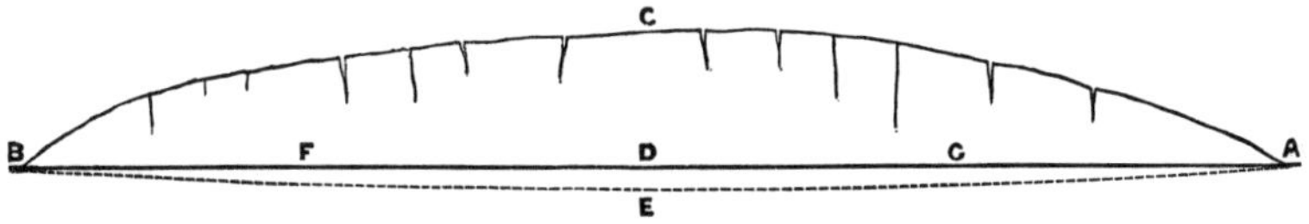

eines Gletschers, der sich über den ebenen Boden A, G, D, F, B bewegt. Gegen die Mitte hin wird der Gletscher natürlich am dicksten sein und hier wahrscheinlich auch die größte Bewegung haben. Er wird hier also am Punkte D oder nahe dabei ein tieferes Bett graben als irgendwo sonst, und da die Bewegung und das Gewicht des Eises bei F und G größer sein werden als an allen Punkten zwischen F, B und G, A, so wird auch die Erosion bei F und G größer sein als sonstwo. Kurz, es ist ein vernünftiger Schluß, daß der Gletscher in seinem früher ebenen Bette eine Vertiefung bilden

* Ramsay will der Erste sein, der auf diese Verbindung aufmerksam gemacht hat. Professor Dana geht noch weiter, indem er auch die Bildung der Fjorde, jener tiefen und schmalen Seearme, die sich 10 bis 20 Meilen weit ins Land erstrecken, der Thätigkeit von Gletschern zuschreibt.

wird, wie die punktirte Linie A, E, B sie darstellt. Dies würde also erklären, wie Felsenbecken quer über ihre kürzeren Achsen ausgehöhlt werden. Dies *kann* nicht blos geschehen sein, sondern es *muß* im Laufe der Zeiten geschehen sein, und gesteht man das zu, so erkennt man auch die Kraft der Gletscher an, in großen Felsenflächen Vertiefungen zu bilden. Scheinbar ist nun Alles zugestanden, was Professor Ramsay braucht. Dem ist jedoch nicht so. Sein Grundsatz ist ein gesunder, aber seine Schlüsse muß man verwerfen. Es kann nicht entfernt bezweifelt werden, daß die Felsen unter den tiefern Theilen der heutigen Gletscher tiefer ausgeschliffen werden als solches Gestein, welches nur wenig von Eis bedeckt wird. Dasselbe muß auch während der Eisperiode der Fall gewesen sein. Wir werden den Unterschied zwischen der Tiefe der Erosion nicht hoch anschlagen können, wenn wir uns sagen, daß er in einem gegebenen Raum nur ganz wenige Fuß betragen haben kann, daß der Augenschein, auf den ich mich mehrmals berufen habe, uns lehrt, wie unbedeutend die Erosion durch Gletscher in den Thälern überall gewesen ist, und wenn wir nie aus den Augen verlieren, daß die Thäler weit länger von Gletschern besetzt gewesen sind als die Ebenen, wo sie nach Ramsay's Behauptung die großen Seebecken ausgehöhlt haben.

Auf diese Bemerkungen hat der Professor zwei Antworten. Erstens hat er die Idee, daß das Eis sich in der Ebene „aufhäufen" muß, weil der Gletscher dort eine langsamere Bewegung annimmt. Dies ist ohne Zweifel richtig. Er folgert nun, daß der Gletscher, da er nach seinem Hinabsteigen eine größere Dicke erreiche, auch eine ungewöhnliche Erosionskraft besitzen müsse. Hier betreten wir das Gebiet der bloßen Vermuthungen und müssen widersprechen. Ramsay übersieht, oder verschweigt wenigstens, daß der Gletscher an und bei seinem Endpunkte rasch schmelzen wird und daß die dadurch entstehende Verringerung seines Umfanges der Verdickung, die durch die Tendenz des „Aufhäufens“ entstehen soll, die Wage halten muß. Die ungewöhnliche Dicke, durch die der Gletscher seine besondere Erosionskraft erreicht, ist aus der Luft gegriffen, denn urtheilen wir nach den heutigen Gletschern, so ist es sehr zweifelhaft, ob sie existirt. Wenn der Professor einen einzigen Gletscher nennen könnte, dessen Dicke in Folge der langsamern Bewegung sich verdoppelt, so würde er seine Ansicht bedeutend stützen, aber da ein solches Beispiel fehlt, so sind wohl Zweifel an der Richtigkeit der Behauptung gestattet.* Zweitens sollten die großen Becken,** welche Ramsay von Gletschern aushöhlen läßt, Steinschichten von besonderer Weichheit besessen haben, die sich verhältnißmäßig leicht und rasch entfernen ließen. Wahrhaft bedeutende Geologen glauben an die Existenz dieser besonders weichen Steinschichten nicht.*** Wieder Andere bieten Beweise an, daß die großen Seebecken der Alpen vor der Eisperiode existirt haben.† Wir wollen aber annehmen, daß Alle irren und Ramsay Recht hat. Wir wollen ferner annehmen, daß die langsame Bewegung die Dicke des Gletschers thatsächlich verdoppelt hat. Halten wir dies Alles

---

* Man kann die vertreffliche Karte, welche Martins' und Gastaldi's „Oberflächliche Bodenbildungen“ begleitet, nicht ansehen, ohne auf den ersten Blick aus der Anordnung der Moränen zu erkennen, daß der große Gletscher von Aosta beim Eintritt in die Ebene sich sofort ausgebreitet hat. Eine wesentliche Verdickung in Folge der langsamern Bewegung war also unmöglich. Es läßt sich leicht beweisen, daß dieses Ausbreiten bei den heutigen Gletschern häufig vorkommt, wenn diese aus beschränkten Räumen zu offneren Stellen, z. B. zu Thalerweiterungen gelangen.

** Die Becken des Bodensees und des Genfer, Neuchateller, Thuner, Zuger, Luzerner und Züricher Sees.

*** Man sehe z. B. die Bemerkungen des Professors Favre über den Genfer See im „Naturwissenschaftlichen Magazin“ vom März 1865.

† Sir Charles Lyell z. B. Ueber den Züricher See vergleiche man sein „Alter des Menschen.“ S. 314 bis 16 der dritten Ausgabe.

für bewiesen, so bleibt es noch immer unbegreiflich, wie der alte Rhone-Gletscher es fertig gebracht hat, das Bett des Genfer Sees bis zu 984 Fuß (Evian gegenüber) auszuhöhlen, während er unfähig gewesen ist, im Rhone-Thal den zehnten Theil dieser Masse (z. B zwischen Sion und Sierre) zu entfernen, denn in jenem Thal hat er doch weit länger und mit rascherer Bewegung gearbeitet, als auf dem Bett des Genfer Sees.

So oft ich betrachtete, welchen Nachdruck Ramsay und Tyndall auf weiche Stellen legen, mußte ich mich immer wundern, daß sie und ihre Schüler nicht der Mühe werth gehalten haben, kleine oder große Beispiele von weichen Felsen anzuführen, die durch Gletscher stärker zerstört worden sind als härtere Steine in ihrer unmittelbaren Nähe. Wenn Ramsay's Behauptung, daß weiches Gestein von Gletschern viel rascher zerstört wird als hartes, richtig wäre, dann würde es sehr leicht sein, Belege beizubringen. So viel ich aber weiß, hat noch keiner der Hauptanhänger seiner Theorie den Versuch gemacht, zu beweisen, daß die Erosion durch Gletscher bei weichen Felsen einen schnelleren Gang annimmt, und durch harte Felsen verzögert wird. Man hat wiederholt versichert oder vermuthet, daß dies der Fall sei, aber in der Anführung von Fällen ist man höchst sparsam gewesen.

Auf der andern Seite haben die Schriftsteller, von denen wir Werke über die Gletscherthätigkeit besitzen, fortwährend hervorgehoben, ohne übrigens auf diese Thatsache ein besonderes Gewicht zu legen, daß Quarzadern durch Eis, welches über sie weggeht, bis zum Niveau der Felsen, in denen sie vorkommen, weggeschliffen werden. Quarz, einer der härtesten der allgemein verbreiteten Steine, ist also unfähig, der Reibung des Gletschers zu widerstehen. Seine Härte hindert nicht, daß er ebenso stark angegriffen wird wie die minder widerstandsfähigen Felsen, die ihn umschließen. Litte er weniger, als seine Umgebung, so müßte er natürlich vorstehen. Er thut das nicht, weil er ganz ebenso wie viel weicheres Gestein zerstört wird. Der Gletscher macht keinen Unterschied, und das Vorkommen von Quarz wird dem Gefühl durch keine Erhöhung oder Vertiefung bemerklich.

Wenn von Gletschern abgeschliffene Felsen, in denen Quarzadern auftreten, den Einflüssen der Sonne, des Frostes und des Wassers ausgesetzt sind, so dauert es nicht lange, bis der Quarz seine größere Widerstandsfähigkeit zu bewahren beginnt. Kommt er neben Gneis vor, so leidet der mit ihm in Berührung gerathende

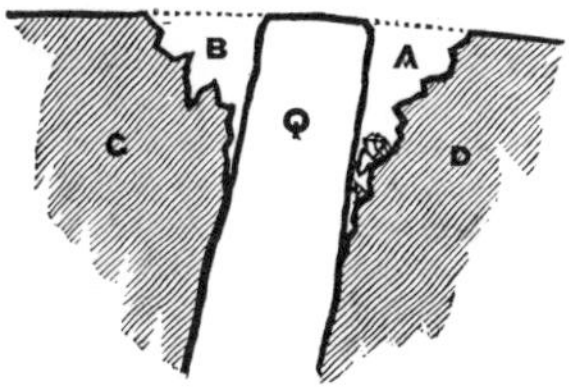

Gneis bald. Von den Verbindungspunkten der beiden Steinarten strahlen kleine Risse über die Oberfläche des weicheren Stoffes aus. In diese schmalen Spalten dringt Wasser ein, dehnt sich bei Frost aus und nagt Korn nach Korn weg, bis sich endlich, wie in unserer Zeichnung bei A und B, kleine Schluchten bilden, die auf den beiden Seiten der Quarzader Q liegen.*

Wenn die abgeschliffenen Felsen dem Abkratzen des Gletschers ausgesetzt bleiben, so entsteht nichts dieser Art. Die Tendenz des Quarzes, hervorzutreten, wird unaufhörlich gehemmt, weil das Eis

* In Grönland habe ich Gneis gesehen, der neben Quarzadern bis zu zwei Zoll Tiefe weggefressen war. Wo die Luft nicht zutreten konnte, fehlten die kleinen Gräben neben den Quarzadern. Dieselben Beobachtungen machte Geikie. S. Verhandlungen der Geologischen Gesellschaft, Glasgow, 1868.

jeden Vorsprung mit vermehrter Kraft angreift. Wenn Quarz zufällig über die umliegenden Felsen vorsteht, so lenkt er den Druck des Eises auf sich, und diese Lage der Dinge dauert so lange fort, bis Quarz und Gneis auf dasselbe Niveau heruntergebracht sind.

Bei diesen Dingen besteht wenig Meinungsverschiedenheit. Es ist wohlbekannt, daß alle Vorsprünge im Bett eines Gletschers vom Eise angegriffen werden, und daß die Vertiefungen dadurch Schutz gegen das Abschleifen finden.* Daher kommt es, daß von Felsoberflächen, auf welche Gletscher einwirken, schließlich alle Ecken und fast alle Curven weggeschliffen werden. Daher kommt es, daß wir an Stellen, die ein Gletscher stark angegriffen hat, das Gestein flacher, d. h. weniger convex finden, als an andern, wo die Erosion geringer gewesen ist.

Es ist also klar, daß ein Gletscher sich in weiche Stellen, welche einen beschränkten Raum einnehmen, nicht eingräbt und nicht eingraben kann. Dies ist keine Ansicht, sondern eine Gewißheit, und ich halte es für unverantwortlich, im Angesichte solcher feststehenden Thatsachen zu behaupten, daß die Lachen und kleinen Sümpfe in Felsbecken, die in fast allen Gebirgsländern zahlreich sind, ihre Existenz der ausgrabenden Kraft des Eises verdanken müssen, blos weil ein Gletscher über sie weggegangen ist. Von geringem Urtheil zeugt ferner, daß ich mich nicht stärker ausdrücke, das Abrunden und Glätten der Betten solcher Vertiefungen ein „Ausschaufeln“ zu nennen, da ein solcher Ausdruck völlig irrthümliche Ansichten erzeugt. Die Höhlungen, in denen man solche Lachen findet, würden nicht

* „Als ich am 19. August des vorigen Jahres vom Weißhorn herunterstieg, fand ich am Rande eines Gletschers eine Stelle, wo das Eis eine Vertiefung, über die es weggegangen war, ohne hineingedrückt zu werden, vollständig überbrückte.“ Tyndall, Bergfahrten im Jahre 1861. Sein Zeugniß ist besonders werthvoll, da er die Ansichten nicht theilt, die ich oben entwickelt habe.

vertieft, sondern unbedingt verwischt worden sein, wenn die Gletscher längere Zeit gewirkt hätten.*

Professor Ramsay behauptet das directe Gegentheil. Wenn ich ihn nicht ganz mißverstehe, so nimmt er an, daß die Betten fast aller der Lachen, Sümpfe und Seen, welche in echten Felsenbecken liegen, von Gletschern ausgeschaufelt oder ausgehöhlt worden sind. Während Andere annehmen, daß die Vertiefungen, die jetzt von diesen Seen gefüllt werden, ganz oder zum Theil durch Hebung oder Senkung oder durch eine frühere Erosion entstanden sind, gelten die Seebecken ihm einfach für Höhlen, welche Gletscher ausgegraben haben. Wie die Gletscher diese Arbeit verrichtet haben, davon habe ich keine Vorstellung. Ich durchblättere die Schriften des Professors und finde nicht die leiseste Andeutung.** Aus den Verhandlungen der geologischen Gesellschaft ersehe ich aber, daß er durch die Prüfung der kleinen Lachen zuerst zu der Ansicht gelangte, daß Gletscher Becken in Felsen ausgeschaufelt hätten, daß er zuerst „zu schüchtern war, die größern Seen einzuschließen,“ daß er aber

* Sir Charles Lyell sagt in seinen „Elementen“ (6. Auflage S. 170) mit Nachdruck: „Wo man Gelegenheit hat, einen Theil eines Thales zu überblicken, aus dem ein Gletscher in historischen Zeiten sich zurückgezogen hat, da nimmt man keine beckenförmigen Vertiefungen wahr. Domförmige Vorsprünge, die früher erwähnten roches moutonnées, sind häufig, aber ihr Gegensatz, die tassen- oder napfförmige Vertiefung, fehlt.“ Die Richtigkeit dieser Beobachtungen ist unleugbar. Nach Ramsay's Theorie müßte man das Gegentheil wahrnehmen, d. h. viele napfförmige Vertiefungen, oder mit andern Worten ein Vorherrschen concaver Formen.

** Am deutlichsten ist die folgende Stelle: „Die meisten liegen in Felsbecken, die durch die Reibung von Gletschereis entstanden sind.“ Dies ist blos eine Behauptung, jetzt kommt der Beweis: „Bei dem Aufrollen der Schichten (und durch Entblößung vor der Eisperiode, auf welche eine Verschiebung der Becken folgte) können weiche Theile der Gegend ausgeschaufelt worden sein, vielleicht entstanden diese Becken aber allgemeiner durch die größere Dicke und Wucht an bestimmten Stellen, welche durch Zufälle entstanden, von denen jetzt noch Andeutungen zu finden, oft schwierig oder unmöglich ist.“

überzeugt wurde, daß auch sie echte Felsenbecken einnehmen und sie nun zu den Vertiefungen rechnete, welche durch Gletscherthätigkeit entstanden sind, da blos Gletscher im Stande sind, echte Felsenbecken auszuhöhlen.

Da die kleinere Idee als trügerisch nachgewiesen worden ist, so könnte man sagen, daß auch die größere, die sich auf ihr aufbaut, zu Boden falle. Dies möchte ich indessen nicht behaupten. Die erste hat mit Geviertellen und die letztere mit Geviertmeilen zu thun. Wir wissen von den Gletschern, daß sie eine Quarzader ebenso wegschleifen, wie eine weiche Kalkschicht. Ein Hobel, der für das Glätten von Holz bestimmt ist, kann in einem Brett, von dem er Späne abnimmt, eine Nadel durchschneiden. Der Hobel ist aber unfähig, eine solide Eisenmasse abzuhobeln, und so ließe sich mit einem gewissen Rechte behaupten, daß ein Gletscher ebenso ohnmächtig wird, wenn er nicht mit Geviertfußen, sondern mit Geviertmeilen Quarz zu thun hat. Wollen wir uns eine richtige Idee von der Wahrscheinlichkeit machen, daß ein Gletscher an einer Stelle (in weichem Gestein) ein Seebecken bildet, während er in derselben oder in einer längeren Periode an einer andern Stelle (in hartem Gestein) die Oberfläche blos leicht annagt, so müssen wir die Wirkungen aufsuchen, welche Gletscher thatsächlich ausgeübt haben, indem sie über eine Reihe von Schichten von verschiedener Härte weggingen, die in derselben Richtung strichen, in der das Eis sich bewegte. In der That ist mir oft der Gedanke gekommen, daß unbedeutende Quarzadern der Reibung des Gletschers widerstehen können, wenn diese in ihrer Längenrichtung erfolgt. Natürlich ist es nicht leicht, eine Quarzader zu finden, die auf eine bedeutende Strecke hin der Länge nach bearbeitet worden ist, und nie habe ich ein besseres Beispiel gefunden als das, von dem ich jetzt reden werde.

Im Jahre 1867 hatte ich das Glück, an den Küsten eines

Fjords zwei Meilen östlich von der Niederlassung Klaushavn in Nordgrönland die schönsten Exemplare nivellirter Felsen zu finden, die mir jemals vorgekommen sind. Das große Eismeer des Innern war in der Nähe und ein Arm desselben verschloß die Bucht mit einer zusammenhängenden Eismauer, die fast eine halbe Stunde breit war. Dieser Arm hatte früher den Fjord gefüllt und die Stelle, von der ich jetzt sprechen werde, in einer nicht fernen Zeit bedeckt. Er hatte fürchterliche Spuren seiner Kraft zurückgelassen. Der Gneis an der Küste war buchstäblich nivellirt und lief Hunderte von Ellen weit in zusammenhängenden Blättern, auf deren Oberfläche kein Getrümmer lag, so daß sich schwer auf ihr gehen ließ, weil der Fuß keinen Halt fand, wenn er ausglitt. In diesem Felsen befanden sich zwei große Quarzadern, jede drei bis vier Fuß dick, die sich schon auf eine bedeutende Entfernung, wenn die Sonne auf sie fiel, durch ihren außerordentlichen Glanz bemerklich machten. Etwa achtzig Ellen weit liefen sie in ziemlich gleicher Richtung mit einander und in dieser ganzen Strecke strichen sie fast in derselben Linie, in welcher der Gletscher sich bewegt hatte. Der letztere war in einem Winkel von ungefähr zehn Grad über sie weggegangen. Auf diesem Quarz tanzte und klang mein Hammer und machte kaum einen Eindruck. Vom Gneis schnitzelte ich ohne Mühe Stücke ab. Der Gletscher hatte also auf zwei Stoffe von verschiedenem Widerstande gewirkt. Wenn ich aber zwischen den höchsten Punkten quer über die Felsen weg ein hundert Fuß langes Seil hätte ausspannen können, so würde kein Theil dieser Felsen einen Fuß unter ihm gelegen haben. Statt in Graten hervorzustehen, war der Quarz ebenso tief abgeschliffen worden wie der Gneis, das schärfste Auge hätte nicht den kleinsten Unterschied entdecken können.

Die gänzliche Verwischung der Formen bewies, daß eine ungeheure Gewalt auf diese Felsen eingewirkt hatte und daß das Gestein bis zu einer nicht unbedeutenden Tiefe weggeschliffen worden war. Es ist unwesentlich, ob diese Wirkung durch eine verhältnißmäßig beschränkte Kraft in einer ungeheuer langen Periode, oder durch eine größere Kraft in weniger Zeit entstanden war. Dieselbe Erscheinung würde sich gezeigt haben, wenn in den Alpen auf einer ebenso großen Stelle eine gleich starke abschleifende Kraft auf dieselben Gesteine gewirkt hätte. Es dürfte indessen zweifelhaft sein, ob es in den Alpen eine gleich große Felsenfläche giebt, die sich mit der grönländischen hinsichtlich der Vollkommenheit der Abschleifung vergleichen ließe. In den Thälern der Rhone und von Aosta giebt es wenigstens keine. Die von Gletschern abgeschliffenen Felsen und die Alpen überhaupt zeichnen sich durch convexe Formen aus, welche andeuten, daß die Alpen nicht solcher Reibung ausgesetzt gewesen sind wie der grönländische Bezirk östlich von Klaushavn. Wenn es nun wahr ist, daß Gletscher in weiche Felsen rascher eingraben als in harte, so können sie diese verschiedene Aushöhlung natürlich besser ausüben, wenn sie eine starke Gewalt besitzen und eine große Erosion verursachen, als wenn sie weniger Kraft haben und nicht so viele Stoffe entfernen. In Grönland ist nun eine ungeheure Kraft thätig gewesen und hat die Felsen bis zu einer bedeutenden Tiefe beseitigt, aber trotzdem bemerken wir keinen merklichen Unterschied in der Behandlung von zwei Stoffen mit so verschiedenen Härtegraden. Wie ist es da möglich, daß die Verschiedenheit in den dort weniger abgeschliffenen Alpen eine so ungeheure gewesen ist, wie Ramsay annimmt.

Dies sind nicht die einzigen Einwände, welche sich seiner Theorie machen lassen.* Es läßt sich schwer erklären, wie die Gletscher die

* Einige der wichtigeren Einwände findet man in Murchison's Adresse an die Geographische Gesellschaft von 1864, in Lyell's „Alter des Menschen" und „Elemente der Geologie," in Studer's „Ursprung der Schweizer Seen" und in

existirenden Felsenbecken ausgehöhlt haben, aber noch auffallender ist, daß da, wo sie solche Becken gemacht haben sollten, keine vorhanden sind. Ramsay hat ausführlich erklärt, weshalb sie auf steilem Boden nicht gebildet werden konnten, und mit dem, was er über diesen Punkt sagt, stimme ich völlig überein. Er sagt aber weiter: „Wenn ein Gletscher in ein flaches Thal hinunterstieg, so war der Fall ein anderer. Dort hatte, um diesen alltäglichen Ausdruck zu gebrauchen, das Eis Zeit, sich weiche Stellen auszusuchen." „Wie kommt es da," haben ausgezeichnete Geologen, namentlich John Ball und Professor Favre gefragt, „daß im Aosta-Thal keine Seen sind?" Das Thal ist genau so gebildet, wie es nach Ramsay's Theorie gebildet sein muß, damit Seen entstehen. Es hat eine sehr mäßige Neigung und ist an verschiedenen Stellen, z. B. in der Gegend der Stadt Aosta, beinahe eben. Der Gletscher, der es füllte, war doch wohl dick genug, um überall Becken auszuschaufeln, und wurde an manchen Stellen durch langsamere Bewegung noch dicker.* Kommen in diesem großen Thal nirgends weiche Stellen vor? Traten in der langen Periode, in der das Thal seine Gletscher hatte, keine Zufälle ein, die an bestimmten Stellen ein größeres Abkratzen bedingten? Offenbar nicht, denn im Thal befinden sich keine nennenswerthe Seen und auch keine Stellen, wo Becken in Felsen ausgehöhlt worden sind. Ramsay fühlt, daß der große Gletscher von Aosta sich nicht so benommen hat, wie sich von ihm erwarten ließ, und scheint die Anspielungen, die man auf die unverantwortliche Nachlässigkeit desselben gemacht hat, übel genommen zu haben. „Ich suchte zu erklären," sagt er,

---

Aufsätzen Favre's und Ball's in dem „Naturwissenschaftlichen Magazin" vom März 1865 und vom Februar 1863.

* Professor Guyot hat an engen Stellen Streifen bemerkt, die gegen die Mündung des Thals aufsteigen. S. Gastaldi's „Oberflächliche Bodenbildung."

„weshalb Felsenbecken vorkommen, aber nicht, weshalb sie fehlen.“ In der That hatte er ihre Nichtbildung bereits erläutert, indem er zeigte, daß die großen Alpenthäler vor der Eiszeit annähernd dieselben allgemeinen Züge hatten, wie gegenwärtig. Er hatte Beweise beigebracht, daß dies im Aosta-Thal der Fall war, hatte gezeigt, daß der große bei Ivrea in die Ebene hinaustretende Gletscher nicht einmal losen Flußkies zu entfernen im Stande gewesen war, und hatte den Grund darin gesucht, daß es ihm an Zeit dazu gefehlt habe. Die ganze Stelle lautet so:

„Als ich neulich im Süden der Alpen war, theilte Herr Gastaldi mir mit, daß in den Mündungen der großen Alpenthäler, die sich gegen die Po-Ebene öffnen, fächerartige Massen von angeschwemmten Kies vorkommen, denen ganz ähnlich, welche die heutigen Bergströme aus den Thälern der Rhone und der Dora herunterschwemmen. Sie lagerten sich ab auf einer Ebene, die niedriger, als die heutige lag, und zwar auf Seeniederschlägen der Pliocene und in einer Zeit, in der die echten Bergthäler, vielleicht überall und jedenfalls an ihrer Mündung ebenso tief waren, wie jetzt, denn die großen Gletscher der breiteren Thäler traten auf diesen niedrig liegenden Flußkies hinaus, überflutheten ihn und setzten ihre Moränen über ihm ab. Sie schaufelten ihn aber blos theilweise fort, und zwar augenscheinlich deshalb, weil sie nicht lange so umfangreich blieben, um ihre Zerstörung zu vollenden. Hier haben wir nun den unwiderleglichen Beweis, daß ein großer Theil der Alpenthäler in der Eiszeit ebenso tief war wie jetzt und ich glaube daher mit den italienischen Geologen, daß die gesammten Gletscher diese Thäler nur unbedeutend aushöhlen konnten.“

Diese Stelle sollte die Theorie Tyndall’s umwerfen und that dies auch wirklich, insofern die Mündung des Aosta-Thals in Frage kam. Zugleich führte sie aber gegen Ramsay’s eigene Meinungen einen schweren Schlag. Er hat sich selbst besser widerlegt, als alle die, welche gegen ihn geschrieben haben. An der Mündung des Aosta-Thals fanden sich während der Eiszeit die sämmtlichen Bedingungen vor, die Ramsay für die Bildung von Seebecken fordert. Da war ein ungeheurer Gletscher, der auf eine Ebene hinaustrat uod in Folge seiner langsamern Bewegung mit ungewöhnlicher Wirkung arbeitete. Es läßt sich nachweisen, daß er auf dieser Ebene ungemein lange existirte, daß er ungewöhnlich dick war und daß die besondere Stelle, auf die er einwirkte, die Aushöhlung begünstigte. Trotzdem muß Ramsay bekennen, daß das Eis unfähig war, losen auf der Oberfläche liegenden Flußkies zu entfernen (denn der Gletscher lagerte ja auf dem Kiese eine neue Schicht ab) und daß der unten anstehende solide Fels gar keine Aushöhlung erlitt. Es giebt viele andere Stellen, wo man dieselbe Beobachtung machen kann und nicht genug, daß Gletscher an ihrer Stirn keine aushöhlende Tendenz haben, führen unzweifelhafte Thatsachen eher zu dem entgegengesetzten Schlusse. Ein Gletscher, der Moränen trägt, hat sie immer selbst zusammengebracht und gegen seine Stirn vorgeschoben. Viele Moränestoffe fallen an der Seite des Gletschers nieder und keilen sich zwischen dem Eise und dem Felsbett ein, aber noch weit mehr fallen über den vorderen Endpunkt des Eises hinweg und bilden eine Schicht, über die das Eis hinweggehen muß. Dies setzt sich beständig fort, so lange der Gletscher fortschreitet und erst muß diese Schicht, die vom Gletscher selbst herrührt, zerrieben werden, ehe das Felsenbett leidet. Der Augenschein lehrt, daß die Schicht von Moränestoffen, die sich auf diese Weise an der Mündung des Aosta-Thals ablagert, der Reibung des Gletschers während dessen langer Anwesenheit bei Ivrea zu widerstehen im Stande war, und diese Thatsache giebt uns vielleicht einen deutlicheren Begriff davon, wie außerordentlich beschränkt die aushöhlende Kraft der Gletscher sein muß, als irgend eine andere, die sich etwa aufstellen ließe.

Der Augenschein spricht also entschieden gegen Ramsay. Zur Unterstützung seiner Theorie kann er buchstäblich nur die Thatsachen anführen, daß Gletscher die Felsen, über die sie weggehen, abkratzen, und daß an Stellen, die früher von Gletschern bedeckt waren, zahlreiche Felsenbecken mit oder ohne Seen vorkommen. Hier endet die Gewißheit und alles Uebrige besteht aus Vermuthungen, die meistens nicht einmal die Wahrscheinlichkeit für sich haben. Die Idee, daß alle kleinen Lachen und Sümpfe der Felsenbecken Stellen einnehmen, welche einer besondern Reibung unterworfen gewesen sind, erscheint mir als ebenso einfältig wie die Behauptung, daß sie durch eine besondere Senkung entstanden seien, und wenn alle Geologen der Welt einen Eid darauf leisteten, daß dies die reine Wahrheit sei, so würden meine Beobachtungen über die Einwirkung von Gletschern auf Felsen mir doch verbieten, daran zu glauben. Die Annahme, daß die großen Seebecken Räume einnehmen, die mit ungewöhnlich weichen Steinschichten gefüllt und deshalb einer außerordentlichen Abschleifung ausgesetzt waren, läßt sich durch nichts beweisen. Es ist zweifelhaft, ob die weichen Steinschichten überhaupt existirten, es ist zweifelhaft, ob eine ungewöhnliche Abschleifung stattfand, und es ist höchst unwahrscheinlich, daß die Gletscher in diesen Becken selbst, wenn sie mit weichen Steinschichten gefüllt waren, zehn-, fünfzig- und hundertmal schneller gearbeitet haben sollten als an andern Stellen. Dieser Punkt muß noch näher bewiesen werden, doch können immerhin neue Thatsachen beigebracht werden, welche die frühern Beobachtungen umstoßen. Betrachte ich, wie viele Zweifel und Vermuthungen auf der einen Seite stehen, und wie viele Thatsachen auf der andern Seite beweisen, daß überall in den Alpen eine sehr geringe Erosion durch Gletscher vorgekommen ist und daß die letztern unter allen Umständen eine äußerst beschränkte Kraft ausüben, so scheint es mir viel unwahrscheinlicher zu sein, daß Ramsay's Theorie allgemeine Annahme findet, als daß man ihr unter den verschiedenen verunglückten Systemen, über welche die wissenschaftliche Forschung hinweggeschritten ist, einen Ruheplatz anweist.

Damit verlasse ich ein Thema, das nicht blos für Bergsteiger interessant ist, vielmehr die Aufmerksamkeit jedes Gebildeten in Anspruch nimmt, der sich mit den geologischen Fragen etwas vertraut gemacht hat. Reist man in den Alpen, so sieht man auf Schritt und Tritt Dinge, die auf jene Fragen von selbst hinleiten. So war es auch am 23. Juni 1865, als ich mit meinen Führern auf dem Gipfel des Mont Saxe ausruhte und die Grandes Jorasses studirte, die ich ersteigen wollte. Mehr denn je dachte ich an die roches moutonnées, die in dieser Gegend häufig auftreten. Ueber uns erhoben sich 5000 Fuß hohe und mit einem Gletscher bedeckte Felswände, an denen wir zu unserer Freude einen Weg entdeckten. Unter ihnen lagen 3000 Fuß hohe Gletscher und bewaldete Abhänge und hier gab es einen Punkt, von dem es zweifelhaft war, ob wir ihn überwinden könnten. Die Gletscher waren im Schmelzen begriffen und von Bastionen abgerundeter Felsen umgeben, die zu glatt waren, um selbst dem geübten Bergsteiger gefallen zu können. Wir konnten keinen Weg erspähen, der uns dort hinaufführte. Trotzdem kamen wir am nächsten Tage um vier Uhr Morgens, von Michel Croz vortrefflich geführt, über die bedenkliche Stelle hinweg. Von nun an hatten wir leichtes Spiel und standen um ein Uhr auf dem Gipfel. In den oberen Regionen war stürmisches Wetter und Gewitterwolken trieben vor dem Winde her, brachen sich an unserer Höhe und umhüllten uns mit einem nassen Nebel, der um uns herum tanzte und uns von der Welt abschnitt, so daß wir zwischen Himmel und Erde zu schweben schienen und beide wohl gelegentlich sahen, aber nicht zu ihnen zu gehören glaubten.

Der Nebel dauerte länger als meine Geduld und wir machten uns auf den Rückweg, ohne den Zweck erreicht zu haben, wegen dessen wir die Ersteigung ausgeführt hatten.* Zuerst folgten wir dem kleinen Grat, der in dem beifolgenden Bilde vom Gipfel gegen den Beschauer hinläuft, und wendeten uns dann zu dem Kopfe des Gletscherarmes links, der auf dem Bilde vollkommen weiß gelassen ist. Die Abhänge waren steil und mit frisch gefallenem Schnee bedeckt, der wie Mehl war und sich schlecht begehen ließ. Beim Steigen hatten wir ihn höchst ungern gesehen und unsere Treppe mit großer Vorsicht gemacht, da wir wohl wußten, daß jede Störung an seiner Basis Alles, was oberhalb sei, herunterbringen werde. Auf dem Rückwege schlugen die Kühnsten von uns vor, unserm Glück zu vertrauen und uns hinuntergleiten zu lassen, aber die Vorsichtigen waren dafür, daß wir zu den jenseits liegenden Felsen hinübergingen. Ihr Rath drang durch und wir hatten den Weg zum Grat auf dem Schnee halb zurückgelegt, als die Kruste zu gleiten anfing und uns mitnahm. „Halt!" riefen wir alle vier zu gleicher Zeit. Die Beile hieben rechts und links, so wie die unfreiwillige Rutschfahrt begann. Es half nichts, denn der Stahl

* Wir erstiegen die Grandes Jorasses, um einen Blick auf den oberen Theil der Aiguille Verte zu gewinnen, und zogen deshalb den westlichsten Gipfel dem höchsten vor. Beide Gipfel zeigen sich auf dem beifolgenden Bilde. Der zur Rechten ist der höchste, der zur Linken, den wir erstiegen, ist hundert Fuß niedriger. Ein paar Tage später folgten Grati, Grange, Perrod, Clusaz und Gex (alle von Courmayeur) unsern Spuren bis zum Gipfel, um den Weg kennen zu lernen. So weit meine Erfahrungen reichen, werden solche Unternehmungen von geldgierigen oder geistlosen Führern selten ausgeführt und ich nenne daher die Namen. Den höchsten Punkt (13 799 Fuß) erstieg am 29. und 30. Juni 1868 Herr Walker mit den Führern Melchior Anderegg, J. Jaun und J. Grange.

Die Grandes Jorasses und der Doire-Fluß im Val Ferret (Italien).

glitt an dem Eise unter dem Schnee ab. „Halt!" donnerte Croz und schwang seine Waffe abermals mit übermenschlicher Kraft. Wir konnten keinen Halt finden und glitten langsam, aber mit beschleunigter Bewegung abwärts, indem wir Wogen von Schnee vor uns auftrieben und rings um uns Ströme des schlüpfrigen Stoffes zischen hörten. Zum Glück kamen wir an eine ebene Stelle, wo die vorangehenden Führer zur Seite springen konnten. Wir folgten und die junge Lawine, die wir in Bewegung gesetzt hatten und die weiter schoß, fiel zuletzt in eine breite Spalte und zeigte uns, wo unser Grab gewesen sein würde, wenn wir fünf Secunden länger in ihrer Gesellschaft geblieben wären. Die ganze Geschichte dauerte keine halbe Minute. Dies war das einzige Abenteuer eines langen Tages und bei Einbruch der Nacht befanden wir uns wieder in dem vortrefflichen Gasthause des höflichen Bertolini und waren ganz zufrieden damit, daß wir keine weiteren Abenteuer ähnlicher Art erlebt hatten.

Siebzehntes Kapitel.

Der Col Dolent.

Viele Bergsteiger haben in letzter Zeit die Gewohnheit angenommen, eine Alpe zu erklettern, auf der andern Seite herunterzusteigen und diesen Weg einen Paß zu nennen. In dieser Ideenverwirrung erkennt man das Resultat einer Gedankenlosigkeit, die aus dem Mangel an praktischer Vorbildung hervorgeht. Der wahre Gläubige verabscheut solche Ketzereien und bemerkt mit Freude, daß die Vorsehung die Sünder häufig straft, indem sie sie in die Irre führt. Der Mann von Fach weiß, daß ein Paß immer zwischen Bergen liegt und nicht über die Gipfel führt. Sein Wissen sagt ihm, daß zwischen zwei Bergen immer ein Paß vorhanden sein muß, und er hat den festen Glauben, daß der Zweck, zu dem die großen Berge geschaffen, das Amt, das ihnen ausdrücklich übertragen wurde, darin besteht, den Weg anzudeuten, den man zu gehen hat. Dies ist der wahre Glaube und einen andern giebt es nicht.

Der Gipfel des Col Dolent.

Am 26. Juni machten wir den Versuch, die streng orthodoxen Pässe um einen neuen zu vermehren. Wir hofften mehr, als wir erwarteten, daß sich von Courmayeur nach Chamouny ein besserer Weg entdecken lasse als der über den Col du Géant, welcher der bequemste, kürzeste und geradeste Paß über die Hauptkette des Mont Blanc war, den man damals kannte.* Da ich hinsichtlich des Erfolgs böse Ahnungen hatte, so brachen wir zur ungewöhnlichen Stunde, kurz vor ein Uhr Morgens auf. Um halb fünf Uhr waren wir bei den Sennhütten von Pré du Bar und folgten nun eine Strecke weit dem Wege über den Gletscher des Mont Dolent, den wir bei der Ersteigung jenes Berges eingeschlagen hatten. Ein Viertel nach acht Uhr erreichten wir den Kopf des Gletschers und standen nun vor der einzigen steilen Stelle, die wir bei dem ganzen Unternehmen fanden.

Der Paß war ein Ideal in seiner Art. In den Gebirgen öffnete sich eine Schlucht mit einem mächtigen Gipfel zu jeder Seite (Mont Dolent und Aiguille de Triolet), ein schmaler Schneestreifen führte zu dem niedrigsten Punkte zwischen diesen Bergen und die blaue Luft jenseits sagte: So wie Ihr hier ankommt, beginnt das Hinuntersteigen. Wir machten uns an die Arbeit und erreichten den Gipfel des Passes eine Viertelstunde nach zehn Uhr. Wäre Alles so gegangen, wie es sollte, so wären wir sechs Stunden später in Chamouny gewesen. Wir wußten, daß es auf der andern Seite eine Schneerinne gebe, die mit der eben erstiegenen im Zusammenhange stehe. Hätten wir Schnee in ihr gefunden, so wäre alles gut gewesen. Die Rinne war aber mit Eis gefüllt. Troz, der

* Die Aussicht auf den Mont Blanc, die man von einer Schlucht im Süden des italienischen Val Ferret, halbwegs zwischen den Dörfern La Vachey und Praz Sec und etwa 3000 Fuß über ihnen hat, ist nach meiner Ansicht die schönste, die man von der italienischen Seite her auf diese Gebirgskette hat.

voran ging, wendete sich nach der andern Seite und berichtete, daß wir irgendwo herunterkommen könnten, aber der Klang seines Beiles sagte mir, wie es damit beschaffen sein werde, und so machte ich mich ans Zeichnen, da ich wußte, daß man mich in der nächsten Stunde nicht brauche. Was ich sah, stellt das Bild dar: Eine scharfe namenlose Nadel, vielleicht die schärfste in der ganzen Kette, hinter der links die Aiguille de Triolet aufstieg, sonderbare Blöcke, die aus dem Schnee hervorragten und ein mächtiges Karnieß, von dem dicke Eiszapfen niederhingen, die zuweilen abbrachen und den Abhang hinunterglitten, auf dem wir hierhergekommen waren. Von der Argentière war nichts zu sehen.

Croz wurde an unser gutes Manila=Seil gebunden und hieb zweihundert Fuß tief Stufen, ehe er zu arbeiten aufhörte. Nach zwei Stunden stand er sicher auf dem Felsen zu seiner Rechten. Nun band er sich los, das Seil wurde hereingezogen und Biener band sich an und stieg zu seinem Gefährten hinunter. Jetzt wurde so viel Raum, daß ich mich neben Almer stellte und die andere Seite sehen konnte. Zum ersten und letzten Male in meinem Leben sah ich an einen Abhang von mehr als tausend Fuß Länge hinunter, der eine Neigung von 50 Grad hatte und von oben bis unten eine einzige Eisfläche war. Von Felsen oder Klippen war er nicht unterbrochen und Alles, was man hinunterwarf, glitt ohne Aufenthalt bis zum Argentière=Gletscher. Das ganze Becken dieses edlen Gletschers* breitete sich zu unsern Füßen aus, und der jenseits liegende Grat, der in der Aiguille d'Argentière gipfelt, zeigte sich in seiner vollen Schönheit. Ich muß übrigens bekennen, daß ich auf die Aussicht wenig achtete, denn sich solchen Genüssen hinzugeben,

* Die nächste Generation kann sein Verschwinden erleben. Der Theil, den man vom Dorfe Argentière sieht (1869), ist mindestens um ein Viertel schmaler geworden, als er vor zehn Jahren war.

war jetzt nicht die Zeit. Ich stieg die Eistreppe hinab und trat zu den Uebrigen, worauf wir das Seil sanft anzogen, während Almer herunterkam. Er war in keiner beneidenswerthen Lage, aber er bewegte sich so ruhig, als ob er sein ganzes Leben auf Eishängen von 50 Grad verbracht hätte. Das Verfahren wurde wiederholt; Croz ging wie früher voran und machte von den Felsen, die aus den Klippen rechts hervorragten, den besten Gebrauch. Unsere zweihundert Fuß Seil gingen wieder zu Ende und wir stiegen abermals einzeln hinab. Von diesem Punkte konnte wir auf den Felsen allein dreihundert Fuß tiefer klettern. Diese wurden nun zu reinen Klippen und um halb drei Uhr machten wir Halt, um an der letzten Stelle, wo wir sitzen konnten, zu Mittag zu essen. Nach vierstündiger unaufhörlicher Arbeit hatten wir etwas über die Hälfte der Rinne zurückgelegt. Wir näherten uns jetzt, obgleich wir noch hoch oben waren, den Schrunden an ihrem Fuße, und die Führer entdeckten auf eine mir unbekannte Weise, daß die Natur so gütig gewesen sei, über den höchsten Schrund und etwa in der Mitte der Rinne eine Schneebrücke, die einzige, gebaut zu haben. Wir beschlossen, quer über die Rinne zu dem Punkte zu gehen, wo die Schneebrücke sein mußte. Almer und Biener übernahmen die Arbeit, Croz und ich stellten uns fest auf den Felsen hin, um das Seil nachzulassen, während sie fortschritten.

Man nimmt allgemein an, daß echte Eishänge, also keine Krusten von hartem oder weichem Schnee, in den Alpen selten vorkommen. Gewiß ist, daß ein Eisfeld wie dieses selten ist und noch seltener begangen wird. Es ist übrigens stets möglich, daß man auf ein solches Feld trifft, und aus diesem Grunde allein sollten Bergsteiger stets mit Eisbeilen und zwar mit guten bewaffnet sein. Die Form ist wichtiger, als man vielleicht glaubt. Wer als bloßer Liebhaber reist und Andere arbeiten läßt, um in ihre Fußstapfen zu treten, der kann jedes beliebige Eisbeil führen, vorausgesetzt, daß der Kopf nicht abfliegt, oder sich sonst einfältig benimmt.* Für das Einhauen von Stufen in Eis giebt es kein besseres Werkzeug als die gewöhnliche Spitzhaue und ihre Form pflegen die Eisbeile der besten

Mein Eisbeil.

Führer zu haben. Mein eigenes Beil ist nach dem von Melchior Anderegg gebaut, es besteht aus Schmiedeeisen und ist an der Spitze und am Rande verstählt. Sein Gewicht, den mit Nägeln beschlagenen Handgriff eingerechnet, beträgt vier Pfund. Beim Einhauen

* Diese Bemerkung mache ich nicht ohne Grund. Ich habe den Kopf eines Beiles von einem schwachen Zapfen abfliegen sehen, weil sein Stiel durch eine sinnreiche aber unnütze Anbringung von Nägeln durchbohrt war.

von Stufen in Eis benutzt man das spitze Ende ausschließlich, das breite wird zum Ebenen derselben, hauptsächlich aber zum Einschlagen in harten Schnee benutzt. Vortrefflich wie dieses Werkzeug zum Einhauen ist, muß es als Anker unschätzbar genannt werden. Auf der Reise ist es natürlich unbequem und ruft auf belebten Bahn-

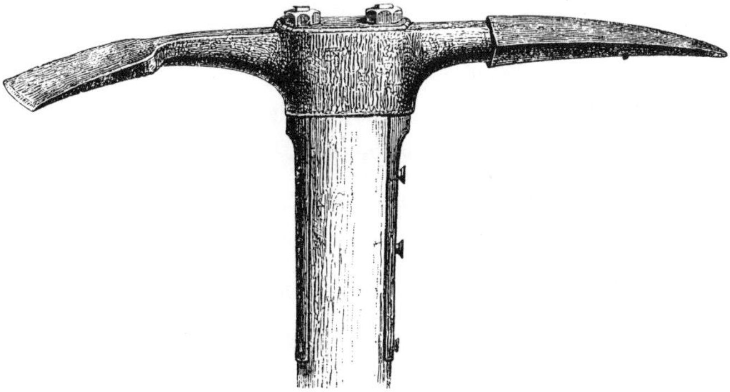

Kennedy's Eisbeil.

höfen manche unangenehme Bemerkung hervor, wenn man den Kopf nicht in ein ledernes Gehäuse steckt. Um der Bequemlichkeit willen hat man manche Versuche gemacht, ein Eisbeil mit beweglichem

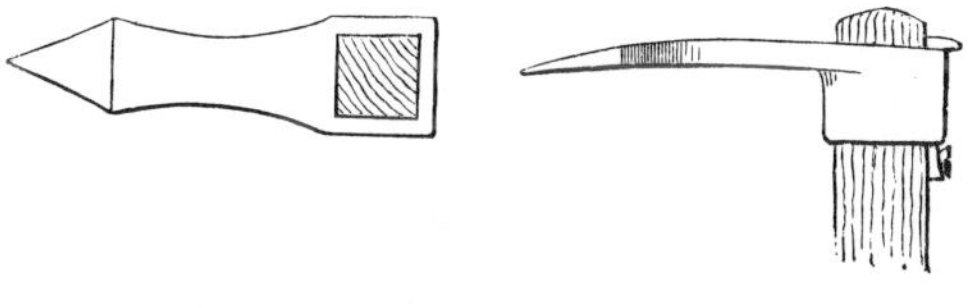

Kopfe herzustellen, doch wird sich kaum eins erfinden lassen, das nicht an Gewicht zunähme und an Brauchbarkeit verlöre. Herr Kennedy (von der Firma Fairbairn & Compagnie), der als Bergsteiger und wegen seiner Erfahrung in der Anfertigung und vom Gebrauch von Werkzeugen als Autorität betrachtet werden kann, hat das beste erfunden, das ich je gesehen habe, aber selbst dieses scheint mir nicht fest genug zu sein und nicht so viel Kraft als das gewöhnliche Beil mit unbeweglichem Kopfe zu besitzen. Das einfache Werkzeug, welches die vorstehende Zeichnung darstellt, ist eine Erfindung von Herrn Leslie Steffen und entspricht den Zwecken, für die es bestimmt ist, nämlich auf Schnee und Eis einen bessern Haltpunkt zu bieten, als der gewöhnliche Alpenstock gewährt, und gelegentlich zum Einhauen einer Stufe zu dienen. Der bloße Liebhaber kommt mit diesem Beile aus, für ernste Eisarbeiten ist aber eine wirksamere Waffe unbedingt nöthig.

Für Personen, welche die richtigen Werkzeuge besitzen, sind Eisfelder nicht so gefährlich als viele Stellen, welche die Phantasie lebhafter aufregen. Steigt man sie hinauf oder herab, so hat man natürlich viel Arbeit und als schwierig dürfen sie deshalb bezeichnet werden. Gefährlich sollten sie aber nicht sein. Allerdings sehen sie demjenigen immer so aus, welcher die feste Ueberzeugung hat, daß er das ganze Feld herunterstürzen wird, wenn er ausgleitet; eben deshalb wird Jeder, der kein Narr ist, die größte Sorge tragen, sein Gleichgewicht zu behaupten, und die Folge davon ist die merkwürdige Thatsache, daß auf Eisfeldern selten oder nie Unfälle vorgekommen sind.

Tragen diese Hänge eine Schneedecke, so machen sie keinen so schlimmen Eindruck und können doch viel gefährlicher sein. Zuweilen sind sie weniger schlüpfrig, das Gleichgewicht läßt sich besser behaupten und gleitet man aus, so kann man sich durch eigene Anstrengung aufhalten, vorausgesetzt, daß der auf dem Eise liegende Schnee fest ist und eine hinreichende Tiefe hat. Wenn aber, wie es bei einem Winkel von 50 Grad gewöhnlich der Fall ist, blos eine dünne und lockere Schneedecke liegt, so wird ein Ausgleiten die ganze Gesellschaft so tief wie möglich herunterführen, so daß es gebrochene Genicke geben wird, wozu noch die starke Wahrscheinlichkeit kommt, daß Einer oder der Andere von der entstehenden Lawine begraben wird. Solche Unfälle kommen nur zu häufig vor und lassen sich meistens auf einen Mangel an Vorsicht zurückführen, der durch die Unkenntniß der Gefahr entsteht.

Daß das Seil, wie man es gewöhnlich gebraucht, auf Eisfeldern die mindeste wirkliche Sicherheit darbiete, glaube ich nicht. Ebensowenig halte ich das Anlegen von Eissporen für nützlich. Herr Kennedy hat mir vor einiger Zeit ein Paar geschenkt und einen derselben zeichne ich hier ab. Sie sind die besten, welche ich je ge-

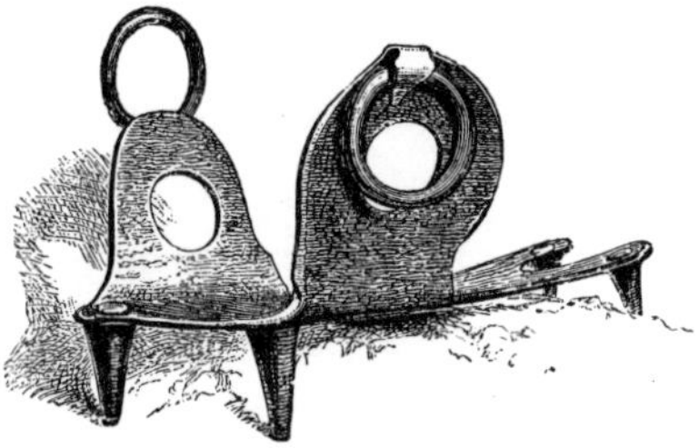

sehen habe, aber ich trage sie nur an solchen Stellen, wo sie nicht den geringsten Nutzen gewähren, d. h. also da, wo ein Ausgleiten unmöglich ist, und würde sie um keinen Preis auf einem Eisfelde anlegen. Man braucht alle diese Beihülfen nicht, wenn man eine gute Eisstufe hat, auf der man fest fußen kann, und hat man die, so sind blos einige Nägel in den Schuhen nöthig.

Ohne Eissporen an den Füßen gingen Almer und Biener so weit, als ihr Seil reichte. Da sie jetzt keine Sicherheit mehr hatten, so stellten sie ihre Arbeit ein, während wir uns ihnen näherten und das Seil aufwickelten. Kurz darauf trafen sie auf einen Schneestreifen, von dem sich bald zeigte, daß er genau über der Brücke lag, welche sie suchten. Der Hang wurde jetzt so steil, daß wir dreißig Fuß tief mit dem Gesicht gegen die Schneemauer hinunterstiegen, durchtretend mit den Füßen Stufen bildend, und uns mit den Händen so an den oberen Löchern festhielten, als wären sie die Sprossen einer Leiter gewesen. Wir überstiegen jetzt den höchsten der Schründe. Ich brauche nicht zu sagen, daß der Schnee eine vortreffliche Beschaffenheit hatte, denn sonst wäre unsere Besteigung eine unmögliche gewesen. Bald waren wir hinüber und standen nun auf einer mächtigen rautenförmigen Eismasse, die durch eine riesige Spalte von dem Argentière-Gletscher getrennt wurde. Die einzige über diesen unteren Schrund führende Brücke lag am östlichen Ende und wir mußten deshalb eine Strecke zurückgehen, um dahin zu gelangen. Als wir den Schrund überschritten hatten, mußten wieder eine halbe Stunde lang Stufen gehauen werden, und es wurde halb sechs Uhr Abends, ehe die Beile ihre Arbeit einstellten und wir uns endlich umdrehen und mit Wohlbehagen auf den fürchterlichen Abhang blicken konnten, der uns sieben Stunden gekostet hatte.*

Der Col Dolent wird mit dem Col du Géant nicht so leicht in Concurrenz treten, und ich würde Jedem, der ihn überschreiten will, den guten Rath geben, viel Zeit, viele Seile und eine Anzahl tüchtiger Führer zu verwenden. Mit Ausnahme der steilen Hänge, die auf beiden Seiten unmittelbar unter dem Gipfel liegen, kommen Schwierigkeiten nicht vor. Als wir den Argentière-Gletscher erreichten, war unsere Arbeit so gut wie vorbei. Wir gingen nun geradeaus zu den Sennhütten von Lognan und befanden uns hier auf vertrautem Boden. Es war eben dunkel geworden, als wir bei Les Tines die Landstraße erreichten, und um zehn Uhr waren

* Ich schätze die Höhe dieses Abhangs auf 1200 Fuß. Nach Mieulet's Vermessung liegt der Gipfel des Passes 11 624 Fuß über dem Meere, doch halte ich diese Angabe für zu hoch.

wir in Chamouny. Unsere Anstrengungen wurden gebührend belohnt. Houries credenzten uns Champagner und die übrigen Getränke, die Gott für die Gläubigen geschaffen hat, aber ich hatte meinen Antheil noch nicht verzehrt, als ich in einem Armsessel einschlief. Bis Tagesanbruch war ich nicht zu erwecken und dann begab ich mich in mein Bett und schlief abermals.

Achtzehntes Kapitel.

Ersteigung der Aiguille Verte.

Michel Croz trennte sich jetzt von uns. Sein neuer Fremder war in Chamouny nicht eingetroffen, aber Croz hielt es für eine Ehrenpflicht, auf ihn zu warten, und so wurde Christian Almer aus Grindelwald unser erster Führer.

Almer entwickelte bereits in früher Jugend eine große Gewandtheit im Bergsteigen. In seinen Jünglingsjahren war er schon als ausgezeichneter Gemsjäger bekannt und entwickelte sich bald zu einem Führer ersten Ranges. Die Leser der anschaulichen Schilderung, die Herr Wills von seiner ersten Ersteigung des Wetterhorns entwirft,* werden sich erinnern, daß unser Landsmann, als er mit seiner Gesellschaft dem Gipfel des Berges nahe war, zwei Fremde erblickte, welche ziemlich auf demselben Wege aufwärtsstiegen und von denen einer einen jungen Fichtenstamm mit allen

* Wanderungen in den Hochalpen, 1858.

Zweigen und Nadeln auf dem Rücken trug. Wills' Führer waren höchst unwillig, daß diese beiden Männer den Gipfel zuerst zu ersteigen suchten, und sprachen von Prügeln. Schließlich schenkten sie ihren Nebenbuhlern eine Tafel Chocolade und nannten sie gute Kerle. „Somit wurde die Friedenspfeife geraucht und die feindlichen Parteien hielten Ruhe." Einer dieser beiden Männer war Christian Almer.

Christian Almer.

Dies geschah 1854. In den Jahren 1858 und 1859 führte Almer die ersten Ersteigungen des Eigher (mit Harrington?) und des Mönchs (mit Dr. Porges) aus. Seitdem hat er das Gebirge weit und breit, vom Dauphiné bis Tyrol, durchwandert.* Mit Ausnahme Melchior Anderegg's giebt es vielleicht keinen Führer, der solche Erfahrungen und ein so unwandelbares Glück hätte.

* In den Berichten des englischen Alpenclubs werden die meisten seiner Thaten erzählt.

Alle, die ihn verwendet haben, stimmen in dem Urtheil überein, daß er das beste Herz und den sichersten Fuß hat, die sich in den Alpen finden lassen.

Ehe wir über die Gebirgskette nach Courmayeur gingen, erstiegen wir die Aiguille Verte. Mit Herrn Reilly hatte ich 1864 diese Spitze von allen Seiten besichtigt und die Ueberzeugung gewonnen, daß sie auf der Südseite am zugänglichsten sei. Am 28. brachen wir von Chamouny auf, um sie anzugreifen, leider ohne Croz, aber mit einem Träger mehr, von dem ich gleich ausführlicher sprechen werde. Unser alte Gefährte war ganz niedergeschlagen, daß er müßig zurückbleiben mußte, während wir uns anschickten, die berühmteste aller Nadeln seiner Heimath zu ersteigen.

Unser Weg führte uns über das Mer de Glace, den durch Saussure und Forbes berühmt gewordenen Gletscher. Die heißen Stunden waren vorüber, aber die kleinen Bäche und Wasserfaden rieselten noch über die Oberfläche des Eises. Wo der Fall ein geringer war, höhlten sie tiefe Mulden aus, wo sie einem engern Kanal zudrängten, ließen sie Spuren ihrer Wirbelbewegung zurück, und über die steilen Wände der großen Spalten fielen sie bald in springenden Cascaden, theils in getheilten Faden, welche die senkrechten Flächen mit anmuthigen Furchen schmückten.* Als die Nacht anbrach, schwanden die Bäche zu bloßen Rinnen zusammen und stellten ihre Musik ein. Das leise Murmeln des Wassers dauerte noch eine Zeit fort, um dann auch zu ersterben, und die sprühenden Tropfen wurden vom Frost an das Eis gefesselt, welches sie mit einem dünnen Schmelz überzogen, den die Sonne des nächsten Morgens wieder schmelzen ließ.

Die Verwitterung der Spaltenwände, durch die der innere Bau

* Die beiden folgenden Zeichnungen, wovon die erste von Herrn Cyrus Johnson, stellen diese Erscheinungen dar.

der Gletscher verdeckt wird, hat manche Naturforscher zu dem Schlusse verleitet, daß die Schichtung, die man in den höheren Gletscherregionen wahrnimmt, in den unteren sich verwische. Andere, z. B. Agassiz und John Ball* haben diese Ansicht bestritten und ich muß

Auf dem Mer de Glace.

mich nach meinen Beobachtungen diesen gründlichen Forschern anschließen. Allerdings ist es sehr schwer, in den untersten Theilen der Alpengletscher eine Schichtung nachzuweisen, aber dies berechtigt

* S. Agassiz in der „Atlantischen Monatsschrift,“ Decbr. 1863, und J. Ball im „Naturwissenschaftlichen Magazin,“ Decbr. 1857 (Ergänzungsheft) und April 1859.

uns nicht zu dem Schlusse, daß der ursprüngliche Bau des Eises verwischt worden sei. Auch in den oberen Regionen giebt es Tausende von Spalten, an deren Wänden keine Spur von Schichtung vorkommt, so daß man auch hier den falschen Ausdruck einer Verwischung anwenden könnte. Man nehme aber ein Beil, haue so-

Auf dem Mer de Glace.

wohl das Eis weg, das durch das an den Wänden herabträufelnde Wasser entstanden ist, als das darunter liegende verwitterte Eis, und man wird sofort vermischte Schichten von reinem und unvollkommenem Eis bloslegen und klar erkennen, daß der ursprüngliche Bau des Gletschers nicht zerstört, sondern nur verdeckt worden ist.

Trotz Allem, was hervorragende Autoritäten für das Gegentheil geltend gemacht haben, glaube ich, daß die Eisschichten, welche auf den in den höheren Regionen abgelagerten Schneebetten durch Verwitterung entstanden sind, bis zu den Enden der Gletscher fortlaufen, wenn sie nicht ursprünglich von sehr geringer Dicke gewesen sind, und daß viele der blauen Eisadern, die man an den Oberflächen der untern Gletschertheile sieht, als ein Hervortreten von ursprünglich wagerecht gewesenen Schichten aufgefaßt werden müssen.

Manche von denen, welche die entgegengesetzte Meinung verfechten, machen sich offenbar von der Ausdehnung, in welcher der obere Schnee von den blauen Eisschichten durchdrungen wird, und von der Dicke der letztern nur einen unvollkommenen Begriff. Im Anhange beweise ich, daß im Jahre 1866 auf dem Gipfel des Col de Valpelline in dem aufliegenden 22 Fuß dicken Schnee nicht weniger als 75 Eislagen vorkamen, von denen eine mehr als sechs Zoll dick war, während zahlreiche andere zwischen einem halben und ganzen Zoll wechselten. Die gesammte Dicke dieser 75 Schichten betrug $25^5/_8$ Zoll oder ein Zehntel der Masse, durch die wir dringen konnten. So viel ich weiß, hat man noch nicht durch Versuche nachgewiesen, daß es möglich sei, gleich viel, ob durch Druck oder durch andere Weise, eine Eisplatte von nur einem Zoll Dicke, die zwischen Schnee oder Eis von geringerer Dicke liegt, anders zu zerstören als durch Aufthauen der ganzen Masse.

Manche haben sich deshalb gegen die Möglichkeit, daß die wagerechten blauen Eisschichten irgend etwas zu den blauen Eisadern beitragen, auf denen der Adernbau* der Gletscher beruht,

* Forbes war der Erste, der auf den Adernbau der Gletscher Gewicht legte. Aus verschiedenen Stellen seiner „Gelegentlichen Bemerkungen" trage ich die folgenden Sätze zusammen. „Ich kann diesen Bau nicht genauer beschreiben, als wenn ich ihn einen bandartigen nenne, der durch dünne und zarte blaue oder blau-weiße Bänder oder Schichten entsteht, welche das Eis in senkrechter Richtung zu durchsetzen scheinen, oder richtiger durch ihre Anhäufung die ganze

ausgesprochen, weil alle Spuren von Schichtung vor dem Auftreten des Adernbaus bereits verschwunden seien. Es ist jetzt ja wohl bekannt, daß der ursprüngliche Bau nach dem Erscheinen der Adern auf der Oberfläche der Gletscher entdeckt worden ist. In der That hat man die Adern in den Mauern der Spalten beobachtet, welche den ursprünglichen Bau zerschneiden.* Dadurch wird bewiesen, daß der letztere bis zu einem niedrigen Punkte vorhanden bleibt, und daß insofern von einer Zerstörung desselben keine Rede sein kann.**

Man hat ferner betont, „daß die blauen Gletscheradern nicht immer und nicht einmal allgemein so seien, wie man erwarten müsse, wenn sie durch Schichtung entständen. Die letztere würde

---

Eismasse gebildet haben. Die Richtung dieser Bänder war mit der Länge des Gletschers gleichlaufend. — In einigen Theilen des Gletschers ist der Adernbau entwickelter als in andern. Er durchdringt den Gletscher seiner Dicke nach bis zu großen Tiefen. Er ist ein wesentlicher Bestandtheil des inneren Baues. — Die Breite dieser Bänder wechselt von dem kleinen Bruchtheil eines Zolls bis zu mehreren Zoll. Dieser Bau besteht in dem Wechsel von mehr oder weniger krystallisirtem Eise in gleichlaufenden Schichten, die sich häufig wie Marmoradern ganz zuspitzen.“ Dieser „Aderbau“ wird häufig in wagerechter wie in senkrechter Richtung von andern Adern durchschnitten, denen ich einen verschiedenen Ursprung zuschreiben möchte. Man hat zwischen beiden noch keinen richtigen Unterschied gemacht. Die Beobachter bezeichnen bald die eine, bald die andere Art, zuweilen auch beide, als „Adernbau.“ Ich würde es für richtiger halten, wenn man den Bau, den Forbes meint, als „blättrigen Gletscherbau“ bezeichnete. Im Jahre 1867 sah ich auf der Oberfläche eines Gletschers im nordgrönländischen Bezirk Jakobshavn drei Reihen von Adern, die sich in drei verschiedenen Richtungen kreuzten, und auf dem Eise ein Netzwerk bildeten. Dies war offenbar nicht der Bau, von dem Forbes spricht.

* Dies beweist natürlich, daß der Ursprung aller Adern nicht in der Schichtung gesucht werden kann, aber es beweist nicht (wie Einige zu glauben scheinen), daß alle Adern einen verschiedenen Ursprung haben müssen.

** Flächen von ursprünglichen Betten, die mit der Oberfläche gleichlaufend geblieben waren, glaube ich an Eisbergen gesehen zu haben, die in der Disco-Bai schwammen und von einem Gletscher stammten, der mindestens vier und eine halbe deutsche Meile lang war. Irre ich mich nicht, so ist dies eine sehr wichtige und bedeutsame Thatsache.

deutliche Flächen liefern, die auf beträchtliche Entfernungen und in gleicher Linie mit einander durch den Gletscher liefen. Dies beobachte man freilich zuweilen, doch sei es durchaus nicht der allgemeine Charakter des Baues.“ Mit dieser Bemerkung stimme ich überein, indessen sagt sie weiter nichts, als daß sich nicht annehmen lasse, die sämmtlichen blauen Adern hätten ihren Ursprung in den geschichteten Eis- und Schneebetten, durch welche die Gletscher entstehen. Wer einmal auf einem der großen Alpengletscher dicht an einem „Eisfall“ gestanden und gesehen hat, wie die großen séracs sich vorwärtsbiegen, während die ursprünglichen Betten mit der Oberfläche des Gletschers ganz oder ziemlich gleichlaufend bleiben, der muß fühlen, wie höchst unwahrscheinlich es ist, daß die Massen weiter unten sich wieder so fest vereinigen, um bestimmte Flächen zu bilden, die auf bedeutende Entfernungen in gleicher Linie mit einander sich ausdehnen. An solchen Stellen fühlt man, daß einige der séracs so zerschmettert werden müssen, daß ihr ursprünglicher Bau verschwindet, daß andere, die auf sanftere Art heruntersteigen, wohl unverletzt bleiben, ihre Betten aber, wenn sie zur Ruhe kommen, eine größere oder geringere Neigung gegen den Horizont annehmen, und daß ein ganz ungewöhnlicher Zufall ins Spiel kommen muß, wenn der Fall der Schichten von zwei solchen Massen nicht um mehrere Grade verschieden werden soll.

Aus diesen Gründen glaube ich, daß im Adernbau der Gletscher viele Adern vorkommen, die weiter nichts als die aufwärts gerichteten Schichten von blauem Eise sind, die auf und zwischen den Schneebetten, die sich in höhern Regionen ablagern, entstehen und wahrscheinlich durch Druck zuweilen dicker werden. Von der Ansicht, daß das Vorkommen der sämmtlichen blauen Eisadern, die man in Gletschern findet, sich auf diese Weise erklären lasse, bin ich weit entfernt. Ich glaube überhaupt nicht, daß die in Gletschern auftretenden Verbindungen von verschiedenen Eisarten, welche mehrere Schriftsteller auf den Adernbau zurückgeführt haben, auf zwei oder selbst drei Wegen entstanden sein können. Indem ich die streitigen Punkte vermeide, will ich blos bemerken, daß es mindestens zwei Weisen giebt, in denen viele blaue Eisadern ohne Zweifel erzeugt worden sind.

Der erste Entstehungsgrund ist Wasser, das in Spalten gefriert. In Grönland habe ich Hunderte von Rissen gesehen, die beinahe mit Wasser gefüllt, aber nie ganz voll waren, denn das Wasser stieg selten bis auf zwei oder drei Fuß an die Oberfläche heran. Daß in solchen Spalten das Wasser zu Eis geworden, oder im Frieren begriffen war, habe ich zuweilen auf der ganzen Oberfläche desselben beobachtet. Ich habe aber auch gesehen, daß es an einem Ende festgefroren, am andern Ende flüssig geblieben war, und in Eisbergen habe ich Theile von Spalten bemerkt, die sich fast ganz mit Wasser gefüllt hatten, welches zu einer festen Eismasse geworden war.* In Eisbergen sind diese Adern häufig drei Fuß dick und lassen sich Stunden weit verfolgen. Wenn in den Alpengletschern nicht auf dieselbe Art blaue Eisadern entstehen, so liegt der Grund blos darin, daß unten Oeffnungen vorhanden sind, durch die das Wasser entweicht. In den Alpen sieht man selten, daß eine Spalte auch nur theilweise mit Wasser gefüllt ist.**

Die zweite Entstehungsart ist das Zusammenschließen von Spalten. Die ungleiche Bewegung der Gletschertheile hat die Folge, daß beständig Spalten sich öffnen und wieder schließen, und die

* In Eisbergen durchschneiden sich diese Adern häufig. Dr. Rink hat dies im ersten Bande seiner „Geographie und Statistik von Grönland“ bildlich dargestellt.

** Vor langer Zeit hat Charpentier die Ansicht verfochten, daß die Bewegung der Gletscher durch das Frieren des Wassers in den Spalten gefördert werde. Man hält dies jetzt für falsch, doch liegt etwas darin.

Mauern der letzten, mögen sie nun blos 5000 oder 12000 Fuß oder höher über dem Meere liegen, verwittern sämmtlich und bekleiden sich mehr oder weniger mit reinem Eis. Selbst schmale Risse in den hohen Regionen, über denen Schneebrücken liegen, machen keine Ausnahme. Die warme Luft des Hochsommers dringt in die Spalten ein und glacirt, von dem einsickernden Schneewasser unterstützt, die Wände von oben bis unten. Die Eisrinde, welche auf diese Weise an den Seiten der Spalte entsteht, wechselt in ihrer Dicke je nach den Umständen und kann in einer und derselben Spalte weniger als einen Zoll und mehr als einen Fuß stark sein.* Nun schließen sich die Spalten; die Oberflächen ihrer Eismauern kommen in Berührung, frieren zusammen und treten in der weißlichen Masse des Gletschers als Adern von reinem Eise auf. Denkt man an die Tausende von Rissen, die in jedem Gletscher vorkommen, und an das beständige Stattfinden von Oeffnen und Schließen derselben, so sieht man leicht, daß ein bedeutender Theil der reinen Eisadern, welche den Adernbau der Gletscher bilden, als die Narben geheilter Spalten aufgefaßt werden müssen.

Das Eismeer hatte mir vielfache Gelegenheit zu Beobachtungen dieser Art geboten. Als wir es überschritten hatten, wählten wir uns auf dem Couvercle (7800 Fuß) unter einem großen Felsen ein Lager und machten uns am nächsten Morgen nach drei Uhr auf den Weg zu unserer Nadel, indem wir den Träger zur Aufsicht über unser Zelt und unsere Lebensmittel zurückließen. Nach einem zweistündigen Gange über lockern Schnee befanden wir uns 4000 Fuß höher und noch 1600 Fuß vom Gipfel entfernt.

---

* Dasselbe läßt sich bei den blauen Adern des geäderten Baues beobachten. Häufig verdünnen sich die Adern und hören ganz auf, oder schwellen auch zu linsenförmigen Massen an. Am besten sieht man das, wenn man die Adern in senkrechten Durchschnitten des Gletschers betrachtet.

Von keiner andern Richtung kann man ihm mit gleicher Bequemlichkeit so nahe kommen, aber von nun an wird der Berg steil. Nach seiner neulichen schweren Eisarbeit hatte Almer eine natürliche Vorliebe für Felsen gefaßt, aber das unterste Gestein des höchsten Gipfels sah nicht einladend aus, und er ging lange hin und her, um einen Weg zu ermitteln, bis wir vor einer großen Schneerinne ankamen, welche vom Talèfre-Gletscher geraden Wegs zu dem Kamme des Grats führte, welcher den Gipfel der Nadel mit dem Berge der Droites verbindet. Diesen Weg wollte ich wählen, aber Almer machte mir bemerklich, daß die Rinne unten enger werde, so daß wir, wenn Steine fielen, auf zerbrochene Köpfe rechnen durften. Wir gingen deshalb noch weiter östlich zu einer zweiten und kleineren Rinne, die neben der großen hinlief. Um halb sechs Uhr überschritten wir den Schrund, welcher die letzte Höhe beschützte, und einige Minuten später sahen wir den Gipfel und den ganzen dahinführenden Weg. „Aiguille Verte," sagte mein Führer und machte Halt, „du bist todt, ohne Frage todt." Damit wollte er sagen, daß unsere Ersteigung nunmehr gesichert sei.

Almer ist zu allen Zeiten ein ruhiger Mann. Wenn er klettert, so schweigt er, und das ist einer seiner größten Vorzüge. Ein schwatzhafter Mann ist immer lästig und kann auf einem Berge leicht gefährlich werden, denn ein tüchtiges Klettern nimmt die ganze Aufmerksamkeit eines Menschen in Anspruch. Außerdem spricht sich ein Schwätzer durstig und wird dadurch lässig.

In Reisebüchern wird Bergsteigern empfohlen, an Kieseln zu saugen, damit der Mund nicht trocken werde. Aus Steinen läßt sich nicht viel Gutes holen, doch kann man immerhin an ihnen saugen und zugleich den Mund offen halten, so daß die Kehle nicht austrocknet. Es ist übrigens eben so gut und vielleicht noch besser, den Mund geschlossen zu halten, ohne daß man Kiesel darin hat. Will man ihn öffnen, so kann man ja das auch thun, ohne Steine zu verschlucken.* In der Regel werden bloß Liebhaber und und namentlich Neulinge den Mund nicht schließen. Sie wollen stark ausschreiten und schneller gehen, als thunlich ist, wenn man den Mund nicht zum Athmen öffnet. Sie keuchen, ihre Kehlen und Zungen werden zu Pergament, sie trinken und schwitzen stark, und werden sie dann erschöpft, so erklären sie die Trockenheit oder die Dünnheit der Luft, denn der Luft wird Alles aufgebürdet, für die Ursachen. Der Bergsteiger wird daher aus verschiedenen Gründen gut thun, wenn er bei der Arbeit den Mund hält.

An der Spitze der kleinen Rinne gingen wir über die dazwischen liegenden Felsen zu der großen hinüber und folgten ihr, so weit sie mit Schnee gefüllt war. Endlich trat Eis an die Stelle des letztern und wir wendeten uns nun zu den Felsen auf unserer Linken. Es waren reizende Blöcke, dem Gewebe nach Granit** und so körnig, daß unsere Schuhnägel gut einfaßten. Um drei Viertel auf zehn Uhr trennten wir uns von ihnen und erstiegen die letzte Strecke mit Hülfe eines kleinen Schneegrats, der in der Richtung der Aiguille du Moine niederging. Nach zehn Uhr standen wir auf dem Gipfel (13540 Fuß) und verzehrten unser Brot und Käse mit bestem Appetit.

Wie sehr man durch reine Panorama-Aussichten getäuscht wird, habe ich bereits gesagt. Die vom Mont Blanc selbst befriedigt bekanntlich gar nicht. Steht man auf jenem Gipfel, so blickt man auf das übrige Europa nieder. Aufwärts ist nichts zu sehen, Alles

---

* Neulich hörte ich von zwei wohlbekannten Bergsteigern, welche plötzlich erschraken und ihre Steine verschluckten. Sie konnten sie glücklicherweise wieder heraushusten.

** Handgroße Stücke der höchsten Felsen der Aiguille Verte lassen sich von Granit nicht unterscheiden. Der Stein ist dem vom Gipfel des Mont Dolent ganz ähnlich und wahrscheinlich ein granitähnlicher Gneis.

liegt unten und es giebt keinen Punkt, auf dem das Auge ruhen könnte. Wer dort oben steht, befindet sich so ziemlich in der Lage eines Mannes, dem alle seine Wünsche erfüllt worden sind. Er hat nichts mehr zu erstreben und muß natürlich unzufrieden werden. Auf dem Gipfel der Aiguille Verte befindet man sich nicht in dieser Lage. Man sieht Thäler, Dörfer, Felder, endlos fortlaufende Gebirge mit Seen in ihrem Schoße, man hört das Klingeln der Schafglocken durch die reine Bergluft emporsteigen, man hört den Donner der Lawinen, die in die Thäler niederstürzen, aber über Alles erhebt sich der große weiße Dom mit seinem schimmernden Kamme hoch oben, mit seinen blitzenden Gletschern, die zwischen stützenden Felspfeilern niedersteigen, mit seinem glänzenden Schnee, der immer reiner wird, je weiter er sich von dieser schmutzigen Welt entfernt.*

Selbst auf diesem Berggipfel ließ sich die Welt nicht vergessen, denn irgend ein gemeiner Kerl trat auf den Jardin und entlockte einem Horn scheußliche Töne. Während wir uns über ihn ärgerten, veränderte sich das Wetter. Haufen Wolken sammelten sich in allen Richtungen und veranlaßten uns zum schleunigsten Aufbruch. Ehe wir von den Felsen des höchsten Gipfels herunter waren, begann es stark zu schneien, unser Weg ließ sich schwer, häufig gar nicht finden, und Alles wurde so naß und schlüpfrig, daß wir abwärts eben so lange Zeit brauchten wie aufwärts. Um ein Viertel auf vier Uhr überschritten wir wieder den Schrund und eilten nun zum Couvercle hinunter, um dort einen Schmaus zu halten, aber als wir um unsern Felsen bogen, erhoben wir alle

* Der Gipfel der Aiguille Verte ist ein Schneedom und so breit, daß man oben eine Quadrille tanzen kann. Die große Höhe der Droites setzte mich in Erstaunen. Nach Mieulet sind sie 13222 Fuß hoch, doch können sie nur unbedeutend niedriger sein als die Aiguille Verte selbst.

drei gleichzeitig ein Geschrei, denn der Träger hatte das Zelt abgebrochen und wollte eben mit ihm auf und davon gehen. „Halt, was treibst Du da?" Er hätte gedacht, sagte er, daß wir todt seien, oder uns mindestens verirrt hätten, und habe nach Chamouny gehen wollen, um dem Vorsteher der Führer seine Ansicht mitzutheilen. „Wickle das Zelt auf und gieb uns unser Essen." Statt zu gehorchen fingerte der Träger in seinen Taschen. „Heraus mit dem Essen!" brüllten wir, denn mit unserer Geduld war es vorbei. „Hier ist es," sagte der würdige Mann und zog ein Stück Brot hervor, das nicht größer als eine Semmel für vier Pfennige war. Sprachlos starrten wir drei das mit Tabacksstaub bedeckte Stückchen an. Die Sache war kein Scherz, er hatte Alles verzehrt. Schöpsbraten, Brote, Käse, Weine, Eier, Würste — Alles war dahin, verschwunden für immer. Zu zanken half nichts und zu warten wäre einfältig gewesen. Wir waren leicht und konnten rasch gehen, der Träger war innen und außen bepackt. Wir griffen mächtig aus, er hatte zu schleppen und zu tragen. Er strömte von Schweiß, Schöpsbraten und Käse traten in dicken Tropfen heraus — er spickte den Gletscher. Wir hatten unsere Rache und trockneten zugleich unsere Kleider, aber als wir den Montanvert erreichten, war der Träger so naß wie wir bei unserer Ankunft auf dem Couvercle. Im Wirthshause machten wir Halt, um zunächst unsern Hunger zu stillen, und kurz nach acht Uhr zogen wir in Chamouny ein, von den Hotelbesitzern mit Kanonenschüssen und anderen Ehrenbezeugungen begrüßt.

Man hätte meinen sollen, daß die Ersteigung dieses Berges, die so oft erfolglos versucht worden war, einer Bevölkerung, deren Hauptverdienst auf den Reisenden beruht, eine gewisse Befriedigung verursacht haben müßte, und daß die Aussicht auf den beständigen Zufluß von Franken, der sich als Resultat erwarten ließ, jede

Eifersucht über diesen Erfolg von Fremden zum Schweigen gebracht hätte.*

Dem war jedoch nicht so. Chamouny bestand auf seinem Rechte. Ein Fremder hatte seine Satzungen nicht beachtet, zwei fremde Führer eingeschmuggelt und zu dieser Rechtskränkung noch die Beleidigung gefügt, aus Chamouny nicht einen einzigen Führer zu nehmen. Chamouny durstete nach Rache! Es wollte die fremden Führer verjagen und ihnen sagen, daß sie gelogen, die Ersteigung gar nicht ausgeführt hätten. Wo waren ihre Beweise? Wo war die Flagge auf dem Gipfel?

Der arme Almer und Biener wurden von Pontius zu Pilatus, von einem Gasthof in den andern geschleppt und führten endlich bei mir Klage. Peter Perrn, der Führer aus Zermatt, hatte mir vorausgesagt, daß es so kommen werde, aber ich hatte an eine solche Einfalt nicht glauben wollen. Ich begleitete meine Leute nun, um mir den Spaß selbst anzusehen. Chamouny war in großer Aufregung und das Amtszimmer des Oberführers mit schreienden Männern gefüllt. Der Hauptwühler, ein gewisser Zacharias Cachat, ein bekannter Führer von keinem besondern Werth, aber sonst kein übler Mann, hielt eine Anrede an die Menge. Er traf auf einen überlegenen Gegner. Mein Freund Kennedy, der in Chamouny war, hörte den Lärm, eilte herbei, trat dem lärmenden Führer entgegen und hielt ihm seine Einfalt vor.

Der schönste Stoff für einen kleinen Aufruhr war vorhanden, aber man versteht solche Dinge besser in Frankreich als bei uns zu behandeln. Die Gensdarmen rückten drei Mann hoch an und zerstreuten die Menge. Vor den Federhüten fürchteten sich die Führer und verschwanden in Kneipen, um einige Gläser Absinth

* In Chamouny ist jetzt der Tarif für die Ersteigung dieser Nadel auf 80 deutsche Mark für jeden Führer festgestellt.

und andere Getränke, die dem menschlichen Körper schädlich sind, zu sich zu nehmen. Unter dem Einfluß dieser Reizmittel kamen sie auf die Idee, Rache und Geldverdienst mit einander zu verbinden. „Sie sagten, daß Sie die Aiguille Verte erstiegen haben. Wir sagen, wir glauben es nicht. Wir sagen, thun Sie es noch einmal! Nehmen Sie drei von uns mit und wir wetten 2000 Franken gegen 1000, daß Sie nicht hinaufkommen."

Dieser Vorschlag wurde mir in aller Form mitgetheilt, aber ich lehnte ihn dankend ab und empfahl Kennedy, das Geld zu halten und zu gewinnen. Mit hundert Franken betheiligte ich mich bei der Wette und rechnete schon auf meine hundert Procent Nutzen. Ach, wie eitel sind die Hoffnungen der Menschen! Zacharias Cachat wurde in Haft genommen, und obgleich Kennedy die Nadel eine Woche später mit zwei Führern aus Chamouny und mit Peter Perrn wirklich erstieg, so zahlte man die Wette doch nicht aus.*

Das Wetter richtete sich ein, als dieser Sturm im Glase Wasser vorüber war, und wir brachen sofort zum Montanvert auf, um den Leuten von Chamouny zum Dank für die Höflichkeiten, die sie uns in den letzten drei Tagen erwiesen hatten, den bequemsten Weg über die Kette des Mont Blanc zu zeigen.

* Ich muß hinzufügen, daß der Obergendarm uns die höflichsten Entschuldigungen machte und uns einlud, eine Klage gegen die Rädelsführer einzureichen. Die Entschuldigungen nahmen wir an, von der Klage sahen wir ab. Ich brauche nicht zu sagen, daß Michel Croz an dem Auftritt keinen Antheil nahm.

Westliche Seite des Col de Talèfre.

Neunzehntes Kapitel.

Der Col de Talèfre.

Der Entdecker des Col du Géant muß mit einem scharfen Blick begabt gewesen sein. Dieser Paß wurde begangen, ehe man irgend einen andern über die Hauptkette des Mont Blanc kannte, und blieb bis heute der kürzeste und leichteste Weg von Chamouny nach Courmayeur, den Paß ausgenommen, den wir am 3. Juli zum ersten Mal überschritten. Er liegt halbwegs zwischen der Aiguille de Triolet und der Aiguille de Talèfre und ist von mir in Ermangelung eines bessern Namens Col de Talèfre getauft worden.

Blickt man in der Richtung des Jardin oder des Couvercle nach dem obern Endpunkte des Talèfre-Gletschers hin, so scheint der Grat, der die Aussicht beschränkt, von keiner bedeutenden Höhe zu sein. Die riesigen Grandes Jorasses und die fast ebenso prächtige

Aiguille Verte überragen ihn. Trotzdem ist der Grat nicht zu verachten. An keinem Punkte beträgt seine Erhebung weniger als 11600 Fuß. Man sieht ihm diese Höhe allerdings nicht an. Der Talèfre-Gletscher behält immer dieselbe Neigung bei, und das Auge wird vollständig getäuscht.

Als ich 1864 mit Herrn Reilly umherstreifte, richtete sich meine Aufmerksamkeit instinktmäßig auf eine Rinne,* die vom Gletscher in einer gewundenen Linie zum niedrigsten Theile des Grates aufstieg. Als ich später nach der Ueberschreitung des Col du Triolet sah, daß auch die andere Seite keine Schwierigkeiten darbiete, wollte es mir scheinen, daß hier der einzige Punkt in der ganzen Kette sei, der einen bessern Uebergang als der Col du Géant darbiete.

Am 3. Juli brachen wir um vier Uhr Morgens vom Montanvert auf, um zu ermitteln, ob meine Ansicht die richtige sei. Ein glücklicher Zufall fügte es so, daß Herr A. G. Girdlestone und ein Freund mit zwei Führern aus Chamouny den Gasthof zugleich mit uns verließen, um über den Col de Géant zu gehen. Wir blieben in ihrer Gesellschaft, so lange unser Weg derselbe war, gingen dann südlich vom Jardin weiter und erreichten die Höhe unseres Passes um halb zehn Uhr. Eine Beschreibung des Wegs brauche ich nicht zu geben, da er sich aus der Zeichnung über diesem Kapitel ergiebt.

Bei dem schlechten Wetter der letzten Tage war viel Schnee gefallen, und als wir oben auf unserm Paß, der etwa 11650 Fuß über dem Meere und 600 Fuß über dem Col du Géant liegt, ausruhten, sahen wir, daß das Hinabsteigen über die Felsen zwischen uns und dem Triolet-Gletscher eine gewisse Vorsicht erfordern werde,

* Diese Rinne ist schmal und nicht steil. In der Regel soll man breite Rinnen vermeiden, da sie, wenn sie steil sind, einen Eisboden haben. Schmale Rinnen sind fast ohne Ausnahme mit Schnee bedeckt.

denn die Sonne goß ihr Licht unmittelbar auf sie aus und der Schnee rutschte dann und wann wie Wasser von Leiste zu Leiste, indem er Cascaden bildete, die wohl nicht imposant waren, aber uns gewiß niederschlugen, wenn wir ihnen in den Weg kamen. Dieses kleine Klippenstück kostete uns mehr Zeit, als eigentlich sein sollte, denn so oft wir den unbeschreiblich pfeifenden und zischenden Ton hörten, der einen herankommenden Sturz ankündigte, drückten wir uns dicht an die Felsen an, bis der Schnee nicht mehr über uns wegschoß.

Ohne Unfall gelangten wir auf die Fläche des Triolet-Gletschers, steuerten dann auf dessen linken Rand hinüber, um den oberen seiner beiden fürchterlichen Eisfälle zu vermeiden, stiegen dann die erforderliche Strecke weit auf altem Schnee hinunter, der zwischen dem Gletscher und den angrenzenden Klippen lag, und schritten nun direct über das alte Eis zwischen den beiden Eisfällen zum rechten Rande hinüber.* Wir erreichten diesen ohne Beschwerde und fanden dort zahlreiche alte Schneebetten (Lawinenreste), auf denen wir, so schnell es uns beliebte, hinuntergehen oder gleiten konnten.

Das Gleiten ist eine sehr angenehme Beschäftigung, wenn es glücklich ausläuft, und ich habe nie eine Stelle gesehen, wo man sich diesen Genuß mit größerer Sicherheit gestatten kann, als das Schneethal am rechten Rande des Talèfre-Gletschers. In meinen Träumen ist ein solches Gleiten köstlich, aber in der Wirklichkeit finde ich, daß der Schnee sich irgendwo schlecht benimmt und mein Alpenstock mir durchaus zwischen die Beine gerathen will. Dann befinden sich meine Füße unversehens da, wo mein Kopf sein sollte,

* Unter dem zweiten Eisfall ist der Gletscher vollständig mit Moränenstoffen bedeckt, und folgt man dem linken Rande, so muß man entweder dieses Trümmerfeld überschreiten, oder man verliert auf den langweiligen und ziemlich schwierigen Felsen des Mont Rouge viel Zeit.

und ich sehe den Himmel in ein rasches Kreisen gerathen. Der Schnee wirbelt auf und geißelt mich, und wenn ich ihn, der davonläuft, überholt habe, so macht er plötzlich Halt und wir kommen in Collision. Meine Begleiter behaupten dann, daß ich kopfüber geschossen bin, und in ihren Worten liegt vielleicht etwas Wahres. Auf Eisstreifen fahren Einem leicht die Beine unter dem Leibe weg und versteckte Steine lassen Einen mit dem Kopfe voran nieder-

stürzen. Irgendwo kommen Einem solche Dinge stets in den Weg und man sollte daher blos da gleiten, wo man auf etwas Weiches fällt.*

Nahe am Ende des Gletschers konnten wir nicht vermeiden, einen Theil seiner abscheulichen Moränen zu begehen. Um halb zwei Uhr Nachmittags hatten wir sie überwunden und lagerten uns auf elastischem Rasen, denn unser Tagewerk war nun gethan. Eine Stunde später traten wir unsern Marsch wieder an, überschritten

* Beim Gleiten sollte man eine aufrechte Stellung behaupten und die Spitze des Alpenstocks an den Schnee andrücken. Muß man anhalten oder seine Schnelligkeit mäßigen, so lehnt man sich stark auf den Stock, wie unser Bild zeigt.

den Doire-Strom auf einer Brücke etwas unterhalb Gruetta's und waren um fünf Uhr in Courmayeur, so daß wir etwas weniger als zehn Stunden gebraucht hatten. Herr Girdlestone traf mit seiner Gesellschaft fünf Stunden später ein, so daß unser Weg ohne Zweifel kürzer als der über den Col du Géant war. Ich glaube, wir haben den besten Uebergang zwischen Chamouny und Courmayeur entdeckt, der sich irgendwo finden läßt, so lange die Mont-Blanc-Kette in ihrem gegenwärtigen Zustande bleibt.*

---

* Vergleicht man den Col de Triolet mit dem Col de Talèfre, so gewahrt man, welch' ein großer Unterschied hinsichtlich der Bequemlichkeit zwischen zwei Wegen, die fast identisch sind, bestehen kann. Stunden weit sind diese beiden Wege blos eine Viertelstunde von einander entfernt. Auf dem ersteren ist fast jeder Schritt schwierig, während der letztere gar keine Hindernisse darbietet. Der Weg, den wir über den Col de Talèfre fanden, ist vielleicht noch nicht der beste. Möglicherweise kann man vom Kopfe des Triolet-Gletschers direct zu dessen rechtem Rande hinübergehen und spart dann mindestens dreißig Minuten.

Die folgende Liste nennt alle sogenannten Pässe über die Hauptkette des Mont Blanc nebst den Jahren, in denen sie entdeckt worden sind. 1) Col de Trélatête (1864) zwischen der Aiguille du Glacier und der Aiguille du Trélatête; 2) Col de Miage, zwischen der Aiguille de Miage und der Aiguille de Bionnassay; 3) Col du Dôme (1865) über den Dôme du Goûter; 4) Col du Mont Blanc (1868) über den Mont Blanc; 5) Col de la Brenva (1865) zwischen dem Mont Blanc und dem Mont Maudit; 6) Col de la Tour Ronde; (1867) über die Tour Ronde; 7) Col du Géant, zwischen der Tour Ronde und den Aiguilles Marbrées; 8) Col Pierre Joseph (1866) über die Aiguille de l'Eboulement; 9) Col de Talèfre (1865), zwischen den Aiguilles Talèfre und Triolet; 10) Col de Triolet (1864), zwischen denselben Nadeln; 11) Col Dolent (1865), zwischen der Aiguille de Triolet und dem Mont Dolent; 12) Col d'Argentière (1861), zwischen dem Mont Dolent und der Tour Noir; 13) Col du Chardonnet (1863), zwischen den Aiguilles d'Argentière und Chardonnet; 14) Col du Tour, zwischen den Aiguilles Chardonnet und Tour.

Zwanzigstes Kapitel.

Ersteigung der Ruinette. Das Matterhorn.

Ich hatte jetzt die sämmtlichen Ersteigungen, die in meinem Programm standen, ausgeführt. Blos das Matterhorn blieb noch übrig und zu ihm wendeten wir uns jetzt, nahmen unsern Weg aber nicht über das Val Tournanche, sondern wanderten quer durch das Land und erstiegen unterwegs den Gipfel der Ruinette.

Die Nacht des 4. Juli verbrachten wir in Aosta unter dem Dache des heitern Tairraz, und am 5. gingen wir über das Val d'Ollomont und den Col de la Fenêtre (9140 Fuß) nach Chermontane. Die nächste Nacht schliefen wir in den Sennhütten von Chanrion — die ihrer Unreinlichkeit wegen von Jedermann vermieden werden sollten — verließen sie am nächsten Morgen um halb vier Uhr, gingen nach einem kurzen Klettern über den darüberliegenden Abhang und einer halbstündigen Wanderung auf dem Breney-Gletscher direct zur Ruinette hinüber und stiegen fast schnurgerade aufwärts. Ich glaube nicht, daß es in den Alpen noch einen zweiten Berg von derselben Höhe giebt, der sich so leicht ersteigen ließe. Man braucht blos aufwärts zu gehen und auf der südlichen Seite kann man sogar fast jede beliebige Richtung wählen.

So obenhin ich hier von einem sehr achtbaren Gipfel spreche, will ich mit der Aussicht desselben nicht ebenso verfahren. Er hat im Verhältniß zu den übrigen penninischen Alpen die glücklichste Lage und ist als Standpunkt schwer zu übertreffen. Man sieht Berge und nichts als Berge. Es ist eine ernste, man möchte sagen düstere Aussicht, aber höchst großartig. Der große Combin (14 164 Fuß), dem die ganze Mont-Blanc-Kette zum edlen Hintergrunde dient, stellt sich von keinem Punkte so mächtig dar als von hier. In der entgegengesetzten Richtung ragt das Matterhorn über Alles empor. Der Dent d'Herens sieht, obgleich er näher ist, wie ein bloßer Vorsprung seines großen Nachbars aus und der dahinter hervorleuchtende Schnee des Monte Rosa scheint keinen andern Zweck zu haben, als den Klippen im Vordergrunde Relief zu verleihen. Gegen Süden zieht eine endlose Reihe von Becs und Beccas, von den großen italienischen Gipfeln gestützt, während im Norden der Mont Pleureur (12 159 Fuß) blos in dem entfernten Wildstrubel einen Nebenbuhler hat.

Um ein Viertel auf zehn Uhr erreichten wir den Gipfel* und blieben anderthalb Stunden oben. Meine gewissenhaften Führer erinnerten mich jetzt, daß Prerayen, unsere Bestimmung, noch weit entfernt und bis dahin noch zwei hohe Grate zu überschreiten wären. Wir nahmen also unser Gepäck wieder auf und gingen weiter, nach-

* Nachdem wir den Breney-Gletscher überschritten hatten, stiegen wir über Trümmer und dann über Klippen zu dem Gletscher hinauf, der den Gipfel im Süden umgiebt, wendeten uns dann links oder westlich und gingen am Rande des Gletschers weiter, um schließlich dem Kamm des Grats, der nach Südwesten hinabgeht, bis zum Gipfel (12 727 Fuß) zu folgen.

dem wir zuvor aus den Gneisblöcken, mit denen der Gipfel bestreut ist, eine mächtige Pyramide gebaut hatten. Dann trabten wir die Abhänge der Ruinette hinunter, nahmen unsern weitern Weg über den Breney-Gletscher und überschritten dann einen Paß, der, wenn er überhaupt diesen Namen verdient, nach dem benachbarten Gipfel der Col des Portons genannt werden kann. Von dort wendeten wir uns über den großen Otemma-Gletscher gegen den Col d'Olen.

Der Theil des Gletschers, den wir überschritten, war mit Schnee bedeckt, der seine zahlreichen Wolfsgruben vollständig bedeckt. Wir gingen in einer einzelnen Reihe und natürlich ans Seil gebunden über ihn weg. Plötzlich verschwand Almer bis an die Schultern in einer Spalte. Sogleich zog ich das Seil an, aber dabei wich der Schnee unter meinen Füßen, so daß ich meine Arme ausbreiten mußte, um meinen Fall aufzuhalten. Biener hielt fest, erzählte aber später, daß auch seine Füße eingesunken wären, so daß wir einen Augenblick lang alle drei im Rachen der Spalte gesteckt hatten. Jetzt änderten wir unsern Weg, so daß wir die Risse in der Quere überschritten, schlugen, nachdem wir über die Mitte des Gletschers hinaus waren, wieder eine andere Richtung ein und gingen nun direct auf den Gipfel des Col d'Olen los.

Nach meinen frühern Bemerkungen brauche ich kaum zu sagen, daß ich beim Begehen eines mit Schnee bedeckten Gletschers stets das Seil benutze. Viele der besten Führer lieben das Seil nicht, besonders am frühen Morgen, wenn der Schnee noch hart ist. Sie protestiren zuweilen, weil sie es für unnöthig halten. Von Schnee überbrückte Spalten lassen sich fast immer an den Wellenlinien der Oberfläche erkennen; der Schnee sinkt hinein und Vertiefungen bezeichnen die Richtung der Abgründe. Ein erfahrener Führer erkennt diese Falten, mögen sie auch noch so schwach angedeutet sein, hält sich seitwärts von ihnen und bricht selten durch. Er glaubt das Seil nicht zu gebrauchen, weil er keinen Fehler machen wird. Auch Michel Croz dachte so und pflegte zu sagen, blos Narren und Kinder brauchten am Morgen festgebunden zu werden. Meine Antwort war die, daß ich in dieser Sache gegen ihn ein Kind sei. „Sie sehen diese Dinge, mein guter Croz, und vermeiden sie. Ich sehe sie nicht, wenn Sie nicht mit den Fingern darauf zeigen, und folglich ist für mich eine Gefahr, was für Sie keine ist.“ Je erfahrener das Auge wird, um so weniger braucht man das Seil als Schutzmittel gegen verborgene Wolfsgruben, aber so scharf lernt man nie sehen, daß man sie mit unbedingter Sicherheit vermeiden könnte. Und zum Beweise dessen habe ich erzählt, was uns auf dem Otemma-Gletscher in dieser Beziehung begegnet ist.

Ich erinnere mich noch genau an meinen ersten Gang über den Col Theodule, den bequemsten aller höhern Gletscherpässe. Wir hatten ein Seil, aber mein Führer erklärte es für unnöthig, weil er alle Spalten kenne. Wir waren indessen noch keine Viertelstunde gegangen, als wir bis an den Hals durch den Schnee in eine Spalte fuhren. Er war ein schwerer Mann und würde sich allein kaum haben heraushelfen können, wenigstens nahm er meine Hülfe sehr gern an. Als er wieder auf den Beinen stand, sagte er: „Das hätte ich nicht gedacht, daß hier eine Spalte sei.“ Nun sprach er nicht mehr gegen das Seil und ich ging mit viel mehr Seelenruhe weiter. Seitdem habe ich den Paß noch dreizehnmal überschritten und immer auf dem Anbinden bestanden.

Der eigentliche Grund, weshalb die Führer auf Gletschern mit einer Schneedecke vom Seil nichts wissen wollen, liegt darin, daß sie von ihren Gefährten ausgelacht werden. Auch davon machte ich auf dem Theodule eine Erfahrung. Als wir das Eis erreichten, wollte ich festgebunden werden. Mein Führer, ein Mann aus Zermatt mit einem gewissen Ruf, antwortete, daß in diesem Passe Niemand das Seil anwende. Ich ließ mich aber auf nichts ein und das Seil wurde benutzt, aber sehr gegen den Wunsch meines Begleiters, der mehrmals wiederholte, daß er für immer lächerlich werde, wenn ihm einer seiner Bekannten begegnete. Wir waren noch nicht weit gegangen, als wir einen Zug entgegenkommen sahen. „O weh!“ rief mein Führer, „da ist R. (ein Führer des Riffel-Hotels für die Besteigung des Monte Rosa); nun kommt es, wie ich sagte, das Lachen über mich hört nicht auf.“ R. hatte eine ganze Reihe Bergsteiger hinter sich, die nicht am Seil gingen, und trug eine Maske, um sich gegen die Kälte zu schützen. Als wir vorüber waren, sagte ich: „Wenn R. Sie neckt, so fragen Sie ihn, weshalb er so sehr um die Haut seines Gesichts besorgt ist, die in einer Woche wieder wächst, und an die Erhaltung seines Lebens, das er doch nur einmal verlieren kann, nicht denkt.“ Das war für meinen Führer eine ganz neue Idee und so lange wir noch beisammen waren, sprach er nicht mehr gegen den Gebrauch des Seils.

Der Widerwille gegen den Gebrauch des Seils, den geborene Aelpler nicht selten aussprechen, entsteht bei erfahrenen Männern aus dem Bewußtsein, daß sie selbst wenig Gefahr laufen, bei untergeordneten Leuten aus der Furcht, lächerlich zu werden, und aus dem Nachäffen besserer Leute, drittens aber auch aus einer Unwissenheit oder Nachlässigkeit. Gleichviel, welche dieser Ursachen vorhanden ist, muß ich mich gegen die Vernachlässigung einer so einfachen und nützlichen Vorsicht erklären. Nach meiner Ansicht hat man auf Gletscherreisen nichts nöthiger als gute Seile in Menge.

Im Jahre 1864 wurde vom englischen Alpenclub ein Ausschuß ernannt, der die passendsten Seile für Alpenreisen ausfindig machen sollte und zwei Arten empfahl, wie sie sich besser nicht finden werden. Das eine Seil wird aus Manila-, das andere aus italienischem Hanf gemacht. Das erste ist das schwerste und wiegt im laufenden Fuß etwas über eine Unze (103 Unzen auf 100 Fuß). Das letztere wiegt 70 Unzen auf 100 Fuß, aber ich ziehe das Manilaseil vor, weil es sich leichter handhaben läßt. Beide Seile halten 168 Pfund aus, die 10 Fuß tief fallen, oder 196 Pfund die 8 Fuß fallen, und reißen erst bei einem todten Gewicht von zwei Tonnen. Im Jahre 1865 hatten wir 200 Fuß Manilaseil bei uns und ließen uns die Unbequemlichkeit, die sein Gewicht her-

vorrief, gern gefallen, weil es uns so große Sicherheit gewährte. Mehrmals war es uns nützlicher als ein zweiter Führer.

Nun zu dem Gebrauch des Seils. Es giebt eine richtige und eine falsche Benutzung desselben. In Gletscherpässen begegne ich häufig elegant gekleideten Personen, die offenbar nicht in ihrem Element sind, und denen ein Führer vorausgeht, der sich um sein unschuldiges Gefolge nicht kümmert. Der Form wegen sind sie an einander gebunden, haben aber augenscheinlich keine Idee, weshalb das geschieht, denn sie gehen neben oder dicht hintereinander und lassen das Seil auf dem Schnee schleppen. Fällt Einer in eine Spalte, so sehen die Andern sich an und sagen: „Nun, was macht denn Schulze da?" bis sie vielleicht Alle hinterher fallen. Das ist die falsche Benutzung, der Mißbrauch des Seils.

Es ist von der höchsten Wichtigkeit, daß das Seil von Mann zu Mann straff bleibt. Ist das nicht der Fall, so giebt es keine wirkliche Sicherheit und die Gefahr kann sich sogar bedeutend vergrößern. Wenn das Seil straff bleibt, so macht es wenig oder gar keine Schwierigkeit, Jemand zu retten, der durch eine Schneebrücke in eine Spalte durchbricht, aber die Sache kann recht bös werden, wenn Zwei zugleich und dicht neben einander hineinfallen, und blos Zwei ihnen helfen können, oder vielleicht nur Einer. Ferner sollte man das Seil nie auf Schnee, Eis oder Felsen hinschleifen,

Die richtige Art das Seil zu gebrauchen.

denn die Faden leiden dadurch und das Leben einer ganzen Gesellschaft kann in Gefahr kommen. Davon zu schweigen, ist es höchst lästig, wenn einem ein Seil gegen die Füße schlägt. Machen die Umstände es unmöglich, das Seil straff zu halten, so sollen die hinten gehenden Männer es um die Hände wickeln,* damit es die Vordern nicht belästigt. Jemand muß einfältig, nachlässig oder selbstsüchtig sein, wenn er seinem Vormann das Seil zwischen die Füße kommen läßt.

* Wenn z. B. der erste Führer eine Spalte vermuthet und nach ihr sondirt, wie es oben in der Zeichnung dargestellt ist, so verliert er gewöhnlich einen halben Schritt oder mehr. Der zweite Mann muß nun das Seil um die Hand schlingen, um es an sich ziehen zu können, wenn der erste durchbricht.

Die Entfernung von Mann zu Mann darf weder zu groß noch zu klein sein. Etwa zwölf Fuß sind die richtige Weite. Sind blos zwei oder drei Personen vorhanden, so ist es klug, etwas mehr, vielleicht fünfzehn Fuß, zu gestatten. Noch mehr Zwischenraum zu lassen ist unnöthig und weniger als neun bis zehn Fuß wird gefährlich.

Es ist wesentlich, das Seil von Zeit zu Zeit zu untersuchen, ob es noch in gutem Zustande ist. Wer vorsichtig ist, wird dies jeden Tag selbst thun. In der letzten Zeit habe ich alle Abend jeden Zoll meines Seiles geprüft und mehr als einmal gefunden, daß die Fäden durch zufällige Reibungen mehr als halb durchgescheuert waren.

Bisher sprach ich von dem Nutzen des Seiles auf Ebenen und mit Schnee bedeckten Gletschern, wo es zum Schutz gegen versteckte Spalten dient. Auf Felsen und an Abhängen hat es einen andern Zweck, nämlich beim Ausgleiten aufzuhalten und hier ist es ebenso wichtig, daß man es straff hält und die richtige Weite von Einem zum Andern beobachtet. Dieses Straffhalten ist auf Abhängen weit schwieriger als auf Ebenen, und auf manchen Klippen wird es ganz unmöglich, wenn man nicht den Plan befolgt, immer nur Einer auf einmal vorzugehen.

Auf bequemem Gestein hat man das Seil nicht nöthig und soll jeden unnützen Gebrauch vermeiden, weil er leicht sorglos macht. Auf schwierigen Felsen und auf Schneehängen (die man häufig als Eisfelder bezeichnen hört) ist es ein großer Vortheil, zusammengebunden zu sein, vorausgesetzt, daß das Seil richtig behandelt wird; aber auf wirklichen Eisfeldern, wie das am Col Dolent (S. 427), oder auf Hängen, wo das Eis mit kleinen und losen Steinen gemischt ist, wie auf dem obern Theil der Pointe des Ecrins (S. 258), wird das Seil beinahe nutzlos, weil das Ausgleiten einer Person die ganze Gesellschaft zum Sturz bringen kann.* Damit will ich übrigens nicht sagen, daß man sich auf solchen Hängen nicht zusammenbinden sollte. Man gewinnt dadurch ein größeres Vertrauen und vermehrt dadurch seine Sicherheit. Fraglicher ist, ob Menschen solche Stellen überhaupt betreten sollen. Wer auf einer Treppe, die in einen Eishang eingehauen ist, auf seinen Füßen zu bleiben vermag, der mag diese eigenthümliche Art von Treppe benutzen. Kann er das nicht, so thut er besser, von solchen Plätzen fern zu bleiben.**

Ich glaube nun von dem Gebrauch des Seils genug gesagt zu haben. Wer einen einzigen Tag an den Bergen klettert, der

---

* Wenn verschiedene Personen solche Stellen hinuntergehen, so kann natürlich der letzte Mann vom Seil keinen Nutzen ziehen und brauchte sich eigentlich nicht anzubinden. Dies ist zum Theil der Grund, weshalb man den stärksten und festesten Mann hinten gehen läßt. Obgleich man dies keine unnütze Vorsicht nennen darf, würde sie doch keinen Sinn haben, wenn es richtig ist, daß ein einziges Ausgleiten die ganze Gesellschaft zum Sturz bringen muß. Der beste Plan, den ich kenne, ist der, welchen wir beim Herabsteigen vom Col Dolent befolgten, nämlich einen Mann voran gehen zu lassen, bis er einen sichern Punkt erreicht. Dort bindet er sich los, das Seil wird heraufgezogen, ein Zweiter steigt zu ihm hinunter und so geht es fort bis zum Letzten. Dieser Letzte hat den schwierigsten Posten und muß der tüchtigste Mann sein, aber er läuft nicht die Gefahr, daß seine Gefährten ausgleiten, und diese ziehen das Seil natürlich an sich, während er heruntersteigt, so daß seine Lage sichrer ist, als wenn er allein sich selbst überlassen bliebe.

** Hinsichtlich dieses Gegenstandes verweise ich auf S. 135. Nimmt Jemand an einem Unternehmen Theil und sieht dasselbe so schwierig werden, daß er sein Gleichgewicht nur mit großer Mühe behaupten kann, so soll er sich sofort zurückziehen, um nicht das Leben Anderer in Gefahr zu bringen. Ich weiß recht gut, daß der Rücktritt einer Person aus solchen Gründen gewöhnlich die Umkehr eines Zweiten zur Folge haben und manches Unternehmen daran scheitern würde. Mit dieser Furcht vor den Augen gehen manche Leute weiter, obgleich sie recht gut wissen, daß sie es eigentlich nicht thun sollten. Sie wollen ihren Gefährten den Spaß nicht verderben, aber häufig leiden sie Seelenqualen, ihre Standhaftigkeit wird dadurch erschüttert und leicht tritt etwas Schlimmeres ein als das Aufgeben eines Ausflugs. Die Moral ist, nimm genug Führer mit.

wird von dem Werth eines guten Seils und von den zahlreichen Zwecken, denen es dient, einen bessern Begriff bekommen, als er sich in allen Schriften der Welt verschaffen kann, aber in der Behandlung des Seils wird er nur nach vielen Erfahrungen recht geschickt werden.

Vom Col d'Olen gingen wir über den Combe desselben Namens nach den Sennhütten von Prerayen hinunter und schliefen bei unserm alten Bekannten, dem reichen Viehzüchter. Am 7. überschritten wir auf der Straße nach Breil den Va-Cornère-Paß. Meine Gedanken waren auf das Matterhorn gerichtet und meine Führer wußten, daß ich ihre Begleitung wünsche. Sie hatten gegen den Berg eine Abneigung und sprachen wiederholt ihre Ueberzeugung aus, daß er sich nicht ersteigen lasse. „Alles, nur nicht das Matterhorn, mein lieber Herr," sagte Almer, „Alles, nur nicht das Matterhorn." An Schwierigkeiten oder Gefahren dachte er nicht und fürchtete sich auch vor den Arbeiten nicht. Er erbot sich, mich überall hin zu begleiten, aber das Matterhorn müsse ich aufgeben. Biener sprach sich eben so offen aus. Beide Führer hielten eine Ersteigung für unmöglich und wollten um ihres eigenen Rufes willen und auch meinetwegen von einem Geschäft nichts wissen, das nach ihrer Ansicht ein bloßer Geld- und Zeitverlust war.

Ich ließ sie auf einem kürzeren Wege nach Breil vorausgehen und ging nach dem Val Tournanche, um Johann Anton Carrel aufzusuchen. Er war nicht anwesend. Die Bauern sagten, daß er mit drei Andern am 6. aufgebrochen sei, um das Matterhorn auf seine eigene Rechnung und auf dem alten Wege zu ersteigen. Sie werden kein Glück haben, dachte ich, denn die Wolken lagen dicht auf den Bergen, und ging nach Breil, wo ich ihnen zu begegnen sicher erwartete. Ich täuschte mich auch nicht. Etwa halbwegs sah ich eine Gruppe Menschen vor einer Sennhütte jenseits des Flusses stehen, ging hinüber und fand die zurückgekehrte Gesellschaft: Johann Anton und Cäsar Carrel, Gorret und Maquignaz. Sie hatten nichts ausgerichtet, denn das Wetter war, wie sie mir mittheilten, allerdings abscheulich gewesen und hatte sie kaum den Gletscher du Lion erreichen lassen.

Ich erklärte Carrel meinen Plan, mit ihm, Cäsar und einem Dritten am 9. bei Mondschein über den Theodule zu gehen und am 10. unser Zelt so hoch wie möglich auf der Ostseite aufzuschlagen. Er wollte den alten Weg nicht aufgeben und drängte mich, ihn noch einmal zu versuchen. Ich versprach ihm das, falls der neue Weg sich nicht bewähre. Damit war er einverstanden und nahm meinen Antrag an. Nun ging ich nach Breil und lohnte Almer und Biener ab — sehr ungern, denn nie haben zwei Führer mir treuer und williger gedient.* Am nächsten Tage gingen sie nach Zermatt.

Der 8. verging mit Vorbereitungen. Das Wetter war stürmisch und schwarze Regenwolken verdunkelten die Berge. Gegen Abend kam ein junger Mann von Val Tournanche und erzählte, daß dort ein schwerkranker Engländer liege. Nun war die Zeit zur Erfüllung meines Gelübdes gekommen** und am nächsten Tage ging ich das Thal hinunter, um den Kranken zu besuchen. Unterwegs begegnete ich einem fremden Herrn mit einem Maulthier und mehreren Trägern, die mit Gepäck beladen waren. Unter den letztern befanden sich Johann Anton und Cäsar Carrel, welche einige Barometer trugen. „Was machen Sie da?" sagte ich. Der Fremde, antworteten sie, wäre angekommen, als sie eben hätten aufbrechen wollen, und sie leisteten nun seinen Trägern Hülfe. „Schön; gehen Sie nach Breil und erwarten Sie mich dort; um Mitternacht brechen wir, wie Sie

* In den letzten achtzehn Tagen, ausschließlich der Sonn- und Festtage, waren wir mehr als 100000 Fuß hinauf und 98000 hinuntergestiegen.

** S. S. 145.

wissen, auf.“ Johann Anton sagte nun, daß er mir nach dem 11. nicht dienen könne, da er sich verpflichtet habe, eine vornehme Familie in das Thal von Aosta zu begleiten. „Und Cäsar?“ „Cäsar geht auch mit.“ „Weshalb sagten Sie das nicht früher?“ „Weil die Sache noch nicht fest stand,“ antwortete er. „Verpflichtet haben wir uns vor langer Zeit, aber der Tag war nicht bestimmt worden. Als ich in der Freitagnacht, nachdem ich Sie verlassen hatte, in Val Tournanche ankam, fand ich einen Brief, der den Tag benannte.“ Darauf ließ sich nichts antworten, so unangenehm auch die Aussicht war, ohne Führer zu bleiben. Sie gingen das Thal hinauf und ich hinunter.

Der Kranke erklärte sich für besser, obgleich die Anstrengung, diese Worte zu sprechen, ihn ohnmächtig auf den Fußboden fallen ließ. Da es ihm an Arznei fehlte, so trabte ich nach Chatillon hinunter, um sie zu holen. Es wurde spät, ehe ich nach Val Tournanche zurückkam, denn das Wetter war stürmisch und es regnete in Strömen. Unter dem Vorbau der Kirchenthür ging eine Gestalt vorbei. „Wer da?“ „Johann Anton.“ „Ich dachte, Sie wären in Breil.“ „Nein, mein Herr; als die Stürme kamen, wußte ich, daß wir heute Nacht nicht aufbrechen konnten, und will deshalb hier schlafen.“ „Carrel,“ sagte ich, „das ist ein großer Unsinn. Wenn es morgen nicht schön wird, so läßt sich für uns nichts thun. Ich habe meine Führer fortgeschickt, weil ich Ihnen vertraute, und nun verlassen Sie mich, um eine Damengesellschaft zu begleiten. Das ist keine Arbeit für einen Mann wie Sie (über dieses Compliment lächelte er); können Sie statt Ihrer keinen Andern schicken?“ „Nein, mein Herr. Es thut mir leid, aber mein Wort ist verpfändet. Ich würde Sie gern begleiten, aber ich muß meiner Verpflichtung treu bleiben.“ Inzwischen waren wir an der Thür des Gasthofs angekommen. „Ich kann Ihnen keinen Vorwurf machen. Holen

Sie Cäsar und trinken Sie ein Glas Wein mit mir." Beide kamen und wir saßen bis Mitternacht zusammen und erzählten uns von alten Erlebnissen.

Am 10. blieb das Wetter schlecht und ich kehrte nach Breil zurück. Die beiden Carrels trieben sich wieder bei der erwähnten Sennhütte umher und ich sagte ihnen Lebewohl. Am Abend war der Kranke besser und kroch aus dem Bette, aber außer ihm kam Niemand. Wegen der beständigen Stürme ging der gewöhnliche Montags-Schwarm* nicht über den Theodule. Der Gasthof blieb einsam. Ich ging früh zu Bett und wurde am nächsten Morgen durch die Frage des Kranken geweckt, ob ich die Neuigkeit gehört habe. „Nein, was giebt es denn Neues?" „Nun," sagte er, „eine große Gesellschaft von Führern versucht heute Morgen eine Ersteigung des Matterhorns und wird von einem Maulesel mit Lebensmitteln begleitet."

Ich ging vor die Thür und erblickte durch mein Fernrohr die Gesellschaft, die eben die unteren Abhänge des Berges erstieg. Favre, der Wirth, stand neben mir. „Was geht da vor?" fragte ich. „Wer ist der Führer dieser Gesellschaft?" „Carrel!" „Wie, Johann Anton." „Ja, Johann Anton." „Ist Cäsar auch dabei?" „Ja wohl." Nun sah ich im Augenblick, wie ich an der Nase geführt worden war, und erfuhr nach und nach, daß die Sache vor langer Zeit verabredet worden war. Die Wanderung vom 6. war eine vorläufige Besichtigung gewesen, das Maulthier, bei dem ich vorbeigekommen war, hatte Lebensmittel zum Berge getragen, und die vornehme Familie war Signor F. Giordano, welcher die Führer eben abgeschickt hatte, um einen Weg zum Gipfel zu ermitteln, und

* Die Touristen sammeln sich gewöhnlich Sonntags in Zermatt und gehen Montags in großen Schwärmen und Zügen über den Theodule-Paß.

ihnen, wenn dies geschehen war, mit Signor Sella* auf den Gipfel folgen wollte.

Ich war nicht wenig ärgerlich. Meine Pläne waren vereitelt, denn die Italiener waren mir um einen Tag voraus, und ich sah die heimliche Freude des schlauen Favre über meine Niederlage, weil mein Weg auf der Ostseite, wenn er der richtige war, seinem Gasthof keinen Nutzen brachte. Was ließ sich thun? Ich ging auf mein Zimmer, beruhigte mich durch eine Cigarre und nahm meine Pläne wieder vor, um zu überlegen, ob ich den Italienern nicht zuvorkommen könne. „Sie haben eine Maulthierladung Lebensmittel mitgenommen.“ Das war ein Punkt, der zu meinen Gunsten sprach, denn sie brauchten zwei bis drei Tage, um sich durch diese Masse Speisen durchzuarbeiten, und gingen vorher an keine Arbeit. „Wie ist das Wetter?“ Ich trat ans Fenster; der Berg war in Nebel gehüllt. Wieder ein Punkt zu meinen Gunsten. „Die Führer sollen den Weg ermitteln.“ Schön, wenn sie das gründlich thun, so wird der Spaß ein langer. Alles in Allem rechnete ich, daß sie mindestens sieben Tage brauchten, um den Berg zu ersteigen und nach Breil zurückzukommen. Ich wurde kühler, denn offenbar ließen diese Listigen sich überlisten. Es blieb mir Zeit genug, nach Zermatt zu gehen, mit der Ostseite einen Versuch zu machen und, falls sie sich ungangbar erwies, vor der Rückkehr der Italiener in Breil zurück zu sein. Da kein Schloß vor dem Berge lag, so konnte ich ja mit jenen Herrn zugleich aufbrechen und den Gipfel eher als sie erreichen.

Zunächst mußte ich nach Zermatt gehen. Das war leichter gesagt als gethan. Die sieben Führer auf dem Berge waren die

* Der italienische Minister. Signor Giordano hatte für Signor Sella alle Vorbereitungen getroffen.

besten Leute des Thals und von den gewöhnlichen Maulthiertreibern befand sich keiner in Breil. Ich brauchte für mein Gepäck mindestens zwei Leute, aber nicht eine Seele war zu finden. Ich lief umher und schickte nach allen Richtungen Boten aus, aber nicht ein einziger Träger war zu bekommen. Einer befand sich bei Carrel, ein zweiter lag krank im Bett, ein dritter war in Chatillon u. s. w. Selbst Meynet, der Bucklige, ließ sich nicht gewinnen, weil er beim Käsemachen war. Ich war in der Lage eines Generals ohne Armee; Pläne konnte ich machen, aber zur Ausführung fehlten mir die Leute. Trotzdem machte ich mir keine Unruhe, denn so lange das Wetter dem Verkehr über den Theodule Halt gebot, hinderte es auch die Leute auf dem Matterhorn, und sowie es besser wurde, traf ganz gewiß Gesellschaft ein.

Am Mittag des 11. kam von Zermatt her eine große Gesellschaft in Sicht, der ein schlanker junger Engländer und einer von den Söhnen des alten Peter Taugwalder vorangingen.* Ich begab mich sogleich zu diesem Herrn, um zu erfahren, ob er Taugwalder entbehren könnte. Er verneinte diese Frage, da er morgen nach Zermatt zurückgehe, aber der junge Mann könne mir ja bei meinem Gepäck helfen, da er nichts zu tragen habe. Natürlich kamen wir in ein Gespräch. Ich erzählte meine Geschichte und hörte, daß der junge Engländer Lord Francis Douglas** sei, dessen letzte That — die Ersteigung des Gabelhorns — mein Staunen und meine Bewunderung erregt hatte. Er theilte mir gute Neuigkeiten mit. Der alte Peter war neulich jenseits des Hörnli gewesen und hatte berichtet, daß er eine Ersteigung des Matterhorns auf

* Peter Taugwalder, der Vater, heißt der alte Peter, um ihn von seinem ältesten Sohn, dem jungen Peter, zu unterscheiden. 1865 war der Vater etwa 45 Jahre alt.

** Er war der Bruder des gegenwärtigen Marquis von Queensberry.

jener Seite für möglich halte. Da Almer Zermatt verlassen hatte und nicht wieder zu erlangen war, so beschloß ich, den alten Peter aufzusuchen. Lord Francis Douglas sprach den warmen Wunsch aus, den Berg zu ersteigen, was mir sehr angenehm war, und bald hatten wir die Verabredung getroffen, daß er sich bei unserm Unternehmen betheiligen solle.

Favre konnte unsere Abreise nicht länger hindern und lieh uns einen seiner Leute. Am Mittwoch Morgen stiegen wir über Col Theodule, umgingen den Fuß des oberen Theodule-Gletschers, überschritten den Furggen-Gletscher und legten Zelt, Decken, Seile und andere Gegenstände in der kleinen Kapelle am Schwarzsee nieder.* Wir waren alle vier schwer beladen, denn ich hatte meine ganzen Vorräthe von Breil mitgenommen. Unsere Seile allein waren 600 Fuß lang. Wir hatten drei Arten, nämlich Manila-Seile von 200 Fuß Länge, 150 Fuß von einer dickern und wahrscheinlich auch stärkern Art, endlich 200 Fuß leichte und schwächere Seile, wie ich sie bei früheren Bergersteigungen zu benutzen pflegte.

Wir gingen nach Zermatt hinunter, suchten und gewannen den alten Peter und gaben ihm die Erlaubniß, einen zweiten Führer zu wählen. Als wir ins Monte-Rosa-Hotel zurückkehrten, saß mein alter Oberführer Michel Croz vor dem Hause an der Mauer. Ich glaubte, daß er mit Herrn B. gekommen sei, hörte aber, daß jener Herr in Chamouny krank geworden und nach England zurückgekehrt sei. Croz war nun gleich bei dem Geistlichen Charles Hudson in Dienst getreten und mit ihm zu demselben Zweck, den auch wir verfolgten, nach Zermatt gekommen, nämlich um die Ersteigung des Matterhorns zu versuchen.

---

* Hinsichtlich dieser und der andern Wege, die ich in den folgenden Kapiteln erwähne, vergleiche man die Karte des Matterhorns und seiner Gletscher.

Ich aß mit Lord Francis Douglas in Monte-Rosa-Hotel und wollte eben vom Tisch aufstehen, als Herr Hudson und sein Freund in den Speisesaal traten. Sie kamen von einer Besichtigung des Berges zurück und wurden von einigen Gästen nach ihren Absichten befragt. Wir hörten nun Croz' Angaben bestätigt und erfuhren zugleich, daß Herr Hudson am nächsten Morgen in derselben Stunde wie wir aufbrechen wollte. Wir verließen das Zimmer, um eine Berathung zu halten, und stimmten darin überein, daß es nicht wünschenswerth sei, wenn zwei getrennte Gesellschaften in derselben Zeit und zu demselben Zwecke auf dem Berge seien. Herr Hudson wurde also eingeladen, sich mit uns zu verbinden, und nahm unsern Antrag an. Ehe ich seinen Freund — Herrn Hadow — zuließ, fragte ich aus Vorsicht, was er in den Alpen gethan habe. Ich erinnere mich noch genau, daß Herr Hudson antwortete: „Herr Hadow hat den Mont Blanc in ungewöhnlich kurzer Zeit erstiegen." Er erwähnte noch mehrere andere Unternehmungen seines Freundes, die mir unbekannt waren, und schloß mit den Worten: „Wir können ihn unbedenklich mitnehmen." Herr Hadow wurde nun ohne weitere Fragen bei unserm Unternehmen als Theilnehmer zugelassen und nun ging es an die Führerfrage. Hudson hielt Croz und den alten Peter für genügend. Wir ließen die Männer selbst entscheiden und sie waren einverstanden.

Croz und ich wurden also abermals Gefährten, und als ich mich auf mein Bett warf und zu schlafen versuchte, staunte ich über die sonderbare Reihe von Zufällen, die uns zuerst getrennt und dann wieder zusammengeführt hatte. Ich dachte an das Mißverständniß, das ihn zu Herrn B. geführt hatte, an seine Abneigung gegen meinen Weg, an seine Empfehlung, unsere Kräfte der Kette des Mont Blanc zu widmen, an den Rücktritt Almer's und Biener's, an Carrel's Abfall, an Lord Francis Douglas' Ankunft und schließlich an unser zufälliges Zusammentreffen in Zermatt. Als mir alle diese Dinge durch den Kopf gingen, mußte ich mich fragen, „was wird nun kommen?" Wäre eines der Glieder dieser verhängniß-vollen Kette von Umständen weggefallen, welche ganz andere Geschichte würde ich dann zu erzählen haben!

Einundzwanzigstes Kapitel.

Die Ersteigung des Matterhorns.

Am 13. Juli brachen wir an einem herrlichen Morgen und bei einem Himmel ohne alle Wolken um halb sechs Uhr von Zermatt auf. Wir waren acht an Zahl, Croz, der alte Peter mit seinen beiden Söhnen,* Lord F. Douglas, Hadow, Hudson ** und ich.

* Die beiden jungen Taugwalder wurden auf den Wunsch ihres Vaters als Träger mitgenommen und trugen Lebensmittel, die für drei Tage ausreichten, so daß wir nicht in Verlegenheit kommen konnten, falls die Ersteigung größere Schwierigkeiten darbot, als wir erwarteten.

** Ich erinnere mich, bei einem Gespräch, das ich vor einigen Jahren mit einem wohlbekannten Bergsteiger hatte, die Bemerkung gemacht zu haben, daß Jemand, der täglich seine sieben deutsche Meilen mache, für einen guten Fußgänger gelten könne. „Für einen leidlichen Fußgänger," antwortete er, „für einen leidlichen." „Was verstehen Sie da unter einem guten Fußgänger?" fragte ich. „Das will ich Ihnen sagen," antwortete er. „Vor einiger Zeit verabredete ich mit einem Freunde eine Reise in die Schweiz, aber kurze Zeit darauf schrieb er mir, daß ihn ein junges und zartes Bürschchen begleiten werde, mit dem man nichts Großes unternehmen könne, da es kaum mehr als neun deutsche Meilen täglich machen könne." „Was wurde aus diesem zarten Jüng-

Um eine stetige Bewegung zu erzielen, gingen immer ein Tourist und ein Eingeborener zusammen. Mir fiel der jüngste Taugwalder zu, der tüchtig zuschritt und ganz glücklich war, daß er an dem Unternehmen theilnehmen und seine Kräfte zeigen konnte. Auch die

---

ling?" „Er lebt." „Und wer ist Ihr merkwürdiger Freund?" „Charles Hudson." Ich glaube aus guten Gründen, daß diese Herren wirklich ihre neun deutsche Meilen täglich machen konnten, aber zu den guten Fußgängern rechne ich sie nicht, sondern zu den ungewöhnlichen.

Charles Hudson, Vicar zu Skillington in der Grafschaft Lincoln, galt unter den Alpenfreunden für den besten Bergsteiger seiner Zeit. Er organisirte und leitete die englische Gesellschaft, die 1855 ohne Führer den Mont Blanc über die Aiguille du Goûter erstieg und den Rückweg auf der Straße der Grands Mulets nahm. Durch lange Uebung war sein Fuß so sicher geworden, daß er in dieser Beziehung einem gebornen Aelpler nicht sehr nachstand. Ich erinnere mich seiner als eines wohlgebauten Mannes von mäßiger Größe und mittlerem Alter, der weder fett noch mager war, ein hübsches Gesicht hatte und mit seinem Ernst bescheidene Manieren verband. Obgleich er riesenstark war, würde er neben Andern nicht aufgefallen sein. Er hatte in den Alpen das Höchste geleistet, war aber der Letzte, der davon sprach. Sein Freund Hadow war ein neunzehnjähriger Jüngling, hatte aber ein älteres Aussehen und Benehmen. Er war ein schneller Fußgänger, doch war er 1865 zum ersten Mal in den Alpen. Lord Francis Douglas war mit Herrn Hadow etwa in gleichem Alter. Er war bereits mehrmals in den Alpen gewesen. Flink wie ein Hirsch, bildete er sich zu einem erfahrenen Bergsteiger aus. Kurz vor unserm Zusammentreffen hatte er mit Jos. Viennin und dem alten Peter das Obergabelhorn erstiegen und mir dadurch eine hohe Meinung von seinen Kräften gegeben, denn ich hatte mir den Berg vor einigen Wochen von allen Seiten angesehen und seine Besteigung als zu schwierig abgelehnt.

Meine persönliche Bekanntschaft mit Herrn Hudson war eine sehr oberflächliche, und doch würde ich mich gern unter seine Leitung gestellt haben, wenn er auf diese, welche ihm eigentlich zukam, Anspruch gemacht hätte. Seine Bekannten werden sich nicht wundern, wenn sie hören, daß er dies blos nicht that, sondern auch bei jeder Gelegenheit die Ansichten und Wünsche seiner Umgebung zu Rath zog. Wir überlegten oft zusammen und unsere Autorität wurde von den Andern anerkannt. Alle Verantwortlichkeit lastete auf uns. Mit Befriedigung erinnere ich mich, daß wir über das, was zu thun, nie verschiedener Meinung waren, und daß zwischen unserer ganzen Gesellschaft stets die schönste Harmonie bestand.

Weinschläuche zu tragen fiel mir zu, und den ganzen Tag lang füllte ich nach jedem Trunk heimlich Wasser zu, so daß sie bei dem nächsten Halt voller als zuvor waren. Dies galt für ein gutes Vorzeichen und für ein halbes Wunder.

Am ersten Tage wollten wir nicht sehr hoch steigen und ließen uns deshalb Zeit. Um ein Viertel auf neun Uhr nahmen wir die Sachen mit, die wir in der Kapelle am Schwarzsee zurückgelassen hatten, und gingen nun den Grat entlang, der das Hörnli mit dem Matterhorn verbindet.* Um halb zwölf Uhr erreichten wir den Fuß des eigentlichen Gipfels, verließen nun den Grat und kletterten auf einigen Leisten zur Ostseite hinüber. Wir befanden uns jetzt ganz auf dem Berge und bemerkten mit Staunen, daß Stellen, die sich von der Riffel und selbst vom Furggen-Gletscher als unzugänglich darstellten, so harmlos waren, daß wir auf ihnen herumlaufen konnten.

Vor zwölf Uhr hatten wir in einer Höhe von 11000 Fuß einen guten Platz für das Zelt gefunden.** Croz und der junge

---

* Ankunft bei der Kapelle 7 Uhr 30 Minuten, Aufbruch von da 8 Uhr 20 Minuten, Halt zur Untersuchung des Wegs 9 Uhr 30 Minuten, Wiederaufbruch 10 Uhr 25 Minuten, Ankunft bei der von Herrn Kennedy 1862 errichteten Pyramide (auf der Karte mit 10820 Fuß bezeichnet) um 11 Uhr 20 Minuten, Aufenthalt dort 10 Minuten. Vom Hörnli bis zu diesem Punkte hielten wir uns möglichst an dem Kamme des Grates. Der größte Theil des Wegs war auffallend bequem, doch gab es einige Stellen, wo das Seil gebraucht werden mußte.

** Bis hierher gingen die Führer nicht ein einziges Mal voran. Bald führte Hudson, bald ich, und mußten Stufen gehauen werden, so thaten wir es selbst. Wir wollten die Führer schonen und ihnen zeigen, daß wir vollen Ernst machten. Bis zu der Stelle, wo wir lagerten — auf der Karte ist sie mit Lager (1865) bezeichnet — hatten wir von Zermatt genau vier Stunden zu gehen. Sie liegt mit dem Furggengrat auf ganz gleicher Höhe und ihre Stelle wird auf der Zeichnung zu S. 347 durch einen kleinen runden weißen Fleck in gleicher Linie mit dem Wort „Lager" bezeichnet.

Peter stiegen höher, um zu sehen, was oben sei, und uns am nächsten Morgen Zeit zu ersparen. Sie gingen quer über die Spitzen der Schneefelder, die gegen den Furggen-Gletscher hinabliefen, und verschwanden um eine Ecke, aber kurz darauf erblickten wir sie hoch oben in rascher Bewegung.

Wir bauten inzwischen an einer geschützten Stelle eine gute Unterlage, auf der wir unser Zelt aufschlagen konnten, und warteten ungeduldig auf die Rückkehr unserer Leute. Die Steine, welche sie aus dem Gleichgewicht brachten, sagten uns, daß sie weit oben seien, und wir mußten annehmen, daß sie einen leichten Weg hatten. Um drei Uhr Nachmittags sahen wir sie endlich, offenbar in großer Aufregung, kommen. „Peter, was meinen Sie, daß sie sagen werden?" „Meine Herren, sie werden gewiß sagen, daß es nicht gut aussieht." Als sie herangekommen waren, hörten wir etwas ganz Anderes. „Alles ist gut, keine Schwierigkeit vorhanden, nicht eine einzige. Wir hätten bequem den Gipfel ersteigen und noch heute zurück sein können."

So lange es hell blieb, sonnten wir uns, oder zeichneten oder sammelten Steine, und als die Sonne uns für morgen einen guten Tag versprechend unterging, gingen wir ins Zelt und richteten uns für die Nacht ein. Hudson kochte Thee, ich Kaffee, und dann zogen wir unsere Decken über uns. Die Taugwalders, Lord Francis Douglas und ich nahmen das Zelt ein, Hudson, Hadow und Croz aber zogen die freie Luft vor. Noch lange wiederhallten die Klippen von unserm Gelächter und von dem Gesange der Führer, denn wir waren in unserm Nachtlager glücklich und dachten an keine Gefahr.

Am nächsten Morgen waren wir vor Tagesanbruch am Zelte versammelt und brachen auf, so wie es zum Gehen hell genug war. Der junge Peter trat jetzt als Führer ein und sein Bruder kehrte nach Zermatt zurück.* Wir folgten dem Wege, der am Tage vorher ermittelt worden war, und bogen nach einigen Minuten um den Vorsprung, der uns die Ostseite von unserm Zelte aus unsichtbar machte. Wir überblickten jetzt diesen ganzen großen Abhang, der gleich einer mächtigen natürlichen Treppe 3000 Fuß hoch aufstieg.** Einige Stellen waren leicht, andere schwieriger zu begehen, aber nicht ein einziges Mal gebot uns ein ernstliches Hinderniß Halt, denn wenn eine schlimme Stelle vor uns lag, ließ sie sich immer rechts oder links umgehen. Auf dem größten Theile des Weges hatten wir das Seil nicht nöthig und bald ging Hudson voran, bald ich. Zwanzig Minuten nach 6 Uhr hatten wir eine Höhe von 12800 Fuß erreicht und ruhten eine halbe Stunde aus. Dann stiegen wir bis kurz vor zehn Uhr ununterbrochen weiter und machten in einer Höhe von 14000 Fuß eine Pause von 50 Minuten. Zweimal trafen wir auf den nordöstlichen Grat und folgten ihm eine kurze Strecke weit,*** jedoch nicht zu unserm Vortheil, denn er war gewöhnlich verfallener und steiler und stets schwieriger als die Bergbreite.† Trotzdem hielten wir uns nahe an ihm, weil

* Ursprünglich wollten wir beide junge Leute zurücklassen. Wir trafen die neue Anordnung, weil die Lebensmittel sich schlecht theilen ließen.

** S. S. 347 ff.

*** Den Weg sieht man auf dem untern Umriß S. 351.

† Man vergleiche die Bemerkungen über Grate und Bergbreiten auf S. 321. Zwischen den Graten, die vom Gipfel zum Hörnli (nordöstlicher Grat) und zum Col du Lion (südwestlicher Grat) führen, hat man keine große Wahl. Beide sind zerrissene, zackige Grate, die ein erfahrener Steiger gern vermeidet, wenn er einen andern Weg finden kann. Auf der nördlichen oder Zermatt-Seite bietet der östliche Abhang einen andern Weg, oder vielmehr eine beliebige Anzahl von Wegen, weil es dort kaum eine Stelle giebt, die sich nicht begehen ließe. Auf der südlichen oder Breil-Seite muß man im allgemeinen dem Grat folgen, und wenn er ungangbar wird, so daß man rechts oder links hinunterklettern muß, hat man immer eine sehr schwierige Aufgabe.

wir, wenn wir uns zu weit davon entfernten, fürchten mußten, von fallenden Steinen getroffen zu werden.*

Wir waren jetzt unter den Theil angelangt, der vom Riffelberg und von Zermatt senkrecht oder wie überhängend aussieht, und konnten auf der Ostseite nicht länger bleiben. Eine kleine Strecke weit stiegen wir auf dem Schnee** des Grats weiter, der nach Zermatt hinuntergeht, und wendeten uns dann in gemeinschaftlicher Uebereinstimmung zu der rechten oder nördlichen Seite. Ehe wir das thaten, veränderten wir unsere Reihenfolge. Croz ging voran, ich folgte, dann kam Hudson; Hadow und der alte Peter waren die Letzten. „Jetzt kommt etwas ganz Anderes," sagte Croz, als er die Leitung übernahm. Die Arbeit wurde schwierig und erforderte Vorsicht. An einigen Stellen gab es wenig Halt und diejenigen mußten vorangehen, welche nicht so leicht ausglitten. Hier war die allgemeine Neigung des Berges weniger als 40 Grad und die Zwischenräume zwischen den Felsschichten hatten sich mit Schnee gefüllt, so daß nur gelegentlich Steine hervortraten. Diese waren

* In den zwei Tagen, die ich auf dem Berge verbrachte, fielen sehr wenige Steine und nicht einer kam uns recht nahe. Andere, welche demselben Wege folgten, waren nicht so glücklich und vernachlässigten vielleicht die nöthige Vorsicht. Es ist eine bemerkenswerthe Thatsache, daß die linke Seitenmoräne des Furggen-Gletschers kaum breiter ist als die rechte, obgleich die erstere alle die Trümmer aufnimmt, welche von den 4000 Fuß hohen Klippen der Ostseite des Matterhorns fallen, während die letztere von ganz unbedeutenden Abhängen genährt wird. Keine der beiden Moränen ist groß. Dies ist ein starker Beweis, daß von der Ostseite nicht viele Steine herunterfallen. Die Neigung der Schichten nach innen erhält die Trümmer an ihren Plätzen. Deshalb scheint die Ostseite, wenn man sie beim Begehen betrachtet, rascher als die andern Seiten zu verwittern, aber in Wahrheit schützt ihr Trümmermantel sie gegen fernere Zerstörung. Auf der Südseite stürzen die Steine, so wie sie sich loslösen; die Arbeit jedes Tages wird täglich fortgeräumt und deshalb bleiben die Wände und Grate nackt und sind neuen Angriffen ausgesetzt.

** Man sieht den Schnee auf der Zeichnung zu S. 317, einen halben Zoll unter dem Gipfel und etwas links.

zuweilen mit einer dünnen Eiskruste überzogen, die sich durch das Schmelzen des Schnees gebildet hatte. Im kleinen Maßstabe hatten wir hier ein Gegenstück der höchsten siebenhundert Fuß der Pointe des Ecrins, nur mit dem wesentlichen Unterschiede, daß jener Gipfel den Winkel von 50 Grad überschritt und das Matterhorn noch nicht an 40 Grad herankam.* Es war eine Stelle, die jeder tüchtige Bergsteiger sicher begehen konnte, und Herr Hudson erstieg sie, wie auch den ganzen Berg, ohne jemals der leisesten Hülfe zu bedürfen. Ich ließ mir von Croz zuweilen die Hand reichen, oder bat ihn, das Seil anzuziehen, und wollte dann Hudson denselben Beistand leisten, aber er lehnte ihn immer als unnöthig ab. Herr Hadow war an diese Art von Arbeit nicht gewöhnt und bedurfte beständiger Unterstützung, doch war es blos sein Mangel an Erfahrung, was ihn in Verlegenheiten brachte.

Dieser einzige schwierige Theil war von keiner großen Ausdehnung.** Zuerst gingen wir etwa 400 Fuß weit und fast in gerader Linie quer über ihn weg, dann stiegen wir etwa 60 Fuß hoch direct gegen den Gipfel empor und wendeten uns nun zu dem Grat zurück, der nach Zermatt hinuntergeht. Nachdem wir um eine ziemlich schlimme Ecke gebogen waren, befanden wir uns wieder auf Schnee. Der letzte Zweifel verschwand jetzt vollständig. Das Matterhorn gehörte uns! Wir hatten blos noch 200 Fuß über bequemen Schnee zu gehen.

Wir müssen uns jetzt in Gedanken zu den sieben Italienern zurückversetzen, die am 11. Juli von Breil aufbrachen. Seit ihrer Abreise waren vier Tage verstrichen, und wir wurden von der Angst gequält, daß sie den Gipfel vor uns erreichen könnten. Auf dem

---

* Dieser Theil war nicht so steil wie die Ostseite im allgemeinen.

** Ich habe keine Erinnerung an die Zeit, die wir brauchten. Sie muß etwa anderthalb Stunden betragen haben.

ganzen Wege hatten wir von ihnen gesprochen und mehrmals Menschen auf der höchsten Spitze zu sehen geglaubt. Je höher wir stiegen, um so größer wurde unsere Aufregung. Wie leicht konnten wir noch im letzten Augenblicke geschlagen werden. Die Steigung

Croz, Croz, kommen Sie hierher!

nahm ab, wir konnten uns endlich losbinden und Croz und ich stellten Kopf an Kopf ein Wettrennen an. Um drei Viertel auf zwei Uhr lag die Welt zu unsern Füßen und das Matterhorn war besiegt. Hurrah! nicht ein Fußstapfen unserer italienischen Nebenbuhler war zu sehen.

Es war noch immer nicht gewiß, daß wir nicht geschlagen worden seien. Der Gipfel des Matterhorns besteht aus einem unebenen Grat von etwa 350 Fuß Länge,* und die Italiener konnten auf dem entgegengesetzten Endpunkte gewesen sein. Ich eilte dorthin und blickte rechts und links über den Schnee, Hurrah, er war nicht betreten worden. „Wo waren die Leute!“ Halb in Zweifel, halb in Erwartung bog ich mich über die Klippe. Sofort sah ich sie, aber als bloße Punkte auf dem Grat und ungeheuer weit unten. Meine Arme und mein Hut flogen in die Höhe. „Croz, kommen Sie hierher!“ „Wo sind sie?“ „Dort, sehen Sie sie nicht, dort unten.“ „Ah, das ist ja hübsch weit unten.“ „Croz, die Leute müssen uns hören.“ Wir schrien, bis wir heiser waren. Die Italiener schienen uns anzusehen, doch war die Sache nicht gewiß. „Croz, sie müssen und sollen uns hören.“ Ich rollte einen Felsblock hinunter und beschwor meinen Gefährten im Namen unserer Freundschaft, dasselbe zu thun. Wir trieben unsere Stöcke in Risse und bald polterte ein Strom von Steinen die Klippe hinunter. Diesmal waren wir unserer Sache gewiß. Die Italiener machten Kehrt und flohen.**

Gern hätte ich gewünscht, daß der Führer jener Gesellschaft in diesem Augenblicke neben uns gestanden hätte, denn unser Sieges-

* Die höchsten Punkte liegen an den Enden. 1865 war der nördliche Endpunkt ein wenig höher als der südliche. Früher hatten Carrel und ich oft davon gesprochen, daß wir, wenn wir den Gipfel erreichten, durch einen Einschnitt im Hauptgrat, der vom Theodule und von Breil (auf dem Umriß zu S. 152 ist er mit D. bezeichnet) deutlich zu sehen ist, von der höchsten Spitze abgeschnitten werden könnten. Dieser Einschnitt sieht von unten bedeutend aus, aber steht man oben, so bemerkt man ihn kaum und überschreitet ihn ohne die mindeste Schwierigkeit.

** Später habe ich gehört, daß Carrel unser erstes Geschrei vernahm. Sie befanden sich gerade auf dem südwestlichen Grat dicht bei der „Cravate“ und 1250 Fuß unter uns.

geschrei sagte ihm, daß er sein höchstes Lebensziel verfehlt habe. Von Allen, die das Matterhorn zu ersteigen versuchten, verdiente er am meisten, den Gipfel zuerst zu erreichen. Er war der Erste, der seine Unersteiglichkeit bezweifelte, und der Einzige, der an dem

Der Gipfel des Matterhorns im Jahre 1865. (Nördliches Ende.)

Glauben festhielt, daß die Ersteigung gelingen werde. Es war sein Lebensziel, seinem heimathlichen Thal zu Ehren den Sieg von der italienischen Seite zu gewinnen. Eine Zeit lang hatte er das Spiel in seiner Hand und glaubte es vorzüglich zu spielen, aber er machte einen Fehler und verlor es. Seitdem haben sich die Zeiten für Carrel geändert. Seine Herrschaft wird in Val Tournanche angefochten, neue Männer sind aufgetaucht und er gilt nicht mehr für den unvergleichlichen Jäger, aber so lange er der Mann bleibt, der er heute ist, wird er nicht so leicht von Jemand übertroffen werden.

Die Andern waren jetzt angekommen und wir gingen zum nördlichen Ende des Grats zurück. Croz ergriff nun die Zeltstange* und pflanzte sie in den höchsten Schnee. „Die Fahnenstange ist da, aber wo ist die Fahne?" sagten wir. „Hier ist sie," sagte er, zog sein Staubhemd aus und band es an den Stab. Es war eine armselige Fahne, und kein Wind blähte sie auf, aber man sah sie doch rings umher. In Zermatt, auf der Riffel, in Val Tournanche wurde sie gesehen. In Breil schrien die Leute: „Wir haben gesiegt!" Ließen für Carrel Bravos, für Italien Lebehochs erschallen und dachten an ein großes Fest. Am nächsten Morgen war es mit ihrer Freude aus, denn die Italiener kehrten traurig und niedergeschlagen zurück. „Da haben wir es," sagten die Leute. „Die alten Sagen sind wahr, es giebt oben auf dem Matterhorn böse Geister. Wir haben sie selbst gesehen, sie warfen mit Steinen nach uns." **

* Bei unserm Aufbruch rechneten meine Leute so sicher auf den Erfolg, daß sie eine der Zeltstangen mitnahmen. Ich sagte, das heiße Gott versuchen, aber sie führten ihren Plan trotzdem aus.

** Signor Giordano war mit seinem Erfolge natürlich unzufrieden und forderte die Leute zu einem zweiten Versuch auf. Mit Ausnahme J. A. Carrel's weigerten sich Alle. Am 16. Juli brach er mit drei Andern abermals auf und erreichte am 17. den Gipfel, indem er zuerst dem südwestlichen Grat folgte und später nach der nordwestlichen oder der Z'Mutt-Seite hinüber ging. Am 18. kehrte er nach Breil zurück.

Während wir auf dem südlichen Ende des Grats standen, beobachteten wir den Theil des Berges, der zwischen uns und den Italienern lag. Diese schienen nicht die mindeste Aussicht auf Erfolg zu haben, wenn sie den höchsten Gipfel direct vom Ende der „Schulter" angriffen. In dieser Richtung stürzten die Klippen so steil ab, daß wir nur eine Strecke weit sehen konnten. Es blieb

Wir kehrten zu dem südlichen Endpunkte des Grates zurück, um dort eine Pyramide zu errichten, und brachten dann der Aussicht unsere Huldigung dar.* Es war einer der ungewöhnlich ruhigen und heiteren Tage, denen gewöhnlich schlechtes Wetter zu folgen pflegt. Die Luft war vollkommen still und von allen Dünsten frei. Berge, die zehn, ja zwanzig deutsche Meilen entfernt waren, zeichneten sich mit scharfen Umrissen ab und sahen ganz nahe aus. Alle ihre Einzelzüge, ihre Grate und Klippen, ihre Schneefelder und Gletscher, ließen sich genau erkennen. Angenehme Erinnerungen an schöne Tage früherer Jahre stellten sich ungebeten ein, als wir die alten vertrauten Formen erkannten. Alle enthüllten sich uns,

---

ihnen nun noch der Weg, über den ich mit Carrel oft gesprochen hatte, d. h. sie mußten zuerst vom Ende der Schulter direct aufsteigen, sich dann links, oder nach der Z'Mutt-Seite wenden und die Ersteigung vom Nordwesten vollenden. Als wir auf dem Gipfel standen, lachten wir über diese Idee. Der Theil des Berges, den ich auf S. 474 beschrieben habe, war nicht leicht zu begehen, obgleich er eine mäßige Steigung hat. Wäre er nur noch um zehn Grad steiler, so würde die Schwierigkeit ungeheuer wachsen, und verdoppelte man seine Steigung, so würde er ungangbar. Der Abhang am südlichem Ende des Gipfelgrats, der gegen Nordwesten hinuntergeht, war viel steiler als der, welchen wir erstiegen, und es kam uns lächerlich vor, daß Jemand in jener Richtung einen Versuch machen könne, während die nördliche Seite um so viel bequemer sei. Trotzdem hat der unerschrockene Carrel den Gipfel auf jenem Wege erreicht. Da ich diese Stelle kenne, und auch von Grove, dem einzigen Touristen, der sie jemals betrat, von ihr gehört habe, so zaudere ich nicht, zu erklären, daß die Ersteigung durch Carrel und Bich im Jahre 1865 die schlimmste Kletterpartie ist, von der man weiß. 1869 fragte ich Carrel, ob er jemals etwas Schwierigeres ausgeführt habe. Seine Antwort war: „Kein Mensch kann etwas thun, was viel schwieriger als das wäre." S. Anhang.

* Der Gipfelgrat war stark verwittert, wenn auch nicht in dem Grade wie der südwestliche und der nordöstliche. Der höchste Felsblock war ein Glimmerschiefer, und das Stück, das ich abbrach, hatte nicht blos den Charakter des Gipfels in einem merkwürdigen Grade, sondern ahmte auch die einzelnen Formen desselben auf eine staunenswerthe Weise nach. Siehe Illustration über dem letzten Kapitel.

nicht einer der Hauptgipfel der Alpen versteckte sich vor uns.* Ich sehe sie jetzt deutlich vor mir, diese näheren Kreise von Riesen mit Ketten, Gebirgsblöcken und Reihen im Hintergrunde. Zuerst kam der Dent Blanche, rauh und groß, das Gabelhorn und das spitze Rothhorn, weiterhin das unvergleichliche Weißhorn, die thurmartigen Mischabelhörner, eingefaßt von Allaleinhorn, Strahlhorn und Rimpfischhorn, dann der Monte Rosa mit seinen vielen Spitzen, der Lyskamm und das Breithorn. Nun folgten die Berge des Berner Oberlandes, beherrscht vom Finsteraarhorn, die Gruppen des Simplon und des St. Gotthard, der Disgrazia und der Orteler. Gegen Süden blickten wir auf Chivasso in der piemontesischen Ebene hinunter und noch weit darüber hinaus. Der zwanzig Meilen entfernte Viso schien dicht neben uns zu stehen, die Seealpen, zwischen denen und uns dreißig Meilen lagen, waren von jedem Dunst frei. Dann kam meine erste Liebe, der Pelvoux, die Ecrins und der Meije, es zeigten sich die Gruppen der Grajischen Alpen, und den Schluß im Westen machte, vom hellsten Sonnenlicht bestrahlt, der Monarch dieser ganzen Gebirgswelt, der Mont Blanc. Zehntausend Fuß unter uns lagen die grünen Felder von Zermatt mit ihren Sennhütten, aus denen blauer Rauch langsam aufstieg. Auf der anderen Seite zeigten sich in einer Tiefe von achttausend Fuß die Weiden von Breil. Da gab es schwarze, düstere Wälder und heitere, sonnige Wiesen, springende Wasserfälle und ruhige Seen, fruchtbare Felder und wüste Einöden, warme Ebenen und kalte Hochflächen, die wildesten Formen und die anmuthigsten Linien, kühne, senkrechte Klippen und wellenförmige Abhänge, düstere und ernste Felsgebirge und weiße schimmernde Schneegebirge mit Mauern,

* Die Südseite des Panoramas sieht man höchst selten unbewölkt. Der Berg kann hundertmal bestiegen werden, ehe man die Aussicht, die uns zu Theil wurde, einmal hat.

Thürmen, Nadeln, Pyramiden, Domen, Kugeln und Spitzen. Es war eine Verbindung von Allem, was die Welt zu geben vermag, und jeder Contrast, den das Herz sich wünschen kann, war vertreten.

Wir verweilten auf dem Gipfel eine Stunde, die uns die herrlichsten Genüsse bot. Sie ging nur zu rasch vorüber, und wir begannen uns nun auf den Rückweg vorzubereiten.

Der Gipfel des Matterhorns (1865).

Zweiundzwanzigstes Kapitel.

Hinuntersteigen vom Matterhorn.*

Hudson und ich hielten eine neue Berathung, in welcher Reihenfolge wir gehen sollten. Für das Beste hielten wir, daß Croz** der Erste und Hadow der Zweite sei. Hudson, der hinsichtlich der Sicherheit seines Fußes einem Führer beinahe gleich zu stellen war,

* Der wesentliche Inhalt dieses Kapitels erschien in einem Briefe an die „Times" vom 8. August 1865. Ich habe hier einige Stellen hinzugefügt und einige Abänderungen getroffen, die theils unwesentlich sind, theils die Erzählung klarer machen sollen.

** Wären alle Mitglieder der Gesellschaft gleich tüchtig gewesen, so hätte Croz die letzte Stelle angewiesen erhalten.

wünschte der Dritte zu sein. Hinter ihn stellten wir Lord F. Douglas, auf den der alte Peter als der Stärkste unter den Uebrigen folgte. Ich machte Hudson den Vorschlag, bei unserer Ankunft an der schwierigen Stelle ein Seil um die Felsen zu schlingen, damit wir beim Hinabsteigen einen Schutz mehr hätten. Er billigte meine Idee, doch wurde nicht bestimmt ausgesprochen, daß es geschehen solle. Während die Gesellschaft sich in der oben angegebenen Weise ordnete, nahm ich eine Skizze des Gipfels auf. Meine Gefährten waren eben fertig und warteten darauf, daß ich mich an das Seil binden lasse, als Jemand sich erinnerte, daß wir vergessen hätten, unsere Namen aufzuschreiben und in eine Flasche zu stecken. Ich besorgte das auf ihre Bitten und sie gingen inzwischen weiter.

Einige Minuten später band ich mich am jungen Peter an, lief den Andern nach und erreichte sie, als sie eben das Hinabsteigen der schwierigen Stelle begannen.* Es wurde die größte Vorsicht gebraucht. Immer bewegte sich blos Einer, und erst wenn er festen Fuß gefaßt hatte, folgte der Nächste. Ein Seil war nicht um die Felsen geschlungen worden und Niemand sprach davon. Ich hatte den Vorschlag nicht um meinetwillen gemacht und weiß nicht, ob er mir jetzt wieder in den Sinn kam. Wir Beiden folgten den Uebrigen in geringer Entfernung und waren von ihnen getrennt, bis Lord Douglas mich etwa um drei Uhr Nachmittags bat, daß ich mich an den alten Peter anbinden möchte. Er fürchtete nämlich, wie er sagte, daß Taugwalder, wenn ein Ausgleiten vorkomme, nicht fest auf den Füßen bleiben werde.

Einige Minuten später eilte ein Bursche, der ein scharfes Auge hatte, zu Seiler ins Monte-Rosa-Hotel und erzählte, daß er vom Gipfel des Matterhorns eine Lawine gegen den Matterhorn-Gletscher

* Ich habe sie auf S. 474 beschrieben.

hin habe fallen sehen. Dem Jungen wurde verwiesen, daß er müßige Geschichten erzähle, aber er sprach die Wahrheit und hatte Folgendes gesehen.

Michel Croz hatte sein Beil bei Seite gelegt und beschäftigte sich mit Herrn Hadow, um demselben größere Sicherheit zu geben. Er hatte ihn an die Beine gefaßt und brachte seine Füße, einen nach dem andern in richtige Lage.* So viel ich weiß, war Keiner im eigentlichen Hinabsteigen begriffen. Mit Gewißheit kann ich nicht sprechen, weil ich die beiden Vordersten wegen einer dazwischen liegenden Felsmasse zum Theil nicht sehen konnte, aber aus den Bewegungen ihrer Schultern mußte ich schließen, daß Croz, nachdem er das eben Erwähnte gethan hatte, sich umdrehen wollte, um einen oder zwei Schritte weiter zu gehen, als Herr Hadow ausglitt, gegen ihn fiel und ihn umwarf. Ich hörte von Croz einen Ausruf des Schreckens und sah ihn und Hadow niederwärtsfliegen. Im nächsten Moment wurden Hudson und unmittelbar darauf auch Lord Douglas die Füße unter dem Leibe weggerissen.** Dies alles war das Werk eines Augenblicks. So wie wir Croz aufschreien hörten, pflanzten der alte Peter und ich uns so fest auf, als das Gestein uns ge=

* Selbst bei geborenen Aelplern kommt das häufig vor. Ich erzähle es, um zu beweisen, daß Croz sich jede Mühe gab, nicht um Herrn Hadow eine besondere Ungeschicklichkeit vorzuwerfen.

** Im Augenblick standen Croz, Hadow und Hudson dicht neben einander; zwischen Hudson und Lord Douglas war das Seil nicht straff angezogen und ebenso wenig bei den Uebrigen, die sich oberhalb befanden. Croz stand neben einem Felsen, der ihm einen guten Halt gewährte, und hätte er etwas bemerkt oder geahnt, so konnte er sich anklammern und jedes Unglück verhüten. Er wurde vollständig überrascht. Hadow stürzte beim Ausgleiten auf den Rücken, schlug Croz mit den Füßen gegen das Kreuz und warf ihn kopfüber. Croz konnte sein Beil nicht erreichen und er hielt trotzdem den Kopf oben, ehe er uns aus dem Gesicht schwand. Hätte er das Beil in der Hand gehabt, so würde er ohne Zweifel sich selbst und Hadow aufgehalten haben.

Hadow hatte im Augenblicke des Ausgleitens keinen schlechten Standpunkt.

stattete. Das Seil war zwischen uns straff angezogen und der Ruck traf uns, als wenn wir blos Einer wären. Wir erhielten uns, aber zwischen Taugwalder und Lord Douglas riß das Seil. Einige Secunden lang sahen wir unsere unglücklichen Gefährten auf den Rücken niedergleiten und mit ausgestreckten Händen nach einem Halt suchen. Noch unverletzt kamen sie uns aus dem Gesicht, verschwanden Einer nach dem Andern und stürzten von Felswand zu Felswand auf den Matterhorn-Gletscher oder in eine Tiefe von beinahe viertausend Fuß hinunter. Von dem Augenblicke, wo das Seil riß, war ihnen nicht mehr zu helfen.

So starben unsere Gefährten! Wohl eine halbe Stunde lang blieben wir an Ort und Stelle, ohne einen einzigen Schritt zu thun. Die beiden Führer, vom Schreck gelähmt, weinten wie Kinder und zitterten so, daß uns das Schicksal der Andern drohte. Der alte Peter erschütterte die Luft mit seinen Ausrufungen: „Chamouny, was wird Chamouny sagen?" Er meinte damit: „Wer wird glauben, daß Croz fallen kann?" Der junge Peter schrie und schluchzte fortwährend: „Wir sind verloren, wir sind verloren!" Zwischen den Beiden eingeklemmt, konnte ich weder vorwärts noch rückwärts. Ich bat den jungen Peter, herunterzusteigen, aber er wagte es nicht.

Er konnte herauf und herunter gehen und den Felsen, von dem ich sprach, mit der Hand berühren. Hudson stand nicht so gut, besaß aber Freiheit der Bewegung. Zwischen ihm und Hadow war das Seil nicht straff und die beiden Männer fielen 10 bis 12 Fuß tief, ehe er den Ruck empfand. Lord Douglas stand nicht gut und konnte sich weder nach oben noch nach unten bewegen. Der alte Peter hatte sich fest hingepflanzt und stand dicht unter einem großen Felsblocke, den er mit beiden Armen umschlang. Ich gehe in diese Einzelnheiten ein, um zu beweisen, daß die Stellung, welche die Gesellschaft im Augenblick des Unfalls einnahm, durchaus keine besonders schlimme war. Wir mußten später über dieselbe Stelle gehen, wo das Ausgleiten vorgefallen war, und fanden sie trotz unserer erschütterten Nerven gar nicht schwierig. Im allgemeinen war die höchste Strecke schwer zu begehen, aber Hadow glitt gerade an einer guten Stelle aus.

Ehe er das nicht that, kamen wir nicht vorwärts. Der alte Peter wurde sich der Gefahr bewußt und stimmte in das Geschrei ein: „Wir sind verloren, wir sind verloren!" Die Furcht des Vaters war natürlich — er zitterte für seinen Sohn, der junge Mann benahm sich feig — er dachte blos an sich. Endlich faßte der alte Peter Muth und ging zu einem Felsen, an den er das Seil be-

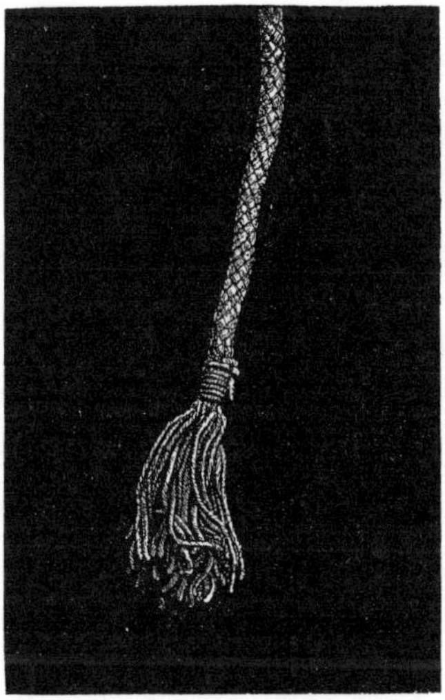

Das zerrissene Seil vom Matterhorn.

festigen konnte. Nun stieg der junge Mann herab und wir standen alle neben einander. Ich ließ mir jetzt das zerrissene Seil geben und fand zu meinem Staunen, ja zu meinem Entsetzen, daß es das schwächste der drei Seile war. Zu dem Zweck, dem es gedient hatte, war es nicht bestimmt und hätte auch nie dazu verwendet werden sollen. Es war ein altes und im Verhältniß zu den andern schwaches Seil. Ich hatte es blos für den Fall mitgenommen, daß wir viel Seil um die Felsen schlingen und zurücklassen müßten.

Ich sagte mir sogleich, daß hier eine ernste Frage vorliege, und ließ mir das Ende geben. Es war mitten in der Luft zerrissen und schien vorher keine Beschädigung erlitten zu haben.

In den nächsten zwei Stunden glaubte ich stets, daß der nächste Augenblick mein letzter sein werde, denn die Taugwalder hatten allen Muth verloren und konnten mir nicht blos keine Hülfe leisten, sondern befanden sich auch in einem solchen Zustande, daß sich jeden Augenblick ein Ausgleiten von ihnen erwarten ließ. Nach einiger Zeit konnten wir thun, was von Anfang an hätte geschehen sollen, und schlangen Seile um feste Felsblöcke, während wir zugleich aneinander gebunden blieben. Diese Seile wurden von Zeit zu Zeit abgeschnitten und zurückgelassen.* Trotz dieser Vorsichtsmaßregel gingen meine Führer mit großer Furcht vorwärts und mehrmals wendete sich der alte Peter mit aschfahlem Gesicht und zitternden Gliedern zu mir um und sagte mit schrecklichem Nachdruck: „Ich kann nicht!"

Um sechs Uhr Abends standen wir auf dem Schnee des nach Zermatt hinunterführenden Grats und hatten alle Gefahren überwunden. Häufig und immer vergebens spähten wir nach Spuren unserer unglücklichen Gefährten. Wir bogen uns über den Grat und riefen, aber kein Ton kam zurück. Endlich kamen wir zu der Ueberzeugung, daß sie außerhalb der Gesichts- und Hörweite seien, und stellten unsere nutzlosen Bemühungen ein. Zum Sprechen zu niedergeschlagen, nahmen wir stillschweigend unsere Sachen und die kleinen Effecten der Verschwundenen auf, um unsern Rückweg fortzusetzen. Da zeigte sich ein mächtiger Regenbogen, der über dem Lyskamm hoch in die Luft aufstieg. Bleich, farblos und geräuschlos,

* Diese Enden werden noch an Felsen befestigt sein und unsern Weg hinauf und hinunter bezeichnen.

aber mit Ausnahme der Stelle, wo die Wolken sich eindrängten, vollständig scharf und abgegrenzt, schien diese überirdische Erscheinung ein Bote aus einer andern Welt zu sein. Wir erschraken fast, als zu beiden Seiten zwei ungeheure Kreuze hervortraten, deren allmälige Entwickelung wir mit Staunen beobachteten. Wenn die Taugwalders sie nicht zuerst gesehen hätten, so würde ich meinen Sinnen nicht getraut haben. Sie glaubten, daß die Kreuze in einer gewissen Beziehung zu dem Unfall ständen, ich kam aber nach einiger Zeit zu der Ansicht, daß wir auf sie einwirkten. Unsere Bewegungen äußerten aber gar keinen Einfluß auf die Nebelformen, welche unverändert blieben. Es war ein furchtbarer und wunderbarer Anblick, den ich noch nie gehabt hatte und der in einem solchen Moment etwas Erschütterndes hatte.*

---

* S. das Titelbild. Ich beobachtete diese merkwürdige Erscheinung nicht genau und war froh, als sie verschwand, da sie unsere Aufmerksamkeit ablenkte. Unter gewöhnlichen Umständen würde es mir später unangenehm gewesen sein, einen so seltenen und wunderbaren Vorgang nicht genau studirt zu haben. Ich kann dem oben Gesagten nur sehr wenig hinzufügen. Wir hatten die Sonne genau im Rücken, d. h. der Nebelbogen lag der Sonne gegenüber. Die Zeit war halb sieben Uhr Abends. Die Formen hatten einen neutralen Ton, waren zugleich zart und scharf, entwickelten sich allmälig und verschwanden plötzlich. Die Nebel waren leicht und zerstreuten sich im Laufe des Abends.

Man hat gemeint, daß die Kreuze im Titelbilde ungenau abgebildet und wahrscheinlich durch das Einschneiden anderer Kreise oder Ellipsen, wie die beistehende Zeichnung sie darstellt, entstanden seien. Diese Ansicht ist wahrscheinlich richtig, doch habe ich vorgezogen, meiner Erinnerung zu folgen.

Parry erwähnt in der Beschreibung seiner ersten arktischen Reise einer Erscheinung, welche der oben erwähnten ähnlich ist: „Um halb sechs Uhr Abends beobachteten wir eine wahrhaft schöne Naturerscheinung. Ein breiter weißer Nebelbogen erschien der Sonne gegenüber." Von Parry habe ich das Wort Nebelbogen angenommen.

Ich muß bemerken, daß die Italiener, von denen im Anhang noch weiter

Ich wollte aufbrechen und wartete auf die Andern. Beide hatten ihren Appetit und den Gebrauch ihrer Zungen wieder bekommen. Sie unterhielten sich in ihrem Patois, das ich nicht verstand. Endlich sagte der Sohn französisch: „Monsieur.“ „Nun?“ „Wir sind arme Leute und haben unsern Herrn verloren; wir werden keine Bezahlung bekommen, und können sie schwer entbehren.“* „Halt,“ sagte ich, „das ist Unsinn; ich werde Sie natürlich bezahlen, als wenn ich Ihr Herr wäre.“ Sie unterhielten sich einige Zeit in ihrem Patois und dann nahm der Sohn wieder das Wort: „Wir wünschen nicht, daß Sie uns bezahlen. Schreiben Sie lieber in das Fremdenbuch zu Zermatt und in die englischen Zeitungen, daß wir nicht bezahlt worden sind.“ „Was schwatzen Sie da für dummes Zeug? Ich verstehe Sie nicht. Was meinen Sie?“ Er fuhr fort: „Nun, nächstes Jahr werden viele Fremde nach Zermatt kommen und dann erhalten wir mehr Reisende.“

Was ließ sich auf einen solchen Antrag sagen? Ich gab ihnen keine Antwort, aber sie sahen, wie empört ich war.** Sie füllten den bittern Kelch bis zum Ueberfließen und ich eilte die Klippen so schnell hinunter, daß sie mich mehrmals fragten, ob ich sie tödten wolle. Es wurde Nacht und eine Stunde lang stiegen wir noch im Dunkeln

---

die Rede sein wird, bei ihrem Hinabsteigen am 17. Juli die Erscheinung sahen, die man gewöhnlich als Brockengespenst bezeichnet. Sie geben folgende Beschreibung: „Wir befanden uns auf der „Schulter,“ als wir eine Erscheinung bemerkten, die uns Vergnügen machte. In der Schweiz war der Himmel hell, auf der Seite von Val Tournanche standen dicke Wolken. Wir sahen uns selbst mitten in einem Kreise, der die Farben des Regenbogens hatte. So waren wir von einem leuchtenden Rahmen umgeben, in dem wir unsere Schatten sahen.“ Die Zeit war zwischen sechs ein halb und sieben Uhr und die Italiener befanden sich 14 000 Fuß hoch, wie wir.

* Lord Douglas hatte sie angenommen und war mit ihnen gereist, so daß sie ihn als ihren Herrn und gegen sie verpflichtet betrachteten.

** Ich sprach auch später, so lange wir zusammen waren, nur so viel mit ihnen, als unbedingt nöthig war.

hinunter. Um halb zehn Uhr zeigte sich ein Ruheplatz und auf einer elenden Felsplatte, die kaum für uns drei Platz bot, verbrachten wir sechs traurige Stunden. Bei Tagesanbruch stiegen wir weiter hinab und eilten vom Hörnligrat zu den Sennhütten von Buhl und nach Zermatt. Seiler begegnete mir an seiner Thür und folgte mir schweigend auf mein Zimmer. „Was ist geschehen?" „Die Taugwalders und ich sind zurückgekehrt." Er wußte genug und brach in Thränen aus, verlor aber mit unnützen Klagen keine

Alexander Seiler.

Zeit und bot das Dorf auf. Es dauerte nicht lange, so war eine Schaar von Männern aufgebrochen, um die Hohlicht-Höhen über Kalbermatt und Z'Mutt zu ersteigen, welche den Matterhorn-Gletscher beherrschen. Nach sechs Stunden kehrten sie zurück und erzählten, daß sie die Körper regungslos auf dem Schnee hätten liegen sehen. Dies war Sonnabends und am Sonntag wollten sie Abends wieder aufbrechen, so daß sie am Montag bei Tagesanbruch auf dem Gletscher sein könnten.

Da ich die geringste Aussicht auf Rettung meiner Gefährten nicht aufgeben mochte, beschloß ich, mit dem Geistlichen M'Cormick schon am Sonntagmorgen zu gehen. Die Leute aus Zermatt konnten uns nicht begleiten, da sie von ihren Priestern mit Excommunication bedroht wurden, wenn sie in der Frühmesse fehlten. Für Einige von ihnen war das ein wahrer Schmerz, und Peter Perrn erklärte mit Thränen, daß nur dies allein ihn abhalten könne, der Aufsuchung seiner alten Gefährten beizuwohnen. Engländer kamen uns zu Hülfe. Die Herren Robertson und Phillpotts boten sich und ihren Führer Franz Andermatten* an, ein anderer Landsmann trat uns ebenfalls seine beiden Führer, Joseph Marie und Alexander Lochmatter, ab. Friedrich Payot und Johann Tairraz aus Chamouny schlossen sich freiwillig an.

Am Sonntag brachen wir um zwei Uhr Morgens auf und folgten der Straße, die wir am vorigen Donnerstag eingeschlagen hatten, bis zum Hörnli. Von dort stiegen wir rechts zum Grat hinab** und kletterten durch die séracs des Matterhorn-Gletschers. Um halb neun Uhr hatten wir die Hochflächen über dem Gletscher erreicht und befanden uns in Sicht des Winkels, wo meine Freunde liegen mußten.*** Als ich sah, wie ein vom Wetter gebräunter Mann nach dem andern das Fernrohr erhob, todtenbleich wurde, sich umwendete und das Instrument dem Nächsten gab, da wußte ich, daß es mit aller Hoffnung vorüber sei. Wir traten näher, die Verunglückten lagen in der Reihenfolge, wie sie oben gestürzt waren, Croz etwas voraus, Hadow in seiner Nähe und Hudson weiter hinten; von Lord Douglas war nichts zu sehen.† Wir begruben

* Ein Porträt Franz Andermatten's gab ich in der Zeichnung zu S. 317.

** Der Punkt ist auf der Karte mit einem Z bezeichnet.

*** Auf der Karte mit einem Kreuz bezeichnet.

† Es fanden sich ein Gürtel, ein Stiefel und ein Paar Handschuhe, die ihm gehört hatten. Als dies bekannt wurde, entstand ein böser Verdacht, den man als falsch erkannt haben würde, wenn man gewußt hätte, daß allen Verunglückten die Stiefel abgefallen waren und neben den Leichen auf dem Schnee lagen.

sie an Ort und Stelle im Schnee am Fuße der größten Klippe des majestätischsten Berges der Alpen.

Alle Gestürzten waren mit dem Manila= oder mit dem zweiten

Das Manila=Seil.

und gleich starken Seil zusammengebunden, so daß mithin das schwächere Seil blos an einer Stelle, nämlich zwischen Lord Douglas und dem alten Peter, benutzt worden war. Das sah für Taugwalder sehr häßlich aus, denn es ließ sich unmöglich annehmen, daß die Andern die Verwendung eines weit schwächeren Seils gebilligt hätten, da wir von den bessern Arten noch 250 Fuß benutzen konnten.* Um des alten Führers willen, der in einem guten Rufe stand, und auch aus andern Gründen war es wünschenswerth, daß dies auf-

Das zweite Seil.

gehellt werde, und ich reichte deshalb, nachdem ich vom Untersuchungsgericht verhört worden war, eine Reihe von Fragen ein, die ich so

* Ich war mehr als hundert Fuß von den Andern entfernt, als sie aneinander gebunden wurden, und kann folglich kein Licht über die Sache verbreiten. Croz und der alte Peter haben ohne Zweifel das Anbinden besorgt.

stellte, daß sie dem alten Peter Gelegenheit boten, sich von dem schweren Verdacht zu reinigen, der sogleich auf ihn gefallen war. Die Fragen wurden gestellt und beantwortet, aber ich habe vom Gericht die versprochene Auskunft nie erhalten.*

Die Behörde hatte inzwischen strenge Weisungen erlassen, die Leichen herbeizuschaffen, und am 19. Juli führten einundzwanzig Männer aus Zermatt diese traurige und gefährliche Arbeit aus.**

---

* Dies ist nicht die einzige Gelegenheit, bei der Herr Clemenz, der den Vorsitz im Gericht führte, die zugesagte Antwort schuldig geblieben ist. Es ist sehr zu bedauern, daß er nicht fühlt, wie stark die Unterdrückung der Wahrheit gegen das Interesse der Reisenden wie der Führer ist. Sind die Leute des Vertrauens unwürdig, so muß das Publicum gegen sie gewarnt werden, und stehen sie tadellos da, so muß man den unverdienten Verdacht von ihnen nehmen.

Der alte Peter Taugwalder hat unter einer unverdienten Anklage zu leiden. Trotz seines wiederholten Ableugnens bleiben selbst seine Gefährten und Nachbarn in Zermatt bei der Behauptung, daß er das Seil, das ihn mit Lord Douglas verband, durchgeschnitten habe. Ich antworte auf diese schändliche Beschuldigung, daß er dies im Augenblick des Ausgleitens gar nicht thun konnte, und daß das in meinen Händen befindliche Seilende beweist, daß er es auch vorher nicht gethan hat. Die verdächtige Thatsache bleibt übrigens bestehen, daß das zerrissene Seil unser dünnstes und schwächstes war. Dies ist verdächtig, da keiner der vier Vordersten ein altes und schwaches Seil gewählt haben würde, da doch neues und stärkeres Seil im Ueberfluß vorhanden war, und weil Taugwalder auf der andern Seite, falls ein Unfall vorkam, ein Interesse daran hatte, daß vor ihm ein schwaches Seil war.

Es sollte mich freuen, wenn ich hörte, daß er auf die an ihn gestellten Fragen befriedigende Antworten gegeben hat. Seine Haltung im kritischen Moment verdient nicht blos als Beweis von Körperkraft, sondern auch als ein Handeln zur rechten Zeit Bewunderung. Wie ich höre, ist er zur Arbeit unfähig, nicht gerade verrückt, aber geschwächten Geistes und fast irrsinnig. Das ist nicht zu verwundern, mag er sich nun wirklich einer Schlechtigkeit bewußt sein oder durch einen ungerechten Verdacht leiden.

Was den jungen Peter betrifft, so urtheile ich über ihn anders. Er machte mir seinen häßlichen Vorschlag (von dem ich glaube, daß er von ihm ausgegangen ist), obgleich sein Vater (für beide) in Gegenwart von Zeugen bezahlt worden war. So ein guter Führer er sein mag, werde ich ihm mein Leben nicht anvertrauen und ihn auch Andern nicht empfehlen.

** Sie folgten dem Wege, der auf der Karte angegeben wird, und ge-

Von Lord Douglas sahen auch sie nichts und wahrscheinlich ist er oben an dem Felsen hängen geblieben.* Die Ueberreste Hadow's und Hudson's wurden auf der Nordseite des Kirchhofs von Zermatt in der Gegenwart theilnehmender Freunde bestattet. Michel Croz liegt auf der andern Seite unter einem einfachen Grabhügel, dessen Inschrift seiner Ehrlichkeit, seines Muths und seines Eifers rühmend gedenkt.**

Die sagenhafte Unzugänglichkeit des Matterhorns ist nun verschwunden und durch Legenden ersetzt worden, die der Wirklichkeit besser entsprechen. Andere werden seine stolzen Klippen zu erklettern suchen, aber für Keinen wird es das Gebirge sein, das es für seine ersten Erforscher war. Andere können seine Schneegipfel betreten, aber Keiner wird die Gefühle derjenigen empfinden, welche von da zuerst auf das wunderbare Alpenpanorama geblickt haben, und hoffentlich wird auch Keiner wieder die Erfahrung machen, daß die Freude sich in Schmerz und das Lachen in Weinen verwandelt. Das Matterhorn war ein hartnäckiger Feind, wehrte sich lange, theilte manchen schweren Schlag aus und als es endlich mit einer Leichtigkeit, die Niemand für möglich gehalten hatte, besiegt wurde, da nahm es als heimtückischer Gegner, der überwunden, aber nicht zermalmt ist, eine fürchterliche Rache. Einst kommt die Zeit, wo das Matterhorn verschwunden ist und nichts als ein Haufen form-

---

riethen auf dem Rückwege durch den Sturz einer Eismauer in große Gefahr. Der Charakter ihres Unternehmens läßt sich erkennen, wenn man an S. 185 denkt.

* Diese Gesellschaft, oder eine spätere, entdeckte einen Aermel. Andere Spuren haben sich nicht gefunden.

** Herr Alfred Wills veranlaßte, daß zur Unterstützung von Michel Croz' Schwestern, die von seinem Verdienst zum Theil gelebt hatten, Gelder gezeichnet wurden. In kurzer Zeit kamen mehr als 280 Pfund zusammen. Dies wurde für hinreichend gehalten, die Liste geschlossen und das Geld in französischer Rente angelegt.

loser Trümmer die Stelle bezeichnet, auf der der große Berg gestanden hat, denn ein Atom nach dem andern, Zoll auf Zoll und Elle auf Elle unterliegt Kräften, denen nichts zu widerstehen vermag. Diese Zeit ist fern und noch in manchem Menschenalter wird man in seine schrecklichen Abgründe blicken und seine einzige Form bewundern. Wie groß die Vorstellungen der Menschen dann sein und welche übertriebene Erwartungen sie hegen mögen, so wird doch Keiner unbefriedigt scheiden.

Das Spiel ist aus, der Vorhang fällt. Ehe wir scheiden, noch ein Wort über die ernsten Lehren des Gebirgs. Siehe jene Höhe! Sie liegt weit entfernt und unwillkürlich stellt sich das Wort: „Unmöglich!" ein. „Nein," sagt der Bergsteiger. „Ich weiß, daß der Weg lang ist, daß er schwierig, vielleicht sogar gefährlich ist, aber unmöglich ist die Ersteigung nicht. Ich will den Weg suchen; laß dir von erfahrenen Gefährten rathen, erkunde, wie sie ähnliche Höhen erreicht haben, und lerne die Gefahren vermeiden." Er bricht auf, während unten noch Alles schlummert; der Pfad ist schlüpfrig und mühsam, Vorsicht und Beharrlichkeit erkämpfen den Sieg, die Höhe ist erreicht und unten rufen die Leute: „Unglaublich, übermenschlich!"

Wir, die wir die Berge erklettern, haben die Ueberlegenheit eines festen und beharrlichen Wollens über die rohe Kraft beständig in Gedanken. Wir wissen, daß jede Höhe durch geduldige und mühsame Anstrengung gewonnen werden muß, und daß wünschen nicht arbeiten heißt. Wir kennen die Wohlthaten gegenseitiger Hülfe und wissen, daß wir mancher Schwierigkeit begegnen und manches Hinderniß besiegen oder umgehen müssen, aber wir wissen auch, daß ein entschlossener Wille sich den Weg bahnt, und wenn wir zu unsern täglichen Beschäftigungen zurückkehren, so sind wir für den Kampf des Lebens und für die Ueberwindung der Hemmnisse, die uns den

Weg versperren wollen, besser gerüstet und schöpfen aus der Erinnerung früherer Arbeiten und aus dem Andenken an Siege, die wir auf andern Feldern davongetragen haben, neue Kraft und Lebensfreudigkeit.

Ich habe mich nicht zum Anwalt oder Lobredner des Bergsteigens gemacht und denke auch die Rolle des Sittenpredigers nicht zu spielen, doch würde ich meiner Aufgabe schlecht genügen, wenn ich ohne eine Hinweisung auf die ernstern Lehren schlösse, welche uns durch Alpenfahrten zu Theil werden. Wir freuen uns der körperlichen Wiedergeburt, welche die Folge unserer Anstrengungen ist, wir jubeln über die Großartigkeit der Scenen, die uns vor die Augen treten, über die Herrlichkeit des Aufgangs und des Untergangs der Sonne und die Schönheiten von Berg und Thal, Wald und Wasserfall, aber noch mehr gilt uns die Entwickelung der Männlichkeit und die Ausbildung edler menschlicher Tugenden, des Muths, der Geduld, der Beharrlichkeit und der Seelenstärke, im Kampfe mit Schwierigkeiten.

Mancher schätzt diese Tugenden nicht so hoch und schreibt denen, welche sich unseres unschuldigen Sports erfreuen, niedrige und verächtliche Triebfedern zu. „Sei keusch wie Eis und rein wie Schnee, der Verläumdung entgehst Du nicht.“ Andern wieder, die nicht übel von uns reden, ist das Bergsteigen als Sport vollständig unbegreiflich.

Darüber darf man sich jedoch nicht wundern, denn wir sind nun einmal nicht alle gleich gebildet. Das Bergsteigen ist eine Beschäftigung, die für den jungen und kräftigen, nicht aber für den alten, schwachen Mann paßt. Für den letztern ist die Anstrengung kein Vergnügen und deshalb hört man von ihm oft: „Wie kann eine solche Anstrengung ein Genuß sein?“ Allerdings muß der Bergsteiger sich anstrengen, aber er erweckt dadurch alle seine Fähigkeiten, gewinnt dadurch Kraft, und zwar nicht blos der Muskeln, und aus dem Kraftbewußtsein erwächst ihm Genuß. Ferner wird man oft in einem Tone, der über den Sinn der Frage keinen Zweifel aufkommen läßt, angeredet: „Macht sich die Sache denn bezahlt?“ Nun, so läßt sich unser Genuß nicht absätzen, wie man Wein mißt, oder Blei wiegt, aber trotzdem ist er ein reeller. Könnte ich jede Erinnerung verwischen und Alles aus meinem Gedächtniß streichen, so würde ich immer noch sagen, daß meine Alpenfahrten sich bezahlt gemacht haben, denn sie haben mir zwei der besten Dinge gegeben, die der Mensch überhaupt besitzen kann, nämlich Gesundheit und Freunde.

Die Erinnerungen an Genüsse der Vergangenheit lassen sich nicht verwischen. Während ich diese Zeilen schreibe, drängen sie sich an mich heran. Zuerst kommt eine endlose Reihe von Gemälden, prachtvoll in Form, Wirkung und Farbe. Ich sehe die großen in Wolken gehüllten Gipfel, die für die Ewigkeit gebaut zu sein scheinen, ich höre die Musik der fernen Herden, das Jodeln des Bauern, den feierlichen Klang der Kirchenglocken, ich rieche den kräftigen Duft der Fichten, und nachdem diese Bilder vorüber sind, kommt ein anderer Zug von Gedanken, Erinnerungen an ehrliche, brave und treue Männer, an freundliche Herzen und kühne Thaten und an Zuvorkommenheiten Fremder, die an sich unbedeutend sind, aber von jenem Wohlwollen gegen Menschen zeugen, in dem das Wesen der Liebe liegt.

Dann drängt sich die letzte trübe Erinnerung heran und vertreibt wie ein wogender, die Sonne verfinsternder und kältender Nebel das Andenken glücklicher Zeiten. Ich habe Freuden genossen, die zu groß sind, um in Worten beschrieben werden zu können, und habe Kummer gehabt, an den ich nicht gern denke, und mit diesen Erfahrungen vor Augen sage ich: Ersteige die Hochalpen, wenn Du willst, aber vergiß nie, daß Muth und Kraft ohne Klugheit nichts sind, und daß eine augenblickliche Nachlässigkeit das Glück eines ganzen Lebens zerstören kann. Uebereile Dich nie, achte genau auf jeden Schritt und denke beim Anfang immer, wie das Ende sein kann!

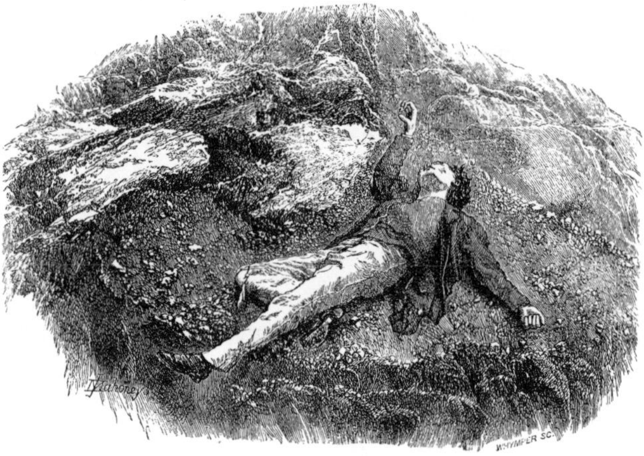